RUTH L. DAVID

UNTER MITARBEIT VON RENATE KNIGGE-TESCHE

„... IM DUNKEL SO WENIG LICHT ..."

BRIEFE MEINER ELTERN VOR IHRER DEPORTATION NACH AUSCHWITZ

WIESBADEN 2008

Deutsche Erstausgabe

ISBN 978-3-9809513-5-7

© Ruth L. David, Renate Knigge-Tesche
© der deutschen Ausgabe: Thrun-Verlag Wiesbaden
Postanschrift: Postfach 5607, D-65046 Wiesbaden
E-Mail: gthrun-ulrich@web.de
Internet: www.thrun-verlag.de

Umschlagdesign und Gestaltung: Nicole Friedrich, Geisenheim

Druck und Herstellung: www.indexdigital.de
Printed in Germany

INHALT

In seiner bewegenden Dankesrede zur Verleihung des Friedenspreises des Deutschen Buchhandels im Oktober 2007 las der israelische Holocaust-Forscher Saul Friedländer aus den größtenteils unveröffentlichten Briefen seiner Eltern vor. Die Familie war 1939 vor den Nazis aus Prag nach Südfrankreich geflohen. Die Friedländers ahnten damals nicht, dass dieses Land ihnen zur unentrinnbaren Falle werden würde. Während der Sohn in einem katholischen Internat versteckt werden konnte und dort überlebte, lieferte das Vichy-Regime seine Eltern an die Nazis aus.

Margarete und Moritz Oppenheimer hatten Südfrankreich nicht als Fluchtziel gewählt. Ihr Wunsch war es eigentlich gewesen, nach Argentinien oder in die USA auszuwandern, wohin ihre beiden ältesten Söhne bereits hatten entkommen können. Völlig überraschend hatten die Nazis die Eltern im Oktober 1940 in den französischen Süden deportiert, wo sie vom Vichy-Regime in Lagern interniert wurden. Auch ihnen wurde dieses Land schließlich zur Falle, aus der es keine Rettung gab. Das Leben von Margarete und Moritz Oppenheimer endete, wie das von Elli und Jan Friedländer, in den Gaskammern von Auschwitz. Beide Elternpaare hatten aber – wie so viele andere Eltern auch – alles dafür getan, dass ihre Kinder überleben konnten.

In beiden Familien sind Briefe aus jener schrecklichen Zeit erhalten geblieben, die scheinbar nur Alltägliches erzählen. Waren es in der Korrespondenz der Friedländers etwa Ölsardinen oder Kondensmilch, die sie sich aus Schweden schicken zu lassen wünschten, so erbaten sich die Oppenheimers aus den USA Stopfgarn und Zwieback. In diesen Bitten um nur vermeintliche Kleinigkeiten hat sich der schier unvorstellbare Hunger und die abgrundtiefe Verzweiflung der aus allen Lebenszusammenhängen gerissenen Menschen klar ersichtlich niedergeschlagen. Umso bemerkenswerter ist die ungeheure Kraft, die diese zwischen banger Hoffnung und bitterer Enttäuschung ständig hin und her Gerissenen aufbrachten, um nicht nur ihre Kinder zu retten, sondern dazu noch mit Familien und Freunden in vielerlei Ländern in dauerndem Briefkontakt zu bleiben.

In den letzten Jahrzehnten wurde über die NS-Schreckensherrschaft sehr viel geforscht und publiziert. Etliche der damals von den Nazis Verfolgten, die diese schlimme Zeit trotz allem zu überstehen vermochten, haben darüber hinaus zum Glück ihre persönlichen Erinnerungen festgehalten und veröffentlicht. Den wahren Zeitzeuginnen und Zeitzeugen des europaweit wütenden Nazi-Terrors war jedoch ein Weiterleben nicht vergönnt. Allein sie aber haben das ganze Leid und Elend bis zum bitteren Ende, bis zu ihrer barbarischen Ermordung, ertragen müssen. Ihre schriftlichen Überlieferungen sind historische Zeugnisse besonderer Art, entstanden in einer von uns kaum nachvollziehbaren Ausnahmesituation des beständig drohenden Todes.

Dieses Buch ist das Ergebnis einer inzwischen über zehnjährigen Freundschaft. Am 16. Juli 1996 wurde in der Odenwald-Gemeinde Fränkisch-Crumbach unter großer Anteilnahme der Bevölkerung an der ehemaligen Oppenheimerschen Zigarrenfabrik eine Gedenktafel eingeweiht. Sie erinnert seitdem an Moritz und Margarete Oppenheimer, die einst mit ihrer Familie hier gelebt hatten, bis sie von den Nazis 1939 von dort vertrieben wurden. Über Jahrzehnte hinweg hatte der Betrieb vielen Frauen und Männern Lohn und Brot gegeben und ihnen sogar eine Rentenversicherung gewährt, was damals längst keine Selbstverständlichkeit war. Das Nazi-Regime wollte dann aber von alledem nichts mehr wissen.

Nach der Einweihung jener Gedenktafel saßen Ruth L. David, eine Tochter der beiden Oppenheimers, und ich in einem Zimmer des einstigen Fabrikgebäudes, das heute ein Wohnhaus ist, und unterhielten uns angeregt. Dies war unsere erste Begegnung. Kurz zuvor war ihr Buch „Ein Kind unserer Zeit" erschienen. Gemeinsame Freundinnen aus Fränkisch-Crumbach, Hilde Katzenmeier und Ottilie Born-Hauenstein, hatten ihr englischsprachiges Typoskript der Hessischen Landeszentrale für politische Bildung übermittelt und diese hatte sodann für eine Verlagspublikation gesorgt. An jenem Sommerabend 1996 las Ruth David nun erstmals in der voll besetzten Aula der Rodenstein-Schule in Fränkisch-Crumbach aus ihrem frisch gedruckten ersten Buch.

Inzwischen liegen viele gemeinsame Lesereisen mit ihren Kindheits- und Jugenderinnerungen hinter uns. Sie haben uns an zahlreiche Schulen, in viele Bürgersäle, Bibliotheken und nicht wenige Buchhandlungen geführt. Im Laufe der Zeit entstand das Vorhaben einer weiteren Publikation, nämlich einer kommentierten Edition der Briefe von Margarete und Moritz Oppenheimer an ihre Kinder sowie an Verwandte und Freunde während der Jahre 1939 bis 1942. Nur in wenigen Einzelfällen dürften Briefe von Opfern des nationalsozialistischen Völkermordes in solch großer Zahl und Vollständigkeit, über einen so langen Zeitraum und vor dem Hintergrund sich derart dramatisierender Lebensumstände überliefert sein. Diese Korrespondenz der Nachwelt zugänglich zu machen bedeutet, ihren ermordeten Verfassern ihre eigene Stimme wiederzugeben, sie somit selbst „sprechen" zu lassen über ihr unsägliches Leid. Unsere Kommentierungen stellen die Briefe von Margarete und Moritz Oppenheimer lediglich in den historischen Bezugsrahmen, der vielen heute nicht mehr ohne Weiteres geläufig ist.

Wir haben uns bemüht, zugleich möglichst viele Informationen über all jene Menschen zu finden, die in den Briefen genannt sind, an die Briefe gesandt oder von denen solche empfangen wurden. Es gibt ansonsten nur noch geringfügige schriftliche Familienüberlieferungen. Diejenigen Familienmitglieder, die überlebt haben und aus eigener Kenntnis hätten berichten können, sind inzwischen allesamt verstorben. Neben der Auswertung der einschlägigen Literatur waren daher zahlreiche Archivrecherchen erforderlich. Gleichwohl konnten längst nicht alle Fragen geklärt werden. Wir möchten an dieser Stelle all jenen danken, die uns mit Informationen, weiterführenden Hinweisen sowie Materialien unterstützt haben, so Lutz Becht (Institut für Stadtgeschichte Frankfurt am Main), Dr. Gerold Bönnen (Stadtarchiv Worms), Dr. Hedwig Brüchert (Verein für Sozialgeschichte Mainz), Michael Caroli (Stadtarchiv Mannheim), Geraldine Gall (Archives départementales des Bouches-du-Rhône, Marseille), Reinhard Grünewald (Reichelsheim), Michael Lenarz (Jüdisches Museum Frankfurt am Main), Doris Obschernitzki (Berlin), Monika Rademacher (Stadtarchiv Hanau), dem Herinneringscentrum Kamp Westerbork sowie dem United States Holocaust Memorial Museum.

Ruth L. David
Renate Knigge-Tesche

Stationen zum Völkermord

an den Juden

Antisemitismus war die Grundlage der Nazi-Ideologie. Hitlers tief wurzelnde und unverrückbare Überzeugung war es, dass die Juden von Grund auf schlecht und die „Arier" die eigentlich guten und wertvollen Menschen seien. Für Hitler konnten daher Juden niemals gute Deutsche sein, so sehr sie sich auch für ihr Vaterland einsetzen mochten.

Bereits in seinem Buch „Mein Kampf", 1924 während seiner Haft in der Festung Landsberg geschrieben, hatte Hitler einen Schuldigen für alles gefunden, was in seinen Augen seinerzeit politisch falsch lief: „den Juden". An Hitlers Judenhass orientierte sich, nachdem ihn der greise Reichspräsident Paul von Hindenburg am 30. Januar 1933 zum Reichskanzler ernannt hatte, dann die gesamte Politik des Deutschen Reiches. Wer in Deutschland damals wirklich wissen wollte, worauf die Politik der Nazis letztendlich hinauslief, hätte es in diesem Buch lesen können. Doch trotz seiner immens hohen Auflage – das Buch wurde ab 1936 in allen Standesämtern an die Heiratenden verteilt – lasen es offenbar nur wenige. Und von diesen haben viele wohl auch nicht wahrhaben wollen, was darin verkündet wurde. Viele Deutsche haben Hitler leider nicht ernst genommen und konnten sich insofern überhaupt nicht vorstellen, dass die programmatischen Aussagen in seinem Buch einmal Wirklichkeit werden könnten.

Antisemitisches Denken war allerdings keine Erfindung Hitlers. Christliche Lehren und das Handeln der christlichen Kirchen hatten die Mär von der angeblichen Schlechtigkeit der Juden seit Jahrhunderten verbreitet. Bereits zur Zeit der Kreuzzüge zwischen 1096 und 1291 galten die Juden als „Ungläubige", als „Sünder", als „Christusmörder" und wurden von französischen, englischen und deutschen Kreuzfahrern auf deren Weg nach Jerusalem in Scharen abgeschlachtet. Unzutreffende Anschuldigungen, Verfolgungsmaßnahmen bis hin zu Pogromen gegen Juden gab es seitdem von christlicher Seite immer wieder. Jener Antijudaismus lag in den Unterschieden der beiden religiösen Lehren begründet. Während die Christen, die im Laufe ihrer Geschichte heftigste gewalttätige Konflikte selbst untereinander austrugen, glauben, dass Jesus der Sohn

Gottes ist und ihn als den Messias verehren, verneint dies die jüdische Religion. Für sie ist Jesus ein Rabbi und Prophet.

Der Judenhass erhielt – ausgehend vor allem von dem französischen Grafen und Schriftsteller Joseph Arthur de Gobineau – im 19. Jahrhundert eine neue Wendung hin zum pseudowissenschaftlichen Rassismus. Erst jene biologistische Definition der Juden als „Rasse" machte es letztendlich möglich, sie zu Nicht-Menschen abzustempeln und sie auszugrenzen, sie aus der Gemeinschaft aus-zustoßen, bis an ihnen schließlich der Völkermord verübt wurde. Als Hitler „Mein Kampf" schrieb, hatte sich der völkisch gefärbte Rassismus bereits so weit in der deutschen Gesellschaft verbreitet, dass er hieran leicht anknüpfen konnte, um ihn schließlich für seine mörderischen Pläne zu instrumentalisieren.

Von 1933 an war es für Juden eigentlich nicht mehr zu übersehen, dass sie nun in Deutschland nicht nur unerwünscht, sondern mehr noch in Lebensgefahr waren. Doch die meisten deutschen Juden mochten dies nicht wahrhaben. Für sie war Deutschland einfach das Land, in dem sie seit Jahrhunderten gelebt und überlebt hatten, ein Land, in welchem auch polnische, russische und andere osteuropä-ische Juden Zuflucht gefunden hatten, wenn diese von Zeit zu Zeit von ihren eigenen fanatisch-christlichen Landsleuten verfolgt worden waren. Deutschland galt ihnen als ein Land der Kultur und der Toleranz. Viele jüdische Soldaten wa-ren im Ersten Weltkrieg zu den Fahnen geeilt, um ihr Vaterland zu verteidigen. Eine große Zahl von ihnen war für Deutschland gefallen, nicht wenige hatten Auszeichnungen für ihre Tapferkeit erhalten. Sollte das alles nun nichts mehr gelten?

Mit Hitlers Machtübernahme wurde die antisemitische Hetze der NSDAP Staatsdoktrin und bestimmte fortan das Handeln auch von Regierung und Verwaltung. Eines der nun meistgebrauchten Schlagworte war der von dem deutsch-nationalen Historiker und Publizisten Heinrich von Treitschke bereits 1879 formulierte Satz: „Die Juden sind unser Unglück!". Viele Deutsche waren nur zu bereit, dieser Parole Glauben zu schenken, ohne darüber nachzudenken, ob sie mit der Wirklichkeit übereinstimmte.

1933 gab es etwa eine halbe Million Juden in Deutschland, weniger als ein Prozent der Gesamtbevölkerung. Rund die Hälfte der jüdischen Erwachsenen waren Frauen, welche – wie die meisten ihrer Geschlechtsgenossinnen – da-mals nur geringen oder gar keinen politischen und gesellschaftlichen Einfluss hatten. Auch die vielen Kinder und Jugendlichen waren ohne jeden Einfluss. Welchen Schaden hätten die Juden den Nichtjuden, also der überwältigend gro-ßen Bevölkerungsmehrheit, in Deutschland zufügen sollen?

Der erste Boykott jüdischer Geschäfte und Betriebe, aber auch jüdischer Arztpraxen und Rechtsanwaltskanzleien fand bereits am 1. April 1933 statt. Er wurde überall in Deutschland durchgeführt, nachdem Hitler alle Parteigliederungen der NSDAP vier Tage zuvor dazu aufgerufen hatte und Organisation und Durchführung der Aktion auf allen Ebenen entsprechend sorgfältig vorbereitet worden waren. SA-Posten stellten sich bedrohlich vor den Eingängen und Schaufenstern auf und pöbelten alle an, die sich nicht an den Boykott halten wollten. In beängstigend kurzer Zeit folgten viele Gesetze, Verordnungen und Maßnahmen verschiedenster Art, die sich allesamt gegen Juden richteten.[1]

Mit dem „Gesetz zur Wiederherstellung des Berufsbeamtentums" vom 7. April 1933 und seinen Durchführungsverordnungen wurden jüdische Beamte, Arbeiter und Angestellte aus allen Bereichen des Staatsdienstes entlassen. Jüdische Richter und sonstige bei Gericht tätige Juristen wurden umgehend beurlaubt, die Zahl jüdischer Rechtsanwälte begrenzt. Nicht selten wurden die Betroffenen gewaltsam aus den Gerichtsgebäuden entfernt. Auch in zahlreichen anderen Berufsgruppen wurden bald Berufsverbote für Juden verhängt, bis diese schließlich kaum noch Möglichkeiten zum regulären Gelderwerb hatten. Seit dem 25. April 1933 beschränkte das „Gesetz gegen die Überfüllung deutscher Schulen und Hochschulen" die Zahl der Juden an weiterführenden Schulen und Universitäten auf ihren Prozentanteil an der Gesamtbevölkerung. Man verbrämte dies mit dem lateinischen Begriff des „numerus clausus". Zudem wurde für alle Schulen die Einführung des Unterrichts in „Vererbungslehre" und „Rassenkunde" angeordnet.

Am 10. Mai 1933 wurden auf dem Opernplatz in Berlin, wie in fast allen deutschen Universitätsstädten, in großer Zahl Bücher von Autorinnen und Autoren verbrannt, die den Nazis aus politischen oder rassistischen Gründen missliebig waren. „Deutsche Studenten marschieren wider den undeutschen Geist" stand beispielsweise auf dem Transparent eines jener Lastwagen, auf denen die Bücher zum Scheiterhaufen gebracht wurden. Die Studentenschaft hatte sich längst als geistige Speerspitze des Antisemitismus erwiesen. Hätte man wirklich ahnen können, dass in einem Land, in dem man Bücher verbrennt, am Ende tatsächlich

---

[1] Einen umfassenden Überblick über die Chronologie der Ereignisse einschließlich der antijüdischen Maßnahme gibt Overesch, Manfred: Das III. Reich. Eine Tageschronik der Politik, Wirtschaft, Kultur. Bd.1: 1933–1939; Bd. 2: 1939–1945. Düsseldorf 1983 (Lizenzausgabe Augsburg 1991). Vgl. auch: Walk, Joseph (Hrsg.): Das Sonderrecht für die Juden im NS-Staat. Eine Sammlung der gesetzlichen Maßnahmen und Richtlinien – Inhalt und Bedeutung. Heidelberg, Karlsruhe 1981; Benz, Wolfgang: Die Juden im Dritten Reich, in: Benz, Wolfgang/Bergmann, Werner (Hrsg.): Vorurteil und Völkermord. Freiburg 1997, S. 385 ff.

auch Menschen verbrannt werden würden?

Der im „Gesetz zur Wiederherstellung des Berufsbeamtentums" enthaltene „Arierparagraph" (§ 3) traf nicht nur die jüdischen Beschäftigten des öffentlichen Dienstes. Er wurde alsbald auch in die Statuten nahezu aller Organisationen, Verbände und berufsständischen Vereinigungen in Deutschland übernommen, um jüdische Mitglieder fortan auszuschließen. Namenänderungen von Juden wurden ab Mai 1933 nur noch in der Weise zugelassen, dass diese allein „jüdische Namen" annehmen durften. Die zwangsweise Einführung der zusätzlichen Vornamen „Israel" für alle männlichen und „Sara" für alle weiblichen Juden folgte erst am 17. August 1938, bald darauf auch die Pflicht zur Stempelung der Pässe mit einem „J". Juden sollten bereits an ihren Namen erkannt werden können, wenn sie schon wie alle anderen Menschen aussahen und keineswegs dem unsäglichen Zerrbild entsprachen, mit dem das Nazi-Hetzblatt „Der Stürmer" sie fortwährend verächtlich zu machen suchte.

Dieses Propagandablatt, das auch in kleinsten Dörfern an exponierter Stelle in Schaukästen ausgehängt war, trug sehr dazu bei, einen immer radikaleren Antisemitismus in der Bevölkerung zu verankern. Der zitierte Treitschke-Satz prangte auf der Titelseite jeder seiner Ausgaben. Seine Artikel ließen sich voller Hass und mit primitivsten Verleumdungen über die Juden und das angeblich von ihnen ausgehende Übel aus. Besonders betont wurden immer wieder die vorgebliche Geilheit jüdischer Männer und ihre Gier, unschuldige, blonde und hübsche deutschblütige Mädchen zu verführen. Gegen solche Verteufelungen, Lügen und Verunglimpfungen rechtlich vorzugehen, war für Juden unmöglich. Es gab kein Recht mehr, das sie geschützt hätte. Unter dem Pseudonym „Fips" schuf der Karikaturist Philipp Rupprecht schon seit 1925 die abscheulichsten Zeichnungen von Juden, mit grobschlächtigen Köpfen etwa, mit wulstigen Lippen und hässlichen krummen Nasen. Später gab er den „Giftpilz" heraus, der noch mehr solcher verletzenden und diffamierenden Bilder enthielt. Die meisten Deutschen kannten den „Stürmer" und lernten daraus die ihnen verordnete Lektion, allen voran ihre Kinder.

Mit Gründung der „Reichskulturkammer" am 22. September 1933 griff die berufliche Ausschaltung der Juden auf die Bereiche Film, Musik, Theater, Presse und verwandte künstlerische Tätigkeitsfelder über. Einen Beruf im kulturell-künstlerischen Bereich konnte jetzt nur noch ausüben, wer Mitglied in einer der Spartenkammern war. Juden aber wurden dort grundsätzlich nicht aufgenommen. Viele von ihnen gingen daher nun ins Exil. Die Nazis nahmen das erfreut zur Kenntnis. Dennoch stellten sie im Mai 1934 mit der Verschärfung der bereits 1931 zur Bekämpfung der Kapitalflucht erlassenen „Reichsfluchtsteuer" – die später noch um weitere schikanöse Abgaben ergänzt wurde – vielen auswanderungswilligen Juden derart hohe Hürden in den Weg, dass deren Ausreisevorhaben oftmals vereitelt wurde, was letztlich ihre sichere Ermordung bedeutete. Bereits in diesen ersten Jahren hatte das Nazi-Regime eine derartige Fülle von Ge- und Verboten erlassen, von Gesetzen und Verordnungen sowie von sonstigen Regelungen für jeden nur erdenklichen Bereich auch auf lokaler, regionaler und länderbezogener Ebene, dass man sich wundert, warum so viel bürokratischer Aufwand betrieben wurde, wenn man die Juden doch nur vertreiben bzw. in ihrer ganzen Existenz vernichten wollte. Eingefleischten Antisemiten wie der Führungsriege der NSDAP ging die Ausgrenzung der jüdischen Bevölkerung in jener Phase zwar nicht schnell genug, doch mussten sie sich wegen innen- wie außenpolitischer Rücksichtnahmen zunächst noch zurückhalten. Insofern passten bürokratische Regelungen als Ausdruck einer Scheinlegalität durchaus in das mörderische Gesamtkonzept.

Die zweite und noch weitaus härtere Phase der Ausgrenzung jüdischer Menschen begann mit den rassistischen „Nürnberger Gesetzen", die im September 1935 verabschiedet wurden. Diese stempelten jüdische Bürger endgültig zu Menschen minderen Rechts. Nach dem „Reichsbürgergesetz" galten als „Reichsbürger" nur noch „Staatsangehörige deutschen oder artverwandten Blutes", womit alle Juden aus der von den Nazis damals so viel gepriesenen „deutschen Volksgemeinschaft" kategorisch ausgeschlossen waren. Allein die „Reichsbürger" galten als Träger der politischen Rechte. Das „Gesetz zum Schutze des deutschen Blutes und der deutschen Ehre" verbot Eheschließungen zwischen Juden und Nichtjuden und sogar außerehelichen Geschlechtsverkehr zwischen ihnen. Auf Zuwiderhandlungen standen Zuchthaus- und Gefängnisstrafen. Diese und zahlreiche weitere Gesetze und Verordnungen des Nazi-Regimes verschärften in den Folgejahren die politische, juristische, gesellschaftliche und menschliche Sonderstellung und Isolierung der Juden in Deutschland.

Hatte man jüdische Frontkämpfer des Ersten Weltkriegs und diejenigen Juden, welche bereits vor 1914 in den Staatsdienst eingetreten waren, bis dahin noch geschont, so wurden auch sie jetzt aus ihren Ämtern entfernt. Vieles wurde den Juden untersagt: Sie durften keine Reichssportabzeichen tragen, ihre Häuser nicht mehr mit deutschen Fahnen beflaggen, keine öffentlichen Badeanstalten mehr betreten. Kinderreichen jüdischen Familien wurde der Anspruch auf Kinderbeihilfen entzogen, ein weiterer Schritt in Richtung Ausgrenzung auch auf wirtschaftlichem Gebiet. Jüdische Schüler in staatlichen Schulen wurden von Mitschülern und

Lehrern häufig schikaniert, oft auch tätlich angegriffen, bestenfalls einfach igno-
riert, bis ihnen schließlich ab November 1938 nur noch der Besuch jüdischer
Schulen gestattet war. Mancherorts – so in meiner Heimatgemeinde Fränkisch-
Crumbach im Odenwald – waren sie allerdings schon früher als „unerwünscht"
vom Unterricht ausgeschlossen worden.

Die Nazis erfanden groteske Abstufungen des Jüdischseins. Ein in der Nazi-
Sprache so titulierter „Mischling" war eine sehr unerwünschte „gemischtrassige"
Erscheinung, ein Gegenstand, den man mit „erstem" oder „zweitem Grad" bewerte-
te, je nachdem, wie viele jüdische Großelternteile er hatte. Diese Unterscheidung,
die in den Anfangsjahren der Diktatur zu skurrilen Benachteiligungen und
Bevorzugungen führte, hat dann gleichwohl auch viele „Mischlinge" nicht vor einem gewaltsamen Ende bewahrt.

Von Beginn an zielte die Politik der Nazis darauf ab, die wirtschaftlichen
Lebensgrundlagen der Juden zu ruinieren. Der Boykott jüdischer Geschäfte im April
1933 hatte eine lange Kette von Maßnahmen zur schrittweisen Verdrängung von
Juden aus dem Wirtschaftsleben eingeleitet. Die im NS-Jargon „Arisierung" oder
„Entjudung" genannten Aktivitäten waren nichts anderes als die Zwangsenteignung
jüdischer Bürger zugunsten von Nichtjuden. Neben Enteignung und Verkauf ihres Besitzes weit unter Wert verloren viele Juden zudem ihr Vermögen an den
Staat. Bereits bei Verabschiedung der „Nürnberger Gesetze" war rund ein Viertel
aller jüdischen Geschäfte enteignet gewesen. Mit Beginn des Jahres 1938 wurde
es Juden verboten, Geschäfte und Betriebe zu besitzen sowie Dienstleistungen
anzubieten. Auch Großunternehmen wurden nun nicht mehr verschont, jüdische
Mitinhaber und Gesellschafter wurden hinausgedrängt.

Brutaler Höhepunkt der Ausschaltung der Juden aus allen Bereichen des gesellschaftlichen Lebens war das Pogrom am 9./10. November 1938. Es leitete zugleich die dritte und letzte Phase der antisemitischen Nazi-Politik
ein. In der offiziellen Propaganda als angeblich völlig spontaner Racheakt
der deutschen „Volksgemeinschaft" wegen der Ermordung des deutschen
Botschaftsangehörigen Ernst vom Rath in Paris durch den 17-jährigen polnischen
Juden Herschel Grynszpan dargestellt, handelte es sich in Wahrheit um eine
wohlorganisierte Gewaltaktion gegen die Juden unter der Führung der NSDAP
und ihrer Sturmabteilungen (SA). Überall im damaligen Deutschen Reich wurden
Synagogen demoliert bzw. in Brand gesteckt, Wohnhäuser und Geschäfte von
Juden angegriffen, ihr Mobiliar bzw. ihre Warenbestände zerstört, die jüdischen
Menschen gedemütigt, verprügelt und misshandelt, etliche auch erschlagen. Rund
25.000 jüdische Männer wurden damals verhaftet und in die Konzentrationslager

Buchenwald, Dachau und Sachsenhausen verschleppt. Gipfel der Niedertracht war es, dass die Juden die von den Nazis angerichteten Schäden auch noch selbst beheben und zudem mehr als eine Milliarde Reichsmark als „Sühneleistung" an das Reich zahlen mussten. Der Schadenersatz in Höhe von mehreren Hundert Millionen Reichsmark, den sie von den Versicherungen hätten beanspruchen können, wurde überdies vom Staat beschlagnahmt.

Nur einem Viertel der in Deutschland lebenden Juden war es bis zu diesem Zeitpunkt gelungen, auszuwandern. Viele jüdische Familien hätten schon unter normalen Bedingungen das Geld zum Verlassen ihrer Heimat nicht aufbringen können. Der finanzielle Ruin, in den durch das Pogrom viele derjenigen getrieben worden waren, die sich bereits um eine Ausreisemöglichkeit bemühten und die hierfür nötigen Mittel gehabt hatten, machte nun auch deren Hoffnungen zunichte. Und obwohl jene Ausschreitungen im Ausland sehr wohl bekannt waren und dort entsprechend scharfe Reaktionen hervorriefen, ließ die Bereitschaft der meisten Länder, deutsche Juden danach in größerer Zahl aufzunehmen, sehr zu wünschen übrig.

Das militärische Vordringen der Deutschen in Europa war zugleich der Auftakt für die „Endlösung", den Völkermord an Millionen europäischer Juden in allen von Hitler besetzten Ländern. Nachdem der Diktator am 12. März 1938 unter dem Jubel großer Teile der dortigen Bevölkerung in Österreich einmarschiert war, besetzte er ein Jahr später, Mitte März 1939, die Tschechoslowakei. Beide Nachbarländer standen damit als Zufluchtsorte für Tausende und Abertausende der von den Nazis Verfolgten nicht mehr zur Verfügung. Vielmehr mussten die dort lebenden deutschen Flüchtlinge – sofern ihre Mittel es zuließen – jetzt umgehend neue Fluchtziele ansteuern. Am 1. September 1939 fielen Hitlers Truppen in Polen ein. Binnen kürzester Zeit wurden im Mai 1940 Belgien, Luxemburg und die Niederlande von deutschen Truppen besetzt. Die Juden, welche in diese Länder geflohen waren, saßen nun dort in der Falle. Nur wenigen gelang es danach noch, über Umwege in sichere Länder zu entkommen. Am 14. Juni 1940 marschierte die Wehrmacht kampflos in Paris ein. Den nördlichen Teil Frankreichs behielt sie in ihrer Gewalt. Die in Vichy, im nicht besetzten Südteil Frankreichs, installierte Marionettenregierung unter dem greisen Marschall Henri Philippe Pétain sollte sich mehr als willfährig erweisen, Juden nicht heil davonkommen zu lassen. Bereitwillig erfüllte sie die deutschen Forderungen, die auf ihrem Territorium lebenden Juden auszuliefern, allen voran jene, die nicht französische Staatsbürger waren.

Das ungeheure Tempo seiner Eroberungsfeldzüge ließ Hitler glauben, auch hinsichtlich der „Endlösung der Judenfrage" leichtes Spiel zu haben. Am 20. Januar 1942 trafen sich unter der Leitung von Reinhard Heydrich, dem Chef des Reichssicherheitshauptamts (RSHA), in einer Villa am Großen Wannsee 15 hochrangige Vertreter der SS, der NSDAP und verschiedener Ministerien, um über ihre Zusammenarbeit bei der Durchführung der Deportation und Ermordung aller europäischen Juden zu beraten. Das Protokoll dieser Konferenz, von Heydrichs Deportationsexperten Adolf Eichmann angefertigt, ist ein erschütterndes Dokument der Planung des Völkermords unter Beteiligung der Staatsverwaltung.

Im Zuge des Vernichtungskrieges, mit dem Deutschland schließlich auch Südosteuropa, das Baltikum und die Sowjetunion überzog, wurden alle dortigen Juden gejagt und in Ghettos gesperrt, sie wurden Opfer von Massenerschießungen, wenn sie nicht in den großen Vernichtungslagern fabrikmäßig ermordet wurden. Der reibungslose Ablauf der Massendeportationen der westeuropäischen Juden in die Todeslager, nur notdürftig kaschiert als „Umsiedlung" oder „Arbeitseinsatz im Osten", wurde durch die Beteiligung aller möglichen Behörden sowohl in Deutschland selbst als auch in den okkupierten Ländern vorangetrieben.

DAS ERBE UNSERER ELTERN – BRIEFE AUS EINEM LÄNGST VERGANGENEN LEBEN

Mein Leben wurde gerettet in einer Zeit, in der Menschen wie ich in Deutschland nichts mehr wert waren. Ich war ein jüdisches Kind in einem Land, in dem Hitler und seine Anhänger die Macht innehatten. Von jeweils 14 jüdischen Kindern, die zwischen 1933 und 1945 auf dem von den Nazis schließlich fast vollständig beherrschten europäischen Festland wohnten, vermochte nur eines zu überleben. Meine Rettung kurz vor Ausbruch des Zweiten Weltkrieges verdanke ich den inzwischen etwas besser bekannten „Kindertransporten". Sie wurden in Großbritannien eingeleitet, nachdem die Überfälle und sonstigen Verbrechen der Nazis am 9. und 10. November 1938 den in Deutschland lebenden Juden einen letzten Warnhinweis gegeben hatten, dass ihnen der Untergang bevorstand.

Die Juden in der kleinen Gemeinde Fränkisch-Crumbach im Odenwald, in der ich mit meiner Familie lebte, wurden erst in der Nacht des 10. November 1938 von den Nazis heimgesucht, denn die Befehle zur Durchführung der geplanten NS-Aktion benötigten damals ihre Zeit, um bis in abgelegenere Orte zu gelangen. Unser Haus glich nach dieser Nacht einem einzigen Scherbenhaufen. Mein Vater, Moritz Oppenheimer, und mein ältester Bruder Ernst waren in das Konzentrationslager Buchenwald verschleppt worden, so wie viele andere jüdische Männer aus unserem Dorf und auch aus den umliegenden Gemeinden. Während Ernst, der schon ein Visum für die Ausreise in die USA in der Tasche hatte, bald wieder freigelassen wurde, kam mein Vater erst nach etwa zwei Monaten als kranker, erschreckend gealterter Mann aus dem Lager zurück. Ich erkannte ihn kaum noch.[2]

Die immer heftiger werdenden Anfeindungen im Dorf machten uns unmissverständlich klar, dass wir in Fränkisch-Crumbach keine Zukunft hatten. Meiner Mutter, Margarete (Grete) Oppenheimer, geb. Krämer, gelang es, in ihrer Geburtsstadt Mannheim die Leitung des jüdischen Waisenhauses zu übernehmen. So zogen wir dorthin und konnten uns in der Anonymität der Großstadt,

---

[2] Zur Kindheit in Fränkisch-Crumbach und zum Leben in England siehe: David, Ruth L.: Ein Kind unserer Zeit. Erinnerungen eines jüdischen Mädchens an Deutschland und an das englische Exil. 2., neu bearb. und ergänzte Ausgabe. Wiesbaden 2005.

in der man uns nicht kannte, wenigstens vorübergehend etwas sicherer fühlen. Das Waisenhaus lag im Zentrum der Stadt, und es gab dort auch eine jüdische Schule, in die wir Oppenheimer-Kinder gemeinsam mit den Waisenkindern gingen. Schnell hatten wir uns miteinander angefreundet. Die Waisenkinder schienen sich unter Mutters Fürsorge sehr wohl zu fühlen. Obwohl Vater nach den Misshandlungen in Buchenwald alles andere als gesund war, half er Mutter auf jede erdenkliche Weise. Dennoch bedeutete das Leben in Mannheim nur eine Sicherheit auf Zeit. Ernst in den USA und unser zweitältester Bruder Werner, dem 1938 noch vor dem Pogrom die Auswanderung nach Argentinien geglückt war, setzten alles daran, uns in eines dieser Länder nachzuholen. Doch alle ihre Anstrengungen sollten vergebens sein.

Schon bevor Hitler den Zweiten Weltkrieg anzettelte, wusste man in aller Welt, was in Deutschland seit der Machtübernahme durch die Nazis vor sich ging. Bereits 1933 hatte das NS-Regime seine politischen Gegner, darunter nicht wenige Juden, rigoros verfolgt, in die Gefängnisse, Zuchthäuser, SA-Prügelkeller und frühen Konzentrationslager geworfen. Etlichen war die Flucht gelungen und sie berichteten dann im Ausland über das, was sie erlebt, was sie gerade auch am eigenen Leib erlitten hatten. Aber die Weltöffentlichkeit verschloss weitgehend Augen und Ohren vor all diesen Gräueltaten. In allen Ländern gab es in den 1930er Jahren eine große Arbeitslosigkeit und gravierende wirtschaftliche Probleme. Flüchtlinge wurden daher nur widerwillig aufgenommen, insbesondere jüdische Flüchtlinge, war doch der Antisemitismus auch außerhalb Deutschlands weit verbreitet. Menschen mit genügend Geldmitteln oder nützlichen beruflichen Fähigkeiten konnten etwa nach Großbritannien und in andere Länder einwandern, ärmeren Flüchtlingen wurde dies verwehrt.

In Großbritannien gab es zum Glück etliche gutherzige Menschen, es waren Juden, Christen und insbesondere die Quäker, welche die Bedrängnis und Not der Verfolgten klar erkannten und sich das Ziel setzten, vor allem deren Kinder zu retten. Auf ihre Veranlassung hin verabschiedete das britische Parlament recht schnell ein entsprechendes Gesetz. Danach durften Kinder zwischen fünf und 16 Jahren für eine begrenzte Zeit ins Land einreisen. Ihre Eltern mussten aber zusichern, ihnen so rasch wie möglich zu folgen, um sodann gemeinsam mit ihren Kindern in andere Länder weiterzuziehen. Nicht länger als sechs Monate nur sollten wir bleiben dürfen, aber dennoch war dieses Angebot durchaus großzügig.

Die ersten „Kindertransporte" trafen im Dezember 1938 mit Schiffen im Hafen von Harwich ein. Sie verließen Deutschland, das von den Nazis annektierte Österreich sowie später auch die Tschechoslowakei, von der ein Teil nach Hitlers

Einmarsch im März 1939 ebenfalls zum deutschen Machtbereich gehörte, jeweils von den größeren Städten aus. Meine Eltern brachten mich, damals gerade zehn Jahre alt, zum Mannheimer Bahnhof, von dem nur wenige Kinder abfuhren. Ich hatte mich verzweifelt dagegen gesträubt und nicht verstanden, warum ich als erstes der jüngeren Geschwister in ein mir fremdes Land gehen sollte, dessen Sprache ich noch dazu nicht kannte. Erst viel später begriff ich, wie klug meine Eltern gehandelt hatten. Der eigentliche „Kindertransport" ging von Frankfurt am Main aus, wohin die Eltern schon nicht folgen durften. Wie hätte es auch die Weltöffentlichkeit aufgenommen, wenn 200 Kinder und doppelt so viele Mütter und Väter dort weinend Abschied voneinander genommen hätten? Erwachsene durften sich den Transporten ohnehin nicht anschließen. Aber es kamen Kinder jeden Alters mit, sogar einige Babys und Kleinkinder, die noch nicht ihre eigenen Namen kannten. Großbritannien nahm sie großzügig auf.

Britische Familien kamen nach Liverpool Street Station, dem Londoner Zielbahnhof für viele „Kindertransporte", um sich eines der Kinder auszusuchen oder um bereitwillig eines entgegenzunehmen, das ihnen schon vorher zugeteilt worden war. Für jene Kinder, für die sich keine Familien fanden, wurden vorübergehend Heime eingerichtet. Viele Kinder blieben dann dort, denn die wirtschaftliche Lage in ihrem Gastland war schlecht und längst nicht für alle der fast 10.000 auf diese Weise geretteten Kinder waren Pflegeeltern zu finden. Ich selbst kam am 7. Juni 1939 in England an und gelangte in ein Flüchtlingsheim für Mädchen nach Tynemouth in Northumberland, in der Nähe der Stadt Newcastle, unweit der schottischen Grenze. Ein Ausschuss der dortigen Jüdischen Gemeinde hatte diese wohltätige Einrichtung organisiert. Diese Gemeinde war weder groß noch wohlhabend. Aus den sechs Monaten, die sie für uns anfänglich sorgen sollte, wurden schließlich sieben lange Jahre. Sie unterstützte uns mit selbstlosem Einsatz, ohne je ein Kind spüren zu lassen, dass dies alles eine große Belastung darstellte.

Im Heim waren wir zwei Dutzend Mädchen aus Deutschland, Österreich und der Tschechoslowakei. Drei von uns hatten das Glück, jeweils entweder Vater oder Mutter in England zu wissen. Alle anderen gaben sich große Mühe, mit ihren Familien per Post in Verbindung zu bleiben. Traf endlich einer der jeden Tag sehnlichst erwarteten Briefe ein, wurde er nach der ersten raschen Lektüre erst einmal weggeschlossen und dann später wieder und wieder gelesen. Andere Mädchen ließen wir daran kaum teilhaben, waren doch die Schreiben von daheim sehr persönliche und uns bisweilen überaus bewegende Kostbarkeiten.

Nachdem Hitler Polen überfallen und England – wie auch Frankreich – zwei Tage darauf Deutschland den Krieg erklärt hatte, brach der Briefverkehr mit unserer

Heimat abrupt ab. Deutschland war nun Feindesland. Unsere Eltern mussten neue Wege finden, um mit uns in Kontakt zu bleiben. Auch meine Schwester Hannah, dreieinhalb Jahre älter als ich, hatte es gerade noch geschafft, im August 1939 mit einem „Kindertransport" nach England zu gelangen. Sie lebte jedoch zunächst in Worthing in Sussex, weit im Süden des Landes. An ein Treffen mit ihr war also nicht zu denken.

Die Eltern waren sehr erfinderisch beim Aufspüren neuer Postwege. So war es damals noch möglich, Briefe an Verwandte oder Freunde in neutralen bzw. in vom Krieg noch verschonten Ländern zu senden. Von dort aus wurde die Post dann an uns weitergeleitet und wir antworteten unseren Eltern über die gleichen Verbindungen. Dieser Briefverkehr währte zwar immer sehr lange, aber wer von uns solche Post bekam, war jedesmal hellauf begeistert. Denn zu wissen, dass die Eltern lebten, war für uns die größte Freude und gab uns die Hoffnung, sie doch bald wiederzusehen. Allerdings war die Neutralität der meisten Länder nur von begrenzter Dauer, denn die deutschen Armeen überrollten in beängstigendem Tempo ein europäisches Land nach dem anderen.

Zunächst schrieben meine Eltern über Doris Katz, ein 14-jähriges Mädchen, das in die Niederlande geflohen war. Sie stammte aus Michelstadt im Odenwald und war eine gute Freundin meiner Schwester Hannah. Beide hatten sich in der kleinen jüdischen Schule in Höchst kennen gelernt, in die wir eine Zeit lang gingen, nachdem uns der Besuch staatlicher Schulen verboten worden war. Doris war, wie viele jüdische Kinder und Jugendliche, Ende November 1938[3] allein auf die Reise geschickt worden. Wie so viele Eltern hatten auch Hugo und Lina Katz die Hoffnung gehegt, ihre Tochter sei dort nun in Sicherheit. Gewissenhafter, als es vielleicht ihrem Alter entsprach, kümmerte sich Doris um die Weiterleitung unserer Briefe, schickte oft aufmunternde Zeilen mit und schrieb auch selbst Postkarten und Briefe an meine Mutter, in denen sie Informationen über unsere Schulerfolge weitergab und meine Mutter wegen der immer wieder scheiternden Auswanderung meiner Eltern tröstete. In einem Brief vom 3. April 1940 schrieb sie:

Liebe Frau Oppenheimer!
Gestern erhielt ich Ihre liebe Karte und danke Ihnen herzlich dafür. Auch ich war sehr erschreckt als ich las, dass Ihre Auswanderung so schwierig ist. Kann man

---

[3] Schmall, Martin: Die Juden in Michelstadt 1650–1943. Hrsg.: Stadt Michelstadt. 4. erw. Aufl. Michelstadt 1988 (Rathaus- und Museumsreihe, Bd. 5), S. 56. Dort ist angegeben, dass Doris Katz am 28. November 1938 nach Amsterdam verzogen ist.

gar nichts unternehmen? Kann Werner auch nichts tun und Ernst? Welcher Art sind denn die Schwierigkeiten? Ach, ich würde Ihnen so gerne helfen, wenn ich nur könnte. Schreiben Sie mir nur, wenn ich was tun kann. Aber eines müssen Sie mir versprechen, dass Sie sich nicht allzu sehr aufregen. Es hat leider keinen Zweck und schadet nur der Gesundheit, und die brauchen Sie doch so nötig. Verlieren Sie nur den Mut nicht, einmal muss es doch klappen, wie wir es alle hoffen. [...].

Doris Katz wohnte zur Zeit des Schriftwechsels mit uns in Rotterdam, ging dort auch zur Schule und hatte Verwandte in der Nähe. Ende April 1940 zog sie nach Driebergen. Im Mai 1940 war es mit der Neutralität der Niederlande vorbei. Rotterdam wurde heftig bombardiert, die niederländische Armee hatte gegen die deutsche Übermacht keine Chance. Die Wehrmacht machte mit diesem kleinen Land kurzen Prozess und okkupierte es sofort. Von Doris Katz sollten wir nie mehr etwas hören. Nach Archivangaben wohnte sie zuletzt – wie zu Beginn ihres Exils – wieder in Amsterdam, und zwar in der Rapenburgerstraat 17, von wo aus sie am 11. Februar 1943 in das Lager Westerbork verbracht wurde, jenes große Sammellager zur Deportation aller in den Niederlanden lebenden Juden. Anfang März deportierten die Nazis Doris in das Vernichtungslager Sobibor, wo sie am 5. März 1943, nur 18 Jahre alt, ums Leben kam.[4] Ihre Eltern, die im Sommer 1941 von Michelstadt nach Mainz gezogen waren[5] und dort zuletzt in der Margarethengasse 28, einem der eigens eingerichteten „Judenhäuser",[6] gelebt hatten, wurden mit dem ersten großen Mainzer Transport am 25. März 1942 über Darmstadt in das Ghetto Piaski nahe Lublin deportiert und wenig später ermordet.[7]

---

[4] Mitteilung des Herinneringscentrum Kamp Westerbork vom 9. Mai 2006.
[5] Schmall (wie Anm. 3) S. 55.
[6] Nach dem „Gesetz über Mietverhältnisse mit Juden" vom 30. April 1939 konnten solche Mietverhältnisse fristlos gekündigt werden. Die Juden wurden daraufhin zwangsweise in Häuser jüdischer Eigentümer eingewiesen, was aufgrund der Fülle der Einweisungen zu extrem beengten Wohnverhältnissen führte. Die von den Nazis so betriebene Gettoisierung erlaubte eine leichte Kontrolle der jüdischen Bevölkerung und beschleunigte die organisatorische Vorbereitung ihrer Deportation.
[7] Siehe: Gottwaldt, Alfred/Schulle, Diana: Die „Judendeportationen" aus dem Deutschen Reich 1941-1945. Eine kommentierte Chronologie. Wiesbaden 2005, S. 186 f.; dieser Transport wird oft mit dem falschen Reisedatum 20. März genannt, so in: „Als die letzten Hoffnungen verbrannten ...". 9./10. November 1938. Mainzer Juden zwischen Integration und Vernichtung. Dokumentation zu einem Projekt der Stadt Mainz in Zusammenarbeit mit dem Verein für Sozialgeschichte aus Anlaß des 50. Jahrestages der Novemberpogrome 1938. Hrsg.: Anton M. Keim. Mainz 1991, S. 281; vgl. auch: Initiative Gedenkort Güterbahnhof Darmstadt (Hrsg.): Darmstadt als Deportationsort. Darmstadt 2004; ebenso: Initiative

Mädchen der jüdischen Schule in Höchst im Odenwald 1936/37: Doris Katz auf der Fensterbank links, meine Schwester Hannah in der Mitte stehend.

Für viele der Mädchen in unserem Heim endete mit Ausbruch des Krieges zwischen Großbritannien und Deutschland der Schriftverkehr mit ihren Eltern, sieht man einmal von den seltenen Mitteilungen über das Rote Kreuz ab, in denen zudem nur 25 Wörter erlaubt waren. Orte durften darin nicht genannt werden, desgleichen keine wichtigen Neuigkeiten, außer vielleicht: „Uns geht es gut. Wie geht es Dir?" Auch konnten diese Mitteilungen Wochen unterwegs sein, bis sie uns erreichten.

Meine Eltern hatten schon im September 1939 zusätzlich ein zweites neutrales Land für ihren Postversand ausgewählt, weil sich so die Chancen erhöhten, dass ihre Briefe wirklich bei uns ankamen. Dieses Land war Litauen. Meine Mutter, eine studierte Mathematikerin, hatte sich als junge Frau entschlossen, an einem Gymnasium in Kaunas (Kovno) zu unterrichten. Warum sie dorthin gegangen war, weit weg von der Obhut ihrer Familie, habe ich nie erfahren. Dennoch war es ein mutiger Schritt und zeugt von der Selbständigkeit einer jungen Frau, die

Gedenkort Güterbahnhof Darmstadt (Hrsg.): Die Deportationslisten. Veröffentlichung der vollständigen Namenlisten der 1942/43 aus dem ehemaligen Volksstaat Hessen deportierten Juden. Darmstadt 2004. Die in das Getto Piaski deportierten Juden wurden vermutlich in Belzec oder Sobibor ermordet, Genaues hierzu ist bisher nicht bekannt.

– 1892 geboren – als eine von damals nur ganz wenigen Frauen an deutschen Hochschulen Mathematik studiert hat. Mutter hatte noch eine Freundin dort, eine frühere Kollegin, die Englischlehrerin Erna Fischel. Sie kannte mich nicht. Vor meiner Geburt hatte sie meine Familie ein paar Mal in Fränkisch-Crumbach besucht. Gleich im ersten Brief, den sie mir Ende September 1939 schrieb und in dem sie mir Neuigkeiten von Mutter berichtete, machte sie mir Mut zu schreiben und gab mir Hinweise, wie der Briefwechsel über Kaunas künftig ohne Schwierigkeiten laufen könnte:

Liebe Ruth!
Du hast sicher schon von Erna Fischel gehört, die mit Mutter zusammen am Gymnasium in Kaunas gearbeitet hat. Diese Zusammenarbeit liegt schon sehr lange zurück. Ich war auch mehrmals in Fränkisch-Crumbach, kenne Vater, Ernst, Werner, Hannah und auch Mina. Ich habe hier zwei Briefe von Mutter vor mir liegen, einer ist vom 11. September, der andere vom 19. September. Mutter schreibt, dass sie alle gesund sind, dass sie von den Jungen aus Amerika gute Nachrichten haben, [...] dass Onkel und Tante aus Fränkisch-Crumbach in Mannheim zu Besuch waren, dass Mina augenblicklich in Mannheim ist und Mutter hilft. [...] Wenn Du nun diesen Brief bekommen haben wirst, so schreibe einen Brief an die Eltern und schicke ihn an mich; ich werde ihn dann nach Mannheim schicken. Schreibe einfach „liebe Eltern", erzähle alles, was Du willst, nur ohne Namen, dann werden die Eltern den Brief bekommen. Da Du ja nur schreibst, was Du erlebst und wie es Dir geht, ist die ganze Geschichte einfach. Ich werde an Mutter schreiben und sie bitten, mir einen Brief für Dich zu schicken; den bekommst Du hoffentlich bald. Sei vergnügt, Ruthlein, Du wirst jetzt immer durch mich von den Eltern hören, solange es nur geht. [...] Ich habe hier zwei Kanarienvögel vor mir stehen. Sie singen sehr schön. Ich möchte Dir gern einen schicken, es geht aber leider nicht.
Schreibe bald, viele Grüße
Deine Erna Fischel [8]

Diese gute Frau schickte uns fortan Mutters Briefe und machte sich, weil die britischen Behörden inzwischen eine Postzensur verhängt hatten, sogar die Mühe, einige Schreiben ins Englische zu übersetzen, um die Zensoren wohlwollend zu stimmen.

---

[8] Brief von Erna Fischel an Ruth Oppenheimer vom 26. September 1939. Nur dieser erste ihrer Briefe ist in Deutsch erhalten, alle übrigen sind in Englisch.

Jedem Brief, den sie uns schickte, legte sie einen Extrabrief für mich in Englisch bei. Sie schrieb herzlich und freundlich, stellte mir Fragen und ermutigte mich, zurückzuschreiben. Ich glaube, ich verstand ihre Briefe damals nicht zur Gänze, obwohl ihr Englisch hervorragend war. Aber meine Sprachkenntnisse reichten natürlich noch bei weitem nicht aus. Als ich ihre Briefe später las, merkte ich erst, welche Mühe sie sich gegeben hatte.

Erna Fischels Adresse lautete: Kaunas, 16 Vasario gve 8 but. 2. Da ich nichts über litauische Städte wusste, vergaß ich in einem Brief, Kaunas auf das Briefkuvert zu schreiben. Sie erklärte mir ausführlich in Englisch, was es mit der Adresse auf sich habe und dass es viele 16 Vasario-Straßen in größeren litauischen Städten gebe. Dies bedeutete „Straße des 16. Februar" und erinnerte an den 16. Februar 1918, an dem Litauen seine Unabhängigkeit erklärt hatte. Zum Glück war mein Brief zuerst nach Kaunas geschickt worden, sodass sie ihn trotzdem schnell erhalten hatte.[9] Darüber hinaus berichtete sie mir, dass die Jungen und Mädchen der sechsten Klasse ihrer Schule kurz zuvor eine Tanzaufführung veranstaltet hatten. Den Erlös aus dem Eintrittsgeld sowie aus dem Verkauf des Kuchens und anderer Leckereien – von den Müttern selbst hergestellt – war nach Wilna (Vilnius) geschickt worden, um armen Kindern zu helfen. Andere Klassen planten Ähnliches und auch weitere Schulen engagierten sich in dieser Weise. Hintergrund war, dass Wilna, seit 1923 unter polnischer Herrschaft, erst seit kurzem wieder zu Litauen gehörte und die Bevölkerung dort in sehr großer Armut lebte. Dass es auch anderswo auf der Welt nicht immer zum Besten bestellt war und selbst Kinder in meinem Alter etwas dagegen tun konnten, tröstete mich ein wenig in der Einsamkeit, die ich im Heim – fern von den Eltern – oft verspürte.

Erna Fischel schien mich ins Herz geschlossen zu haben. Sie fand englische Kosenamen für mich, nannte mich „dearie" (Liebling), so wie niemand in der gesamten Zeit im Heim mich jemals genannt hätte. Sie war immer noch als Lehrerin tätig und hatte eine gebrechliche alte Mutter, um die sie sich kümmern musste. Aus ihren Briefen merkte man, dass sie ihren Beruf liebte, an der Entwicklung und dem Wohlergehen ihrer Schülerinnen und Schüler großen Anteil nahm und dabei zugleich sorgenvoll das Fortschreiten des Krieges im Blick behielt. Würden die Deutschen noch weiter nach Osten marschieren und sich dabei auch ihr kleines Land einverleiben? Sie taten es. Erna Fischel und ihre Mutter verschwanden auf Nimmerwiedersehen. Wurden sie – wie so viele – schon am Tag des

---

[9] Brief von Erna Fischel an Ruth Oppenheimer vom 26. November 1939. Irrtümlich wird hier die Unabhängigkeitserklärung auf 1920 datiert, auf das Jahr, in dem Litauens Unabhängigkeit tatsächlich völkerrechtlich anerkannt wurde.

Erna Fischel im Mai 1940.

deutschen Einmarsches von eilfertigen, verblendeten Landsleuten ermordet, die den Judenhass der Invasoren teilten und sich diesen bereitwillig andienten? Oder wurden sie erst etwas später inhaftiert, ins Getto gezwungen und schließlich in einem der Todeslager ums Leben gebracht? Hat sich irgend jemand bemüht, das herauszufinden? Was haben ihre Nachbarn gedacht? Vermutlich wird es darauf nie eine Antwort geben. Das Archiv in Kaunas besitzt weder Dokumente über Erna Fischel noch über die Schule, an der sie einst gemeinsam mit meiner Mutter gearbeitet hat.

Die Briefe der Eltern kamen zum Glück mit großer Regelmäßigkeit. Ich erwartete sie sehnlichst und klammerte mich an sie wie an eine Rettungsleine. Für uns Kinder im Heim, die wir von daheim vertrieben worden waren, waren diese Briefe überlebenswichtig. Sie stärkten unser seelisches Befinden und halfen uns, mit unserem neuen Leben zurechtzukommen. Vor allem lernten wir durch sie, zu hoffen. Wir lernten aber auch, nicht über unseren Verlust und unsere große Sehnsucht nach den Eltern zu sprechen. Im Heim gab es niemanden, dem wir uns hätten wirklich anvertrauen können und der für unseren Schmerz Verständnis gehabt hätte. Natürlich redeten wir über unsere Familien. Wir sprachen von ihnen, als lebten sie noch ganz so wie vordem, bevor wir sie hatten verlassen müssen. Wir erzählten uns gegenseitig Geschichten über vergangene Abenteuer, über Spiele, die wir gerne gespielt und Ausflüge, die uns begeistert hatten. Ich bin sicher, wir beteten alle heimlich, leidenschaftlich und inständig. Eines Tages wurde angeordnet, dass wir unsere Briefe abgeben sollten. Sie seien schädlich für uns, weil sie uns sehr oft zum Weinen brachten. Diese Maßnahme der Heimleiterinnen kann ich gerade aus heutiger Sicht nur als schlimme pädagogische Fehlentscheidung bezeichnen. Aber über kindgerechte Pädagogik machte man sich damals kaum Gedanken. Nach Kriegsende blieb den meisten von uns die Post unserer Familien als deren einzige Hinterlassenschaft. Wer sie verloren hatte, besaß nichts mehr von daheim. Wahrscheinlich habe auch ich einige der elterlichen Briefe damals unwiederbringlich verloren, doch achtete ich künftig darauf, die Schreiben immer sorgsam zu verstecken. Niemals würde ich mehr eines davon hergeben. Während unseres Aufenthalts im Krankenhaus im Sommer 1940 – Großbritannien war von einer Diphtherieepidemie heimgesucht wurden, eine Katastrophe während des Krieges und angesichts der befürchteten deutschen Invasion – müssen ebenfalls Briefe abhanden gekommen sein. Ich bin überzeugt, meine Eltern haben mir auch während meiner Erkrankung geschrieben, wahrscheinlich auch Tante Liese aus York und meine Schwester Hannah aus Sussex, aber mir wurde damals keine Post ausgehändigt. Niemand brachte uns erkrankten Mädchen Post auf die Isolierstation. Und wenn uns jemand dort hätte besuchen wollen, er wäre nicht hineingelassen worden. Außerdem war das Krankenhaus zu weit von Tynemouth entfernt und ein eigenes Fahrzeug besaß das Kinderheim nicht. Während unserer stationären Behandlung musste das Heim dazu noch umziehen. Der Grund hierfür war, dass man uns als „feindlichen Ausländern", als die wir offiziell betrachtet wurden, nicht länger den Aufenthalt in einem militärischen Sicherheitsgebiet wie Tyneside gestattete. Wir fanden uns in Windermere im Lake District wieder, einer wunderschönen Gegend mit See und Bergen.

Viele von uns Heimbewohnerinnen hatten lange nichts mehr von zu Hause gehört und wussten deshalb nicht, was mit den Eltern geschehen war, ob sie noch in Deutschland, ob sie überhaupt noch am Leben waren. Über unsere Befürchtungen und Ängste konnten wir Mädchen nicht sprechen, auch nicht untereinander. Ich war vielleicht die Einzige, die ab 1940 noch Briefe von den Eltern erhielt. Aber plötzlich erreichten mich diese aus Frankreich. Was war geschehen? Ich konnte es mir nicht erklären. Erst nach dem Krieg und damit nach dem Zusammenbruch der Nazi-Diktatur erfuhren wir alle nach und nach die schreckliche Wahrheit. Die meisten unserer Eltern waren direkt in die polnischen Gettos und Vernichtungslager deportiert und dort ermordet worden.

Meine Eltern schickten die Nazis von Mannheim aus, wo sie mit meinen jüngeren Geschwistern Michael und Feodora – genannt Feo – sowie mit den Kindern des jüdischen Waisenhauses lebten, am 22./23. Oktober 1940 zusammen mit fast 7.000 jüdischen Männern, Frauen und Kindern aus ganz Baden, der Pfalz und dem Saarland in das Lager Gurs. Dieses befand sich im Südwesten Frankreichs, am Fuß der Pyrenäen gelegen. Es war all diesen armen Menschen kaum Zeit geblieben, die nötigsten Sachen zu packen, denn die Pläne zu ihrer Deportation hatte man bis zuletzt geheim gehalten. Deshalb waren alle völlig überrascht, auch die französischen Behörden. Damit hatten die NS-Planer ihr grausames Vorhaben verwirklicht, erstmals eine riesige Region Deutschlands auf einen Schlag „judenfrei" zu machen. Für die nächsten zwei Jahre lebten meine Eltern quasi als Gefangene im „unbesetzten" Teil Frankreichs, unbesetzt zwar durch die Deutschen, aber dirigiert durch die Vichy-Regierung, die Hand in Hand mit den Nazi-Eroberern arbeitete. Aber immerhin war es meinen Eltern noch knapp zwei Jahre lang möglich, mit uns von Südfrankreich aus in Briefkontakt zu bleiben. Obwohl dieses Gebiet offiziell als neutral galt, war es leider für sie dort nur ein Leben auf Zeit.

Am 17. August 1942 schickte der SS-Offizier Ernst Heinrichsohn[10], Mitarbeiter im „Judenreferat" von Paris, ein Fernschreiben an Adolf Eichmann, den Leiter des „Judenreferats" im Amt IV (Gestapo) des Reichssicherheitshauptamtes in Berlin, desgleichen an den Kommandanten des Vernichtungslagers Auschwitz in Polen, Rudolf Höß, um ihnen mitzuteilen, dass die nächste Lieferung von Opfern unterwegs sei. Transport Nr. 20 hatte Drancy, das berüchtigte Sammellager in der Nähe von Paris, verlassen. Es handelte sich dabei um knapp 1.000 Juden, welche die Vichy-Regierung nur zu bereitwillig den deutschen Besatzern überstellt hatte, um sie in die Todesfabriken des Ostens zu deportieren. Darunter waren 207 Jungen und 323 Mädchen unter 16 Jahren, die Jüngsten gerade einmal zwei Jahre alt, ohne Eltern oder Angehörige. Auch meine Eltern mussten auf diese Reise in den Tod. Den größten Teil des Nachmittags und die halbe Nacht des 16. August hatte es gedauert, alle Opfer in Viehwaggons zu verladen. Auf dem Boden war nur Stroh. Dann wurde der Zug für den Rest der Nacht hermetisch abgeriegelt. Erst am nächsten Morgen fuhr er los. Am 19. August 1942 traf er in Auschwitz ein.

---

[10] Heinrichsohn wurde 1980 vom Landgericht Köln zu sechs Jahren Haft verurteilt. Siehe dazu: Dahm, Klaus: Späte Strafe für den Täter aus der Nachbarschaft, taz Köln vom 11. Februar 2005, sowie: Klein, Anne/Wilhelm, Jürgen (Hrsg.): NS-Unrecht vor Kölner Gerichten. Köln 2003, S. 177–182.

Fast 900 unschuldige Opfer wurden sofort in den Gaskammern ermordet, die anderen wurden zur Arbeit „selektiert". Als die Sowjets Auschwitz am 27. Januar 1945 befreiten, hatten nur drei Männer aus diesem einen Transport überlebt.[11]

Außer den Briefen, die ich von meinen Eltern und Verwandten sowie von Freunden wie Erna Fischel zwischen 1939 und 1942 erhielt, besitze ich einen weiteren großen Schatz: jene Schreiben nämlich, die wir Kinder an unsere Eltern schickten und darüber hinaus auch die Durchschläge jener Briefe, welche meine Eltern an Ernst und Werner sandten. Sie fertigten diese Durchschläge nicht etwa an, weil sie die beiden älteren Brüder für wichtiger hielten als uns Jüngere. Vielmehr enthielten die Briefe an Ernst und Werner Einzelheiten zur geplanten Emigration. Jahrelang hatten die Eltern gehofft, Deutschland für immer hinter sich lassen und in Argentinien oder in den USA eine neue Bleibe finden zu können.
In den Besitz all dieser Briefe kam ich auf wundersame Weise. Mina Dümig, unsere langjährige Hausangestellte in Fränkisch-Crumbach, hatte sie aufbewahrt. Sie war eine großartige Frau, die auch in der Zeit der Nazi-Herrschaft immer loyal und freundschaftlich zu meinen Eltern gestanden hatte. Sie war eine Ausnahme, eine Christin, die es mit der Nächstenliebe wirklich ernst nahm. Wir waren ihre Familie gewesen, und so hielt sie es bis zum Schluss, ohne Rücksicht darauf, wie die Nazis darüber dachten. In unserem Haus in Fränkisch-Crumbach hatte sie nicht bleiben dürfen. Das „Gesetz zum Schutze des deutschen Blutes und der deutschen Ehre", eines der am 15. September 1935 verabschiedeten „Nürnberger Gesetze", verbot es nämlich Juden auch, „arische" Dienstmädchen unter 45 Jahren in ihren Haushalten zu beschäftigen. Gegen ihren Willen hatte Mina Dümig uns daraufhin verlassen müssen. Obwohl es gegen die Nazi-Vorschriften verstieß und sie sich selbst in hohem Maße gefährdete, hielt sie aber weiter Kontakt zu uns. Als meine Eltern Ende Februar 1939 mit Hannah und Michael nach Mannheim zogen, während Feo und ich wegen unseres Keuchhustens vorerst noch in Fränkisch-Crumbach bleiben mussten, um die Kinder im Waisenhaus nicht anzustecken, kam Mina Dümig, um uns zu versorgen. Sie kümmerte sich auch darum, die

---

[11] Zu den aus Frankreich deportierten Juden: Klarsfeld, Serge: Memorial to the Jews Deported from France 1942-1944. Documentation of the deportation of the victims of the Final Solution in France. New York 1983. Die französische Ausgabe 'Le Mémorial de la Déportation des Juifs de France' erschien 1978 in Paris. Serge Klarsfeld, Überlebender des Holocaust und später ein bekannter französischer Rechtsanwalt, dessen Vater unter den Opfern eines anderen Transports aus Drancy war, hat nach dem Krieg anhand der Transportlisten Zahl und Namen der Deportierten festgehalten und der Nachwelt überliefert. Von ihm stammen auch weitere Veröffentlichungen zu den Nazi-Verbrechen in Frankreich.

Mina Dümig 1938.

die Sachen von Onkel Gustav und Tante Ida aus Fränkisch-Crumbach zu holen, nachdem die beiden im Dezember des gleichen Jahres in das jüdische Altersheim nach Worms gezogen waren. Und Mina ließ sich auch nicht durch die Nazi-Verbote davon abschrecken, im Mannheimer Waisenhaus wieder für meine Eltern zu arbeiten. Anders als in unserer kleinen Odenwald-Gemeinde kannte sie in Mannheim ja niemand. Ich freute mich immer, wenn Mutter mir Grüße von Mina bestellte oder wenn diese selbst ein paar Worte unter Mutters Zeilen schrieb. Auch Erna Fischel berichtete mir aus einem Brief, den sie von Mutter erhalten hatte, das Folgende:

[...] Mutter wartete auf einige neue Jungen und Mädchen, deshalb hatten sie drei Hausangestellte, auch Mina. Aber nun sind nicht alle Kinder gekommen und einige gingen weg, die Köchin verließ sie auch und die andere Hausangestellte wurde krank. So muss Mina die ganze Arbeit machen, das ist etwas schwer, und Mutter hat auch viel Arbeit.[12]

---

[12] Brief von Erna Fischel an Ruth Oppenheimer vom 4. Januar 1940.

So war Mina Dümig auch am 22. Oktober 1940 zugegen, als meine Eltern am frühen Morgen der Befehl erreichte, binnen kurzem mit dem gesamten Waisenhaus abmarschfertig zu sein. Es war der Tag des jüdischen Laubhüttenfestes.[13] Alles, was Mutter noch tun konnte, war, ihr eine alte Aktenmappe aus Vaters Fabrik mit allen Briefen in die Hand zu drücken und sie zu bitten, diese „für die Kinder" aufzubewahren. Mein Bruder Michael, ein Jahr jünger als ich und zum Zeitpunkt der Deportation zehn Jahre alt, erinnert sich, dass Mina meine Eltern auf der Reise ins Ungewisse begleiten wollte. Sie mussten ihr jedoch davon dringend abraten, zumal dies auch strengstens verboten gewesen wäre.

Ich sollte Mina erst im Sommer 1957 wiedersehen. Es war mein erster Besuch in Deutschland, fast 20 Jahre nach meiner Rettung. Eigentlich hatte ich gar nicht mehr dorthin reisen wollen, aber meine englische Freundin aus Universitätstagen, Margaret Forrest, die mit ihrem Mann nach Köln gezogen war, lud mich ein. Beide hatten Mina, die damals im Hotel „Zum weißen Ross" in Niederbreisig am Rhein arbeitete, schon zuvor besucht. Es wurde dann ein ergreifendes Wiedersehen. Aber es blieb leider das einzige Treffen mit ihr. Damals händigte Mina mir jene Aktenmappe aus, die Mutter ihr anvertraut hatte. Ich versuchte zwar recht bald, die Briefe zu lesen, doch es war einfach zu schmerzlich. Diese Mappe bzw. deren Inhalt ist das einzige Erbe, das uns unsere Eltern hinterlassen konnten.

Heute erst erkenne ich, welch ein Schatz von durchaus historischer Bedeutung die Briefe sind. Nur ganz wenige Menschen, die das gleiche Schicksal wie meine Eltern erlitten, konnten solche Schriftzeugnisse bewahren. Noch weniger vermochten sie für die Nachwelt zu erhalten. Manche haben sie zwar Freunden anvertraut, aber wer hatte als Jude damals noch Freunde? Diejenigen, die solche Briefe nach ihrer Inbesitznahme von bis dahin jüdischen Häusern vorfanden, werden doch alle schriftlichen Hinweise auf die vormaligen Eigentumsverhältnisse zumeist umgehend vernichtet haben. Sie wollten bestimmt nicht erinnert werden, dass sie gestohlenes Eigentum besaßen.

Als ich Jahrzehnte später die Briefe meiner Eltern erneut durchsah, entschloss ich mich, sie vor allem für meine Kinder und Enkel als Erinnerung an die ihnen gänzlich unbekannte Familie zu übersetzen. Dann aber wollte ich sie auch all jenen Menschen zugänglich machen, die mehr über das wissen wollen, was in den zwölf schrecklichen Jahren der Nazi-Herrschaft geschehen ist. Ich habe deshalb

---

[13] Zu dem Vorgehen in verschiedenen Orten siehe: „... es geschah am helllichten Tag!" Die Deportation der badischen, pfälzer und saarländischen Juden in das Lager Gurs. Historische Darstellung. Materialien für den Unterricht. Hrsg.: Landeszentrale für politische Bildung Baden-Württemberg. Stuttgart 2000.

dazu Erläuterungen geschrieben, um die historisch-politischen Zusammenhänge gerade für die Jüngeren zu verdeutlichen, für die der Zweite Weltkrieg in großer geschichtlicher Ferne liegt.

Die Briefe unserer Eltern sind auch nach so vielen Jahrzehnten für mich bewegende Zeugnisse jener Schreckenszeit. Diese Korrespondenz war für meine Familie die einzige Möglichkeit gewesen, untereinander in Kontakt zu bleiben. Wie sehr hatten meine Eltern, hatten wir alle gehofft, uns wiederzusehen. Aber am Ende überlebten nur wir Kinder. In Fränkisch-Crumbach hatten wir einen der ganz wenigen damals existierenden Telefonanschlüsse besessen, an dessen Nummer – Reichelsheim Nr. 8 – ich mich noch heute erinnere. Doch schon während des Pogroms von 1938 ist dieser Anschluss zerstört worden, und bald danach war Juden kein Telefon mehr erlaubt. Allenfalls offizielle Vertretungen des Judentums verfügten noch über einen Anschluss, damit sie die Anordnungen der Nazis unverzüglich entgegennehmen konnten. Aber selbst, wenn meine Eltern irgendeine Möglichkeit zum Anrufen gehabt hätten, wäre keines von uns Kindern imstande gewesen, sich einen Telefonanschluss zu leisten, auch nicht Mutters Schwester Liese, der es gelungen war, sich als Hausangestellte in England zu verdingen. Die Zeit des weltumspannenden Telefonnetzes, des Internet und der allgegenwärtigen Mobiltelefone lag damals noch in weiter Ferne. Wir waren also auf den Postweg angewiesen, der oft sehr lange Zeit in Anspruch nahm und auf dem viele Briefe verloren gingen. Die Zensur, durch die immer wieder Briefe abgefangen wurden, tat ein Übriges.

Umso wichtiger war es, so oft wie möglich zu schreiben und die Post über ganz unterschiedliche Wege zu leiten, denn dies erhöhte die Chancen, dass die Briefe ihre Empfänger auch erreichten. Wegen der gelegentlichen Papierknappheit und weil Post ins Ausland, zumal die schnellere Luftpost, doch recht teuer war, wurden solche Briefe manchmal für mehrere Personen gleichzeitig geschrieben, d. h. sie mussten nacheinander weitergereicht werden. So wurden in Briefen beispielsweise etliche Informationen mitgeteilt, die man von Verwandten und Freunden erhalten hatte und die von den Empfängern dann weiter in Umlauf gesetzt wurden. Je mehr Freunde und Verwandte, denen die Flucht aus Deutschland gelungen war, in solche Nachrichtenketten eingeklinkt waren, desto größer wurde die Chance der in Deutschland Zurückgebliebenen, dass man für sie von draußen etwas tun konnte.

Die Briefe, die meine Eltern mir ins britische Exil schickten, sind an ein Kind im Alter von zehn bis 13 Jahren gerichtet. Besorgte Eltern wollen ihre Kinder in solch jungen Jahren nicht beunruhigen. Ihnen liegt daran, dass ihre Kinder sich wohl fühlen. Und so sollten auch meine Schwester Hannah und ich erst einmal die vielen Probleme in dem uns gänzlich unbekannten Land so gut es ging meistern – das war das noch heute deutlich spürbare Anliegen unserer Eltern. Vater und Mutter müssen es aus meinen Briefen ersehen haben, dass ich damals genügend eigene Sorgen hatte. Deshalb taten sie alles, mich aus der Ferne mit warmherzigen Worten zu unterstützen und ein wenig aufzumuntern. Ihre eigenen Ängste und Sorgen hielten sie von mir fern.

Ihre Schreiben an die Söhne Ernst und Werner sowie an andere Erwachsene aus unserem Familien- und Freundeskreis sprechen eine andere Sprache. Zwar sind auch sie von Fürsorge und Verständnis geprägt, doch ihre bittere Alltagsrealität, insbesondere die unüberwindbaren Schwierigkeiten bei der ersehnten Auswanderung, all dies tritt hier recht deutlich zutage. Unsere beiden Brüder waren bereits erwachsen, wenn auch sie noch sehr jung waren. Sie mussten in Argentinien und den USA unter schwierigsten Bedingungen ihren Lebensunterhalt verdienen. Auf ihnen lastete dazu noch die enorme Verantwortung, die Familie möglichst den Fängen der Nazis zu entreißen. Ich beziehe daher die erhalten gebliebene Korrespondenz mit Werner und Ernst sowie mit anderen Briefpartnern in dieser Edition ein, um so ein möglichst genaues und differenziertes Bild vom Leben meiner Eltern nachzuzeichnen.

Immer häufiger war in unserer Familie von Auswanderung die Rede gewesen, nachdem mein Vater seine Fabrik in Fränkisch-Crumbach hatte aufgeben müssen und die Feindseligkeiten im Dorf immer bedrohlicher geworden waren. Meine Eltern und die Brüder[14] hatten unterschiedliche Möglichkeiten erwogen, um mit der ganzen Familie auswandern zu können. Schließlich wurde Südamerika in Betracht gezogen, wohin schon Mitte der 1930er Jahre einige Verwandte und Freunde aus unserem Dorf emigriert waren. Die lateinamerikanischen Staaten hatten insbesondere an solchen Einwanderern Interesse, welche aufgrund ihrer beruflichen Fähigkeiten für die Entwicklung der dortigen Wirtschaft nützlich waren. Dazu gehörten natürlich gerade auch Landwirte. Bereits im ausgehenden 19. Jahrhundert waren im Zuge wirtschaftlicher Notlagen in Europa sowohl jüdische als auch nicht-jüdische Kolonisten nach Südamerika gegangen. Die 1891 gegründete Jewish Colonization Association (ICA) kümmerte sich im Verbund mit

---

[14] Meine älteren Brüder Ernst und Werner waren die Söhne aus Vaters erster Ehe. Seine Frau Clara, geb. Löwenstein, war noch recht jung an einer misslungenen Gallenoperation gestorben. Wir jüngeren Geschwister aus der zweiten Ehe mit Margarete, geb. Krämer, kamen 1925 (Hannah), 1929 (Ruth), 1930 (Michael) und 1934 (Feodora) zur Welt.

Die Geschwister Oppenheimer 1938 kurz
vor Werners Abreise (hinten: Werner, Hannah und Ernst; vorn: Michael, Feo und
Ruth). Unser letztes gemeinsames Foto.

anderen Hilfsorganisationen um die Ansiedlung jüdischer Familien, bereitete diese auf die neue berufliche Tätigkeit vor, kaufte Ländereien zur Besiedlung und
war in vielerlei Hinsicht unterstützend tätig. Ab 1933 fielen ihr in zunehmendem
Maße auch Aufgaben zur Rettung von Flüchtlingen zu.[15]

Mein zweitältester Bruder Werner, am 7. Juni 1917 geboren, hatte zur Vorbereitung
unserer Emigration außerhalb von Fränkisch-Crumbach bei dem Bauern Adam
Weidmann eine Lehre machen können, und zwar zu einer Zeit, als Juden schon
in keiner Anstellung mehr gern gesehen waren. Adam Weidmann muss ein guter Mann gewesen sein, denn Werner bestellte ihm in seinen Briefen mehrfach
Grüße. Die Pogromnacht 1938 hatte Werner selbst nicht mehr erleben müssen,
denn sein Dampfer „Groix", der ihn nach Argentinien brachte, hatte bereits am
14. Mai 1938 in Hamburg abgelegt. Er war als sogenannter „Vorfahrer" gegangen, wie damals Auswanderer hießen, deren Aufgabe in der Nachholung ihrer
Familie bestand. Werner war bei seiner Ausreise 20 Jahre alt. Er kam in eine der

---

[15] Vgl. dazu: Mühlen, Patrik von zur: Fluchtziel Lateinamerika. Die deutsche Emigration
1933–1945: politische Aktivitäten und soziokulturelle Integration (Forschungsinstitut der
Friedrich-Ebert-Stiftung, Reihe: Politik- und Gesellschaftsgeschichte, Bd. 21), Bonn 1988,
S. 35 f.

vielen von deutschen Auswanderern besiedelten Kolonien nahe der kleinen Stadt Alcaraz in der nordargentinischen Provinz Entre Ríos. Ihn erwartete harte Arbeit in einem Land, welches keineswegs frei von Antisemitismus war. Werner lebte also in einer ländlichen, sehr abgeschiedenen Region. In vielen seiner Briefe ist erkennbar, wie beschwerlich dort alles gewesen sein musste. Bei Regen waren die Wege selbst mit dem Pferd unpassierbar. Es war dann gänzlich ausgeschlossen, zur Poststation oder zur nächsten Verwaltungsstelle zu gelangen, um unsere Einwanderung voranzubringen. Von direkten Kontakten zu jüdischen Hilfsorganisationen und vielen wichtigen anderen Informationsmöglichkeiten, auf die Einwanderer vor allem in der Hauptstadt Buenos Aires zurückgreifen konnten, war er weithin abgeschnitten. Die dorthin emigrierte Familie Karlsberg aus Fränkisch-Crumbach war deshalb für ihn wie auch für meine Eltern eine eminent wichtige Anlaufstelle. Dennoch ließ Werner nichts unversucht und gab meinen Eltern je nach Kriegsverlauf immer wieder Hinweise auf möglicherweise noch offene Fluchtwege, von denen ihm andere Neuankömmlinge berichtet hatten.

Ernst, am 12. Juli 1915 geboren und damit der älteste von uns Geschwistern, war in der Pogromnacht des 10. November 1938 gemeinsam mit Vater festgenommen und dann in das Konzentrationslager Buchenwald verbracht worden. Wegen seines bereits vorliegenden Ausreisevisums für die USA wurde er sehr bald wieder freigelassen. Er sah für gewöhnlich überaus gepflegt aus, aber mit seinem kahl geschorenen Kopf erkannte ich ihn nach seiner Rückkehr aus Buchenwald kaum wieder. Es war ihm möglich, Deutschland schon nach kurzer Zeit, im Alter von 23 Jahren, zu verlassen. Zum Glück fand er relativ schnell nach seiner Ankunft bereits im Januar 1939 eine Anstellung im Jüdischen Nationalen Waisenhaus in Yonkers im Staat New York. Dort konnte er auch wohnen, und dies ermöglichte ihm, etwas Geld für den erhofften Nachzug von uns allen anzusparen. Aus seinen Briefen an die Eltern ist ersichtlich, wie schwierig es für Flüchtlinge war, eine Arbeit zu finden. Die jüdischen Hilfsorganisationen in den USA mussten die Neuangekommenen überall hinschicken, um ihnen überhaupt zu einer meist nur gering bezahlten Arbeit zu verhelfen.

Ich werde die Briefe meiner Eltern in chronologischer Abfolge vorstellen. Aus der Zeit in Fränkisch-Crumbach sind keine Schreiben an meine älteren Brüder nach Argentinien und in die USA überliefert. Wenn ich nicht alle Briefe in voller Länge wiedergebe, hat dies einen einfachen Grund: Da meine Eltern nie sicher sein konnten, dass ihre Post uns in unseren jeweiligen Zufluchtsländern auch wirklich erreichte, sie zudem oft sehr lange auf unsere Antwortbriefe warten mussten und viele unserer Schreiben auch tatsächlich nicht bei ihnen ankamen, sind darin zahlreiche Wiederholungen enthalten. Unsere Eltern wollten eben ganz sicher gehen, dass uns bestimmte Mitteilungen erreichten. Auf die Wiedergabe vieler solcher Wiederholungen habe ich verzichtet, vor allem dann, wenn sie in Briefen an denselben Adressaten stehen. Dass bestimmte Informationen an verschiedene Adressaten zugleich gegeben wurden, macht deutlich, wie mühsam und zeitaufwändig jener Briefwechsel war.

In nahezu allen Briefen spielen Freunde und Angehörige der weit verzweigten Familien mütter- wie väterlicherseits eine große Rolle. Etlichen von ihnen war die Auswanderung gelungen, wenn auch oft über mühsame Umwege. Meine Eltern richteten Grüße an sie aus, erkundigten sich nach ihrem Befinden, gaben Hinweise zu den noch in Deutschland oder im unbesetzten Südfrankreich Verbliebenen wie auch über Auswanderungspläne, von denen sie erfahren hatten. In vielen Fällen habe ich darauf verzichtet, gerade solche Briefpassagen zu zitieren, zumal sie nur für diejenigen verständlich sind, die mit unserer Familie vertraut sind. Es werden aber auch viele andere Namen in den Briefen genannt, etwa von Kindern aus dem Mannheimer Waisenhaus oder von Bekannten meiner Eltern. An viele kann ich mich heute nicht mehr erinnern, manche kannte ich selbst auch nicht. Wo immer es möglich war, nach so langer Zeit Informationen über die in den Briefen meiner Eltern genannten Personen aufzuspüren, habe ich diese eingefügt. Mir ist es vor allem wichtig, die Alltagsrealität meiner Eltern aufzuzeigen sowie die unendlich vielen Schwierigkeiten, die heiß ersehnte Auswanderung zu erreichen. Die Hoffnung, aber auch die Verzweiflung meiner Eltern sprechen aus all ihren Briefen, dies umso mehr, je weiter die Zeit voranschritt.

Die Geschehnisse während der Nazi-Herrschaft wurden von damaligen Zeitgenossen sehr unterschiedlich beurteilt. Je nach Standpunkt des Betrachters wurden sie entweder überschwänglich gefeiert und glorifiziert oder sie wurden besorgt und kritisch betrachtet. Letzteres durfte damals allerdings nicht nach außen bekundet werden. Wer dies dennoch tat, ob öffentlich oder auch nur im engsten Familien- und Freundeskreis, geriet bei Entdeckung ebenso in Lebensgefahr wie alle diejenigen, die den von den Nazis verfolgten Menschen beigestanden haben. Nur zu gut weiß ich, was meine Familie Mina Dümig verdankt.

Zu den Hilfsmitteln, die ich zur Kommentierung der Briefe herangezogen habe, gehören die offiziellen Berichte der Wehrmacht[16] sowie auch die Tagebücher, die Victor Klemperer in den Jahren 1933 bis 1945 heimlich führte, die jedoch erst lan-

---

[16] Die Wehrmachtberichte 1939–1945. 3 Bde. Hrsg.: Gesellschaft für Literatur und Bildung. Unveränd. photomech. Nachdruck. Köln 1989.

ge nach dem Krieg veröffentlicht wurden.[17] Die Berichte des Oberkommandos der Wehrmacht (OKW) gaben seit dem Überfall auf Polen am 1. September 1939 bis zum Kriegsende einen täglichen Überblick über alles, was im Kriegsgeschehen zu Lande, zu Wasser und in der Luft Wichtiges passierte. Sie waren zwar zumeist übertrieben bzw. geschönt, denn nur so wollte die Nazi-Führung selbst solche Informationen zur Kenntnis nehmen, und so sollte sie auch die deutsche Bevölkerung im Rundfunk hören und in den Zeitungen lesen. Militärische Erfolge wurden daher ungemein ausführlich und konkret, Misserfolge nur knapp und verbrämt dargestellt. Die Berichte müssen eben im Zusammenhang mit der ganzen sonstigen NS-Propaganda unter Regie von Joseph Goebbels gesehen werden, dem Demagogen im Amt des „Reichsministers für Volksaufklärung und Propaganda". Auf Wahrheit kam es dabei nicht an. Trotzdem sind jene Berichte für uns heute unverzichtbar, um beispielsweise den Ablauf des historischen Geschehens chronologisch exakt erfassen zu können.

Für Victor Klemperer, der während der gesamten NS-Diktatur seine Erfahrungen akribisch protokolliert hat, sah die Realität in Deutschland völlig anders aus. Wären seine Tagebücher damals entdeckt worden, hätte ihn dies den Kopf gekostet. Seine Frau Eva brachte sie, im Einkaufskorb versteckt, in regelmäßigen Abständen zu ihrer Schwester aufs Land in Sicherheit. Klemperer, 1881 in Landsberg an der Warthe geboren, war zu Beginn des „Dritten Reiches" Professor für Romanistik an der Dresdener Universität. Er entstammte einem jüdischen Elternhaus, war jedoch schon in jungen Jahren zum Protestantismus übergetreten. Er heiratete dann eine Christin, nahm als Freiwilliger am Ersten Weltkrieg teil und fühlte sich rundum als Deutscher. Seine jüdische Herkunft hatte 1935 nicht nur den Entzug der Lehrerlaubnis zur Folge, sondern auch das Verbot, die Hochschulbibliothek zu benutzen, was zur Fortsetzung seiner wissenschaftlichen Arbeit unerlässlich gewesen wäre. Klemperer und seine Frau überlebten wie durch ein Wunder. Im Chaos bei der Bombardierung Dresdens am 14./15. Februar 1945 konnten sie aus dem durch Treffer beschädigten „Judenhaus", in das sie lange zuvor einquartiert worden waren und wo sie auf ihre bevorstehende Deportation in den Tod warteten, fliehen und anschließend untertauchen. Klemperers Tagebuchaufzeichnungen spiegeln sehr genau die Lebenswirklichkeit der Juden im damaligen Deutschland wider. Was er erlebte, werden meine Eltern in ähnlicher Weise erlebt haben. In ihren Briefen wollten und konnten sie aber über die bittere Realität ihres Alltags

---

[17] Klemperer, Victor: Ich will Zeugnis ablegen bis zum letzten. Tagebücher 1933–1945. Bd. 1: 1933–1941; Bd. 2: 1942–1945. Hrsg.: Walter Nowojski unter Mitarbeit von Hadwig Klemperer. 9. Aufl. Darmstadt 1997.

nicht schreiben, zum einen, um uns Kinder nicht zu beunruhigen, zum anderen aber auch, um sich in Anbetracht der Postzensur nicht noch zusätzlich zu gefährden. Der Rückgriff auf Klemperers Tagebücher ist auf jeden Fall hilfreich, um die Lage meiner Eltern in jenen Jahren besser zu verstehen.

Briefe der Eltern aus Mannheim – R 7, 24: September 1939 bis September 1940

Die Mannheimer Innenstadt ist geprägt von einem gitterförmigen Straßennetz, dessen Entstehung bis zum Anfang des 17. Jahrhunderts zurückreicht. Statt durch Straßennamen werden die quadratisch angelegten Straßenblöcke durch Buchstaben und Zahlen gekennzeichnet. Das jüdische Waisenhaus, in das ich Ende Februar 1939 mit meiner Familie gezogen war, lag im Quadrat R 7 und trug die Hausnummer 24. Daraus ergibt sich die für andere Städte sicherlich ungewöhnlich anmutende Adresse „Mannheim R 7, 24". Das Gebäude steht heute noch. Von Februar bis Anfang September 1939 sind leider keine Briefe meiner Eltern überliefert. Das erste Schreiben, das ich dokumentieren kann, hat mein Vater zehn Tage nach Kriegsausbruch und insofern höchst besorgt nach Südamerika gesandt. Weitere Briefe unserer Eltern an Hannah und mich folgten kurz darauf.[18]

Mannheim 11. September 1939

Lieber Werner!

Wir haben Dir jetzt länger nicht geschrieben, auch weiß ich nicht, ob Dich dieser Brief erreicht, aber unversucht will ich es nicht lassen. Wir sind Gott sei Dank gesund und hoffen Gleiches auch von Dir. [...] Wir werden natürlich jetzt von hier nicht wegkönnen. Hoffentlich können wir von Dir laufend Nachricht erhalten, bitte schreibe uns nur häufig. [...] Bitte schreibe auch den Mädchen häufiger. Wir freuen uns, sehr bald wieder von Dir zu hören und grüßen Dich herzlich

Dein Vater

Gruß und Kuss Feo

---

[18] Die Zitate aus den Briefen sind unverändert, jedoch behutsam der heutigen Schreibweise angeglichen. Die Schreibweise der Datierungen wurde vereinheitlicht. Abkürzungen wurden der besseren Lesbarkeit wegen ausgeschrieben. Auslassungen sind mit [...] gekennzeichnet. Offensichtliche Schreibfehler wurden korrigiert.

Das jüdische Waisenhaus in Mannheim (Haus Bildmitte) im Jahr 1929.

Mannheim 18. September 1939
Lieber Werner!
Wir haben jetzt wieder ziemlich lange keine Nachricht mehr von Dir. Von Hannah und Ruth können wir leider nichts erhalten. Ich nehme an, dass Du uns laufend schreibst, hoffentlich können uns Deine Nachrichten erreichen. Wir sind gott-lob gesund. Onkel Gustav und Tante Ida sind vorläufig hier bei uns, wir müssen halt sehen, dass sie irgendwo unterkommen, denn dauernd kann ich sie hier nicht wohnen lassen. Onkel Julius ist für die nächsten Tage nach Stuttgart be-stellt, er wird wohl dann auch gleich abreisen. Ernst wird inzwischen auf seiner neuen Stelle in Florida sein. Bleibe bitte mit Deinen Geschwistern in dauernder schriftlicher Verbindung. Schreibe bitte auch Onkel Sally. Julius Neu wohnt jetzt in Frankfurt. Wegen unserer Auswanderung bleibe ich nach wie vor bemüht. Bitte schreibe bald und oft. Sei herzlich gegrüßt von
Deinem Vater

Mannheim 30. September 1939
Liebe Hannah, liebe Ruth,
wir haben vieles versucht, um mit Euch in Verbindung zu kommen, und bis jetzt

41

ist es leider nicht gelungen. Nun hoffe ich, auf dem Weg über Doris Katz eine Möglichkeit gefunden zu haben. Wir nehmen ja an und hoffen, dass es Euch, liebe Kinder, gut geht, aber es ist doch hässlich, wenn man gar nichts voneinander hört. Das werdet Ihr ja selbst genauso empfunden haben. Wir denken immer an Euch und sprechen viel von Euch und wissen, dass dies alles auch umgekehrt der Fall ist. Auch alle Verwandten und Bekannten fragen viel nach Euch. Wenn Dich dieser Brief erreicht, liebe Hannah, so schicke ihn sofort an Ruth weiter, und dann soll's umgekehrt ebenso gehen: Ruth soll Dir schreiben und Du an Doris. Wir wollen so gerne wissen, wie es Euch geht, ob Ihr gesund seid, was Ihr tut und treibt, was Ihr lernt, ob Ihr Gesellschaft habt usw.

Hört Ihr etwas von Euren Brüdern, von Tante Liese? Grüßt sie von uns. Von Werner hatten wir auch seit Wochen keine Nachricht, aber von Ernst ein paar Mal. Es scheint ihm gut zu gehen. Auch wir sind, Gott sei Dank, gesund und in unserem persönlichen Leben hat sich wenig geändert. Wir werden wohl noch ein paar Zöglinge ins Haus bekommen und haben jetzt auch ein kleines Mädchen dabei.

Eine große Neuigkeit muss ich Euch noch erzählen: Seit drei Wochen sind Onkel Gustav und Tante Ida hier. Wir konnten sie nicht mehr in Crumbach lassen; da sie aber auf die Dauer nicht hier bleiben können, muss man versuchen, in einem Altersheim oder dergleichen Aufnahme für sie zu finden.

Heute hatten wir eine Karte von Bella aus Paraguay. Die Feiertage[19] verliefen bis jetzt recht angenehm. Habt Ihr etwas davon gemerkt? Ich wünsche Euch noch nachträglich das Allerbeste zum Neuen Jahr[20] und küsse Euch von ganzem Herzen.

Eure Mutter

Viele Grüße von Feo und Michael

Es grüßt Dich, liebe Hannah und Ruth, herzlich Mina Dümig

Liebe Hanna, liebe Ruth!

Ich freue mich sehr, auf diesem Weg Nachricht von Euch zu erhalten, hoffentlich recht bald. Wir sind gesund. Seid recht herzlich gegrüßt und geküsst von Eurem Vater

---

[19] Gemeint ist Rosch HaSchana, das jüdische Neujahrsfest.
[20] Der jüdische Kalender gliedert sich anders als der gregorianische. Die Monate werden nach dem Mond, die Jahre nach der Sonne berechnet. Steht der Mond direkt zwischen Sonne und Erde, beginnt ein neues Jahr – nach gregorianischer Zeitrechnung ist dies im September/Oktober.

Mannheim, R. 7. 24.   30. IX. 39

Liebe Hannah u. liebe Ruth, wir haben so
vieles versucht, um mit Euch in Verbindung zu kommen, u. bis jetzt ist es
leider nicht gelungen. Nun hoffe ich,
auf dem Weg über Boris Katz eine Möglichkeit gefunden zu haben. Wir nehmen
ja an u. hoffen, daß es Euch, liebe Kinder, gut geht, aber es ist doch häßlich,
wenn man so garnichts von einander hört. Das werdet Ihr ja selbst gena=
so empfunden haben. Wir denken immer an Euch u. sprechen viel von Euch
u. wissen, daß dies alles auch umgekehrt
der Fall ist. Auch alle Verwandten u. Bekannten fragen viel nach Euch. Wenn
Dich dieser Brief erreicht, liebe Hannah, so schicke ihn sofort an Ruth
weiter, u. dann soll es umgekehrt eben so
gehen: Ruth soll Dir schreiben u. Du an Boris

Auszug aus dem Brief unserer Eltern an Hannah und mich vom 30. September 1939,
nach unserer Rettung nach England.

Mannheim 1. Oktober 1939

Meine liebe Ruth,

wir haben schon auf viele Arten versucht, in Verbindung mit Dir zu kommen, bis jetzt leider ohne Erfolg. Vielleicht hast Du aber inzwischen über Doris Katz Nachricht bekommen? Nun will es meine liebe Freundin Erna versuchen, Dir eine solche zukommen zu lassen. Hoffentlich gelingt es ihr. Wenn Du diesen Brief erhältst, so schreibe es bitte auch Tante Liese. Ihr sollt wissen, dass wir gesund sind und dass sich in unserem täglichen Leben wenig geändert hat. Hier im Haus ist's, wie es früher war. Wir werden höchstens noch ein paar Kinder aufnehmen. Einen kleinen fünfjährigen Buben und ein Mädchen von neun Jahren haben wir schon bekommen. Weißt Du schon, dass Onkel Gustav und Tante Ida eben bei uns sind? Dem Onkel gefällt es recht gut, da Mina ihn wieder sehr verwöhnt. Die Tante muss hier braver und ruhiger sein als zu Hause, weil sie hier ja wirklich nichts zu sagen hat. Deiner Freundin Anneliese geht es wieder gut. Die Operation ist gut verlaufen, und das Mädchen ist jetzt viel hübscher geworden. Liebe Ruth, wir denken sehr viel an Dich; das weißt Du ja, genau wie wir wissen, dass Du viel an uns denkst. Du brauchst Dir um uns gar keine Sorgen zu machen. Wir sind alle gesund; Feo ist immer noch sehr lieb und Michael immer noch sehr wild. Mit der Auswanderung geht's jetzt natürlich noch schwerer, aber hoffentlich kommen wir doch bald wieder mit Euch zusammen. Ernst schreibt sehr zufrieden. Von Werner haben wir lange nichts gehört.

Viele herzliche Grüße und Küsse von uns allen, besonders auch von Mina

Deine Dich liebende Mutter

Auch von mir recht herzliche Grüße und Küsse

Dein Vater

Als unmittelbare Reaktion auf den deutschen Überfall auf Polen hatten Großbritannien und Frankreich dem Deutschen Reich ein Ultimatum gestellt mit der Forderung nach sofortigem Rückzug aller Truppen. Deutschland reagierte darauf nicht. Eine entsprechende Garantieerklärung hätte beide Länder eigentlich verpflichtet, binnen zwei Wochen militärisch aktiv zu werden und Polen beizustehen. Zu Hitlers Erstaunen erklärten sie Deutschland dann am 3. September den Krieg, doch ihr Gegenschlag blieb aus. Es kam zwar verschiedentlich zu militärischen Operationen in der deutsch-französischen Grenzregion und auch britische Flottenverbände wurden in der Nordsee aktiv. Den ebenso rasanten wie fürchterlichen deutschen Vernichtungsfeldzug durch Polen vermochte dies indes nicht zu stoppen.

Die Wehrmachtberichte[21] hatten Ende September 1939 gemeldet, dass nach der Kapitulation Warschaus nun auch die Festung Modlin als letzte Bastion der polnischen Verteidigung eingenommen worden sei, in der sich „etwa 1.200 Offiziere, 30.000 Mann" sowie „4.000 Verwundete"[22] befanden. In den Berichten jenes ersten Kriegsmonats liest man immer wieder von unzähligen Kriegsgefangenen und einer reichen Ausbeute an Kriegsgerät, welches der Wehrmacht in die Hände gefallen war. Es wird jedoch verschwiegen, was mit der jüdischen Bevölkerung geschah, die in Polen damals einen höheren Anteil stellte als in irgendeinem anderen europäischen Land. Diese „zweite Front" des Vernichtungskrieges spielte auch sonst in der Medienberichterstattung in Deutschland keine Rolle. Heute wissen wir, dass die Juden umgehend verhaftet, weggeschafft, vielfach sofort ermordet wurden, wenn nicht durch die Deutschen, dann oft auch von ihren eigenen Landsleuten. Offiziell durfte davon keine Rede sein, aber diesbezügliche Gerüchte, verbreitet durch Soldaten in ihren Feldpostbriefen oder während ihrer Heimaturlaube, waren dennoch in Umlauf. Darüber hinaus griff man unzählige polnische Jüdinnen und Juden einfach auf der Straße auf, um sie in die Zwangsarbeit zu pressen. Ihre Angehörigen wussten in der Regel nicht, was mit ihnen geschehen war.

Die September-Berichte der Wehrmacht sagten auch, dass deutsche Zerstörer im Skagerrak und Kattegat skandinavische Schiffe nach verbotenem Material durchsucht hätten. Ebenso erwähnten sie, scheinbar wahrheitsgetreu, dass eine britische Fliegerstaffel einen Zerstörer der deutschen Marine in der Deutschen Bucht erfolglos attackiert habe und dass fünf der sechs angreifenden Flugzeuge dabei abgeschossen worden seien. Ich habe die meisten Wehrmachtberichte sehr sorgfältig gelesen. Doch obwohl mit klar war, dass diese den Ruhm der deutschen und die Schwäche der anderen Streitkräfte herausstellen mussten, bemerkte ich mit Erstaunen, wie geschickt die Propaganda in den deutschen Medien vorging. Als ich nämlich die Zahlenangaben zu den abgeschossenen britischen Flugzeugen addierte, zeigte sich, dass die deutsche Statistik unmöglich stimmen konnte. Hätten all die abgeschossenen Flugzeuge wirklich existiert, hätte Großbritannien

---

[21] Unter der stets gleichbleibenden Ankündigung „Das Oberkommando der Wehrmacht gibt bekannt" wurden in Rundfunk und Presse während des gesamten Kriegsverlaufs täglich zusammenfassende Berichte über die Kampfhandlungen an allen Fronten veröffentlicht. Der Rundfunk strahlte sie täglich um die Mittagszeit und dann jeweils vor den Nachrichten aus, die Presse veröffentlichte sie in der Regel auf der ersten Seite. Verantwortlich für diese Berichte war die Abteilung für Wehrmachtpropaganda im Führungsstab des OKW; zum Zustandekommen siehe: Wehrmachtberichte (wie Anm. 16) Bd. 1, S. I–VIII.

[22] Wehrmachtbericht vom 29. September 1939 (wie Anm. 16) Bd. 1, S. 43.

die größte Luftstreitmacht der Welt sein müssen. Stattdessen aber besaß das Land bekanntlich nur eine recht kleine Luftflotte, die am Ende gleichwohl zu den Siegern der Luftschlacht um Deutschland gehörte. Großbritannien war eigentlich gänzlich unvorbereitet gewesen auf einen Krieg. Die Royal Airforce konnte erst richtig aufgerüstet werden, nachdem die USA als Folge des japanischen Angriffs auf Pearl Harbor am 7. Dezember 1941 in den Krieg eintraten.

Lange bevor uns die ersten Briefe der Eltern erreichten wussten wir, dass Polen militärisch vollständig zusammengebrochen war. Der Triumph darüber war groß in Deutschland. Am 17. September war die sowjetische Armee in Ostpolen eingerückt, am 28. September war dann der sowjetisch-deutsche Grenz- und Freundschaftsvertrag unterzeichnet worden, mit dem Polen unter den Vertragspartnern aufgeteilt wurde. Glaubten die Sowjets allen Ernstes, dass sie verschont bleiben würden? Ein törichter Gedanke. Stalin war dabei keinen Deut besser als Hitler. Er war ebenfalls ein Tyrann, und zweifellos verfolgte er seine eigene Strategie. Zunächst aber hatte er seinen Anteil an der leichten Beute. Ganz Westeuropa wird sich gefragt haben: Was passiert als Nächstes?

Das Sirengeheul am Morgen des 3. September 1939, das in Großbritannien den Beginn des Krieges signalisierte, klingt mir heute noch in den Ohren. Es war ein hohles, langgezogenes Heulen – ein böses Omen. Ich wusste damals, dass der Erste Weltkrieg vier Jahre gewährt hatte. Sollte das jetzt wieder so sein – ich weigerte mich, eine längere Kriegsdauer in Erwägung zu ziehen –, dann wäre ich 14 Jahre alt und kein Kind mehr, wenn der Krieg vorüber wäre. Wie konnte ich dieser Tatsache ins Auge sehen und noch dazu einer solch langen Trennung von den Engsten und Liebsten meiner Familie? Für mich war dies schlicht undenkbar, eine grässliche Vorstellung, die ich mir sofort verbot. Es wurden dann sechs schier endlose Jahre und ich war 16, bevor der Krieg zu Ende ging.

Am 18. September 1939 notierte Victor Klemperer in seinem Tagebuch: „Politisch nun ganz deroutiert.[23] Friede in ein paar Wochen oder Allmacht Hitlers? Oder werden England-Frankreich kämpfen? Aber wie, wo und mit welchen Chancen? Einerseits schien Deutschland nun alle, wirklich alle Trümpfe in der Hand zu haben. Andrerseits: Wieso die immer größere Not an Lebensmitteln? [...] Und hat England schon jemals kampflos sich besiegt gegeben?" Zwei Tage später ist zu lesen: „Unsere Situation wird täglich katastrophaler. Gestern Befehl: Sicherheitskonto mit beschränkter Verfügung, Ablieferung alles Bargeldes; heute polizeiliche Anfrage nach unsern Lieferanten. Es scheint also, als sollten wir

---

[23] Vom Weg abgebracht; verwirrt.

strenger rationiert werden als die Allgemeinheit. [...] Eva mit den Nerven, ich mit dem Herzen völlig zu Ende. Von zwei Dingen eines: Entweder Hitler schließt in acht Tagen siegreich Frieden – dann gehen wir zugrunde. Oder der Krieg fängt jetzt erst an und dauert lange – dann gehen wir auch zugrunde. – Die politische Zukunft ist vollkommen dunkel. Ich sehe nicht, wie England kämpfen will, ich sehe nicht, wie es nachgeben kann."[24]

Auch wenn meine Eltern als Juden kein Radio mehr besitzen durften, werden ihnen die Siegesmeldungen aus dem Polenfeldzug nicht entgangen sein. Zeitungen gab es in einer großen Stadt wie Mannheim zuhauf. Ihre Ängste müssen, ähnlich wie die Klemperers, beträchtlich gewesen sein. Natürlich war ihnen klar, dass die Auswanderung nun sehr viel schwieriger werden würde. Vermutlich hatten sie bis zur britischen Kriegserklärung an Deutschland noch keine Nachricht von uns aus England erhalten. Wir Töchter hatten keine Ahnung, wie wir nun „aus Feindesland" mit ihnen Kontakt aufnehmen sollten. Sie aber lösten das Problem, ich erwähnte es bereits, indem sie sich mit Hannahs Freundin Doris Katz in den Niederlanden sowie mit Mutters Freundin Erna Fischel in Litauen in Verbindung setzten. Das malerische Odenwald-Städtchen Michelstadt, aus dem Doris stammte, wird heute von Touristen gerne besucht. Die allermeisten von ihnen aber wissen nur wenig oder wahrscheinlich gar nichts darüber, wie dessen Einwohner damals ihre jüdischen Nachbarn verfolgt haben. Das kleine, bescheidene Synagogengebäude gibt es dort noch. Es ist jetzt ein Museum zur jüdischen Geschichte und Kultur. Anders als in den meisten deutschen Städten konnte die Synagoge von Michelstadt während der schändlichen Pogrome im November 1938 nicht niedergebrannt werden. Sie stand inmitten sehr alter Fachwerkhäuser, und ein Übergreifen des Feuers hatte strikt vermieden werden müssen. Die Synagoge wurde aber geschändet und später leer geräumt, um dann als Lager für landwirtschaftliches und anderes Gerät zu dienen. Viele Jahre danach wurde das Haus restauriert und in ein würdiges Museum verwandelt.

Dass Deutschland nun ein feindliches Land war, begriff ich sehr gut. Ich war alt genug, um zu verstehen, dass Feinde nicht auf normale Art und Weise miteinander kommunizieren konnten. Auch wusste ich, dass unsere Eltern dabei nicht mehr auf der Seite ihres eigenen Landes stehen würden, ihres so genannten Vaterlandes. Dieses „Vaterland" würde ihnen gewiss nicht helfen. Wie alle Welt müssen auch sie zu jener Zeit einen deutschen Sieg sehr gefürchtet haben.

---

[24] Klemperer (wie Anm. 17) Bd. 1, S. 490 f.

Gustav Oppenheimer, im Frühjahr 1938.

Ida Oppenheimer (an der
Haustür) in den 1920er Jahren
mit einem Teil der Belegschaft
der Zigarrenfabrik in der Erba-
cher Straße 17 in Fränkisch-
Crumbach sowie Moritz Op-
penheimer (vordere Reihe
links).

Lotte (im Liegestuhl) und Annie
Oppenheim in den 1930er Jahren, kurz vor Lottes Emigration
nach England.

Tante Liese (Mutters Schwester
Elise Krämer), etwa Anfang der
1920er Jahre.

Kindergärtnerinnen=Seminar
Des Frauenbildungs=Dereins. E. D.
Mitglied des Deutschen Fröbel=Verbandes.
Unterweg 4.

Zeugnis

für Frl. *Liese Krämer*

nach dem _2_ Vierteljahr ihres Besuches im Seminar.

Umgang mit den Kindern: *sehr gut*
Verständnis für die Arbeit im Kindergarten: *gut*
Pflichttreue: *sehr gut*
Ordnung: *gut*
Betragen: *sehr gut*
Theoretische Leistungen im allgemeinen: *genügend*
Technische Leistungen im allgemeinen: *genügend gut*
Bemerkungen:

Frankfurt a. M., den *28. Sept.* 19 *15*

Leiterin des Seminars:

Ella Schwarz.

Zeugnis des Frankfurter Fröbel-Seminars (28. September 1915) für meine Tante Liese aus der Zeit ihrer Ausbildung zur Kindergärtnerin.

Natürlich hofften sie damals, es trotzdem zu schaffen, nach Argentinien zu ihrem Sohn Werner auszuwandern. Werner war tatsächlich optimistisch und freute sich auf das baldige Wiedersehen mit der Familie. Ich wusste also um die Brisanz der Situation und Optimismus war nicht meine Stärke. Krieg und Tod hatten, das war mit klar, sehr viel miteinander zu tun.

Der Brief meiner Eltern vom 1. Oktober 1939 wird mich frühestens Ende des Monats erreicht haben, vielleicht auch erst im November. Er bescherte mir eine Riesenfreude. Mutter erwähnte immer jene Menschen, mit denen unsere Eltern noch in Verbindung standen. Sehr dankbar äußerte sie sich über Nachrichten aus Übersee, etwa von meinem Cousin Fritz und seiner Frau Bella aus Paraguay. Ich war jedes Mal glücklich, wieder etwas von vertrauten Menschen zu lesen und Neuigkeiten über sie zu erfahren: so natürlich über meine Brüder in Amerika, über Onkel Gustav, die Tanten Ida und Liese oder Mutters Cousine Lotte. Hocherfreut war ich, wenn auch Michael und Feo an mich gedacht und ihre Grüße übersandt hatten. Ich vermisste sie so sehr.

Ich war bestürzt, dass meine Eltern Onkel Gustav und Tante Ida, die nun vorübergehend bei ihnen in Mannheim lebten, von Fränkisch-Crumbach weg in Sicherheit hatten bringen müssen. Beide waren Geschwister meines Vaters und gehörten zu den letzten Juden, die noch in unserem früheren Heimatdorf geblieben waren, dort, wo sich die Bevölkerung so hasserfüllt gegen uns und auch gegen diese beiden hilflosen alten Menschen gewandt hatte. Beide hatten viel Schlimmes durchgemacht, nicht zuletzt die Zerstörung ihres Elternhauses im November 1938. Sie taten mir unendlich leid. Onkel Gustav litt seit seiner Geburt an einer Hüftdysplasie, die damals noch nicht adäquat behandelt werden konnte. Richtig zu gehen war ihm nicht möglich, vielmehr musste er sich an zwei Krückstöcken vorwärts schwingen und benutzte auch einen selbst gebauten Rollstuhl. Er hatte sich autodidaktisch weitergebildet, besaß eine umfangreiche Bibliothek und wusste viel. Wir Kinder hatten seinen Erzählungen immer gerne gelauscht und uns oft mit ihm unterhalten. Während des Pogroms hatte die Nazi-Meute ihn die Treppe hinuntergestürzt. Tante Ida, die in jener Nacht ebenfalls übel zugerichtet worden ist, war psychisch labil. Aber sie hatte ihren Bruder mit Hingabe versorgt, seit beider Eltern – meine Großeltern also – 1918 binnen nur eines Monats an der Spanischen Grippe gestorben waren. Gustav und Ida Oppenheimer waren die einzigen Unverheirateten unter den vielen Geschwistern meines Vaters. Sie hatten in dem Haus direkt neben der Zigarrenfabrik gewohnt, die mein Vater von seinem Vater übernommen hatte. Jeden Tag auf seinem Weg zur Fabrik hatte unser Vater bei ihnen vorbeigeschaut. Später waren auch wir in dieses Haus gezogen, nachdem die Eltern unser Wohnhaus auf Druck der Nazis hatten verkaufen müssen.

Tante Liese und Tante Lotte sollten durch ihre Flucht nach Großbritannien überleben. Sie arbeiteten dort als Haushaltshilfen, denn dies war die einzige Arbeit, die ihnen in den ersten Jahren ihres Exils erlaubt wurde. Und sie mussten schwer arbeiten. Liese Krämer, Mutters unverheiratete Schwester, hatte an dem seinerzeit noch vom Frankfurter Frauenbildungsverein getragenen Kindergärtnerinnen-Seminar eine Ausbildung als Fröbel-Pädagogin absolviert. Ab Mai 1916 war sie im Städtischen Kinderhort Nr. XIII – auch Kuhwaldhort genannt wegen der Zuordnung zur gleichnamigen Schule – in der Pfingstbrunnenstraße angestellt gewesen. Während dieser Zeit unterrichtete sie mit sechs Wochenstunden auch selbst als Jugendleiterin und technische Lehrerin an ihrer vormaligen Ausbildungsstätte.[25] Im Dezember 1924 hatte sie die Leitung des Kuhwaldhortes übernommen, die sie bis April 1933 ausübte.[26] Wie alle im öffentlichen Dienst beschäftigten Juden wird meine Tante infolge des „Gesetzes zur Wiederherstellung des Berufsbeamtentums" vom 7. April 1933 von der Frankfurter Schulbehörde entlassen worden sein. Anfang Dezember 1935 zog sie von der Eysseneckstr. 38 an den Taunusplatz 17 um und übernahm die Leitung des dortigen Israelitischen Mädchenheims, eine Einrichtung für berufstätige oder in Ausbildung befindliche Mädchen und junge Frauen, welche diesen fernab ihres Elternhauses für eine gewisse Zeit Unterkunft, Verpflegung und Förderung bot.[27] Dort war sie bis Ende März 1938 tätig, zog dann in die Stettenstr. 56 und ist vermutlich bald darauf emigriert.

Lotte Oppenheim, Mutters Cousine aus Hanau, galt als begabte Pianistin, hatte sich aber in der Hauptsache um ihre Eltern kümmern müssen. Lottes Mutter

---

[25] Siehe: Stadtarchiv Frankfurt am Main (StadtA Ffm), Bestand Schulamt, 3.548: Kindergärtnerinnenseminar Fröbelverband – Lehrerinnen, Jugendleiterinnen, Kindergärtnerinnen. Liste der dort Beschäftigten.

[26] Siehe: StadtA Ffm, Bestand Schulamt, 2.294: Städtischer Kinderhort No. XIII, Pfingstbrunnenstr. 19, Kuhwaldhort. Bestand ab 1920. Brief von 17. November 1921 betr. Verlängerung der Arbeitszeit für Frl. L. Krämer; Bescheinigung von Liese Krämer an die Hortinspektion der Städt. Schulbehörden vom 17. Dezember 1924 betr. die ordnungsgemäße Übernahme des Inventars des Kuhwaldhortes von ihrer Vorgängerin; in den Folgejahren zahlreiche Dokumente über Liese Krämers Leitungsfunktion, zuletzt vom 25. März 1933; das nächste erhaltene Schreiben vom 24. April 1933 wie auch alle folgenden sind bereits von ihrer bisherigen Stellvertreterin unterzeichnet.

[27] Information von Michael Lenarz, Jüdisches Museum Frankfurt am Main, vom 21. Februar 2007; siehe auch: StadtA Ffm, Hausstandsbuch 610, S. 67; ebenso: StadtA Ffm, Adressbücher Frankfurt am Main 1937, MP 2382, Fiche 275 sowie 1938, MP 2382, Fiche 283. Liese Krämer ist hier unter der Adresse Taunusplatz 17 als „Leiterin" eingetragen. Für 1936 liegt kein Eintrag vor.

war behindert, seit sie von einer Straßenbahn angefahren worden war. Nach deren Tod hatte Lotte sich weiter der Pflege ihres gebrechlichen Vaters gewidmet. Ungeachtet seiner eigenen Hilfsbedürftigkeit hatte er sie überredet, nach England zu gehen und ihn der Obhut ihrer Schwester Annie zu überlassen. Annie lebte und arbeitete damals in Mainz, wo sie schließlich auch heiratete.

Wenn ich heute Victor Klemperers detaillierte Schilderungen über die Zustände damals in Deutschland lese, frage ich mich: Wie meisterte meine Mutter das alles nur? Die Organisation des Waisenhauses, der Kummer wegen des gesundheitlich angeschlagenen Ehemannes, auch wegen Onkel und Tante in ihrer Hilfsbedürftigkeit, dazu die Sorge um die eigenen Kinder, der ganze Schriftwechsel nicht nur mit ihnen, sondern auch noch der mit allen anderen Verwandten, mit denjenigen, die ausgewandert waren und mit denen, die noch in Deutschland ausharrten. Und dann die ständige Angst. Fortwährend neue antijüdische Gesetze und Einschränkungen, dauernd Probleme mit der Nahrungsmittelbeschaffung, die sich nach Kriegsbeginn noch erheblich vergrößerten, und dann die zahllosen Gerüchte über das den Juden zugedachte Schicksal – wie konnte sie das alles nur ertragen?

Mutter freilich klagte nie. Erst später wurde mir klar, wie groß ihre Belastungen wirklich gewesen waren. Stattdessen berichtete sie mir von meiner Schulfreundin Anneliese aus Mannheimer Tagen, die offenbar erfolgreich an ihrem Augenlid operiert worden war. Ich war immer glücklich über solche Nachrichten und wartete deshalb stets ungeduldig, wenn in unserem Kinderheim die Post verteilt wurde, ob auch für mich ein Brief dabei war. Meine Gedanken weilten oft bei all den Menschen, die mir so viel bedeuteten, besonders in der Nacht. Dies war die Zeit, in der wir mit uns allein waren, trotz eines Dutzends Mädchen in unserem Schlafsaal. Sprechen war verboten, sobald das Licht gelöscht wurde. Es war dann stockdunkel um uns herum, denn während des Krieges waren die Fenster mit dichten schwarzen Gardinen verhängt. Anstelle eines raschen erlösenden Schlafs quälten uns die vielen sorgenvollen Gedanken, die wir tagsüber während unserer normalen Aufgaben hatten unterdrücken können.

Mannheim 9. Oktober 1939

Lieber Werner!

Dein letzter Brief war vom 7. August datiert, seitdem haben wir keine Nachricht von Dir. Wir haben in der Zwischenzeit regelmäßig geschrieben und hoffen, dass Du die Briefe auch erhalten hast. [...] Von den beiden Mädchen können wir nur indirekt hören, so hatten wir durch Onkel Sally einen Brief von Ruth. Wie ich

hörte, soll Luftpost über Italien gehen, ich probiere es mit diesem Brief. Schreibe uns gleich, ob und wann Dich dieser Brief erreichte. Richard Retwitzer reist dieser Tage ab nach Buenos Aires über Italien mit einem italienischen Dampfer. Die Sache hat nur den Haken, dass die Passage mit Devisen bezahlt werden muss. Wir sind sehr dahinter her, unsere Papiere zusammenzubekommen, wie ist es aber möglich, die Reise in Devisen zu finanzieren? Vielleicht kannst Du Dich dort mal erkundigen. Onkel Julius mit Familie will am 15. Oktober ab Rotterdam nach Amerika ausreisen. Onkel Moritz und Siegfried sind noch nicht so weit. [...] Nun hoffe ich, bald wieder von Dir zu hören und grüße Dich recht herzlich
Dein Vater

Mannheim 23. November 1939
Lieber Ernst und lieber Werner!
Wir erhielten von Dir, lieber Ernst, Deinen Luftpostbrief vom 6. November am 20. November. Einen Brief von Paula und Tante Gutta vom 13. Oktober erhielten wir am 18. November. Wir nehmen an, dass Du von Onkel Julius über unser Ergehen unterrichtet bist. Wenn Ernst nicht schrieb, dass er Briefe von Dir hatte, wären wir in größter Verlegenheit. Wir hoffen doch, dass Du gesund bist. Von Hannah und Ruth haben wir jetzt wieder bald drei Wochen keine Nachricht, wir wissen aber, dass sie gottlob gut untergebracht sind. Wir selbst sind gesund, ich reiche jetzt die Packgenehmigung ein und hoffe, dass es nicht mehr so lange dauert, bis ich Euch sagen kann, wann wir abreisen können. Ich hätte mich nur so furchtbar nötig mit Dir, lieber Werner, gern verständigt über die Sachen, die wir mitnehmen sollen, denn die Fracht muss doch auch in Devisen bezahlt werden. Vom Hilfsverein[28] hörte ich, dass ein kleiner Fonds da wäre für Leute, die keine Verwandten haben, die die Devisen aufbringen können. Ich hörte dieser Tage, dass eine Anzahl, ich glaube 50 Familien, nach Argentinien zur ICA abgereist seien. Als ich davon erfuhr, war es schon zu spät, ich konnte niemanden davon mehr sprechen. [...] Ich würde mich ganz besonders freuen, wenn wir von Dir,

---

[28] Der Hilfsverein der deutschen Juden hatte sich Anfang des 20. Jahrhunderts als Fürsorgeeinrichtung der jüdischen Selbsthilfe gegründet. Sein Zentralbüro war in Berlin, daneben gab es Filialen in anderen Städten Deutschlands. Nach 1933 übernahm der Hilfsverein zunehmend Aufgaben der organisatorischen wie finanziellen Hilfe zur Auswanderung: Beratung bei der Beschaffung von Ausreisepapieren, bei Visumanträgen und Devisentransfer, Herausgabe von Informationsbroschüren zur Auswanderung, Erteilung von Sprachunterricht, schließlich auch die Edition von Sprachlehrbüchern für Spanisch und Portugiesisch wegen der zunehmend wichtiger werdenden Emigration nach Lateinamerika; siehe: Mühlen (wie Anm. 15) S. 17 f. Ab 1935 musste sich die Selbsthilfeorganisation in Hilfsverein der Juden in Deutschland umbenennen.

lieber Werner, mal endlich wieder Nachricht erhielten. Probiere doch mal, Deine Briefe über Ernst zu schicken, vielleicht erreicht uns auf diesem Weg Deine Post. Lieber Ernst, schicke Werner den einen Brief sofort per Flugpost weiter. Bleibt beide recht gesund und seid recht herzlich gegrüßt von Eurem
Vater

Lieber Ernst und Werner,
Euer Vater wünscht, dass ich mich auch einmal auf der Maschine versuche. Es dauert bis jetzt ungefähr zehnmal so lang wie mit der Hand, von den Fehlern ganz zu schweigen, aber erlernbar erscheint es mir immerhin. Dass wir jetzt, besonders in Anbetracht der spärlichen und unregelmäßigen Nachrichten von den Kindern, unsere Auswanderung noch mehr herbeisehnen, versteht sich von selbst, aber ebenso selbstverständlich ist ja, dass es nur in kleinsten Schritten vorwärts geht. [...] Gesund sind wir alle, die Kinder sehen sogar sehr gut aus. Es besteht sogar jetzt ein bisschen Hoffnung, dass wir Onkel Gustav und die Tante in einem Heim in Worms unterbringen können. Hoffentlich klappt's. Es wäre auch eine Sorge weniger. In der täglichen Arbeit gibt's immer allerhand Durcheinander, aber das gehört nun mal dazu und schadet weiter nicht viel. Jetzt reicht's fürs erste Mal. Bleibt gesund und seid herzlichst gegrüßt von Eurer
Mutter

Mannheim 26. November 1939
Liebes, gutes Ruthkind,
durch Fräulein Fischel erhielten wir Deine Grüße und haben uns sehr, sehr damit gefreut. Inzwischen erfuhren wir auch, dass Tante Liese Dich überraschend besucht hat. Ich kann mir vorstellen, was das für eine Freude war.
Jetzt hast Du sicher auch das Bildchen von Michael und Feo erhalten und noch mehr Briefe. Michael will immer noch nichts lernen. Jetzt sind schon mehrere von unseren Waisenhausbuben, die Du noch gekannt hast, auf landwirtschaftliche Umschulungsgüter gekommen. Auch Claus Speier ist weg und fährt zu seiner Mutter nach Panama. Wir kriegen aber wohl noch mehr neue Zöglinge. Von unseren hiesigen Bekannten sind auch viele weg, Onkel Julius usw.
Dass Du von Deinen Geschwistern und auch sonst viel Post hast, ist doch sehr fein. Von Werner haben wir seit August noch nichts mehr gehört, von Ernst dagegen öfters. Bleib gesund, liebes Kind; vielleicht kommt dieser Gruß noch zu

Chanukka [29] zurecht. Grüße Hannah und Tante Liese recht sehr von uns allen und sei vielmals gegrüßt und geküsst von Deiner Dich liebenden
Mutter
Viele Grüße FEO

Liebe Ruth!
Wie immer freuten wir uns sehr mit Deinen lieben Zeilen. Auch durch Tante Liese hörten wir schon, dass Du gesund bist und Dich dorten gut eingelebt hast. Onkel Gustav und Tante Ida sind noch hier, ich denke aber, dass sie in einem Altersheim Unterkunft finden. Von Ernst haben wir regelmäßig Post, aber von Werner hören wir leider nichts. Anneliese fragt immer nach Dir. Also meine liebe Ruth, bleib weiter gesund und sei herzlich gegrüßt und geküsst von Deinem Dich liebenden
Vater

Tante Liese schrieb, dass die Leute Dich gern haben, und darüber freuen wir uns am meisten.
Mutter

Mannheim 10. Dezember 1939
Liebe Erna, Liese, Hannah und Ruth,
gebt bitte diesen Brief den anderen weiter. Außer von Hannah habe ich jetzt von Euch allen Nachricht und bin von Herzen froh, doch verhältnismäßig Gutes von Euch zu hören. Besonders freuten Vater und ich uns, wieder einmal Deine Schrift zu lesen, liebstes Ruthkind. Hoffentlich kommt nun auch bald wieder mal was von Dir, liebe Hannah. Dir, liebe Erna, wie immer wärmsten Dank. Du tust schon ein gutes Werk, das kann man ohne Übertreibung sagen. Aber ich bitte Dich herzlich, keinen Tee mehr zu schicken, wenn er bei Euch knapp wird. Es gibt wirklich schlimmere Dinge, als die andere Sorte trinken zu müssen. Dass ich das Päckchen und überdies noch eine Karte von Dir schon vor den letzten beiden Briefen erhielt, teilte ich Dir bereits mit. Zoll mussten wir keinen bezahlen. Der Tee schmeckt übrigens ausgezeichnet.
Von Dir, liebe Liese, und von Frau Fine hoffe ich, dass Ihr Euch trotz aller Schwierigkeiten in Eurem Häuschen gut einlebt und dass nicht Du, sondern Frau

---

[29] Achttägiges Lichterfest im neunten Monat des jüdischen Kalenders, meist im Dezember, in Erinnerung an die Wiedereinweihung des Tempels in Jerusalem nach dem erfolgreichen Aufstand der Makkabäer gegen die Seleukiden im 2. Jahrhundert v. Chr.; an den acht Abenden des Festes wird ein besonderer Kerzenleuchter angezündet, die Kinder erhalten Geschenke.

Fine mit ihren Prophezeiungen Recht behält. Jedenfalls warte ich gespannt auf Eure weiteren Berichte, wenn möglich auch über Eure sonstige Tätigkeit. Dass Du, liebes Ruthlein, eine so gute Freundin hast, ist mir sehr lieb. Grüß sie von mir und grüße auch bitte die Leiterinnen Eures Heims. Ich lasse ihnen von Herzen danken für alles Gute, was sie für Dich tun.

Von Ernst haben wir jetzt auch längere Zeit keine Nachricht gehabt, von Werner immer noch überhaupt keine Zeile. Dagegen schrieb Onkel Sally, dass er Post von ihm hatte. Er soll recht gut schreiben, ist nur auch in einer dummen Lage, da er erst siedeln darf, wenn wir kommen, und bei uns will's immer noch nicht vorwärts gehen. Habt Ihr mal wieder was von Rena Rohrheimer gehört? Sie war mit Ernst zusammen und soll sich über Dich, liebe Hannah, recht zufrieden ausgesprochen haben. Es tat ihr leid, dass sie Ruth nicht kennen lernte.

Wir haben versucht, etwas Chanukka zu feiern. Gestern bekamen alle Kinder Geschenke; jeder, was er sich gewünscht hatte, Füllfederhalter, Tischtennisschläger und dergleichen, dann noch Obst und Süßigkeiten. Michael ist jetzt ein bisschen besser in der Schule. Er bekam von uns auch einen Tischtennisschläger und Feo ein Frühstückstäschchen. Dann durften alle bis gegen 23.00 Uhr aufbleiben und waren sehr vergnügt. Heute Abend haben wir wieder allerhand Spiele gemacht. Schreibt alle bald wieder und seid herzlich gegrüßt von Eurer Grete

Fortsetzung am 11. Dezember

So weit war ich gestern mit Schreiben gekommen, da brachte die erste Post den Brief von Hannah mit einliegender Fotografie. Das war eine ganz große Freude! Du siehst sehr gut aus, liebe Hannah, und vergnügt scheinst Du auch zu sein. Das ist recht. Inzwischen wirst Du auch die Bildchen von Michael und Feo bekommen haben. Wenn Ihr noch haben wollt, schicken wir Euch. Von Dir, liebe Erna, hatten wir nun ein paar Tage lang täglich Post. Hoffentlich reißt die Korrespondenz kein zu großes Loch in Deinen Geldbeutel. Das hat man von seiner Menschenfreundlichkeit! Mina ist heute nach Fränkisch-Crumbach gefahren, um die letzten Sachen von Onkel Gustav und Tante Ida zu verpacken und teilweise nachzuschicken. Sie scheinen in Worms gut untergebracht zu sein und sich wohl zu fühlen. Vater und Michael haben sie gestern besucht, waren allerdings nur kurz dort. Wenn jemand von Euch Rosi Grünblatt schreibt, so grüßt sie sehr von mir.

Viele Grüße nochmals und Dir, liebe Erna, wärmsten Dank.
Eure Grete

Meine Lieben alle!
Wie immer freuten wir uns, von Euch allen zu hören. Ihnen, Fräulein Fischel, ganz
besonderen Dank für Ihre liebenswürdige Besorgung. Wir sind Ihnen sehr dank-
bar für die große Gefälligkeit, die Sie uns erweisen. Sie haben uns jetzt gerade
zu Chanukka wiederholt erfreut.
Deinen Brief, liebe Ruth, Hannah mit Bild und die Grüße von Dir, liebe Liese
und Frau Fine, haben wir mit großer Freude gelesen. Wir sind ebenfalls gesund
und beneiden Euch, Liese und Frau Fine, um die schöne Wohnung. Ich bemühe
mich jetzt sehr, um die Auswanderungspapiere zusammenzubekommen. Ich hof-
fe doch, bis Ende Januar soweit zu sein. Bleibt alle recht gesund und seid recht
herzlich gegrüßt und geküsst von Eurem
Vater, Schwager etc.

Mannheim 10. Dezember 1939
Lieber Ernst und lieber Werner!
Ich sandte Dir, lieber Ernst, am 24. November einen Luftpostbrief mit der Bitte,
den Brief an Werner gleich weiterzuleiten. Inzwischen haben wir weder von
dem einen noch von dem anderen Nachricht erhalten. Hatte heute Nachricht
von Onkel Sally, er ließ mich wissen, dass er einen Brief vom 4. November von
Dir, lieber Werner, hatte. Seit Mittwoch dieser Woche sind jetzt Onkel Gustav
und Tante Ida im Altersheim in Worms. Dank meiner Beziehungen in Mainz etc.
ist es mir gelungen, sie dort unterzubringen. Sie müssen dort pro Monat pro
Person 75,- Mark, also zusammen 150,- Mark bezahlen. Einen Teil bezahlt der
Landesverband.[30] Lieber Ernst, sprich mit Tante Gutta[31] darüber. Übrigens Onkel
Josef[32] ging schon vor 14 Tagen in Darmstadt weg, heute erhielt ich eine Karte
von ihm aus Rotterdam, dass er am 7ten abends aufs Schiff ging. Bis Dich, lieber
Ernst, dieser Brief erreicht, werden sie, wenn Gott will, gut dorten angekommen
sein. Josef ist ja auch über alles orientiert und kann Euch über Gustav und Ida
alles Weitere erzählen. [...] Vor acht Tagen waren die beiden Jungblut mit frühe-
rem Bürgermeister Hotz hier wegen Kauf der Fabrik. Die Sache scheitert aber
am Aufbringen des Kapitals. Ich werde jetzt versuchen, von der Devisenstelle die

---

[30] Landesverband der israelitischen Religionsgemeinden Hessens (bezogen auf das Gebiet des früheren Volksstaates Hessen, zu dem auch Worms gehörte).
[31] Gutta (eigentlich Kunigunde) Rubel, geb. Oppenheimer, war bereits frühzeitig nach New York emigriert. Sie war die Schwester meines Vaters sowie von Gustav und Ida Oppenheimer.
[32] Josef Oppenheimer, ebenfalls ein Bruder meines Vaters, emigrierte auch nach New York.

Mannheim 10 Dezember 39

Lieber Ernst & lieber Werner !

Ich sandte Dir 1. Ernst am 24 November einen L. P. Brief mit der Bitte
den Brief an Werner gleich weiter zu leiten, inzwischen haben wir weder
von dem einen noch von dem Andern Nachrivhht erhalten. Heute hatte Nach
richt von Onkel Salli, er liess mich wissen, dass er einen Brief v. 4/1 $\mathcal{M}$.
von Dir 1. Werner hatte. Seit Mittwoch dieser Woche sind jetzt Onkel
Gustav & Tante Ida im Altersheim in Worms, Dank m/Beziehungen in Mainz
etc. ist es mir gelungen sie dort unterzubringen. Sie müssen dort pr.
Monat pro Person $\mathcal{M}$ 75.- also zusammen $\mathcal{M}$ 150.- bezahlen. Einen Teil bez.
der Landesverband . L. Ernst spreche mit Tante Gutta darüber. Uebrigens
Onkel Josef ging schon vor 14 Tagen in Darmstadt weg, heute erhielt ein
Karte von ihm aus Rotterdam dass er am 7 Abend auf sSchiff ging, bis
Dich 1. Ernst dieser Brief erreicht, werden sie wenn G. w. gut dorten
angekommen sein. Josef ist ja auch über Alles orientirt & kann Euch
über Gustav & Ida alles weitere erzählen. Frau Linz macht sich Sorgen
weil sie noch keine direkten Nachrichten von Onkel Julius & Tante Aenne
at. Onkel Salli schrieb uns heute, daß er Brief von Letzteren hatte.
on Hannah & Ruth sowie Tante Liese, hören wir wiederholt durch Erna
Fischel, die dauernd mit denselben in Correspondenz steht. Frau Kahn
aus Höchst ist jetzt auch drüben angekommen, suche sie doch mal auf.
Ich denke bekannt zu machen, kann für einen jungen Mann immer von Vortei.
sein. Selma Reichelsheimer schreibt uns dieser Tage, daß Löser Karlsberg
bis 16/12 nach Buenos Aires abreist. Vor 8 Tagen waren die beiden Jung=
blut mit früheren Bürgerm. Hotz hier wegen Kauf der Fabrik. Die Sache
scheitert aber am Aufbringen des Kapitals. Ich werde jetzt versuchen
von der Devisenstelle die Ausreise Genehmigung zu bekommen auch wenn die
Fabrik noch nicht verkauft ist. Ich hoffe bestimmt im Januar weg zu komme
en. Ilse Lang mit Familie erhalten diese Woche ihr Visum für Chile &
wollen im Januar reisen. Ich war heute kurz in Worms nm nach Gustav
& Ida mal umzusehen sie sind Beide ganz vergnügt & ganz gut versorgt.
Hamburger mit Frau Rimbach i/o sind auch dort. Nun noch zu Dir lieber
Werner speciell, schreibe uns über Ernst oder Onkel Salli was wir als
gend mitnehmen sollen, denn wir können nur ganz bescheiden mit dem
epäck & Umzugsgut sein, denn es muss Alles in Devisen bezahlt werden .

*Ausreisegenehmigung zu bekommen, auch wenn die Fabrik noch nicht verkauft
ist. Ich hoffe bestimmt, im Januar wegzukommen. [...] Nun noch zu Dir, lieber
Werner speziell, schreibe uns über Ernst oder Onkel Sally, was wir als dringend
mitnehmen sollen, denn wir können nur ganz bescheiden mit dem Gepäck und
Umzugsgut sein, es muss alles in Devisen bezahlt werden. Die Packliste muss ich
schon sehr bald einreichen. Heute früh hatten wir wieder einen Brief von Hannah,
sie schreibt recht vergnügt [...]. Euch beiden wünsche ich alles Gute und Dich,
lieber Werner, hoffen wir bald zu sehen.
Euer Vater*

*Diesem Schreiben legte Vater folgende Ergänzung bei:
Lieber Ernst!
Ich gebe Dir anbei die Abschrift eines Schreibens des Hilfsvereins, das ich heute
früh erhielt:
„Wir bestätigen unsere gestrige Besprechung und teilen Ihnen aufgrund eines
Ferngesprächs mit unserer Zentrale mit, dass unsere Zentrale hofft, Sie im
Januar auf Fahrt zu bringen. Wir bitten Sie daher nochmals, Ihre Angelegenheiten
nunmehr so zu ordnen, dass Sie in Wirklichkeit in Kürze völlig reisefertig sind.*

Bezüglich des ICA-Transfers haben wir uns vergewissert, dass dieser zur Passage nicht verwendet werden kann, sondern für den ursprünglichen Zweck bei der ICA verbleiben muss. Es bleibt wegen der Beschaffung der Passage nunmehr zunächst Ihre Aufgabe, alle Möglichkeiten durchzugehen, um von Ihrer Seite aus Ihrem Kreise die Passage sicherzustellen. Damit für den Zeitpunkt der Visumerteilung keine Verzögerung eintritt, wollen Sie diese Arbeit sofort in Angriff nehmen und nichts unversucht lassen, um die Schifffahrtskarten für Ihre Familie beizubringen."

Ich muss also von Dir ein Schreiben vorlegen können, aus dem ersichtlich ist, ob Du oder eventuell andere Verwandte etwas zu unserer Ausreise beisteuern können und wie viel dieses sein könnte. Den Rest hoffe ich dann hier durch die Hilfsorganisation zu erhalten. Ich hoffe also schnellstens wieder Nachricht von Dir zu erhalten. Nochmals herzliche Grüße

Dein Vater

Nachdem Deutschland und die Sowjetunion auf die zuvor festgelegte Grenze ihrer Interessensphären im okkupierten Polen vorgerückt waren, stellte das Oberkommando der Wehrmacht Mitte Oktober 1939 seine Berichterstattung „über den Osten" ein. Der Krieg begann, sich nach Westen zu verlagern. In jenen Tagen war zu lesen, dass ein deutsches Unterseeboot das britische Schlachtschiff „Royal Oak" versenkt und den Schlachtkreuzer „Repulse" torpediert hatte. Auch Angriffe auf die englische Ostküste und den Abschuss einer größeren Zahl feindlicher Flugzeuge meldeten die Wehrmachtberichte, darüber hinaus – wie es hieß – „wirksame Ergebnisse" beim „Handelskrieg in Nord- und Ostsee". Man brüstete sich mit großen „Versenkungsziffern", welche sich auf die Zahl der zerstörten Schiffe und deren Bruttoregistertonnen (BRT) bezogen. Die Westfront schien den Deutschen keine Probleme zu bereiten. Den Berichten der Wehrmacht zufolge wurden von ihr französische Angriffe stets bravourös zurückgeschlagen. Daran änderte sich auch im November nichts. Die Zahl der Aufklärungsflüge auf beiden Seiten stieg jedoch nun merklich an. Volltreffer der deutschen Luftwaffe gegen die britischen Streitkräfte in der Nordsee wurden gemeldet, und die deutsche Marine stieß im Atlantik Richtung Grönland vor.[33] Den britischen Inseln war bislang nichts Ernsthaftes passiert, man rechnete dort mit einem „Sitzkrieg" und stellte sich demzufolge auf eine lange Kriegsdauer ein. Aber das deutsche Militär schien den französischen wie auch den britischen Streitkräften deutlich überlegen, so-

---

[33] Siehe: Wehrmachtberichte (wie Anm. 16) Bd. 1, Mitte bis Ende Oktober, S. 47 ff. sowie zweite Novemberhälfte, S. 57 ff.

wohl zu Lande, zur See als auch in der Luft. Noch vor Ende des Polenfeldzugs hatte Hitler angeordnet, dass ein Angriff „durch den luxemburgisch-belgischen und holländischen Raum" erfolgen werde, sollten England und Frankreich an ihrer Kriegserklärung gegen Deutschland festhalten.[34] Auch die neutralen Länder in West- und Nordeuropa hatten allen Grund, sich zu fürchten. Es lag Gefahr in der Luft.

Victor Klemperer vermerkte am 29. November 1939 in seinem Tagebuch die großspurigen Schlagzeilen deutscher Zeitungen: „Deutscher Sieg bei Island. – Deutschland beherrscht den Nordatlantik. – Englands Flotte wird weiter dezimiert".[35] Im Inneren des Nazi-Staates war von all diesem militärischen Ruhm dagegen kaum etwas zu spüren. So schrieb er: „... in den Fisch-, Schokolade-etc. Geschäften oft statt der Waren das Bild des Führers mit Fahnentuch und Siegesgrün. In einem Süßigkeitenladen alle Herrlichkeiten im Fenster; darüber: ,Es kann nicht garantiert werden, dass alle hier ausgelegten Waren zu haben sind'. [...] Rasierseife (auf Marken!) nirgends zu haben. Soll erst kommen. Nachher soll das Stück drei Monate reichen. [...] Eine Batterie für die Taschenlampe (Verdunklung!) nirgends zu haben. Streichhölzer nicht mehr packweise, nur höchstens fünf Schachteln. [...] Es gibt nur eine, höchstens zwei Rollen Klosettpapier".[36] So sah die düstere deutsche Alltagsrealität aus, mit der ja auch meine Eltern schwer zu kämpfen hatten. Klemperer berichtete zudem über den ständig zunehmenden Druck auf die Juden. Gerade waren Scheine für den Bezug von Kleidung ausgegeben worden. Im Krieg wurden Textilien vordringlich für das Militär hergestellt. Am 9. Dezember 1939 hatten die Juden die ihnen zugeteilten Kleiderbezugsscheine wieder abliefern müssen. Brauchten sie Ersatz für die zerschlissene Garderobe, mussten sie einen Sonderantrag an ihre jüdische Gemeinde stellen.[37] Eine Woche zuvor hatte der Reichsernährungsminister den Verkauf von Schokoladen- und Kakaoerzeugnissen an Juden verboten.[38]

Der Krieg, der Ende 1939 schon vier Monate dauerte, wurde von meinen Eltern in ihren Schreiben mit keinem Wort erwähnt. Es wäre zu riskant gewesen. Sie ließen nichts unversucht, um Nachrichten von ihren über die ganze Welt verstreuten Kindern zu erhalten und mit den anderen aus Deutschland geflüchteten Verwandten in Kontakt zu bleiben. Die ständige Bezugnahme auf Verwandte und Freunde, auf die Post, die sie von ihnen erhalten hatten oder auch nicht, zeigt,

---

[34] Siehe: Overesch (wie Anm. 1) Bd. 2, S. 26.
[35] Klemperer (wie Anm. 17) Bd. 1, S. 501.
[36] Klemperer (wie Anm. 17) Bd. 1, S. 495 ff.
[37] Klemperer (wie Anm. 17) Bd. 1, S. 503.
[38] Overesch (wie Anm. 1) Bd. 2, S. 40.

wie wichtig diese Korrespondenz für sie war. Uns Töchter in England wollten sie trösten, indem sie so taten, als sei das Leben in Mannheim völlig normal geblieben. Aber das war es keineswegs. Spürbar erleichtert war Mutter, dass der Postweg über Litauen funktionierte. Sie war sich des Opfers, das ihre Freundin Erna Fischel brachte, sehr bewusst. Mit Hingabe nahm diese die mühsame Arbeit des Briefversands auf sich, obwohl sie wegen ihrer Lehrtätigkeit und dazu noch der Pflege ihrer alten Mutter gewiss kein leichtes Leben hatte.

Zu Mutters großer Freude hatte ihre Schwester und gute Vertraute mich im Heim besucht. Meine Tante Liese lebte in York, das auch zur Kriegszeit über hervorragende Zugverbindungen in den Norden Englands sowie nach Schottland verfügte. Es gab etliche Züge nach Newcastle, und von dort konnte Tante Liese einen Zug oder Bus nach Tynemouth nehmen. Aber sie hatte sehr wenig Geld, denn sie verdiente nur einen Hungerlohn, zehn Schillinge pro Woche, mit Putzen und Kochen für Yorker Familien. Eine Zugfahrt bedeutete für sie also eine Luxusausgabe, die erst einmal verdient sein wollte. Ich war begeistert über ihren Besuch, meinen ersten, den ich dort erhielt. Die meisten anderen Mädchen hatten dieses Glück nie. Wenige ihrer Mütter oder Väter hatten den Weg in die Freiheit geschafft, während viele andere entweder unter Lebensgefahr in Nazi-Deutschland zurückgeblieben sind oder bereits verstorben waren.

Liese und ihrer Freundin Josefine Schwarzwald („Frau Fine"), die gemeinsam aus Deutschland geflohen waren, hatten ein kleines Holzhaus anmieten können, das sie sich nun teilten. Vermutlich hatten sich beide im Israelitischen Mädchenheim in Frankfurt kennen gelernt, wohin Frau Schwarzwald im Dezember 1936 gezogen war, vielleicht weil sie dort eine Arbeit gefunden hatte. Sie war sechs Jahre älter als meine Tante, in Dresden geboren und damals schon Witwe.[39] Josefine Schwarzwald brauchte nicht in einem Haushalt zu arbeiten. Sie war schwer zuckerkrank und fand eine Büroarbeit im Yorker Spital, einem sehr großen Krankenhaus, das Patienten nicht nur aus der Stadt York, sondern aus ganz Yorkshire, der größten englischen Grafschaft, aufnahm.

Onkel Sally (Salomon) Löwenstein, damals schon in der Schweiz in Sicherheit, war ein Onkel meiner Brüder Ernst und Werner und der Bruder ihrer früh verstorbenen Mutter Klara, der ersten Frau unseres Vaters. Offenbar hatte Werner ihm anvertraut, wie schwer es war, meine Eltern aus Deutschland herauszuholen. Gemeinsam mit seiner Frau Johanna emigrierte er 1940 in die USA.

Mutter erwähnte Rena Rohrheimer, eine entfernte amerikanische Verwandte

---

[39] Siehe: StadtA Ffm, Hausstandsbuch 610, S. 72.

Tante Liese in den 1930er Jahren, vor ihrer Emigration nach England.

Josefine Schwarzwald, Tante Lieses Freundin in Frankfurt, emigrierte ebenfalls nach York/England.

Der Container, in dem Tante Lieses Umzugsgut nach England spediert wurde.

von Johanna Rohrheimer, meiner Großmutter väterlicherseits, welche aus dem hessischen Lorsch stammte. Rena war in Philadelphia geboren, ist dann Lehrerin geworden und hat sich in Anbetracht unserer Zwangslage redlich bemüht, für uns Einwanderungspapiere in die USA zu bekommen. Dort aber hatte man kein Gespür für die Dringlichkeit dessen und unternahm daher nichts, um die Quote der Einwanderer, die in normalen Zeiten jährlich ins Land gelassen wurden, nun aufzustocken – eine entsetzliche Missachtung menschlichen Leidens.

Auch von Claus Speier berichtete mir Mutter, der im Waisenhaus zu meiner Altersgruppe gehört hatte und damals zu seiner Mutter nach Panama hatte auswandern können. In späteren Briefen nannte sie keine Orts- bzw. Ländernamen mehr, zumal der Zensor dies niemals zugelassen hätte. Ich denke, sie wollte mir damit zu verstehen geben, dass es trotz des Krieges immer noch einigen gelang, das Land zu verlassen und dass es daher auch für sie selbst durchaus noch Hoffnung gab. Diese Menschen in ihrer ganzen Verzweiflung gingen letztlich überall hin. Sicher bot Panama ihnen keine große Zukunft, aber von dort ließen sich vielleicht eines Tages leichter die USA erreichen. Weder Panama noch Kuba verlangten damals so unnachgiebig nach speziellen Einreisepapieren wie die meisten anderen Länder.

Rosi Grünblatt war eine Freundin meiner Mutter. Sie und ihre Schwester Anna stammten aus Russland und waren während des Ersten Weltkriegs vor den dortigen Pogromen nach Deutschland geflohen. Wahrscheinlich hatte meine Mutter sie in Berlin kennen gelernt, wo sie neben Frankfurt am Main, Heidelberg und Jena studiert hatte. Durch ihre ältere Schwester Anna, die einen Südafrikaner britischer Staatsangehörigkeit geheiratet hatte, kam Rosi Grünblatt schließlich nach England. Annas Mann war auf einer Fahrt nach Südafrika ums Leben gekommen, als sein Schiff durch eine Seemine versenkt wurde. Rosi half daraufhin ihrer Schwester mit ihren zwei Kindern Sydney und Jane und arbeitete zugleich in verantwortlicher Stellung in einer jüdischen Gemeinde. Ich verdanke den Grünblatt-Schwestern sehr vieles. Als ich mit 14 Jahren auf Anraten meiner Schulleiterin ins Gymnasium wechseln sollte, fand sich keine staatliche Schule, die mir als deutschem Mädchen einen Platz eingeräumt hätte. Es war damals ja noch Krieg und die Schulbehörden sahen in mir lediglich eine „feindliche Ausländerin". Über die Hintergründe der Rettung durch die „Kindertransporte" wussten sie nichts. So kam also nur eine Privatschule infrage. Diese kostete aber Geld, über das freilich keine meiner Verwandten in England verfügte. Annas Sohn Sydney, während des Zweiten Weltkriegs Soldat bei den britischen Landungstruppen in der Normandie, war mit einer Engländerin verheiratet. Deren Mutter Margaret Buck war zum Glück bereit, das Schulgeld für mich zu zahlen. So konnte ich eine weiterführende Schullaufbahn einschlagen und später Lehrerin werden. Mutter sollte leider nie erfahren, welch großen Anteil ihre Freundinnen daran gehabt hatten. Die Fotos von Michael und Feo hatte ich erhalten. Mehrmals und ziemlich beharrlich hatte ich darauf gedrungen, Fotos meiner Geschwister geschickt zu bekommen. Meine Eltern und Geschwister mussten sich einem erheblichen Risiko aussetzen, wenn sie dafür in ein Kaufhaus gingen. Denn wie die kleineren Geschäfte, so hatten auch die Kaufhäuser zur Warnung Schilder aushängen, dass Juden nicht erwünscht seien. Aber nur dort gab es einen guten und preiswerten Fotodienst, damals bekannt als „Polyfotos". Diese Art von Fotografien hatte etliche Vorteile gegenüber den Angeboten von Berufsfotografen: Die Bilder wirkten natürlicher, waren viel billiger, und man erhielt 48 unterschiedliche Abzüge in Kleinformat auf einem großen Bogen, wenn man den Kopf während des Fotografierens ständig anders ausrichtete. Ich war über die Fotos entzückt. Sie standen auf meinem Nachttisch in einem Rahmen, den ich sorgfältig aus dicker, mit Stoff überzogener Pappe hergestellt hatte. So konnte ich nicht nur mit meinen Geschwistern, sondern auch mit meinen Handfertigkeiten prahlen.

Dass für meine Eltern das Leben nicht annähernd so sorglos war, wie es mich ihre Briefe glauben machten, wird in den Schreiben an Ernst und Werner nur allzu deutlich. Noch immer war es Vater nicht gelungen, einen Käufer für die Zigarrenfabrik zu finden. Nur mit dem womöglich erzielten Erlös, über dessen Höhe sich mein Vater keinerlei Illusionen machte, wären die für eine Auswanderung nötigen Mittel überhaupt vorhanden gewesen. Maßgeblichen Anteil am Scheitern des Verkaufs hatten die zuständigen NSDAP-Stellen, allen voran der damalige Parteivorsitzende und Bürgermeister von Fränkisch-Crumbach. Diesem kam es vor allem darauf an, die Arbeitsplätze in der Fabrik zu sichern. Der Gewinn jedoch sollte der Gemeinde zufallen: „Ich habe kein Interesse daran, dass der Jude dadurch, dass andere Stellen auf eine Forderung verzichten, Geld übrig behält", waren seine Worte.[40]

Selbst wenn Vater die Firma hätte verkaufen können, wäre ihm die freie Verfügung über den Erlös versagt geblieben. Das Geld hätte nämlich auf ein Sperrkonto eingezahlt werden müssen und wäre vermutlich später durch den Nazi-Staat konfisziert worden. Wie aber sollte Vater unter diesen Umständen an Devisen gelangen, mit denen er die Schiffspassage und die Speditionskosten hätte bezahlen müssen? Alle Verwandten und Freunde hatten nach ihrer Flucht aus Deutschland

---

[40] Näheres in: David (wie Anm. 2) S. 41-50; hier: S. 46.

Feo und Michael im Herbst 1939 in Mannheim.

erhebliche Mühe, sich in ihrer neuen Heimat zurechtzufinden und sich dort eine Existenz aufzubauen. Niemand von ihnen war vermögend genug, um mit Devisen auszuhelfen. Die Eltern wussten, dass sie – wenn es überhaupt gelänge – nur mit dem Nötigsten würden ausreisen können. Wie viel Hoffnung mag Vater in den Hilferuf an Ernst gelegt haben, ob sein Sohn oder vielleicht andere Verwandte etwas zur Ausreise beisteuern könnten? Trotz allem war er aber immer noch guten Mutes, meinen älteren Brüdern bald den Termin der Abreise mitteilen zu können. Onkel Gustav und Tante Ida waren mittlerweile gut im Wormser jüdischen Altersheim untergebracht, aber die hierdurch entstehenden Kosten waren für meine Eltern nur schwer aufzubringen. Deshalb bat Vater Ernst darum, mit seiner Schwester Gutta, die schon frühzeitig nach New York emigriert war, wegen deren eventueller Beteiligung an den Unterbringungskosten für ihre gemeinsamen Geschwister zu sprechen. Onkel Josef, einem Bruder von Vater, war erst vor kurzem die Flucht über Rotterdam geglückt. Auch für Werner war die Lage in der ländlichen Abgeschiedenheit in Argentinien nicht gerade leicht. Die Erlaubnis, eigenständig siedeln zu dürfen und nicht mehr als Landarbeiter arbeiten zu müssen, hing auch vom Eintreffen seiner Familie ab.

Einreise nach Argentinien gestoppt

Mannheim [Anfang Januar 1940]

Liebes Ruthkind,

nun bekam ich durch Tante Erna zweimal kurz hintereinander Post von Dir und einmal durch Doris. Das ist jedes Mal ein großes Fest für uns, das kannst Du wirklich glauben. Alle Bekannten fragen nach Dir und freuen sich, dass Du so lieb schreibst und zufrieden, vergnügt und gesund bist. Über unser Chanukkafest habe ich Dir bereits geschrieben. Bei Euch war's sicher noch viel schöner. Als Prinz in Schneewittchen hast Du doch eine wichtige Rolle gehabt. Auch dass Du so schön beschenkt wurdest, ist sehr fein. Was hast Du denn Deiner Freundin, die Du von mir grüßen sollst, zu Chanukka geschenkt? Du hast es Dir doch so lange überlegt. Michael bekam einen Tischtennisschläger. Er ist jetzt ein wenig ruhiger und braver geworden.

In den Ferien waren viele von den Waisenhauskindern verreist, aber jetzt sind sie alle wieder da und es kommen wohl noch ein paar neue. Eben ist die Mutter von Onkel Karl aus Hanau bei uns, was mir sehr lieb ist. Heute war Tante Ida für ein paar Stunden aus Worms zu Besuch. Sie macht uns, wie schon so oft, viel Sorgen, da sie sich immer noch nicht so benimmt, wie es sich gehört und sich dort sehr unbeliebt macht.

Vater und ich lassen uns sehr bald fotografieren; dann bekommst Du gleich ein Bild. Bei uns war es schon sehr kalt und es gab auch Schnee. Die Buben sind im Hof Schlitten gefahren. Grüß bitte Tante Liese bei nächster Gelegenheit recht sehr oder schick ihr mal einen Brief. Ebenso natürlich Hannah. Wir schreiben Dir bald wieder. Von Werner hatten wir endlich einmal Post; von Ernst jetzt eine Weile nichts.

Viele, viele Grüße und Küsse sendet Dir in Liebe

Deine Mutter

Meine Liebe Ruth!

Wir freuten uns sehr mit Deinen lieben Zeilen. Wir sind gesund und freuen uns, dass es Dir auch gut geht. Bleibe weiter gesund und sei herzlich gegrüßt und geküsst von Deinem Vater.

Grüße auch Tante Liese und Hannah.
Dein Vater

Mannheim 14. Januar 1940
Lieber Ernst und lieber Werner!
Von Euch beiden sind wir wieder länger ohne Nachricht. Ich glaube ja bestimmt, dass Briefe unterwegs sind. Unsere Listen zur Packgenehmigung haben wir jetzt eingereicht und hoffen, bald die Genehmigung zur Ausreise zu erhalten. Von Hannah und Ruth haben wir in letzter Zeit öfter Nachricht gehabt. Beide schreiben recht vergnügt und zufrieden. Beide schreiben wirklich sehr nette Briefe. Mit Dir, lieber Werner, können wir uns kaum mehr auf diesem Weg unterhalten, wir wissen gar nicht, ob Du unsere Briefe erhältst. Dein letzter Brief war zweieinhalb Monate unterwegs. Nun hoffen wir, dass wir uns bald persönlich unterhalten können. Auch Feo und Michael freuen sich schon sehr, Dich wiederzusehen. [...] Lieber Ernst, ich dachte schon längst Nachricht über Onkel Josefs und Tantes Ankunft zu erhalten. Für sie ist es doch sehr schön, wieder mit der ganzen Familie zusammen zu sein. Wie geht es eigentlich Onkel Louis[41], von ihm hört man gar nichts. Die Jungen müssen doch auch schon groß sein. Was macht Onkel Julius, hat er schon eine Betätigung? Was hörst Du von Paul und Deinen übrigen Vettern? Ich denke, Onkel Moritz und Siegfried in Kürze zu sprechen, wenn wir unser Visum holen. Der Konsul in Stuttgart ist für hier zuständig. Seit ein paar Tagen ist Frau Schwabe, die Mutter von Karl Schwabe, zu Besuch bei uns. Karl Schwabe ist mit seiner Familie in England. Lotte Oppenheim ist auch in der Nähe von Hannah und Ruth. Annie O[ppenheim, Lottes Schwester] hat sich in Mainz mit ihrem Chef verlobt, wird demnächst heiraten und dann in die USA auswandern. Auf baldiges Wiedersehen, lieber Werner. Für Euch beide recht herzliche Grüße
Euer Vater

Lieber Ernst und lieber Werner,
Vater hat ja, um einen beliebten Briefanfang zu benutzen, schon alles Wissenswerte berichtet. Er hofft, dass wir bald weg können; ich bin gewohntermaßen noch etwas ängstlich und fürchte Hindernisse in letzter Stunde. Über die üblichen Schwierigkeiten, Hetzereien und Laufereien brauche ich nichts zu sagen; die sind ja bei allen Leuten dieselben. Im Haus haben wir eben auch viel zu tun, haben wieder neue Zöglinge bekommen, dabei eine Angestellte weniger. [...]

---

[41] Louis Oppenheimer, ebenfalls ein Bruder meines Vaters, war die Emigration nach New York gelungen.

Eine große Beruhigung ist es, dass wir gute Nachrichten von Hannah und Ruth haben, aber wer weiß, wann man je sich wiedersieht? Lieber Werner, sei doch so gut und versuche, Dich zu informieren, ob die Llamada[42] für die beiden Kinder zu verlängern ist. Wir können sie doch jetzt nicht aus der Hand geben oder sie gar ihnen schicken. Es steht doch alles auf demselben Papier. Feo ist immer noch ein süßes Weibchen, will mit aller Gewalt alles Mögliche lernen; Michael ist ein wenig besser, reinlicher, lerneifriger geworden. Es war auch nötig. Hoffentlich hören wir nun bald wieder von Euch, sind jetzt wieder längere Zeit ohne Nachricht von Euch beiden. Aber es soll allseits mit der Post jetzt langsam gehen.

Viele herzliche Grüße wie immer

Eure Mutter

Mannheim 26. Januar 1940

Liebes Ruthkind,

wir waren so froh, nach langer Zeit Deinen Brief von der Neujahrsnacht zu erhalten. Hoffentlich habt Ihr noch recht gefeiert. Schreib mal, was Du zu Chanukka bekommen hast und was Du Deiner Freundin geschenkt hast. Seid Ihr immer noch so gut befreundet? Dann grüße sie von uns und auch Deine Leiterinnen. Ich bin so froh, dass Du es so schön dort hast.

Die Bildchen machen Dir doch Spaß? Michael ist etwas braver geworden und auch besser in der Schule; er liest jetzt sogar manchmal ein Buch. Wir haben ein paar neue Jungen, die in der Schule sehr zurück sind; mit denen habe ich viel Arbeit. Wenn Du Michael zu früh zum Geburtstag gratuliert hast, so bitte ich Dich, Tante Liese nachträglich recht herzlich zum Geburtstag zu gratulieren.

Alle erwidern Deine Grüße. Marie ist nicht mehr im Haus. Dafür haben wir ein junges Mädchen, das früher bei Hannah in der Klasse war. Deine Freundin Sabine ist in Palästina, ist mit Bekannten hingefahren. Esther ist noch hier. In Deinem Bett schläft eben keiner.

Bleib weiter gesund und lieb und sei herzlich gegrüßt und geküsst von

Deiner Mutter

Meine liebe Ruth!

Welche Freude hatten wir, als wir heute durch Tante Erna Deinen lieben Brief

---

[42] Das spanische Wort „Llamada" im Sinne von „Aufruf" bedeutete die Einreisegenehmigung nach Argentinien. Meine Eltern hatten vermutlich die damals auch übliche „Llamada familiar", die Einreisegenehmigung für die Familie, auf der auch wir beiden inzwischen in England wohnenden Töchter eingetragen waren.

26 Januar 4o

Meine liebe Ruth !

Welche Freude hatten wir als wir heute durch Tante Erna Deinen

1 Brief erhielten. Es dauert ja eben immer sehr lange. Heute Früh

hatten auch Brief von Werner, vom 1 November, er wünscht dass wir

bald kommen, hoffendlich sind wir bald soweit. Am Sonntag war ich

bei Onkel Gustav & Tante Ida sie sind Beide recht zufrieden im

Altersheim. Von Ernst haben schon einige Wochen keine Nachricht.

Wir haben uns extra photografiren lassen & schicken Dir meine 1.

Ruth je ein Bidchen. Anneliese kommt öfter noch zu uns, sie wird

Dir mal einige Zeilen senden. Schreibe bald wieder. Morgen hat

Jakob Fertig Barmizwoh. Wir haben zusammen 2o Zöglinge. Sei noch

recht gegrüsst & geküsst von Deinem *Papa.*

Liebes Ruthkind, wir waren so froh, nach
langer Zeit Deinen Brief von der Neujahrsnacht zu erhalten. Hoffentlich habt Ihr
noch recht gefeiert. Schreib mal, was
Du zu Chanickah bekommen hast,
u. was Du Deiner Freundin geschenkt
hast. Seid Ihr immer noch so gut
befreundet? Dann grüße sie von uns
u. auch Deine Leiterinnen. Ich bin

Auszug aus dem Brief meiner Eltern vom 26. Januar 1940.

erhielten. Es dauert ja eben immer sehr lange. Heute früh hatten wir auch Brief von Werner, vom 1. November, er wünscht, dass wir bald kommen. Hoffentlich sind wir bald soweit. Am Sonntag war ich bei Onkel Gustav und Tante Ida. Sie sind beide recht zufrieden im Altersheim. Von Ernst haben wir schon einige Wochen keine Nachricht. Wir haben uns extra fotografieren lassen und schicken Dir, meine liebe Ruth, je ein Bildchen. Anneliese kommt öfter noch zu uns, sie wird Dir mal einige Zeilen senden. Schreibe bald wieder. Morgen hat Jakob Fertig seine Bar Mizwa. Wir haben zusammen 20 Zöglinge. Sei noch recht gegrüßt und geküsst von Deinem
Papa

Meine Eltern Moritz und Margarete Oppenheimer im Herbst 1939. Dies sind die letzten Fotos, die ich von ihnen erhielt.

Mannheim 1. Februar 1940

Lieber Werner!

Vor ein paar Tagen erhielten wir Deinen Brief vom 31. Oktober. Wie Du siehst, hat dieser Brief nahezu drei Monate gebraucht. Sicher sind noch Briefe von Dir unterwegs. Wir selbst haben alles eingeleitet, um noch vor dem 13. April (dem Datum der Ausstellung der Llamada) in Argentinien anzukommen. Wir haben die Absicht, am 10. März ab Genua zu reisen, wenn wir bis dahin die Genehmigung haben. Ich will eventuell noch diese Woche persönlich zur Devisenstelle. Sobald ich Bestimmtes weiß, gebe ich Dir Nachricht, eventuell Telegramm. [...] Von Ernst haben wir seit 30. November keine Nachricht. Ruth schreibt nach wie vor recht zufrieden. Sie verlernt schon ihre Muttersprache. Auch von Hannah haben wir schon einige Wochen keine direkte Nachricht. Die beiden Mädchen werden sich sicher sehr aufregen, wenn sie erfahren, dass wir ohne sie weggehen. Hoffentlich können wir alle bald wieder zusammen sein. Weißt Du jetzt schon etwas, wo wir hinkommen? Hier glaubt man, in Avigdor sei es besser oder angenehmer als auf den anderen Kolonien. Deinen Freund Rosenthal habe ich lange nicht mehr gesehen, er soll aber schon eine Zeit lang in Palästina sein. Onkel Gustav und Tante Ida geht es ordentlich, sie sind jetzt ganz gut eingelebt in Worms. Ich hoffe, dass Du die große Hitze, von der wir hier gelesen haben, gut überstanden hast. Bei uns dagegen war es sehr kalt, jetzt ist es wieder gelinder. Hoffentlich erhalten wir bald wieder Nachricht von Dir. Also bleibe weiter gesund, wir freuen uns auf baldiges Wiedersehen.

Herzliche Grüße

Dein Vater

Gruß und Kuss Michael

Mannheim 7. Februar 1940

Lieber Werner!

Wir hatten die Absicht, am 10. März ab Genua nach dort zu kommen. Heute erhalten wir durch den Hilfsverein, Beratungsstelle in Mannheim, folgende Mitteilung: „Wir nehmen Bezug auf das mit Ihnen gehabte Telefongespräch und geben Ihnen nachstehend Kenntnis der uns von unserer Zentrale zugegangenen Mitteilung in Ihrer Angelegenheit: Wir müssen Ihnen zu unserem Bedauern mitteilen, dass die ICA durch ein Telegramm die Ausreise der ICA-Fahrer im Augenblick gestoppt hat und bedauern dies im obigen Fall besonders, da die Llamada im April abläuft. Wir haben aber durch ein Extra-Kabel besonders in diesem Fall zurückgefragt,

ob in Anbetracht der Tatsache, dass die Llamada abläuft, vielleicht eine Ausreise genehmigt würde. Wir werden Sie sofort in Kenntnis setzen, wenn die ICA andere Dispositionen treffen sollte."
Unsere Llamada ist am 13. April 1939 ausgestellt, läuft also am 13. April 1940 ab und ist dadurch, wenn die Llamada nicht verlängert wird, unsere Einreise in Frage gestellt, respektive unmöglich. Ich bitte Dich deshalb, lieber Werner, nichts unversucht zu lassen, dass die ICA entweder unsere Einreise noch genehmigt oder die Llamada verlängern lässt. Uns geht es gottlob gut. Von den Mädchen und Tante Liese hatten wir gute Nachrichten. Von Ernst haben wir schon länger keine Post. Hoffentlich klappt es doch noch, dass wir bald mit Dir zusammen sein können. Herzliche Grüße
Dein Vater

Meine Eltern standen auch in Kontakt mit der Familie Else und Joseph Karlsberg. Mit ihnen waren meine Eltern in unserer Heimatgemeinde Fränkisch-Crumbach befreundet gewesen. Zusammen mit ihren Kindern Charlotte und Werner war es den Karlsbergs bereits im August 1937 gelungen, nach Buenos Aires, der Hauptstadt Argentiniens, auszuwandern.[43] Mein Vater schickte den Brief für unseren Bruder Werner an sie in der Hoffnung, sie würden ihn weiterleiten. Er schrieb dazu:

Liebe Karlsbergs!
Wir haben lange nichts mehr von Euch direkt gehört. Hoffentlich ist Euer Vater gut bei Euch gelandet. Nun, meine lieben Freunde, schicke ich diesen Brief für Werner an Euch mit der Bitte, dass Ihr Euch mit der ICA in Verbindung setzt und außerdem Werner benachrichtigt. Es würde uns sehr freuen, dass es uns möglich wird, Euch bald zu sehen. Mit den besten Grüßen in alter Freundschaft auch an die übrigen Freunde und Bekannten
Ihr Moritz Oppenheimer

Wie sehr sich der Krieg schon auf den Atlantik ausgeweitet und damit jeden Fluchtweg nach Amerika unsicher gemacht hatte, verdeutlicht der Wehrmachtbericht von 14. Dezember 1939: Das deutsche Panzerschiff „Admiral Graf Spee" war damals vor der La Plata-Mündung, also unmittelbar vor der Küste Uruguays

---

[43] Siehe dazu: Katzenmeier, Hilde/Knodt, Rudhart/Kunz, Stefan/Born-Hauenstein, Ottilie (Hrsg.): Geschichte der Juden in Fränkisch-Crumbach. 2. erw. Aufl. Fränkisch-Crumbach 2007, S. 53.

und Argentiniens, in ein Gefecht mit drei britischen Kreuzern eines Geleitzuges für Passagier- und Handelsschiffe geraten, hatte „einige Treffer" erhalten und lag dann zur Reparatur im Hafen von Montevideo. Die Regierung Uruguays lehnte jedoch die Verlängerung der Liegefrist für das Schiff ab. Daraufhin wurde es auf Befehl Hitlers kurzerhand außerhalb der Dreimeilenzone gesprengt. Die Wehrmachtberichte unterschlugen jedoch, dass 36 Besatzungsmitglieder der „Graf Spee" bei dem Gefecht umgekommen waren und die übrigen in Uruguay interniert worden sind, während der Kapitän sich in Montevideo erschossen hatte.[44] Wer, wie die deutsche Bevölkerung seinerzeit, jeden Tag solche Meldungen über versenkte feindliche Schiffe, abgeschossene feindliche Flugzeuge in großer Zahl und sonstige deutsche „Heldentaten" vorgesetzt bekam und nicht gelegentlich ausländische, also „Feindsender" hörte, was hohe Haftstrafen oder sogar die Hinrichtung nach sich ziehen konnte, der musste unweigerlich dem Eindruck erliegen, dass die Wehrmacht nur siegen könne. Im Wehrmachtbericht vom 4. Februar 1940 hieß es: „Nach zuverlässigen Nachrichten betrugen die in der Zeit vom 21. bis 31. Januar als Folgen des Seekrieges entstandenen Verluste an englischen, französischen und neutralen Handelsschiffen zusammen 145.603 BRT."[45] In der Tat bombardierte die deutsche Luftwaffe fortwährend britische Schiffe. Sie war bis Scapa Flow weit vor der Nordküste Schottlands vorgedrungen und flog regelmäßige Angriffe im Bereich der Shetland- und Orkney-Inseln. Nach Scapa Flow und in die Gewässer nördlich von Schottland, in einiger Entfernung der britischen Inseln, hatte Großbritannien den Hauptstützpunkt seiner Flotte und auch seine wichtigste Schifffahrtsroute verlegt, um so die Handels- und Passagierschiffe besser schützen zu können. Aber Krieg war Krieg, und die Verluste an Menschen und Material waren groß. Dies blieb auch uns Kindern im Heim nicht verborgen, weshalb wir uns sehr fürchteten.

Victor Klemperer notierte am 16. Dezember 1939 in sein Tagebuch: „Aus den neuen Lebensmittelkarten hat man uns alle Sondergaben herausgeschnitten. [...] So sind wir also sehr tief herabgedrückt. Erfolg: Vogel steckt mir eine Tafel Schokolade nach der anderen zu, und der Schlächter schreibt auf die Rückseite eines Zahlzettels: Zu Weihnachten haben wir Ihnen eine Zunge zurückgelegt."[46] Vielleicht gab es in Anbetracht der vielen Restriktionen gegen die jüdische Bevölkerung ja auch in Mannheim Menschen, die meiner Mutter halfen, die

---

[44] Wehrmachtberichte vom 14. und 18. Dezember 1939 (wie Anm. 16) Bd. 1, S. 63 ff; Overesch (wie Anm. 1) S. 42 ff.
[45] Wehrmachtberichte (wie Anm. 16) Bd. 1, S. 77.
[46] Klemperer (wie Anm. 17) Bd. 1, S. 505.

schwierige Ernährungslage des Kinderheims durch gelegentliche Zusatzgaben etwas zu verbessern. Dass die Kinder zu Chanukka kleine Geschenke bekamen, war keineswegs mehr selbstverständlich. Meine Mutter hatte es aber offenbar geschafft, ihren Zöglingen trotzdem ein schönes Fest zu bereiten. Sicher wird sie dabei auch die Jüdische Gemeinde unterstützt haben.

Mannheim hatte nach 1933 die zahlenmäßig größte jüdische Gemeinde in Baden, welche auch über die Landesgrenzen hinaus eine Mittelpunktfunktion wahrnahm. Mehrere Gemeindeausschüsse kümmerten sich um unterschiedliche Belange, so etwa um Wohlfahrts- und Erziehungsfragen.[47] Schon sehr frühzeitig, nämlich 1934, wurden erste Klassen nur für jüdische Kinder eingerichtet, nachdem die Nazis keinen Zweifel mehr ließen an der von ihnen beabsichtigten Aussonderung und Entfernung der Juden aus der deutschen Gesellschaft. Ab Ostern 1936 besuchten die seinerzeit 454 volksschulpflichtigen jüdischen Kinder der Stadt die inzwischen zehn eingerichteten Sonderklassen, die meisten davon im Schulhaus in K 2, 6. Auch wir Oppenheimer-Kinder gingen nach unserem Umzug nach Mannheim in diese Schule. Nachdem die Stadtverwaltung die Nutzungsbefugnis für das Schulhaus im Mai 1939 wieder entzogen und sich die Zahl jüdischer Schüler durch Auswanderung deutlich verringert hatte, wurden die verbliebenen Kinder fortan in drei Lehrsälen der Lemle-Moses-Klaus-Stiftung in F 1, 11 unterrichtet. Daneben unterhielt die Gemeinde das Jüdische Waisenhaus, welches seit 1893 bestand und das nun meine Mutter leitete.

Am Silvesterabend 1939 schrieb Klemperer: „Wir sind diese Weihnacht und dieses Silvester entschieden in böserer Lage als voriges Jahr, die Fortnahme des Hauses droht. Trotzdem ist mir wohler zumut als damals; es herrscht jetzt Bewegung, und damals stagnierte alles. Ich bin jetzt überzeugt, dass der Nationalsozialismus im kommenden Jahr zusammenbricht. Vielleicht werden wir dabei zugrunde gehen – er aber wird bestimmt enden, und mit ihm, so oder so, der Schrecken."[48] Diese Hoffnung hegten sicher viele der von den Nazis verfolgten Menschen, möglicherweise auch meine Eltern. Aber ihre Hoffnung trog.

Anfang 1940 war es eisig kalt. Klemperer beobachtete sorgsam das Thermometer und notierte, dass dieses schon länger bei minus 11 bis 15 Grad Celsius verharrte. Dann vermerkte er: „Es fehlt an Kartoffeln, es fehlt an Kohlen. [...] Es sind uns wieder Fleisch- und Nährmittelmarken genommen worden; der Gendarm kam

---

[47] Vgl. zum Folgenden: Fliedner, Hans-Joachim: Die Judenverfolgung in Mannheim 1933-1945. Bd. 1: Darstellung; Bd. 2: Dokumente. Hrsg.: Stadtarchiv Mannheim. Stuttgart u. a. 1971; ebenso: Keller, Volker: Jüdisches Leben in Mannheim. Mannheim 1995 (zum Waisenhaus hier: S. 110 f.).
[48] Klemperer (wie Anm. 17) Bd. 1, S. 507.

● **Jüdische Schule K 2, 6**

Das Schulhaus in K 2, 6 wird der jüdischen Volksschule an Ostern 1936 von der Stadt zur Verfügung gestellt. Bereits seit 1934 werden jüdische Kinder in besonderen Klassen in der Luisenschule (heute Max-Hachenburg-Schule) unterrichtet. Die jüdische Volksschule, die auch Räume der Klausstiftung in F 1 nutzt, umfasst acht Klassenstufen. 1936 kommt ein neuntes Aufbauschuljahr hinzu. Zum Lehrstoff gehört auch Englisch, da die Schule auf die Auswanderung vorbereiten soll. Den Unterricht halten Lehrerinnen und Lehrer, die aus rassischen Gründen aus dem öffentlichen Schuldienst entfernt wurden. Beim Novemberpogrom 1938 wird die Schule in K 2, 6 von den Zerstörungen jüdischer Einrichtungen ausgenommen, da sich das Gebäude in städtischem Eigentum befindet. Daher kann der Unterricht bis Mai 1939 fortgesetzt werden. Ab diesem Zeitpunkt stehen der jüdischen Schule nur noch Räume der Klausstiftung zur Verfügung.

Diese Tafel wurde gestiftet von:

Gedenktafel im Eingang der ehemaligen jüdischen Schule in Mannheim.
(Aufnahmen 2006)

Das Gebäude der ehemaligen jüdischen Schule in Mannheim K 2, 6. Meine Schwester Hannah und ich sowie die Kinder des Waisenhauses gingen bis Mai 1939 in diese Schule.

kam sie holen. Butternot [...] verstärkt sich immer mehr. [...] Man hat statt fehlender Kartoffeln den Ariern 1.750 Gramm Brotzulage gegeben, den Juden 1.000 Gramm. Es sind auch wieder Teile der Fleisch- und Nährmittelkarten für Juden gesperrt worden."[49] Im gleichen Zeitraum hatte der Reichswirtschaftsminister Juden die Berechtigung zum Bezug von Spinnstoffen, Schuhen und Ledermaterial entzogen.[50] Wie vermochte Mutter nur die ihr anvertrauten Waisenkinder zu ernähren und zu versorgen? Nie aber schrieb sie in ihren Briefen über den quälenden Mangel, den sie alle erdulden mussten.

Wie Klemperer werden auch meine Eltern damals in Erfahrung gebracht haben, dass deutsche Divisionen schon an der holländischen Grenze bereitstanden. Nur die Kälte und überschwemmte Moore hinderten sie noch am Einmarsch. Welche Perspektive hätte für dieses kleine Land angesichts des niederträchtigen Riesen von nebenan noch bestanden? Nach der Notlandung eines deutschen Flugzeugs in Belgien war wegen der dabei sichergestellten Unterlagen offenbar geworden, dass Hitlers Angriff auf Frankreich über Belgien und die Niederlande erfolgen sollte.[51] Seine Absichten waren also klar.

Für mich war es damals bestimmt selbstverständlich, auch weiterhin regelmäßig Post zu bekommen. Unsere Heimleiterinnen Mrs. Urbach und Mrs. Sieber bemühten sich zudem anfangs noch aufrichtig, Feste wie Chanukka für uns so schön wie möglich zu gestalten. Je länger dieser grauenvolle Krieg jedoch dauerte, desto seltener konnten sie solche Anlässe nutzen, um unsere Stimmung etwas aufzuhellen. Unser Leben wurde zunehmend trostloser. Aber zum ersten Chanukka in der Fremde studierten wir für das Komitee der Jüdischen Gemeinde in Tynemouth, welche unseren Aufenthalt finanzierte, eine Theateraufführung ein. Deren erster Teil war eine Parodie auf Friedrich Schillers Ballade „Der Taucher". In diesem Heldengedicht geht es um einen mutigen Knappen, der einen goldenen Becher, welchen der König ins tosende Meer geworfen hatte, wieder daraus hervorholt. Der König fordert ihn ein zweites Mal zu diesem Wagnis auf, doch diesmal bezahlt der Knappe seinen Mut mit dem Leben. Im zweiten Teil der Aufführung stellten wir schweigend und regungslos in entsprechender Verkleidung „lebende Bilder" dar, Szenen aus verschiedenen Märchen. Es war mir gerade recht, nur den Prinzen zu mimen, der das schlafende Schneewittchen weckte, solange ich dabei absolut nichts sonst tun musste. Ich achtete peinlich darauf, mit dem Rücken zum Publikum zu stehen, um ja niemanden anschauen zu müssen. Ich hasste

---

[49] Klemperer am 21. Januar und 11. Februar 1940 (wie Anm. 17) Bd. 1, S. 510 f.
[50] Overesch (wie Anm. 1) Bd. 2, S. 54.
[51] Overesch (wie Anm. 1) Bd. 2, S. 50 f.

das Theaterspielen. Ich machte mir nichts aus Sprechen auf der Bühne, und in Englisch verstand ich den Text ohnehin nicht. Ich wusste, dass mein Akzent fremd klang und meine Stimme sich wie tief unten aus meiner Kehle kommend anhörte. Ich kam mir einfach komisch vor, und mir fehlte jeder Sinn dafür, das Ganze auch noch lustig zu finden. Ich berichtete darüber in einem Brief nach Hause. Mutter wird gewusst haben, wie mir auf der Bühne zumute war, denn aus der Ferne versuchte sie, mir Mut zuzusprechen.

Freude über Post von daheim

Mannheim 3. März 1940
Liebe Ruth und liebe Hannah!
Wenn wir heute mit dem Brief beginnen, so gilt es in erster Linie Dir, liebe Ruth, zu Deinem Geburtstag, den Du zum ersten Mal nicht zu Hause begehst, recht herzlich zu gratulieren. Ich wünsche Dir vor allem, stets gesund zu sein, und hoffe und wünsche, dass wir alle bald wieder zusammen vereint sein mögen. Wir haben lange nichts von Euch gehört und hoffen gerne, dass Ihr beide recht wohl seid.
Von Tante Liese hatten wir dieser Tage Nachricht, sie schrieb, dass sie von Euch Nachricht zu ihrem Geburtstag hatte, und dass Du, liebe Hannah, ihr sogar einen selbstgebackenen Kuchen, der noch dazu sehr gut gewesen sein soll, geschickt hättest. Tante Liese hat sich sehr damit gefreut. Ich freue mich auch sehr darauf, Deine Kochkunst kennen zu lernen.
Von Werner und Ernst haben wir keine Nachricht. Von Bella und Fritz kam heute ein Brief. Bertel geht nach Buenos Aires. Von hier ist nicht viel Neues zu berichten. Am Samstag hatten wir eine kleine Feier, Konfirmation[52] des Nathan Fischof. Von den großen Jungen ist nur noch Ludwig Haas da, alle übrigen sind jetzt fort. Dafür sind wieder diverse Kleine, d. h. Schulpflichtige, eingetreten. Das Haus ist ziemlich besetzt. Es würde uns freuen, von Euch beiden bald wieder recht ausführlich zu hören. Dir, liebe Ruth, wünsche ich also noch mal alles Gute und grüße und küsse Euch beide recht herzlich.
Euer Papa

Liebes Ruthlein, liebe Hannah,
hoffentlich kommt dieser Glückwunsch noch rechtzeitig zu Deinem Geburtstag

---

[52] In Mannheim gab es – wie in vielen jüdischen Gemeinden Deutschlands – bereits seit der ersten Hälfte des 19. Jahrhunderts starke Bestrebungen zur Reform der Gottesdienstordnung. Sie fanden auch beim Bau der neuen Hauptsynagoge ihren Ausdruck, welche 1855 eingeweiht wurde und zahlreiche an christliche Kirchen angelehnte Elemente enthielt; vgl.: Keller (wie Anm. 47) S. 27 ff. Anstelle der Bar Mizwa, der Feier zu Beginn der religiösen Mündigkeit eines Jungen bei Vollendung seines 13. Lebensjahres, gab und gibt es viele liberale Gemeinden, die stattdessen oder zusätzlich im 16. Lebensjahr eine Konfirmation durchführen. In diesem Alter haben die Jugendlichen größeres Verständnis für ihre religiösen Verpflichtungen; vgl.: http://www.liberale-juden.de/cms/index.php?id=63.

in Deine Hände, meine liebe Ruth. Dass wir Dir das Allerbeste wünschen, ist ja selbstverständlich. Wir werden den ganzen Tag an Dich denken, noch mehr als wir so schon immer an Euch alle denken. Gebe Gott, dass wir Deinen nächsten Geburtstag wieder gemeinsam und in Freude verleben können. Die Leute dort haben Dich ja alle gern und werden auch diesmal lieb zu Dir sein. Grüß' die Damen und auch Deine Freundinnen von uns.

Von Deinen Künsten, liebe Hannah, hab ich mit Freuden gehört. Tante Liese schrieb ganz begeistert über Deinen Kuchen. Wir sind sehr froh, dass Du etwas Richtiges lernst, und es machte uns auch Spaß, dass Du allein auf die Idee kamst, Tante Liese zu erfreuen. Die Ria aus Deiner Klasse, die jetzt bei uns ist, stellt sich übrigens recht gut an.

Mit unserer Auswanderung haben wir wieder eine große Enttäuschung erlebt; wer weiß, ob wir überhaupt noch zu Werner kommen. Rena Rohrheimer schrieb uns sehr lieb; sie will uns helfen, nach Nord-Amerika zu kommen. Aber bis dahin wird noch viel Zeit vergehen. Hat Rena auch einmal an Euch geschrieben? Sie wollte es tun und bedauert sehr, dass sie Dich, liebe Ruth, nicht gesehen hat. Nächste Woche melden wir Feo für die Schule an. Sie freut sich sehr. Hast Du die Fotokopie bekommen, liebe Ruth? Grüß' Tante Rosi und sag ihr über unsere Auswanderungsschwierigkeiten Bescheid. Nochmals alles Gute und viele Grüße und Küsse von

Eurer Mutter

Viele Grüße an Tante Liese und Frau Schwarzwald.
Viele Grüße und Glückwünsche Michael und Feo
Liebe Ruth! Auch ich gratuliere Dir sehr herzlich und wünsche Dir alles Gute.
Doris

Meine Lieben! Ich wünsche Euch und allen anderen Bekannten gute Feiertage und sonst alles Gute. Es grüßt Dich, liebe Ruth und Hannah, sehr herzlich
Mina

Mannheim 5. März 1940

Liebe Hannah und liebe Ruth,
wir haben uns mit Deinem Brief besonders gefreut, liebe Ruth, weil es nach langer Zeit wieder die erste Nachricht von Dir war und weil Du so erfreuliche Dinge von Deinen Fortschritten in der Schule berichten kannst. Nun hoffen wir sehr, dass Du auch unsere anderen Briefe inzwischen bekommen hast, und dass wir

auch von Dir, liebe Hannah, und von Ernst und Werner Nachricht bekommen. Ihr
wisst ja, dass es nicht schön ist, so lange vergeblich auf Post zu warten; aber die
Briefschreiber können heutzutage meist selbst nichts dazu.

Leider sieht es mit unserer Auswanderung schlechter aus als je. Es sind ver-
schiedene unerwartete Schwierigkeiten aufgetaucht, und es kann sein, dass
unsere Llamada verfällt, ehe sie behoben sind. Natürlich haben wir mehrmals
Luftpost nach Argentinien geschrieben, sowohl an Werner wie an Karlsbergs,
damit sie alles tun können, und müssen jetzt auf Antwort warten. Für den Fall
aber, dass aus dem ganzen argentinischen Plan nichts mehr werden sollte, wol-
len wir versuchen, unsere Auswanderung nach Nordamerika vorzubereiten. Die
stets hilfsbereite Rena Rohrheimer will auch hierbei wieder alles tun, was sie
kann. Vergesst nicht, ihr gelegentlich immer wieder zu schreiben; sie tut viel für
Euch beide. Es wird keine Kleinigkeit sein, eine genügend hohe Bürgschaft für
uns zu beschaffen, und vor allem werden wir noch sehr lange warten müssen.
Unsere Registriernummer ist sehr hoch, Nr. 31.298, wenn Ihr einmal gefragt wer-
den solltet. Ihr steht auch darauf (Konsulat Stuttgart). Für Euch beide wäre ja
wegen der Sprache Nordamerika besser als Argentinien. Aber eine schnellere
Auswanderung wäre uns erwünschter, und dann ist es auch für Werner schlecht,
wenn wir nicht zu ihm kommen. Man muss sich wieder, wie so oft, in Geduld
fassen und abwarten. Liebe Ruth, schick den Brief an Hannah weiter, und Du,
liebe Hannah, schickst ihn mit vielen Grüßen an Tante Liese. Was sagt Ihr denn
alle dazu, dass ich jetzt auch Maschine schreibe? Es geht noch ein bisschen
langsam, aber man bekommt so schön viel auf den Bogen. Gebt bitte Tante Rosi
über unsere Angelegenheiten Bescheid. Mehrere ähnliche Briefe sind übrigens
schon an Euch unterwegs.

Viele, viele Grüße und Küsse

Mutter

Nachschrift: Heute habe ich Feo und Rolf in der Schule angemeldet. Beide wa-
ren sehr stolz und freuen sich, wenn sie in vier Wochen zum ersten Mal den
Schulranzen aufsetzen dürfen. Ich selbst habe viel Arbeit mit neuen Zöglingen,
die monatelang keine Schule hatten, alles vergessen haben und bei denen ich
jetzt nachhelfen muss.

Nochmals viele Grüße

Mutter

Meine liebe Hannah, liebe Ruth!

Wir schrieben Euch gestern durch Doris und erhielten gestern Nachmittag einen

Brief von Erna und Dir, liebe Ruth. Wie immer freuten wir uns mit Deinen lieben Zeilen, liebe Ruth. Wir gratulierten Dir vorgestern zu Deinem Geburtstag und hoffen, dass Dich dieser Brief noch zu diesem Tag erreicht. Dass Du gute Fortschritte in der Schule machst, hören wir gerne. Dieser Tage erhielten wir einen Brief von Fritz und Bella. Wie sie schreiben, wollen sie nicht dort bleiben und möchten am liebsten nach Nordamerika. Gestern brachte uns Deine Freundin Anneliese das beiliegende Briefchen. Die Kinder erkundigen sich oft nach Dir, liebe Ruth.

Von Dir, liebe Hannah, haben wir jetzt ziemlich lange keine Post, hoffentlich ist ein Brief auch von Dir unterwegs. Habt Ihr wieder mal Post von Ernst und Werner gehabt? Wir haben von beiden lange nichts gehört. Ich bitte Euch, den beiden immer wieder zu schreiben, denn es geht sicher mancher Brief verloren. Onkel Gustav und Tante Ida gefällt es jetzt sehr gut in Worms, sie sind auch mit der Verpflegung recht zufrieden. Hier im Heim geht es unverändert weiter, wir haben immer die gleiche Zahl Kinder. Wenn einer geht, kommt wieder ein anderer. Die großen Jungen sind jetzt alle weg.

Ich hoffe, von Euch beiden wieder bald recht ausführlich zu hören und grüße und küsse Euch herzlich
Euer Vater

Die herzlichsten Geburtstagsgrüße und -küsse sendet Dir, liebe Ruth, Mina. Ich freue mich sehr über Deine und über Hannahs liebe Zeilen und grüße Euch beide. Mina
Herzliche Grüße sendet Dir Erna
Gruß und Kuss von Michael und Feo

Am 3. März 1940 erklärte das Oberkommando der Wehrmacht, die Luftwaffe habe tags zuvor zwei feindliche Vorpostenboote und elf im Geleit fahrende Handelsschiffe vor der britischen Ostküste teils versenkt, teils schwer getroffen. In seinem am 2. März bekannt gegebenen Halbjahresbericht wurden im Detail alle Verluste aufgezählt, welche den Luft- und Seestreitkräften Großbritanniens während der ersten sechs Kriegsmonate zugefügt worden waren. Zehn Prozent seiner Tankerflotte wurde als zerstört gemeldet. Die Verluste im Handelskrieg stiegen ebenfalls kontinuierlich.[53] Aus deutscher Sicht stand es schlecht um das Königreich. Meinen Eltern werden die deutschen Siegesmeldungen nicht entgangen sein und ihre Ängste um uns waren bestimmt beträchtlich.

---

[53] Vgl.: Wehrmachtberichte (wie Anm. 16) Bd. 1, März 1940, S. 83 ff.

Victor Klemperer hatte zu jener Zeit seine Tagebucheinträge für einige Wochen unterbrochen. Erst Mitte und Ende März finden sich die nächsten Vermerke: „Absolutes Dunkel der Lage. Greift Hitler an? Manchmal meine ich: Er muss. Die Essnot wird immer drückender. [...] Kohlen fehlen, Kartoffeln fehlen, Fett fehlt, Fische fehlen usw. usw. Eine Weile schien alles auf Offensive hinzudeuten; jetzt scheint man abzuwiegeln: Wir haben schon soooo große Erfolge, wir warten ab [...] Das unlösbarste und dabei entscheidende Rätsel ist die Stimmung im Volk. Was glaubt es? Klagen und schimpfen tut alle Welt. Aber ich glaube, die meisten sind geduldig und setzen Vertrauen in das, was ihnen eingetrichtert wird." Oft fragte sich Klemperer, „wo der wilde Antisemitismus steckt. Für meinen Teil begegne ich viel Sympathie, man hilft mir aus, aber natürlich angstvoll. [...] Gestern traf ich oben den Gemüsehändler Moses, der nur noch selten herkommt – Mangel an Ware. ‚Wenn Sie sich nicht schämen, einen Sack zu tragen?' Ich schämte mich nicht und erhielt einen unerfrorenen Weißkohl, eine Kohlrübe und Möhren – lauter seltene Delikatessen. Dazu eine Brotmarke geschenkt. Moses hat Eva schon wiederholt Kartoffeln gegeben. Es ist bekannt, dass uns Marken knapper zugeteilt werden als den ‚Volksgenossen'." Hinsichtlich der militärischen Erfolge des NS-Staates teilte Klemperer die Euphorie der Wehrmachtberichte nicht: „Ich habe den Eindruck, als wenn der Luftkrieg nicht hält, was man von ihm erhofft. Seltene und geringe Erfolge gegen Geleitzüge. So groß man das in der Presse hinstellt, es ist nicht viel."[54]

Vielleicht hatte meine Mutter auch hin und wieder das Glück, durch freundliche Menschen einige Lebensmittel über die wirklich allzu knapp bemessene Ration hinaus für das Waisenhaus zu erhalten. Ohne Zweifel wird sich Mina Dümig engagiert haben, wo sie nur konnte, um meine Mutter bei alledem zu unterstützen. Dass so viele mir vertraute Menschen an meinen Geburtstag gedacht hatten, machte mich überglücklich. Denn langsam wurde mir bewusst, dass die Schwierigkeiten der Daheimgebliebenen mit ihrer von uns allen erhofften Auswanderung größer waren als wir vordem hatten ahnen können. Einerseits verstand ich deshalb, dass meine Eltern wahrscheinlich ohne Hannah und mich nach Argentinien würden fahren müssen. Wenn es ihnen endlich gelänge auszuwandern, so war ja doch kaum anzunehmen, dass sie dann auch noch einen Umweg über England würden nehmen können. Andererseits erschien mir jedoch eine Reise allein mit Hannah über den riesigen Ozean sehr beängstigend. So hoffte ich daher insgeheim immer noch auf das Wunder einer gemeinsamen Fahrt. Ich kannte vie-

---

[54] Klemperer (wie Anm. 17) Bd. 1, S. 512 f. und 514.

le Familien, die es geschafft hatten, zusammenzubleiben. Warum war uns das nicht vergönnt? Oft überkam mich das Gefühl, wir seien auf besonders schlimme Weise der Ungerechtigkeit der Welt ausgesetzt.

Hannah lebte inzwischen bei einer englischen Familie in Hertfordshire, etwas nördlich von London, und schien es im Großen und Ganzen besser getroffen zu haben als ich. Auch war sie, verglichen mit mir, von Natur aus fröhlicher und optimistischer, schrieb heitere Briefe an meine Eltern und berichtete von lustigen Erlebnissen. Im Gegensatz zu meinem oft recht missmutigen Geschreibsel trugen ihre Zeilen sicherlich etwas zur Erleichterung unserer Eltern bei. Auch Feo besaß ein solch fröhliches Gemüt. Wahrscheinlich war sie einfach noch zu jung, um zu begreifen, in welch gefährlicher Lage sich unsere Familie befand. Aber sie vermochte sich ihre positive, lebensbejahende Grundhaltung durch all die rauen Jahren zu bewahren, die ihr noch beschieden sein sollten. Dem bevorstehenden Schulbeginn sah sie erwartungsvoll und mit einem großen Glücksgefühl entgegen. Michael war sich bestimmt etlicher Gefahren bewusst, schien sich jedoch davon nicht einschüchtern zu lassen. So machte er sich ganz allein auf lange Spaziergänge, um Mannheim zu erkunden, und manchmal ging er sogar über eine der Rheinbrücken nach Ludwigshafen hinüber, um auch dort alles auszukundschaften. Hat niemand, der diesen kleinen neunjährigen Jungen so herumbummeln sah, sich einmal gefragt, was er da eigentlich so gänzlich unbeaufsichtigt machte? Meine Eltern müssen zuweilen außer sich gewesen sein vor Entsetzen und Angst ob seiner Kühnheit und Unerschrockenheit. Mutter benutzte oft das Wort „wild", wenn sie über ihn schrieb. Er aber ließ sich einfach nicht an die Kandare nehmen und erinnert sich noch heute mit Stolz und Heiterkeit an seine „Entdeckungsreisen" damals.

Große Hoffnungen setzte Mutter in Rena Rohrheimer in Philadelphia, deren Optimismus hinsichtlich unserer Auswanderung in die USA nicht schwankte, bis er leider an der brutalen Realität zerbrach. Sie täuschte sich völlig über die Absichten des amerikanischen Außenministeriums, obwohl dessen Neutralitätserklärungen schon ziemlich eindeutig waren. Sie bedeuteten nichts anderes, als den in Europa zum Untergang Verurteilten viel weniger Hilfen zu gewähren, als man hätte erwarten müssen. So verhielt sich ein Land, das sich auf seine Fahnen geschrieben hatte, es werde die Verfolgten, die Armen und die Heimatlosen der Welt immer aufnehmen.

Vater ermahnte uns, es ihm gleichzutun und so oft wie möglich zu schreiben, weil in jenen Jahren viele Briefe ihre Empfänger einfach nicht erreichten. Schon zwei Tage nach seiner letzten Mitteilung schrieb er erneut, wobei er wie üblich den

Krieg unerwähnt ließ. Er unterließ auch die Nennung von Ortsnamen. Dies war allen Briefpartnern damals tunlichst angeraten. In den Augen der Zensoren, welche die Post kontrollierten, hätte dies nämlich durchaus als Verrat in Form verschlüsselter Botschaften gewertet werden können. Aber dass Doris Katz in Amsterdam und Erna Fischel in Kaunas wohnten, wussten wir ohnehin. Ich war mit der Landkarte Europas inzwischen gut vertraut. Jene Erna, die mir zum Geburtstag Grüße sandte, war allerdings nicht Erna Fischel, sondern eine Haushaltshilfe gleichen Vornamens, die im jüdischen Waisenhaus in Mannheim arbeitete. Ihr weiteres Schicksal kenne ich nicht.

Von Freunden und Verwandten hörte ich immer gerne, auch davon natürlich, dass meine Freundinnen mich nicht vergessen hatten. Gelang es jemandem aus unserer Familie, in der Ferne ein neues Leben zu beginnen, wie meinem ältesten Cousin Fritz Neu und seiner Frau Bella, schöpfte ich neue Hoffnung. Mein Vater hatte neun Geschwister, wobei der Altersunterschied zwischen dem Jüngsten und dem Ältesten ziemlich groß war. Fritz war der Sohn von Vaters ältester Schwester Berta, die um einiges älter als Vater selbst und bereits 1916 verstorben war. So war auch Cousin Fritz wesentlich älter als wir jüngeren Oppenheimer-Kinder, weshalb wir ihn „Onkel" nannten. Fritz und Bella hatten Fränkisch-Crumbach mit ihren Töchtern Bertel und Margot, beide etwas älter als Hannah und ich und zu jener Zeit unsere besten Freundinnen, schon 1935 verlassen. Sie waren nach Paraguay gegangen, damals ein Flüchtlingen gegenüber sehr offenes Land. Mit ihrer Auswanderung hatten sie ein Zeichen gesetzt, dem dann viele Crumbacher Juden zu folgen suchten. Die Lebensbedingungen in Paraguay waren jedoch sehr kärglich. Die Neus ließen sich, so gut es eben ging, nieder und eröffneten in einer Urwaldregion einen kleinen Laden. Eines Tages wurden sie dort von Räubern überfallen und an Bäume gefesselt, während ihr Geschäft geplündert wurde. Zum Glück kam zufällig eine Milizstreife vorbei und befreite sie. Es war also nicht verwunderlich, dass sie von dort wieder wegwollten. Sie gingen allerdings nicht nach Nordamerika, sondern nach Argentinien, wo Bertel und Margot heute noch mit ihren Nachkommen leben.

Anneliese Kahn, die mir oft Grüße bestellte und mir nun auch selbst schrieb, war meine Freundin seit meiner Einschulung in die Mannheimer jüdische Schule. Nach der Pogromnacht hatte ich den Schulbesuch in der jüdischen Schule in Höchst im Odenwald abbrechen müssen und konnte ihn erst nach unserem Umzug nach Mannheim im Februar 1939 wieder aufnehmen. Anneliese stammte aus Kaiserslautern, war im Oktober 1933 nach Mannheim gezogen und lebte, als wir uns kennen lernten, schon mit ihrer Mutter allein.[55] Wir hatten uns in der kurzen gemeinsamen Schulzeit des öfteren auch gegenseitig zu Hause besucht. Sie wohnte nahebei in der Lameystraße 7a, und dorthin fand ich leicht, wenn mich auch sonst die Großstadt ein wenig ängstigte. Ich ging auf dem Weg zu ihr immer am Wasserturm vorbei, dem auffälligsten und berühmtesten Wahrzeichen Mannheims. Gemeinsam mit ihrer Mutter wurde Anneliese im Oktober 1940 nach Gurs deportiert. In einem ihrer späteren Briefe aus Marseille schrieb Mutter auf meine Nachfrage hin, dass sie Anneliese dort zuletzt gesehen hatte. Erst vor kurzem erfuhr ich, dass Anneliese und ihre Mutter Ernestine Kahn im Juli 1941 von Gurs nach Marseille kamen und von dort am 12. Dezember desselben Jahres in die USA emigrieren konnten.

Dass Onkel Gustav und Tante Ida sich inzwischen im Altersheim in Worms eingelebt hatten, vernahm ich gern, und für meine Eltern war dies sicher eine erhebliche Erleichterung. Das Heim lag in der Wormser Altstadt, direkt neben der Synagoge. Diese stammte aus dem 11. Jahrhundert und war, wie ich erst viel später erfuhr, die älteste Synagoge in Europa. Zum damaligen Zeitpunkt jedoch war das Gebäude nur noch ein einziger Trümmerhaufen, zerstört durch Brandstiftung in jenem schrecklichen November 1938 wie die meisten anderen deutschen Synagogen auch. Inzwischen ist das Haus originalgetreu wieder aufgebaut worden. Als ich es vor Jahren besuchte, empfand ich eher ein Frösteln. Es fehlte einfach jene Atmosphäre, die hier über all die Jahrhunderte hinweg während der Gottesdienste zweifelsohne zu spüren gewesen ist. In der jetzt dort gezeigten Ausstellung sind Fotos vom Brand zu sehen mit Feuerwehrmännern, die ihre Schläuche von dem brennenden Gebäude weg auf die Umgebung richten, um die benachbarten Privathäuser vor dem Übergreifen des Feuers zu schützen.

Mit der Schule in Deutschland hatte ich keine allzu gute Erfahrung gemacht. Wie alle schulpflichtigen Kinder war ich 1935 im Alter von sechs Jahren in die Volksschule in Fränkisch-Crumbach eingeschult worden. Ich hatte mich eigentlich darauf gefreut. Aber mein Klassenlehrer trug schon damals die braune Uniform der Nazis, und recht schnell fühlte ich mich als einziges jüdisches Kind in meiner Klasse isoliert. Zwar musste ich keine Schikanen im Unterricht ertragen, merkte aber schnell, dass ich nicht dazugehörte. Der Lehrer ignorierte mich einfach. Während viele jüdische Kinder noch bis zu den Novemberpogromen 1938 in die staatlichen Schulen gehen durften, verhielten sich die Behörden im Odenwald

---

[55] Die Informationen zu Anneliese Kahns Herkunft, Familie und Schicksal verdanke ich Michael Caroli, Stadtarchiv Mannheim (Auskunft vom 21. August 2007).

Das jüdische Altersheim in Worms um 1933.

Das Gebäude des jüdischen Altersheims, davor die Ruine der in der Pogromnacht am 9. November 1938 durch Brand zerstörten Synagoge, Aufnahme kurz nach 1945.

besonders linientreu und entließen uns bereits 1935, bald nach meiner Einschulung.

Nachdem im selben Jahr in Höchst im Odenwald eine kleine jüdische Schule in Nebenräumen der dortigen Synagoge eröffnet worden war, konnte ich meinen Schulbesuch fortsetzen. 35 Schülerinnen und Schüler aller Altersstufen aus mehreren Odenwaldgemeinden wurden dort unterrichtet, so gut es eben ging. Meine Mutter erteilte in Höchst Teilzeitunterricht. Die Höchster Schule hatte kein Geld für eine Ausstattung mit Material für den Fachunterricht. Auch gab es inzwischen keine Schulbücher mehr, die nicht von der Nazi-Ideologie beeinflusst waren. Selbst in Mathematik tobten sich ihre rassistischen Vorstellungen aus. Wahrscheinlich haben unsere Lehrkräfte auf Bücher zurückgegriffen, die aus der Zeit vor der Machtübernahme der Nazis stammten, oder sie haben selbst erarbeitete Aufgaben erstellt. Der Weg zur Schule war sehr beschwerlich und keineswegs gefahrenfrei, denn vor Angriffen während der Fahrt waren wir nie sicher. Oft wünschte ich mir daher, zu Hause bleiben zu können.[56] Aber mit der Pogromnacht und der Zerstörung der Höchster Synagoge endete auch dieser Lebensabschnitt. Nur etwa drei Monate in der Mannheimer jüdischen Schule folgten noch, bis mich der „Kindertransport" im Juni 1939 über den Kanal in Sicherheit brachte.

Ich hatte mich auf die neue Schule in Tynemouth gefreut. Allerdings hatte ich nicht damit gerechnet, dass es ziemlich lange dauern sollte, bis ich mit der englischen Sprache zurechtkam. Tatsächlich brauchte ich erheblich länger als einige meiner Altersgenossinnen, die sich einfach bereitwilliger auf die neuen Erfordernisse einstellten. Immer hatte ich das Gefühl, Englisch würde ich nie lernen. Ich wollte zwar alles richtig machen, zweifelte aber daran, ob ich diesem Anspruch gewachsen war. Meine Freundin Elfi, die vor mir aus Österreich gekommen war, hatte eine Zeit lang als einziges Flüchtlingskind in einer englischen Klasse zugebracht und insofern die Sprache mit Hilfe ihrer Mitschüler schnell erlernt. Ich bewunderte sie und beschloss, dass sie ja für mich sprechen könnte. Als ich dort ankam, waren wir in England schon nichts Besonderes mehr. Wir waren einfach nur ausländische Kinder, deren Zahl inzwischen stark zugenommen hatte.

Bis März 1940 hatte ich so viel Englisch gelernt, um zu verstehen, was um mich herum vor sich ging. Meine Briefe nach Hause enthielten endlich auch ein paar schulische Erfolgsmeldungen. Zudem hatte ich meine mathematische Begabung zeigen können, waren doch Sprachkenntnisse, wie ich fälschlich annahm, hier nicht ganz so ausschlaggebend. Die Wirklichkeit holte mich indes ein, als wir

---

[56] Vgl. dazu: David (wie Anm. 2) S. 31 ff.

Das erste Foto von uns, das ich (2. von rechts) meinen Eltern im Jahr 1939 aus England schicken konnte, wurde im Garten unseres Mädchenheims in Tynemouth aufgenommen.

begannen, mit Unzen, Pfund, „stones" – ein „stone" sind 14 Pfund oder 6,35 Kilogramm – und Zentnern zu rechnen. Die Briten hatten damals noch nicht das Dezimalsystem eingeführt. Es sollte übrigens noch 50 Jahre dauern, bis auch in den Schulen des Inselstaates so gerechnet wurde, wie ich es von Kindesbeinen an gewohnt war. Meine Rechenergebnisse entsprachen damals also keineswegs dem, was das metrische System von britischen Schülern erwartete. Dennoch behandelten uns die Lehrer sehr freundlich, obwohl sich einige von ihnen gewiss fragten, was um alles in der Welt deutsche Kinder in der Priory-Schule von Tynemouth an der Nordsee wollten, während unser beider Länder Krieg gegeneinander führten.

Manchmal konnten wir Auswirkungen des Seekriegs sogar von der Straße aus sehen, die direkt am Meer entlang führte. Teile des Strandes waren aus Sicherheitsgründen inzwischen gesperrt worden. Ich erinnere mich zum Beispiel an eine Wasserfontäne, die neben einem weit entfernten Schiff hochstieg, welches dann plötzlich im Meer versank. Ich wusste schon, was das bedeutete. Wir Heimbewohnerinnen als „feindliche Ausländer" durften aber ohnehin nicht allzu lange stehen bleiben und das Meer beobachten. So unglaublich es klingen mag: Es hätte uns als Kinder und Jugendliche verdächtig machen können, für Deutschland zu spionieren. Im Sommer 1940 wurde unser Heim schließlich auch vom Küstengebiet ins Landesinnere verlegt.

Die Ungewissheit nimmt zu

Mannheim 8. März 1940
Lieber Werner!
Wir schrieben Dir am 20. Februar durch Luftpost an Seppel K.[57] und haben die
Fotokopie der Llamada mitgeschickt. Wir haben auch an Karlsbergs ziemlich
ausführlich wegen unserer Ausreisehindernisse geschrieben. Ob dieser Brief
Karlsbergs und auch Dich erreicht hat? Ich höre immer wieder, dass Briefe von
drüben zum Teil sogar in kurzer Zeit hier ankommen. Schreibe doch bitte mit
Luftpost über Italien. Von der Berliner Zentrale der ICA wird mir mitgeteilt, dass
sie wegen meiner Ausreise nach drüben gekabelt hätte, aber noch keine Antwort
erhielt. Warum ist eigentlich von der ICA die Einreise für ICA-Fahrer gestoppt?
Neuerdings teilt mir Berlin mit, ich solle abwarten, bis ich von drüben eine neue
Llamada erhielte. Ich wiederhole wörtlich den Inhalt des eingegangenen Briefes
von der Beratungsstelle:
„Unsere Zentrale bedauert, dass gerade Ihr Fall, der so lange lief, nicht mehr
durchführbar war. Eine Landung in Argentinien ist heute durchaus fraglich, und
eine Unterstützung der ICA kommt zurzeit auch nicht in Frage. Es bleibt nur zu
hoffen, dass die ganzen Schwierigkeiten baldigst wieder behoben werden und
Sie mit Ihrer Familie eine neue Llamada erhalten."
Falls Du respektive Karlsbergs meinen ausführlichen Brief vom 20. Februar mit
Fotokopie der Llamada nicht erhalten habt, bitte sofort eiligst Bescheid, dann
lasse ich wenn nötig nochmals alles zugehen. Wir würden uns so sehr freuen,
wenn wir wieder mal ein Lebenszeichen bekämen. Wir haben doch von Dir seit
Oktober keine Nachricht. Auch von Ernst haben wir seit Ende November keine di-
rekte Nachricht mehr. [...] Dieser Tage hatten wir auch mal wieder einen Brief von
Bella und Fritz, allerdings vom Oktober. Ich hoffe, dass auch von Dir noch diverse
Briefe unterwegs sind. Ich bin ja fest überzeugt, dass Du und Karlsbergs nichts
versäumt, um unsere Einreise nach dort möglich zu machen. Übrigens ist auch
jetzt mein Vetter Richard Retwitzer dort, d. h. in Buenos Aires, 638 Talcahuano
2te Piso. Vielleicht kannst Du die Adresse mal gebrauchen. Bleibe gesund und
schreibe oft. Herzliche Grüße Dein Vater

---

[57] Gemeint ist Joseph Karlsberg.

Lieber Werner,

*wir werden uns in unseren Briefen jetzt öfters etwas wiederholen, doch das ist un-
vermeidlich. Da anscheinend Post verloren geht, muss man dieselben Nachrichten
eben ein paar Mal in die Welt schicken. Eigentlich wollten wir übermorgen Europa
verlassen; diese Enttäuschung so kurz vorm Ziel war die schmerzhafteste von all
den vielen, die wir auf diesem Gebiet schon erlebten. Dabei tappt man über die
Ursachen der Schwierigkeiten trotz aller Vermutungen doch im Dunkeln. Wir können Dir von hier aus keine Ratschläge geben, lieber Werner, wir wissen, dass Du
tust, was Du kannst, und auch Else Karlsberg wird sich sicher Mühe geben. Ob es
Zweck hat, dass Du nach Buenos Aires fährst?? Mit Pappenheim sprichst?? Ich
weiß es nicht. Weiß noch nicht einmal, ob Du selbst die Lage bei der ICA richtig
beurteilen kannst. Solltest Du nach Buenos Aires fahren, so sprich doch einmal
bei Richard Retwitzer vor. Ratschläge wird er, der ja selbst Neuling ist, kaum geben können, aber Du hörst von ihm, dass es uns verhältnismäßig gut geht. Es ist
ja noch im Pech ein großes Glück, dass wir von der Weigerung des Konsuls, uns
das Visum zu geben, erfuhren, ehe wir hier kündigten. [...]*

Der weitere Text meiner Mutter ist leider nicht erhalten.

Mannheim 15. März 1940

Liebe Freunde,[58]

*wir wissen nicht, ob Sie und Werner unsere verschiedenen Luftpostbriefe er-
halten haben. Wir stellten Ihnen unsere Lage dar und baten um Ihre Hilfe bei
Verlängerung der Llamada. Unsere Angelegenheiten sind verworrener denn je.
Dass sie nicht vorwärts gehen wollen, hat zwei Gründe: Erstens gelang es uns
trotz aller Anstrengungen nicht, das Geschäftliche abzuwickeln. Ferner mussten
wir monatelang auf die Bescheinigung warten, dass wir Landwirte sind. Von den
neuen Schwierigkeiten der Devisenbeschaffung zur Überfahrt ganz zu schweigen; wenn wir wirklich noch wegkommen sollten, dann vermutlich nur mit dem
Nötigsten und ohne eigentliches Umzugsgut, das ein größeres Gewicht hat. Doch
das ist jetzt unsere geringste Sorge. Nun schien plötzlich die Sache vorwärts zu
gehen, weil der Hilfsverein sich sehr energisch für uns einsetzt und sogar fertig gebracht hat, dass die derzeitige Sperre der ICA für uns aufgehoben wurde.
Da kam ein ganz neues, unvorhergesehenes Hindernis, abgesehen davon, dass
auch das geschäftliche bestehen bleibt. Der argentinische Konsul verweigert uns
das Visum, obwohl wir alle nötigen Papiere, d. h. eine gültige Llamada und die*

---

[58] Der Brief ist an Joseph und Else Karlsberg geschrieben.

Bescheinigung, dass wir Landwirte sind, beibringen. Er meint, wir seien wohl Landwirte, aber keine Landarbeiter; trotzdem ich mehrfach in ihn drang, lässt er sich auf nichts ein. Unserer Ansicht nach sind das Ausflüchte; vielleicht will man jetzt überhaupt wenig Visa geben oder man fürchtet, dass wir wie so viele andere nicht auf dem Land bleiben wollen. Wir müssen da wie schon manchmal für die Sünden anderer büßen. Wir haben natürlich auf Werner hingewiesen, es hat alles nichts genützt. Jetzt versucht man vom Hilfsverein aus, etwas für uns bei der argentinischen Botschaft in Berlin zu erreichen. Abgesehen davon, dass es noch nicht sicher ist, was dabei heraus kommt, kann viel kostbare Zeit dabei verloren gehen. Da die Llamada am 13. April abläuft, müssten wir spätestens am 2. April ab Genua reisen. Das wird sich kaum erreichen lassen. Wir bitten Euch nochmals dringend, wie wir es schon einmal taten, ohne dass wir wissen, ob Euch dieser Brief erreichte, tut alles, was Ihr könnt, um eine Verlängerung der Llamada zu erreichen. Zeit gewonnen ist in diesem Fall viel gewonnen. Eine Fotokopie der Llamada ging bereits an Euch ab. Es steht doch so viel auf dem Spiel, vielleicht unsere ganze Zukunft. Für Werner ist die Lage durch die Verzögerung unserer Ausreise auch schlimm. Schickt ihm bitte diesen Brief mit vielen Grüßen. Wir haben seit Oktober nichts von ihm gehört, und wenn dies auch heutzutage kein Grund zur Beunruhigung zu sein braucht, so ist es doch ein unbehagliches Gefühl. Ob es ratsam oder nötig ist, dass Werner wegen unserer Sache nach Buenos Aires fährt, können wir von hier aus nicht beurteilen. Wir geben uns seit Monaten die größte Mühe, aber immer wieder kommen Hindernisse, die man früher nicht ahnte. [...]

Der Brief ist nicht vollständig überliefert. Er muss aber auf alle Fälle von meiner Mutter geschrieben worden sein, die die Anreden nämlich immer mit Komma und nicht mit Ausrufungszeichen beendete wie mein Vater.

Mannheim 17. März 1940

Liebes, gutes Ruthlein,
heute ist Dein Geburtstag, und da wir an diesem Tag besonders viel an Dich denken und in Gedanken bei Dir sind, sollst Du auch einen Brief bekommen. Hoffentlich hast Du unseren Gratulationsbrief pünktlich erhalten, und hoffentlich verlebst Du einen netten, gemütlichen Tag mit Deinen Freundinnen. Die schönste Freude wird ja sein, wenn Du Hannah bei Tante Liese treffen kannst. Ich halte den Daumen, dass etwas aus diesem schönen Plan wird. Du kannst diesen Brief an Hannah und Tante Liese weiterschicken, aber er soll doch in erster Linie an Dich gerichtet sein. Dein letzter Brief mit den Nachrichten von Deinen guten

Fortschritten in der Schule hat uns viel Freude gemacht. Ende nächster Woche soll nun auch Dein Schwesterchen ein Schulmädchen werden. Es freut sich sehr darauf. Es will immer schon rechnen und stellt sich gar nicht dumm dabei an. Auch lässt es sich dauernd von den Buben Buchstaben zeigen und setzt Wörter zusammen. Mit den neuen Zöglingen habe ich mehr Last. Die haben meistens lange Zeit keine Schule gehabt und sind außerdem faul. Da habe ich viel Last mit der Nachhilfe. Dein früherer Klassenkamerad Julius ist auch noch nicht gescheiter geworden und kostet mich viel Zeit und Mühe.

Unsere Auswanderungssache steht immer noch schlecht. Die Schwierigkeiten sind natürlich viel größer geworden. Da ich noch nicht weiß, ob wir es mit Argentinien schaffen, habe ich jetzt neu mit Englisch angefangen. Es geht ganz gut mit einem Mittelkurs. Gestern hatten wir eine große Freude, Selma Reichelsheimer kam unerwartet zu Besuch. Wir sprechen viel von Euch allen. Ernst und Dina Joseph aus Reichelsheim sind jetzt auch schon in Amerika. Schreib recht bald wieder und sei herzlich gegrüßt und geküsst von Deiner
Mutter

Meine liebe Ruth!
Wir denken dauernd an Dich und sprechen immer von Dir, besonders heute an Deinem Geburtstag sprechen wir viel von Dir. Sei herzlich gegrüßt und geküsst von Deinem
Vater

Mannheim 17. März 1940
Meine Lieben,[59]
wie Ihr seht, versuche ich mich auch ein bisschen auf der Schreibmaschine. Euren Brief vom Oktober erhielten wir vor kurzer Zeit und beantworteten ihn sofort. Heute sollt Ihr einen besonderen Gruß erhalten. Selma Reichelsheimer kam nämlich zu unserer Freude überraschend zu Besuch. Da soll diese Karte auch sagen, dass wir an Euch denken und viel von Euch sprechen. Wegen unserer Auswanderung sind wir in großer Aufregung. Immer wieder gibt's unerwartete Hindernisse; dabei läuft die Llamada ab. Entweder es klappt in 14 Tagen oder überhaupt nicht mehr. Gesundheitlich geht's uns gut. Feo soll jetzt in die Schule kommen. Von den Kindern haben wir sel-

---

[59] Diese Postkarte von Mutter ging an Bella und Fritz Neu nach Villarica/Paraguay.

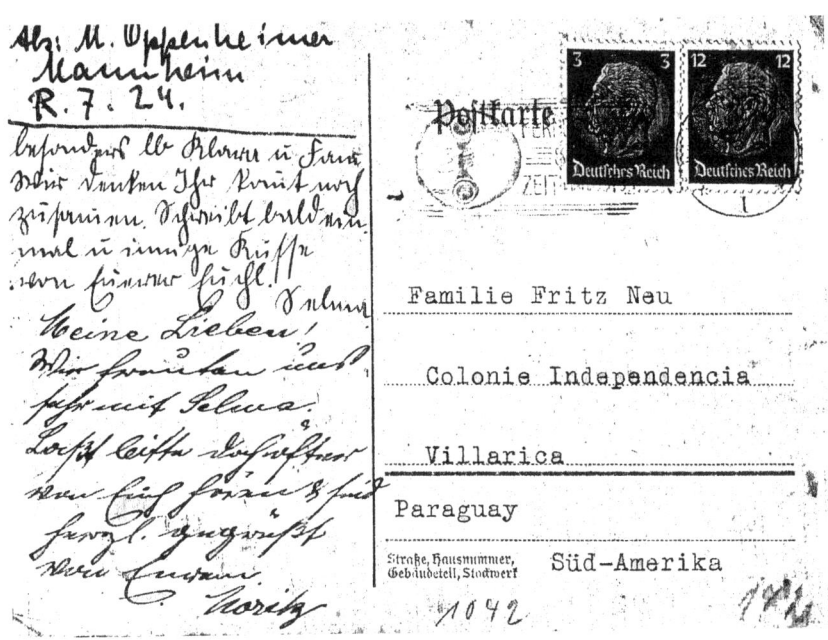

Familie Fritz Neu

Colonie Independencia

Villarica

Paraguay

Straße, Hausnummer,
Gebäudeteil, Stockwerk   Süd-Amerika

Mannheim, R.7.24.   17. III. 40.

Meine Lieben, wie Ihr seht, versuche ich mich auch
ein bißchen auf der Schreibmaschine. Eueren Brief v.
Oktober erhielten wir vor kurzer Zeit u. beantworteten ihn sofort. Heute sollt Ihr einen besonderer Gruß
erhalten; Selma Reichelsheimer kam nämlich zu unserer
Freude überraschend zu Besuch. Da soll diese Karte
Euch sagen, daß wir an Euch denken u. viel von Euch
sprechen. Wegen unserer Auswanderung sind wir in gros
ser Aufregung. Immer wieder gibt's unerwartete Hinder
nisse, dabei läuft die Llamada ab. Entweder es Klappt
in 14 Tagen od. überhaupt nicht mehr. Gesundheitlich
geht's uns gut. Feo soll jetzt in die Schule kommen.
Von den Kindern haben wir seltene aber gute Nachrichten. Ernst ist Koch geworden! Viele herzliche Grüße

Postkarte meiner Eltern an Bella und Fritz Neu in Paraguay (Vorder- und Rückseite).

tene, aber gute Nachrichten. Ernst ist Koch geworden! Viele herzliche Grüße
Eure Grete

[...]

Meine Lieben!
Wir freuten uns sehr mit Selma. Lasst bitte doch öfter von Euch hören und seid
herzlich gegrüßt von Eurem Moritz

Mannheim 25. März 1940
Lieber Ernst,
wir wollen Dich doch weiter über den Stand unserer Angelegenheiten auf dem
Laufenden halten. Leider gibt es auch heute noch nichts wesentlich Neues und
vor allem nichts Positives zu berichten. Es ist seit vielen Wochen ein ständiges
Hin und Her, ein Schwanken zwischen Hoffnung und Verzicht, das einen schon
allerhand Nerven kosten kann. Wir wissen auch heute noch nicht, ob wir in etwa
zehn Tagen werden reisen können, und das wäre nun wirklich der allerallerletzte
Termin, wenn es nicht gelingt, die Llamada zu verlängern. Wir haben wegen ei-
ner Verlängerung jetzt mehrere Luftpostbriefe nach Argentinien geschickt, hatten
aber noch keine Antwort. Eventuell kabeln wir noch diese Woche. Du hast ja
wohl die Kopie meines ausführlichen Briefes an Rena erhalten und weißt über
die Einzelheiten Bescheid. Wir lassen natürlich nichts unversucht. Vater war in
den letzten Tagen in Frankfurt, Offenbach und Stuttgart. Der jetzige Leiter der
hiesigen Hilfsvereinsstelle – Onkel Julius kennt ihn – gibt sich eine unendliche
Mühe; wenn's nur was nützt. Der Konsul hat sich nun auch bereit gefunden, sich
mit seiner übergeordneten Behörde in Hamburg in Verbindung zu setzen und
will uns Bescheid geben. Daneben laufen immer noch die Verhandlungen über
das Geschäftliche, die auch noch zu keinem Resultat geführt haben. Inzwischen
ist wiederum eine Komplikation aufgetaucht. Wie meine Freundin Erna Fischel
mitteilte, ist es wichtig und notwendig, dass Hannah und Ruth ab Genua mit uns
reisen. Die Hilfskomitees wollen sich dafür einsetzen. Hannah schrieb schon ein
Leumundszeugnis, Geburtsschein und dergleichen. Wird sie aber rechtzeitig al-
les bekommen, wird man auch nur rechtzeitig Abfahrtsdatum, Schiff usw. mittei-
len können? Der Gedanke, die Kinder unter Umständen so bald wiedersehen zu
können, ist ja mehr als schön, schließt aber unter den heutigen Verhältnissen
auch eine Menge von Aufregungen in sich ein. Wir sind Dir natürlich für Deine
Anteilnahme und Deine Hilfsbereitschaft sehr dankbar und hoffen nur, dass Du

durch die mehrfache, sich kreuzende Telegrafiererei nicht ganz durcheinander gemacht worden bist. [...]
Hoffentlich geht es Dir gut und Du hast in Deinem neuen Beruf Erfolg und auch Spaß daran. Wie immer die herzlichsten Grüße
Mutter

Hast Du eigentlich je wieder einmal etwas von Jule und Ludwig gehört? Weißt Du, ob ihre Eltern in Amerika sind? Sie wurden, soviel wir wissen, eine Zeit lang in Spanien aufgehalten. Warst Du wieder einmal bei Else Nathan? Wenn nicht, so tu's bald. Hast Du je einmal Paula Neu gesprochen? Lieber Ernst! Besten Dank für Deine Bemühungen für uns. Mutter hat Dir ja alles Wesentliche mitgeteilt. Wir haben zuletzt nur eine Karte vom 14. Dezember von Dir erhalten. Ich hoffe, dass mehrere Briefe unterwegs sind. Für heute sei noch herzlich gegrüßt von Deinem Vater

Mannheim [31. März 1940]
Mein liebes Ruthlein,
hoffentlich hast Du unseren Geburtstagsbrief sowie den, den wir an Deinem Geburtstag selbst schrieben, erhalten. An Ostern haben wir immer daran gedacht und davon gesprochen, ob es wohl geklappt hat, dass Du Dich mit Hannah und Tante Liese treffen konntest. Das wäre wohl für Euch die größte Freude in Monaten gewesen. Wenn ich's nur schon wüsste! Schreib uns bald ausführlich darüber. Leider kann ich Dir auch heute noch nichts Bestimmtes über unsere Auswanderung mitteilen; das ist eine böse Sache. Man könnte zappelig werden, aber man darf es nicht, sondern muss Geduld haben, Ihr sowohl wie wir. Vorgestern ist Feo in die Schule gekommen und ist sehr glücklich darüber. Es ist noch ein Junge von sechs Jahren zu uns ins Waisenhaus gekommen. Jetzt gehen also drei Kinder aus unserem Haus – nämlich Feo, Rolf und der Neue – in die untere Schulklasse. Ich habe übrigens selbst wieder angefangen, Englisch zu lernen; es geht ganz gut. Schreib uns recht oft und ausführlich. Alle Bekannten und Verwandten fragen immer nach Dir und Hannah. Vor ein paar Tagen war Vater mit Feo bei Onkel Gustav und Tante Ida in Worms im Altersheim. Sie haben sich natürlich sehr gefreut, aber leider macht die Tante immer wieder Dummheiten und fügt sich nicht recht in die Ordnung ein. Mina war neulich in Crumbach; es gefällt ihr aber nicht sehr gut dort. Marie ist schon lange nicht mehr bei uns. Sie heiratet bald. Bleib gesund, mein Liebes, sei brav, grüß Tante Liese, Frau Schwarzwald und Hannah von uns und sei herzlich gegrüßt und geküsst von Deiner Mutter

Liebe Ruth!

Mutter hat gerade für mich so viel Platz gelassen, dass ich nur noch herzliche Grüße und Küsse anfügen kann.

Dein Papa

Liebe Ruth! Ich hoffe, dass es Dir gut geht und grüß Dich herzlich. Mina
Liebe Ruth! Auch ich sende Dir viele Grüße. Erna

Meine Eltern hatten sehr gehofft, dass es unserem Bruder Werner als „Vorfahrer" gelingen werde, uns nach Argentinien nachzuholen, wenn er sich dort hatte ansiedeln können. Die Einwanderungspolitik der lateinamerikanischen Staaten war keineswegs leicht zu durchschauen. Sie hing stark von den jeweiligen Regierungen ab. Werner in seinem noch jungen Alter und weitab auf dem Land lebend fehlte einfach der Zugang zu den entscheidenden Informationen und Personen. Argentinien hatte bereits seit der Mitte des 19. Jahrhunderts zahlreiche Einwanderer in seine Landwirtschaft wie auch in die sich langsam entwickelnde verarbeitende Industrie eingegliedert, um dadurch die wirtschaftliche Erschließung des Landes zu fördern. Die argentinische Verfassung sah ausdrücklich vor, die Einwanderung besonders in jenen Arbeitsfeldern zu fördern, die für die Entwicklung des Landes besonders wichtig erschienen: in der Landwirtschaft, der Industrie und nicht zuletzt auch in den Wissenschaften.[60]

Aber infolge der Weltwirtschaftskrise, von der auch Argentinien schwer getroffen worden war, hatten 1930 nach einem Militärputsch Interessenvertreter des leibeigenschaftlich orientierten Großgrundbesitzes die Macht übernommen. Ihr Ziel war es, ihre agrarische Vormachtstellung zu sichern. Industrie und Wissenschaft waren ihnen unwichtig. An der Aufnahme von Menschen aus Berufszweigen mit eher städtischer Orientierung, die aber gerade unter den deutschen Einwanderungswilligen weitaus zahlreicher vertreten waren als landwirtschaftlich ausgebildete Personen, hatte die Regierung insofern kaum Interesse. Aufgrund dieser ökonomischen Prioritätensetzung war Werner nach seiner Ausbildung bei Adam Weidmann in Güttersbach die Einwanderung nach Argentinien gelungen. Die Einwanderungspolitik des Landes begünstigte selbstverständlich auch den Zuzug von Familienangehörigen bäuerlicher Herkunft bzw. Qualifikation. Sie sollten vor allem jene Gebiete urbar machen, die bisher noch nicht agrikulturell er-

---

[60] Vgl. zum Folgenden: Walter, Hans-Albert: Deutsche Exilliteratur 1933–1950. Bd. 2: Europäisches Appeasement und überseeische Asylpraxis. Stuttgart 1984, S. 291-305, hier: S. 292; vgl. ebenso: Mühlen (wie Anm. 15) S. 39 ff.

schlossen waren. Dies war sehr harte körperliche Arbeit mit einfachstem Gerät und unter für Europäer völlig ungewohnten klimatischen Bedingungen. Viele Flüchtlinge hielten das nicht lange durch und wanderten in die Städte ab, um dort eine Existenzgrundlage zu suchen. Natürlich war dies der Regierung in Buenos Aires ein Dorn im Auge. Sie machte daher immer wieder einmal ihre Grenzen dicht bzw. behandelte Einwanderungsanträge äußerst restriktiv. So ist auch das dauernde Hin und Her zu verstehen, ob unser Vater nun als „Landwirt" oder als „Landarbeiter" nach Argentinien würde einreisen dürfen. Solche Haarspaltereien waren jedoch für alle diejenigen, die ihr Leben retten mussten, mehr als grotesk. Vater wird zudem sicher nicht gewusst haben, dass in Argentinien wie auch in den Konsulaten dieses Landes Korruption nicht unüblich war. Etliche Auswanderer erhielten ihr Visum nur, wenn sie die für dessen Erteilung zuständigen Konsuln bestachen. Meine Eltern wären dazu allein schon finanziell gar nicht imstande gewesen. So mussten sie ausharren und sich – weiterhin auf einen glücklichen Ausgang hoffend – in Geduld fassen.

Der 17. März, mein elfter Geburtstag, war für Deutschland ein triumphaler Tag. Die Wehrmachtberichte meldeten die Zerstörung mehrerer britischer Schiffe bei Scapa Flow.[61] Diesen Namen, der gar nicht englisch klingt, hörten auch wir im Heim zu jener Zeit öfter. Viele Regionen im Norden Schottlands tragen bis heute noch ihre alten gälischen oder skandinavischen Namen. Wenn die deutschen Flugzeuge Scapa Flow erreichten, so konnten sie auch uns im nordenglischen Tynemouth bombardieren. Dieser Gedanke machte mir zuweilen große Angst, obwohl ich bis dahin noch keinen Flugzeugangriff erlebt hatte.

Natürlich fehlte mir damals jede Vorstellung davon, wie viele Briefe meine Eltern wirklich an uns Kinder, an Verwandte und Freunde in der Hoffnung schickten, wenigstens einige davon möchten bei den Empfängern ankommen. Tante Liese in York, zwei Stunden Bahnreise von Newcastle entfernt, wollte Hannah und mich zu sich einladen. Ich wartete darauf mit großer Ungeduld, sprach aber nicht viel darüber. Mir war bewusst, dass ich insofern schon sehr privilegiert war. Es gab in unserem Heim Mädchen, die ihre Brüder in England bis dahin nicht ein einziges Mal gesehen hatten. Nur Walter Freitag, der ältere Bruder der kleinen fünfjährigen Lore, kam manchmal. Vielleicht lebte er ja ganz in unserer Nähe.

Mutter schenkte ihr ungeteiltes Interesse allen Kindern, die lernwillig waren und sie war überglücklich, dass Feo mit solcher Wissbegierde bei der Sache war. Sie war ein hübsches Kind, immer fröhlich, gutmütig und entgegenkommend, trotz

---

[61] Wehrmachtberichte (wie Anm. 16) Bd. 1, S. 90.

der fürchterlichen Lebensumstände. Sie begegnete anderen mit Vertrauen und Zuversicht, und die älteren Kinder brachten ihr daher gerne vieles bei, wenn sie mit ihrem gewinnenden Lächeln darum bat. Mir schien damals, als seien dauernd neue Kinder ins Mannheimer Waisenhaus gekommen. Wahrscheinlich gab es dort auch eine große Fluktuation. Etliche Kinder konnten auf unterschiedlichen Wegen Deutschland verlassen, andere wurden neu aufgenommen. Ängstlich hatte ich meine Eltern einmal gefragt, wer denn jetzt in meinem Bett schlafe und Mutter hatte mir darauf geantwortet: „In Deinem Bett schläft eben niemand." Ich wollte mich wohl vergewissern, dass es für mich immer noch einen Platz bei meinen Eltern gab.

Mit Kindern, die nur ungern lernten, musste Mutter sich sehr plagen. Sicher waren es allesamt Kinder, die ein schweres Los hatten und für die das Waisenhaus die einzige Möglichkeit war, versorgt zu sein. Manche hatten nach dem Novemberpogrom 1938 lange keine Schule mehr besuchen können. Viele Familien wurden damals mit Gewalt auseinander gerissen. Väter, aber auch Mütter verloren ihre Arbeit, waren inhaftiert, vielleicht sogar ermordet worden, andere hatten bereits fliehen müssen. Man hatte die jüdischen Familien enteignet, ihre Häuser und Wohnungen demoliert, wenn nicht zerstört. Die Kinder befanden sich in einer verfolgungsbedingten Zwangslage, die ihren Angehörigen weder Zeit noch Mittel ließ, sich ausreichend um sie zu kümmern. Meinen Klassenkameraden Julius hatte ich von allen Jungen am wenigsten gemocht. Er war übergewichtig, schwerfällig und faul gewesen, und ich hatte es gehasst, mit ihm in Mannheim den Weg zur Schule gemeinsam zu gehen, wie das von mir erwartet wurde. Auch er hatte mich offenbar nicht leiden können, und das war mir ganz recht geschehen, fühlte ich mich doch damals als etwas Besseres. Zweifellos war Julius ein sehr unglücklicher Junge.

An Selma Reichelsheimer kann ich mich nicht mehr erinnern. Sie war die Mutter von Helga, mit der Hannah besonders befreundet gewesen ist. Die Familie lebte seit Generationen in Reichelsheim und hatte so ihren Familiennamen erhalten. Während der französischen Besatzung unter Kaiser Napoleon war sein Code civil[62], ein grundlegendes Gesetzeswerk der Neuzeit, auch in den von ihm bis 1814 beherrschten Staaten eingeführt worden. Dieses brachte eine weitgehende rechtliche Gleichstellung jüdischer und christlicher Bürger mit sich und sah zudem vor, dass Juden sich für einen festen Familiennamen entscheiden mussten, was zuvor nicht üblich gewesen ist. Viele jüdische Familien haben damals den Namen ihres Wohnortes angenommen. So hatte sich meine Familie nach Oppenheim am

---

[62] Auch Code Napoléon genannt.

.

Rhein benannt, im Mittelalter immer wieder Zufluchtsstätte für verfolgte Juden. Ärmeren Juden wurden von Amts wegen vielfach diffamierende Namen gegeben, etwa „Rindskopf" oder „Grünspan", um sie ganz einfach zu verspotten.

Reichelsheim liegt nur wenige Kilometer bergauf von Fränkisch-Crumbach entfernt. Wir sind diese Strecke früher oft hin und zurück gelaufen. Unser Ziel war dabei meist der etwas außerhalb des Ortes gelegene jüdische Friedhof gewesen, wo unsere Vorfahren begraben sind. Die jüdischen Familien hatten während der Pogromnacht dort noch weitaus mehr leiden müssen als wir in unserem Dorf. Die Nazi-Strolche sind in Reichelsheim von einem jungen adeligen Rowdy, dem Erbprinzen zu Erbach-Schönberg, angeführt worden und eigens aus Bensheim herbeigeeilt, um ihrer Zerstörungswut freien Lauf zu lassen. Die Einheimischen haben sich aber dann nur allzu bereitwillig daran beteiligt. Die Synagoge wurde verwüstet und Juden wurden gezwungen, vor dem Gebäude um die lichterloh brennenden Thora- und Gebetsrollen herumzutanzen.[63] Dass den Josephs aus Reichelsheim die Flucht geglückt war, gab uns ein wenig Zuversicht, dies könne auch uns glücken. Helga Reichelsheimer ist schon im Juni 1939 nach London gelangt, vermutlich gleichfalls mit einem der „Kindertransporte".[64] Ihre Eltern Selma und Gustav Reichelsheimer sollten am 25. März 1942 mit 1.000 Juden aus ganz Hessen von Darmstadt aus nach Polen in den Tod deportiert werden.[65] Es war derselbe Transport, mit dem auch die Eltern von Doris Katz in den Untergang fahren mussten.

Fritz Neu, Vaters Neffe, hatte in Fränkisch-Crumbach mit seiner Familie ganz in unserer Nähe gewohnt. Seine Frau Bella stammte aus dem Dorf, und meine Mutter schätzte sie sehr als gute Freundin. Mutter fand in der kleinen Odenwald-Gemeinde im Laufe der Zeit zwar viele Bekannte, aber nur wenige echte Freundinnen. Bella war ihr von Anfang an sehr zugetan gewesen und hatte ihr das Einleben sicher erheblich erleichtert. Mutter versuchte daher, mit ihr auch aus der Ferne in Kontakt zu bleiben. Die meisten alteingesessenen Crumbacher hingegen, Juden und Christen gleichermaßen, begegneten meiner Mutter eher zurückhaltend. Vielleicht wussten sie auch mit ihr, einer Hochschulabsolventin in Mathematik und Physik, einfach nichts anzufangen. Sie wird die einzige Frau im Dorf mit einer solchen Qualifikation gewesen sein. Die Frauen dort mussten

---

[63] Zum Pogrom in Reichelsheim: Grünewald, Reinhard: Gegen das Vergessen. Juden in Reichelsheim. Lindenfels 1998, S. 130 ff.
[64] Siehe: Grünewald (wie Anm. 63) S. 270.
[65] „Als die letzten Hoffnungen verbrannten ..." (wie Anm. 7) S. 267; Initiative Gedenkort Güterbahnhof Darmstadt (wie Anm. 7).

alle körperlich hart arbeiten. Zu Beginn des 20. Jahrhunderts bestanden für sie kaum Chancen auf Bildung und Ausbildung. In Mannheim geboren, war Mutter mit ihrer Familie nach Frankfurt gezogen, als sie 13 Jahre alt war und hatte dann eine höhere Mädchenschule besucht. Wegen ihrer ganz offensichtlichen mathematischen Begabung hatte ihre kluge Schulleiterin sie schließlich auf den mathematischen Zweig eines Jungengymnasiums wechseln lassen, was damals allein schon eine Sensation war. Das Leben im Dorf wird für meine Mutter insofern nicht leicht gewesen sein, und so genoss sie sicherlich die gelegentlichen Besuche ihrer Freundinnen aus der Stadt. Die Landbevölkerung wiederum schaute mit einer gewissen Skepsis, wenn nicht mit Geringschätzung auf die Städter, die in ihren Augen wenig von Landleben und Ackerbau verstanden und kaum gewusst haben dürften, woher Brot, Butter und Milch auf ihren Tischen kamen. Bella Neu war von derlei Vorurteilen frei gewesen.

Mutter hatte sich inzwischen an das Tippen mit der Schreibmaschine gewöhnt. Papier für ihre notgedrungen umfangreiche Korrespondenz war in der Kriegszeit knapp, ebenso das Geld zum Versand mehrseitiger handschriftlicher Briefe. Sorgsam nutzte sie jedes Blatt aus, schrieb engzeilig, kürzte Wörter ab und verzichtete auf alle Abstände. Die Neuigkeit, dass Ernst Koch geworden war, werden die Neus mit Erheiterung aufgenommen haben. Nie hatte sich mein Bruder nämlich zuvor im Haushalt profiliert und die Küche hatte er erst recht strikt gemieden. Er war dazu ausgebildet worden, Vaters Fabrik zu übernehmen, doch das nützte ihm gar nichts, als er völlig mittellos in New York ankam. Bella und Fritz gegenüber äußerte Mutter erstmals ganz klar ihre Befürchtung, die Auswanderung werde vielleicht nie gelingen. Die deutsche Bürokratie hatte es gelernt, uns Juden nicht zu helfen. Aber dass die argentinische Politik mittlerweile in die gleiche Richtung lief, wusste Mutter nicht. Dies war letztlich das Todesurteil für viele Juden, die gerne in Argentinien Zuflucht gefunden hätten.

Die Karte an die Neus gelangte fast 50 Jahre, nachdem sie abgeschickt worden war, auf einem Umweg in meinen Besitz. Im Herbst 1988 erhielt ich nämlich eine Einladung aus Höchst im Odenwald. Als Schülerin der ehemaligen jüdischen Schule durfte ich dort eine Woche zu Gast zu sein. Mit einiger Beklommenheit reiste ich also von England, wo ich damals noch lebte, in dieses Städtchen. Nur einmal zuvor war ich mit einer Freundin dort gewesen, hatte den Ort aber sehr schnell wieder verlassen, nachdem ich keine Spur von der Synagoge und von meiner ehemaligen Schule mehr vorfand. Der zweite Besuch verlief nun ganz anders: Hocherfreut traf in Höchst auf eine Frau, die behauptete, aus Fränkisch-Crumbach zu stammen. Sie war etwa in meinem Alter und grauhaarig. Ich erkannte sie nicht. Es war Bertel Haas, die Tochter von Fritz und Bella Neu, seit langem in Argentinien verheiratet mit einem gebürtigen Odenwälder aus Mümling-Grumbach. In meiner Kindheit hatte ich das großgewachsene Mädchen mit seinen unendlich langen, blonden Zöpfen bewundert. Noch viele Jahre lang habe ich sie so in Erinnerung behalten. Erstmals nach so langer Zeit traf ich sie dort wieder. Nach Argentinien zurückgekehrt, schickte sie mir umgehend die Postkarte meiner Eltern, die ihre Familie über all die Jahrzehnte aufbewahrt hatte.

Nur andeutungsweise artikulierte meine Mutter die Sorgen, die sie sich um unsere psychisch labile Tante Ida machte. In Fränkisch-Crumbach hatte Tante Ida sich ausgekannt. Unsere große Familie hatte ihr Sicherheit gegeben, und die Haushaltsführung für ihren Bruder Gustav war ihr fest umrissenes Feld gewesen. Worms war ihr unbekannt, eine völlig fremde Umgebung. Ohne konstante Aufgabe war es für sie im Altersheim sehr schwierig und sie machte sich rasch unbeliebt, vermutlich auch wegen ihrer hysterischen Anfälle. Heute würde man ihr gewiss sofort fachärztlich helfen können, aber wen kümmerten damals schon psychisch kranke Menschen, zumal wenn sie Juden waren? Die Aufnahme von Onkel Gustav und Tante Ida im Wormser jüdischen Altersheim war trotz allem ein Glück, wenn auch nur eines von kurzer Dauer, bis die Nazi-Machthaber anders entschieden.

Ich plagte meine Eltern in meinen Briefen ständig mit der einen Frage, der wichtigsten in meiner kleinen egoistischen Seele: „Wann werdet Ihr fahren?" und meinte damit natürlich nur: Wann werdet Ihr endlich kommen und mich mitnehmen? Natürlich war mir klar, dass meine Eltern mich nicht holen konnten. Mutter hingegen schrieb mir immer etwas Erfreuliches, sei es über Feos erfolgreichen Start in das Schulleben oder über ihre eigenen Bemühungen, für eine eventuelle Auswanderung in die USA Englisch zu lernen. Heute frage ich mich, wie sie bei all ihren damaligen Belastungen noch Zeit und Kraft für sich selbst, für ihre eigenen Belange fand. Sie wusste, dass die Kinder im Waisenhaus mir viel bedeuteten, und somit erwähnte sie des Öfteren einige von ihnen.

Gerne wollte ich auch immer Neuigkeiten über Mina lesen, die wie eine zweite Mutter für mich gewesen ist. Ich wunderte mich, dass sie Fränkisch-Crumbach nicht mehr mochte. Verübelten ihr die Einheimischen ihre Zuneigung und Treue, die sie uns gegenüber an den Tag legte? Wahrscheinlich wussten sie ja auch, dass Mina keine gute Meinung vom „Führer" hatte. Sie war immer mutig genug, ungeschminkt zu sagen, was sie dachte, und so war ihre Meinung im Dorf bekannt. Fränkisch-Crumbach war ihre Heimat für die längste Zeit ihres Lebens gewesen. Dort war sie in ihre geliebte Kirche gegangen, regelmäßig und mit großer Andacht. Sie hatte zu den wenigen Katholiken im Dorf gehört und daher die Messe in der Privatkapelle der Familie von Gemmingen besuchen dürfen, deren letzter noch am Ort lebender Spross eine ältere Baronin war. Mina hatte mich oft zum Gottesdienst mitgenommen. Ich liebte das Geheimnisvolle dort, den Geruch des Weihrauchs und den Gesang des Chores in seinen engelhaften Gewändern. Unsere Synagoge war im Vergleich dazu streng und schmucklos gewesen.

Heute denke ich, es war gut für mich, von früher Kindheit an diese verschiedenen Formen der Gottesverehrung kennen zu lernen. Dies führte jedenfalls dazu, dass ich mich seit eh und je der Verständigung der unterschiedlichen Glaubensbekenntnisse verpflichtet fühle. Sollten wir Menschen nicht vielleicht sogar alle zusammen unseren Gottesdienst feiern? Unsere Bedürfnisse und Sehnsüchte sind doch alle ähnlich, wenn nicht gleich. Und keine Religionsgemeinschaft besitzt die absolute Wahrheit. Sich religiös und kulturell voneinander so streng getrennt zu halten, hat den Menschen sowieso nur immer schwer geschadet.

Hin und her gezerrt zwischen Hoffnung und Enttäuschung

Mannheim 1. April 1940
Meine lieben Karlsbergs!
Wegen Verlängerung unserer Llamada hat der hiesige Hilfsverein Euch gekabelt.
Ich denke, dass Ihr die Fotokopie unserer Llamada erhalten habt. Ist es mög-
lich, dass Ihr eine Verlängerung durchsetzen könnt? Falls dieser unser Wunsch
noch nicht erledigt ist, könnt Ihr vielleicht noch erreichen, dass die Bedingung der
Llamada als Landarbeiter in Landwirt geändert oder überhaupt ganz gestrichen
wird. Die Bescheinigung als Landwirt habe ich, doch heißt es in der Llamada
„Landarbeiter". Anscheinend ist die Einreise für ICA-Fahrer überhaupt gestoppt,
sodass hierdurch die Schwierigkeiten beim Konsulat entstehen. Ich denke, dass
Ihr, falls Ihr noch nicht die Verlängerung der Einreise erhalten habt, diese noch
bekommt, sodass wir die Möglichkeit haben, doch noch nach dorten zu kommen.
Von Werner haben wir dieser Tage einen Brief vom 30. November erhalten, war
also vier Monate unterwegs. Hannah und Ruth wollen wir natürlich auch mitneh-
men, wir haben die nötigen Papiere für diese schon geschickt. Also, meine lieben
Freunde, Ihr versteht wohl, um was es sich handelt und ich bitte Euch, lasst nichts
unversucht, um die gewünschte Verlängerung zu erhalten. Ich weiß wohl, dass
mein Verlangen schon große Mühe macht. Ich hoffe, wenn wir erst einmal in die-
sem Lande sein werden, wir vielleicht auch mal die Gelegenheit haben werden,
uns dafür dankbar zu zeigen. Ich hoffe, bald Günstiges von Euch zu hören. Ich
hoffe, dass Ihr alle gesund seid, extra Gruß an Euren Vater. Seid schon im Voraus
für Eure Mühe bestens bedankt und herzlich gegrüßt von Eurem
Moritz

Lieber Werner!
Nach Monaten erhielten wir diese Woche wieder einen Brief vom 30. November.
Wir hören im Allgemeinen, dass Luftpost ziemlich schnell hier ankommt. Wie Du
aus beiliegendem Schreiben an Karlsbergs ersiehst, ist es nötig, dass die Llamada
verlängert wird, sonst ist die Einreise für uns überhaupt nicht mehr möglich. Was

den Fabrikverkauf betrifft, war ich wohl auch Deiner Meinung[66], aber besser ist es schon, wenn ich das Ganze verkaufen kann, um die Verbindlichkeiten zu erledigen. Ich denke doch, dass Du, lieber Werner, unsere verschiedenen Schreiben erhalten hast. Ich schrieb wiederholt, dass das Konsulat erst eine Bescheinigung verlangte, dass ich Landwirt bin und jetzt verlangt man eine Bescheinigung als „Landarbeiter". Gestern hatten wir von Ernst wieder zwei Briefe vom 8. und 18. Januar, das war die erste Nachricht nach drei Monaten. Es scheint ihm ja recht ordentlich zu gehen. Er hat bei freier Station 45 Dollar. Onkel Josef schrieb auch an den Brief an. Onkel Gustav und Tante Ida geht es gut in Worms. Beide sind gut untergebracht. Wir wollen Hannah und Ruth auf alle Fälle gleich mitnehmen, da sonst ihre Reise ohne uns viel schwieriger wird. An Möbeln oder Einrichtungsgegenständen können wir nichts mitbringen, da wir ja die Fracht nicht in Devisen bezahlen können. Ich hoffe, dass Karlsbergs die Verlängerung genehmigt bekommen. Sei noch recht herzlich gegrüßt von Deinem

Vater

Liebe Karlsbergs und lieber Werner,

es tut ja auch mir leid, liebe Familie Karlsberg, dass wir Sie so mit Briefen und Telegrammen bestürmen und mit Bitten um Hilfeleistungen belästigen müssen, aber es hängt so viel davon ab, vielleicht die Zukunft von uns allen. Wir wussten ja immer, dass jede Auswanderung mit Schwierigkeiten verknüpft ist, wir rechneten sogar damit, dass sie bei uns besonders groß sein würden; aber was dann wirklich an ungeahnten Hindernissen auftauchte [...]

Der weitere Text des Zusatzes meiner Mutter ist nicht erhalten.

Mannheim 6. April 1940

Liebes Ruthlein,

heute erhielten wir Deinen lieben Brief vom 25. Februar und freuten uns, dass es

---

[66] Am 30. November 1939 hatte Werner an unsere Eltern geschrieben: „Mit dem Fabrikverkauf verstehe ich nicht, was da so schwierig ist. Wenn das Ding nicht verkauft wird, könnt Ihr's doch auch nicht auf den Buckel nehmen. Von mir aus kannst Du sie verschenken oder als Andenken stehen lassen." Werner hatte viele der gravierenden antijüdischen Gesetze und Verordnungen nicht mehr selbst mitbekommen und konnte insofern nicht wissen, dass ein Verkauf für meinen Vater nicht mehr so leicht war. Alle Rohstoffzuteilungen an Fabriken zur Fertigung von Endprodukten waren in der NS-Zeit begrenzt und in das Ermessen der zuständigen Behörden gestellt. Jüdische Fabrikanten erhielten keine Zuteilungen. Doch obwohl mein Vater längst nicht mehr über seine Firma verfügen konnte, verweigerten die Behörden die Zuteilung von Rohtabak und vereitelten dadurch den Kauf durch einen nichtjüdischen Interessenten.

Dir gut geht, dass Du es schön hast, dass alle nett zu Dir sind und dass Du etwas Richtiges lernst. Nur tut es uns so sehr leid, dass Du unsere Briefe nicht erhältst. Wir wollen jetzt recht oft schreiben, damit wenigstens hie und da etwas ankommt. Es ist schon schlecht mit der Postverbindung heutzutage. Von Ernst und Werner hatten wir monatelang keine Post; da kamen vor ein paar Tagen fast gleichzeitig Briefe von ihnen. Der von Werner war vier Monate und der von Ernst zweieinhalb Monate unterwegs, obwohl er Luftpost war. Werner wartet sehr auf uns, und wir wissen doch immer noch nicht, wann wir reisen können. Ernst geht es gut. Er ist Koch geworden und hat Aufbesserung bekommen und sich ein altes Auto zusammen mit einem Freund angeschafft. [...] Dass Tante Rosi so lieb zu Dir ist, finde ich besonders nett. Bedanke Dich ja und schreib ihr auch sonst bei Gelegenheit. Wie ist's denn mit Deinem Examen geworden? Bei uns ist's nicht mehr kalt; es fängt langsam an, grün zu werden. Nun wünsche ich Dir noch von Herzen gute Feiertage und grüße und küsse Dich vielmals

Deine Mutter

Grüße Tante Liese und Hannah recht sehr, wenn Du ihnen schreibst.

Liebe Ruth!

Wie immer freuten wir uns sehr mit Deinem lieben Brief. Heute früh erhielten wir von Werner einen Brief vom 22. März; er schreibt, dass er jetzt selbst einen eigenen Besitz hätte, er hat bereits acht Kühe und sechs Pferde. Hoffentlich klappt es bald, dass wir zusammen zu ihm kommen können. Ernst schreibt recht zufrieden. Von Onkel Josef und Tante Camilla hatten wir auch recht zufriedene Nachrichten. Hoffentlich hast Du jetzt unsere verschiedenen Briefe erhalten. Wir schrieben Dir in letzter Zeit ziemlich oft. Also, mein liebes Kind, bleibe recht gesund und sei herzlich gegrüßt und geküsst von Deinem

Vater

Mannheim 7. April 1940

Lieber Werner!

Wir schrieben Dir erst letzte Woche, aber nachdem ich sehe, wie schnell die Beförderung möglich ist, sollst Du die Antwort auf Deinen Brief vom 19. März, der heute eintraf, auch sofort bekommen. Zunächst gratuliere ich Dir als selbständiger Grund- und Viehbesitzer und hoffe und wünsche Dir, dass sich die Zahl der Viecher sehr bald vervielfacht. Hast Du auch schon Hühner? Sorge nur bitte dafür, dass auch Eier da sind, das ist bei unseren Kindern immer noch das Höchste. Wir warten sehr auf die Nachricht von Karlsbergs und hoffen, dass sie

die Verlängerung der Llamada genehmigt bekommen. Ich hatte Dich wiederholt angefragt, was Du denkst, dass wir außer Kleidern und Wäsche mitbringen sollen. Denn es ist ja so schwierig, die Devisen für die Fracht aufzubringen. Sobald wir jetzt von drüben Nachricht erhalten, werde ich mit allen Mitteln versuchen, die Ausreise zu verwirklichen. Ich möchte nur auch die beiden Mädchen gleich mitnehmen, da uns mitgeteilt wurde, es sei schwierig, sie nachreisen zu lassen. Von Ruth hatten wir gestern wieder Nachricht, sie scheint die Landessprache schon so gut zu beherrschen wie die Muttersprache. Anscheinend hat sie in letzter Zeit unsere Post nicht erhalten. Auch hätte sie zu gern von Dir und Ernst Post. Wenn Du einigermaßen Zeit hast, dann schreib ihr doch bitte ein paar Zeilen. Wer besorgt Dir denn Deine Wäsche und die Küche? Wir freuten uns sehr mit Deiner Nachricht. Michael strahlte mit dem ganzen Gesicht, als er hörte, dass Du bereits acht Kühe und sechs Pferde hast; er wollte nur wissen, ob Letztere auch zum Reiten sind. Wenn Gott will, werden wir uns bald wiedersehen. Also, mein lieber Werner, bleibe gesund und sei herzlich gegrüßt von Deinem
Vater

Lieber Werner,

jetzt haben wir kurz hintereinander zwei Briefe von Dir bekommen; der erste war vier Monate alt, aber der zweite war sehr schnell hier und hat uns viel Freude gemacht. Ich bin daraufhin wieder etwas zuversichtlicher geworden, hatte in letzter Zeit wenig Hoffnung mehr auf ein Gelingen unserer Pläne. Da Du aber schreibst, dass eine Verlängerung der Llamada nicht allzu schwer sein dürfte, so atme ich auf. Mit etwas Zeitgewinn lässt sich manches erreichen. Die schwierigste Frage bleibt, wie sich der Konsul verhält. Er will uns das Visum nicht geben, da helfen alle Versicherungen und Argumente nichts. Vater war bereits zweimal in Stuttgart, man hat geschrieben, telefoniert; der Hilfsverein, der sich sogar ganz tadellos benimmt, hat sich in Hamburg mit dem Generalkonsulat in Verbindung gesetzt – es nützt alles nichts, der Mann w i l l nicht, gibt uns noch nicht einmal mehr eine Antwort. Ob Du von drüben aus etwas erreichen kannst? Bleib mit Karlsbergs in Verbindung und überlege, ob es Zweck hat, dass Du nach Buenos Aires fährst. [...] Wenn wir nur erst wieder beieinander sein könnten! Vielleicht klappt's doch noch. Bleib gesund, lass bald wieder von Dir hören und sei herzlichst gegrüßt von Deiner
Mutter

Mannheim 10. April 1940

Liebes, gutes Ruthlein,

wie sehr uns Dein lieber Brief erfreut hat, kann ich Dir gar nicht sagen. Etwas Lieberes kann's für uns ja gar nicht geben, als wenn Du schreibst: „Ich hatte die ganze Woche nichts als Freude". Hoffentlich bleibt es so, wenn Du auch nicht immer Geschenke bekommen kannst. Wie ist denn Dein Geburtstag verlaufen? Michael war an seinem sehr vergnügt; schon morgens früh kamen alle Buben im Nachthemd und haben ihm gratuliert. Von Dir kamen jetzt schon drei Geburtstagsgrüße an ihn. Was ist denn aus Tante Lieses Plan geworden, Dich und Hannah einzuladen? Bitte schicke diesen Brief an Tante Liese, damit sie auch alle Neuigkeiten erfährt. Ich habe lange nichts von ihr gehört, schrieb ihr auch schon eine Weile nicht direkt, nehme aber an, dass Du und Hannah ihr immer mitgeteilt habt, was wir geschrieben haben. [...] Werner hat schon ein paar Pferde und Kühe und wartet sehnlichst auf uns; aber es geht leider sehr langsam mit unserer Auswanderung. [...] Onkel Gustav und Tante Ida werden hoffentlich im Altersheim bleiben können. Onkel Josef und Tante Camilla sind schon in Amerika und waren auch schon bei Ernst. Frau Dreyfuß und Anni sind schon lange nicht mehr hier im Haus, dafür ein junges Mädchen, das bei Hannah in der Klasse war. Schreib bald wieder. Viele, viele Grüße und Küsse

Deine Mutter

Liebe Liese,

alle Neuigkeiten ersiehst Du aus diesem Brief. Es ist mir eine so große Beruhigung, dass Du mit den Kindern in Verbindung bist. Dir und Frau Schwarzwald die besten Grüße

Eure Grete

Meine liebe Ruth!

Jetzt hatten wir sehr kurz hintereinander zwei Briefe von Dir, mit jeder Post machst Du uns große Freude. Herzliche Grüße

Papa

Gruß Michael

Viele Grüße und Küsse FEO

Es grüßt Dich, liebe Ruth, herzlich Mina

Mannheim 11. April 1940

Liebe Hannah!

Wie geht es Dir? Mir geht es gut. In der Schule geht es halt so. Mein Zeugnis ist nicht sehr gut ausgefallen. Wir sind in den Osterferien spazieren gegangen, und es war sehr schön. Eben schreibe ich gerade mit einem Füllfederhalter, den ich von Mutter und Vater zum Geburtstag bekam. Werner hat geschrieben, dass er schon acht Kühe und sechs Pferde und einen Wagen hat. Fred Lang ist nicht mehr hier, sonst gibt es wenig Neues. Nur noch herzliche Grüße und Küsse von Michael

Da Michael so viel Platz gebraucht hat, muss ich heute mit der Maschine schreiben, ob ich will oder nicht; es soll doch alles auf einen Bogen gehen. Du siehst aber, dass er kann, wenn er will, er ist nur so unglaublich faul. Wir haben uns wirklich ganz besonders mit Deinem durch Doris übermittelten Brief gefreut. Wochenlang hatten wir von Euch allen keine Nachricht gehabt, von den Buben eigentlich monatelang nicht. Dann kam in den letzten Tagen Brief auf Brief, von Werner zwei, von Ernst drei, von Ruth zwei und von Dir einer. Und wenn wir nicht so große Sorgen hätten, wären wir die glücklichsten Menschen gewesen, denn alle miteinander schreibt Ihr zufrieden und vergnügt; und Du, liebe Hannah, bist anscheinend die Allervergnügteste. Nach allem, was Du erzählst, hast Du Grund dazu. Grüße die Dame, bei der Du wohnst, herzlich von uns; wir danken ihr von Herzen für alles, was sie für Dich tut. Möge es ihr dafür immer recht gut ergehen. Sei Du immer brav, gefällig und dankbar und mache Dich nützlich, wo Du nur kannst. Schreibe auch bitte Tante Rosi, dass ich ihr dankbar bin für alles, was sie an Euch beiden tut. Grüß Alfred Saar, wenn Du ihm schreiben solltest; bei nächster Gelegenheit lege ich wieder ein paar Zeilen für ihn bei. Stehst Du in Verbindung mit Helga?[67] Vor einiger Zeit war ihre Mutter hier bei uns ein paar Tage zu Besuch, und wir waren beide froh, dass wir wieder einmal zusammen sein konnten. Damals hatte sie lange nichts von Helga gehört und war recht in Aufregung. Ob sie in letzter Zeit Post hatte, weiß ich nicht. Dann möchte ich Dich bitten, unsere Briefe an Tante Liese zu schicken, und diese soll sie gleich an Ruth weiterschicken. Es ist möglich, dass Tante Erna nicht mehr so viel an beide schreiben kann, wie sie es bisher tat.

Nun habe ich Dir so viele Aufträge usw. gegeben, dass ich noch gar nicht dazu gekommen bin, Dir überhaupt etwas zu erzählen. Um es vorwegzunehmen, mit

---

[67] Gemeint ist Helga Reichelsheimer, Hannahs Freundin in London.

unserer Auswanderung steht es immer noch eher schlecht. Es hat ganz unvorhergesehene Schwierigkeiten gegeben. Wir haben viele Luftpostbriefe nach Argentinien geschickt und auch schon gekabelt, um unsere Papiere verlängert zu bekommen; bisher erhielten wir keinerlei Antwort. Werner kann dies alles gar nicht verstehen, hält von drüben alles für leicht, erwartet uns sehr und versteht nicht, dass wir nicht kommen. Er fängt jetzt endlich an, selbst zu kolonisieren. Er hat schon ein paar Pferde und Kühe und einen Wagen. Es ist alles sehr primitiv, und verdienen kann er vorläufig nur ein bisschen was durch Milchverkauf, aber das Ganze ist doch besser, als dass er wie bisher in den letzten anderthalb Jahren den Knecht bei anderen spielt. Dass Ernst Koch geworden ist, weißt Du ja. Dass er aber zusammen mit einem Freund für ein paar Dollar ein altes Auto gekauft hat, weißt Du vielleicht noch nicht.

Dass Esther in Palästina ist, schrieb ich Dir schon oft. Ria lässt Deine Grüße erwidern. Sie stellt sich gut an. Dora ist in einem Umschulungslager; ich konnte ihr und ihrer Mutter gelegentlich einen Gefallen tun, was ich auch gern getan habe. Marlis hat schon vor über einem halben Jahr ihre Mutter verloren; ich schrieb es Dir ein paar Mal, weiß aber nicht, ob Du die Nachricht bekommen hast. Es ist ein furchtbarer Fall, so eine junge Frau. Feo ist mit der Schule bis jetzt sehr zufrieden. Der erste Schultag war gar nichts so besonders Neuartiges für sie, da sie fast alle Kinder vom Kindergarten her kannte und die Lehrerin noch dazu eine Schwester der Kindergartentante ist. Wir haben noch einen kleinen Schulanfänger als Zögling in unser Haus bekommen, dazu noch den Rolf, den Du ja kennst. Da habe ich jeden Morgen drei Kinder in die Schule zu bringen und wieder zu holen. Am ersten Tag haben sie alle drei Schultüten bekommen. Anscheinend ist's mit Tante Lieses Plan, Dich und Ruth einzuladen, nichts geworden. Vielleicht klappt's ein anderes Mal. Nun wünsche ich Euch allen noch gute Feiertage[68] und grüße und küsse herzlichst

Eure Mutter

Liebe Liese, liebe Frau Schwarzwald,
jetzt wisst Ihr ja alles. Es ist uns eine große Beruhigung, dass Ihr mit den Kindern in Verbindung seid. Viele herzliche Grüße

Eure Grete

Meine Lieben!

---

[68] Gemeint ist Pessach, eines der höchsten Feste des Judentums, mit dem die Befreiung des jüdischen Volkes aus der Sklaverei in Ägypten gefeiert wird.

Auch von mir sind alle herzlich gegrüßt
Euer Vater

Mannheim 14. April 1940
Lieber Ernst!
Wir erhalten soeben Dein Schreiben vom 2. April, und vor ein paar Tagen erhielten wir Deinen Brief vom 13. Februar. Von Werner hatten wir einen Brief vom 22. März. Am 28. März hat der Hilfsverein an Karlsbergs gekabelt: „Ausreise Oppenheimer vor Llamada-Ablauf nicht möglich. Kabelt sofort, ob und welche Verlängerung erreicht. Hilfsverein." Hierauf warten wir noch auf Nachricht. Auch vom Konsulat erwarte ich noch Nachricht, ob das Visum erteilt wird, es wollte sich mit dem Generalkonsulat in Hamburg in Verbindung setzen. Werner schreibt, es sei keine Schwierigkeit, eine Verlängerung der Llamada zu erreichen. An Seppel[69] haben wir wiederholt geschrieben, sind aber bis heute noch ohne Antwort. Mit der Abwicklung komme ich auch nicht vorwärts, da die Fabrik ohne Kontingent[70] schlecht verkäuflich ist. Ich sprach mit Onkel Moritz wegen eines Darlehens zur Abdeckung der ungesicherten Verbindlichkeiten bis zum Verkauf der Fabrik und Hausanteil Frankfurt, er kann es aber nicht machen, da er kein flüssiges Geld hat. Diese Woche geht Liesel weg, nach der Schweiz. Tante Gutta schrieb diese Woche an Onkel Gustav, dass Leopold an ihn monatlich 50,- Mark überweisen lassen wollte. Ich schrieb Dir ja bereits, was die beiden monatlich brauchen. Wenn also außerdem noch 50,- Mark monatlich aufgebracht werden, dann können beide, wenn keine Erhöhung eintritt, auskommen. In meiner Sache kannst Du eventuell mal mit Onkel Julius sprechen, ich weiß allerdings nicht, ob er noch ein Sperrkonto hier hat. Ich rechne ja immer noch damit, dass wir eine Verlängerung der Llamada bekommen, dann möchten wir doch auf alle Fälle zusammen mit Hannah und Ruth nach Argentinien. Denn mit unserer Nr. 31.298 müssten wir ja noch sehr lange warten. Letzte Woche hatten wir erfreulicherweise von Euch allen vieren recht befriedigende Post. Ruth schrieb sogar, dass sie letzte Woche nur Freude hatte, Post von uns, ein Päckchen von Ernst etc. Mit dem Pullover scheint sie ja besonders beglückt zu sein. Bitte schreibe den Kindern so oft wie möglich. [...] Dass man Dir vom Hilfsverein aus gekabelt hat, wusste ich, habe auch Deine Rückantwort gesehen. Jedenfalls danke ich Dir. Ich will nachher mal nach Worms fahren, Onkel freut sich natürlich sehr, wenn man kommt; er hat zwar ziemlich Gesellschaft, ist aber gern allein in seinem Zimmerchen. Ich

---

[69] Gemeint ist Joseph Karlsberg.
[70] Kontingent an Rohtabak; siehe auch: Anm. 66.

bin auf der Suche nach einem Invaliden-Rad für ihn, sodass er doch ab und zu mal heraus kann. Wir lassen Dich natürlich auf dem Laufenden. Sei noch recht herzlich gegrüßt von Deinem
Vater

Lieber Ernst,
man muss sich heutzutage bei der Korrespondenz etwas wiederholen, da man nie weiß, ob der andere Teil wichtige vorhergehende Post erhalten hat. Seit Monaten ist's jetzt bei uns ein nervenzermürbendes Hin und Her in unserer Auswanderungsangelegenheit. An einem Tag sieht's so aus, als ob es noch klappen könnte, und am nächsten stürzt wieder alles zusammen. Ich habe, glaube ich, schon vor kurzem an Dich oder Werner geschrieben, dass jemand von draußen auf den Gedanken kommen muss, wir stellten uns außergewöhnlich dumm an. Es liegt aber weder an uns noch am Hilfsverein, sondern an der Anhäufung widriger Verhältnisse, mit denen wir zu kämpfen haben. Das schlimmste und unvorhergesehenste Hindernis ist die Weigerung des Konsuls. Der Hilfsverein bemühte sich beim Generalkonsulat in Hamburg, wir atmeten ein paar Tage lang wieder auf, doch nun stockt wieder alles. Die zweite Schwierigkeit ist die geschäftliche Abwicklung. Dann kommt die Frage der Passage. Die ursprünglich erste Schwierigkeit, die Sperre der ICA selbst, scheint überwunden. Werner, der in seiner Abgelegenheit sicher kaum mit jemandem zusammenkommt, der einigermaßen Bescheid weiß, kann sich kaum ein Bild der ganzen Lage machen. Eines verstehe ich selbst nicht: wieso wir nicht eine Zeile von Karlsbergs erhalten. Hast Du Nachricht von Dr. Lehmann erhalten? [...] Lehmanns waren gerade bei uns, als unsere Sache besonders schlecht stand und als die Postverbindung gar nicht funktionieren wollte. Da gaben wir ihnen Anweisungen wegen Bürgschaftsbemühung, obwohl wir wissen, dass dies wirklich noch verfrüht ist. Trotzdem sind wir sehr gespannt, wie Dein Zusammensein mit Rena Rohrheimer war. [...] Halte uns immer auf dem Laufenden; wir tun das Gleiche. Für heute nur noch herzliche Grüße, Dir, Walter und den übrigen Verwandten
Deine Mutter

Mannheim 15. April 1940
Liebe Freunde Karlsberg!
Täglich warten wir, Nachricht von Euch zu erhalten, wir hoffen doch, dass Ihr unsere diversen Briefe und das Telegramm vom Hilfsverein erhalten habt. Von Werner hatten wir schon vorige Woche Brief vom 22. März, worin er uns mitteilt,

dass es keine Schwierigkeit sei, eine Verlängerung der Llamada zu bekommen. Wir bitten doch sehr, uns wenigstens eine kurze Mitteilung zukommen zu lassen. Ich hoffe, dass bei Euch noch alles beim besten Wohl ist. Wir sandten Euch eine Fotokopie der Llamada, habt Ihr diese erhalten, oder werden sonstige Unterlagen noch benötigt? Durch Luftpost scheint jetzt die Beförderung gut zu funktionieren. Wie geht es Eurem Vater? Gustav und Ida habe ich gestern in Worms besucht. Beide sind gesund und mit ihrem Aufenthalt dorten recht zufrieden. Falls noch keine Nachricht von Euch unterwegs sein sollte, bitte ich doch sehr um Bescheid. Für all Eure Mühe sage ich schon im Voraus unseren besten Dank, hoffentlich kann ich mich später einmal dafür erkenntlich zeigen. Seid alle, auch die übrigen Freunde und Bekannten, noch freundlichst gegrüßt von Eurem
Moritz

Liebe Freunde,
ich schrieb schon in meinem letzten Brief, wie peinlich es uns ist, dass wir Euch so mit Briefen überschütten müssen. Aber es steht doch bei uns jetzt alles auf dem Spiel, die ganze Auswanderungsmöglichkeit und damit vielleicht die ganze Zukunft. [...] Der Hilfsverein hat hier wirklich schon viel getan, sich mit dem Generalkonsulat in Hamburg in Verbindung gesetzt. Es war alles umsonst. Wir werden jetzt seit Monaten zwischen Hoffnung und Enttäuschung hin und her gezerrt; dabei kann der letzte Rest Nerven draufgehen. Nochmals: Es hängt unendlich viel davon ab, was in nächster Zeit erreicht wird, vielleicht in erster Linie von dem, was Ihr erreichen könnt. Deshalb also bitten wir Euch immer wieder, alles zu versuchen. Was soll ich heute noch erzählen? Unser Leben geht seinen alten Gang weiter, es hat sich darin wenig verändert. [...] Bitte schickt diesen Brief an Werner weiter oder verständigt ihn wenigstens kurz von seinem Inhalt. Wenn Ihr es für nötig haltet, dass er sich in Buenos Aires selbst um die Sache annimmt, so teilt es ihm mit. Ich hoffe, dass Ihr alle gesund und zufrieden seid, danke Euch sehr für alles und grüße Euch herzlichst
Eure Grete

Mannheim 21. April 1940
Lieber Richard![71]
Wie ich von Deiner Mutter höre, ich habe sie gestern noch auf dem Neckardamm getroffen, hat sie von Euch regelmäßig Post. Mit unserer Auswanderung klappt es

---

[71] Gemeint ist Richard Retwitzer, Cousin meines Vaters, der nach Argentinien ausgewandert war und – wie die Karlsbergs – in Buenos Aires lebte.

gar nicht, das Konsulat teilte mir seinerzeit auf meine Anfrage mit, dass ich eine Bescheinigung als Landwirt brauche, jetzt verlangt man solche als Landarbeiter. Inzwischen ist unsere Llamada am 13. April abgelaufen. [...] Auf alle Briefe und Telegramme haben wir bis jetzt noch keine Antwort erhalten. Ich bitte Dich, lieber Richard, um die Gefälligkeit, Karlsberg aufzusuchen und nachzuhören, ob und was sie in unserer Angelegenheit tun konnten. Die Familie Karlsberg ist aus Fränkisch-Crumbach und seit 1937 im Land. [...] Für Deine Bemühungen sage ich schon im Voraus meinen besten Dank. Dir, Deiner Frau und Kindern die besten Grüße

Dein Moritz

Mannheim 25. April 1940

Lieber Ernst und lieber Werner!

Obschon ich von Euch beiden Briefe nicht zu beantworten habe, will ich Euch doch wieder schreiben, damit Ihr nicht so lange ohne Nachricht von uns seid. Ich hoffe, dass Du, lieber Werner, unsere ausführlichen Briefe wegen unserer Auswanderungsangelegenheit erhalten hast. Auf unsere sämtlichen Briefe und Telegramm des Hilfsvereins an Seppel Karlsberg sind wir bis jetzt noch ohne Nachricht. Das Telegramm war vom 28. März, die ersten Briefe sandten wir schon im Februar; es ist uns unverständlich, dass Karlsbergs nicht einen Brief beantwortet haben. Ich habe Anfang dieser Woche dieserhalb ausführlich an Richard Retwitzer geschrieben und ihn gebeten, sich mit Seppel zu besprechen, ob er in dieser Sache überhaupt etwas getan hat und ob die Möglichkeit besteht, eine Verlängerung der Llamada zu erhalten. Inzwischen hatte ich nochmal beim Konsul wegen des Visums angefragt, er teilte mir mit, falls keine anderen Bestimmungen kommen, er das Visum nicht erteilen könne. [...] Morgen wird Feo sechs Jahre alt, sie geht sehr gerne in die Schule und malt alle Buchstaben, die sie erwischen kann, nach; man soll immer mit ihr rechnen. Von Hannah und Ruth haben wir jetzt 14 Tage keine Post [...]. Es würde mich besonders freuen, von Dir, lieber Werner, mal ausführlich zu hören, wie Du allein so zurechtkommen kannst und was zu tun ist, wenn wir nicht nach Argentinien kommen können. Bitte bald Deine Meinung. Jedenfalls setze Dich sofort mit Seppel in Verbindung. Seid beide noch recht herzlich gegrüßt von Eurem

Vater

Lieber Ernst und lieber Werner,

es ist sehr schlimm, dass unsere Angelegenheiten so verfahren und in einen so hoffnungslosen Zustand geraten sind. Unseres Wissens ist es das erste Mal, dass ein Konsul auf eine durch die ICA beschaffte Llamada das Visum verweigert hat. (Ausgerechnet bei uns muss es das erste Mal sein). Über die wirklichen Gründe tappt man ja im Dunkeln, und gerade deshalb ist es so schwer, etwas zu unternehmen. [...] Manchmal scheint es uns, als ob es Differenzen zwischen der ICA und den dortigen Behörden gegeben habe. Doch alles das, was ich Euch hier schreibe, ist nichts als Vermutungen; vielleicht ist in Wirklichkeit alles ganz anders. Wir hofften, durch Karlsbergs Aufklärung und Rat erhalten zu können, und nun kommt auf ein halbes Dutzend Luftpostbriefe und ein Telegramm noch nicht einmal Antwort. Es braucht dies nicht an Karlsbergs zu liegen; die Post ist ganz unberechenbar. Von Dir, lieber Ernst, kamen viele Wochen lang gar keine oder ganz veraltete Briefe an, und nun geht's plötzlich ganz schnell hin und her. Es ist immerhin angenehm, auf einen Brief vom 26. März schon am 25. April Antwort aus Amerika zu haben. Ich gebe Dir recht, wenn Du es nicht für angezeigt hältst, schon jetzt etwas wegen USA zu unternehmen. Es ist dagegen notwendig und richtig, mit Rena Rohrheimer in Verbindung zu bleiben und sie dauernd über den Stand unserer Angelegenheiten auf dem Laufenden zu halten. Sie ist einer der seltenen Menschen, die wirklich nicht nur den starken Willen zum Helfen haben, sondern überdies eine ungewöhnliche Energie und Ausdauer im Durchsetzen dieses Willens. Wir können ihr nie danken, was sie an den Kindern tut. Beide sind wohl besonders gut aufgehoben. Wenn nur die Hälfte von dem stimmt, was Hannah erzählt, so lebt sie in einer Art von Paradies. Auch von Tante Liese hatten wir übrigens einen zufriedenen Brief, für ihre Verhältnisse sehr zufrieden.

Wenn wir Euch nur endlich einmal einen Fortschritt betreffs der Auswanderung schreiben könnten! Alles, was vor uns liegt, ist ja so unübersehbar. Persönlich sind wir wohlauf, gönnen uns sogar gelegentlich eine kleine Freude; so war ich heute Nachmittag mit Mina, die Euch immer sehr grüßen lässt, und mit Feochen ein paar Stunden in Heidelberg zu unser aller Zufriedenheit. Zur gleichen Zeit besuchte Michael die Verwandten in Lambsheim. Es war die erste Reise, die er allein unternahm. Immerhin kam er hin und wieder zurück und war recht vergnügt. Wir haben etwas Ferienbetrieb, da viele Kinder wegen der Feiertage, die bis jetzt recht angenehm verlaufen sind, nach Hause fuhren. Hoffentlich hören wir bald wieder Gutes von Euch beiden. Recht gespannt sind wir auf Einzelheiten über Deine neue Lebensführung, lieber Werner. Ich weiß nicht, ob ich Dir schon einmal schrieb, dass ich mit einer Tante Deines Freundes Böhm recht befreundet bin. Er ist in den USA und seine Eltern sind seit kurzem auch dort.

Viele Grüße wie immer Eure Mutter

Am 9. April 1940 überfielen Hitlers Truppen Dänemark und Norwegen. In der schönfärberischen Propagandasprache der Wehrmachtberichte hieß es dazu am gleichen Tag: „Um dem in Gang befindlichen britischen Angriff auf die Neutralität Dänemarks und Norwegens entgegenzutreten, hat die Deutsche Wehrmacht den bewaffneten Schutz dieser Staaten übernommen."[72] Beide Länder hatten um diesen „Schutz" natürlich nicht ersucht. Während die Dänen sich kampflos ergaben, widersetzten sich die norwegischen Streitkräfte den deutschen Eroberern noch bis in den Mai. Aber die Nazis verrieten ihre wahren Ziele immer wieder selbst durch ihre Wortwahl: So sprachen sie schon seit Beginn ihrer Herrschaft von „Schutzhaft", wenn sie politische Gegner inhaftierten, um diese auszuschalten und gefügig zu machen, nicht aber, um sie wirklich zu schützen. Nichts anderes bedeutete nun auch dieser „Schutz", den sie angeblich Dänemark und Norwegen angedeihen lassen wollten. Deutschland hatte in Wahrheit kein Interesse an der Neutralität beider Länder, es eroberte sie vielmehr, um sie einerseits als Operationsbasis für Angriffe auf Großbritannien zu nutzen und um andererseits einer britischen Landung dort zuvorzukommen. Darüber hinaus war für die deutsche Kriegswirtschaft der Zugang zu den skandinavischen Eisenerz- und Kupfervorkommen von großer Bedeutung, von denen sich Hitler nicht abschneiden lassen wollte.

Meine Eltern haben natürlich von der Annexion Dänemarks und Norwegens gewusst. Denn in ihrem Schreiben vom 11. April an Hannah wies Mutter darauf hin, dass Erna Fischel wahrscheinlich nicht mehr so viel schreiben könne wie bisher. Ihr war also klar, dass mit der deutschen Ausdehnung nach Nordeuropa ein wichtiger Postweg gefährdet war. Die Angst der Eltern um uns in England wird dieser neuerliche Militärschlag jedenfalls gewiss nicht verringert haben, auch wenn sie darüber aus den genannten Gründen nie ein Wort verloren.

Völlig verzweifelt über die im April jenes Jahres ablaufende Einreisegenehmigung nach Argentinien baten Sie alle nur erdenklichen Menschen in zahlreichen Briefen, von denen bestimmt nicht alle überliefert sind, um Hilfe dabei, diese Llamada verlängert zu bekommen. Die Eltern hatten von ihren maschinenschriftlichen Briefen nach Übersee zumeist Kopien auf Pauspapier angefertigt, einem ganz dünnen Papier, das man im Zeitalter des Computers kaum noch kennt. Diese Durchschläge waren als Gedächtnisstütze gedacht, um immer genau zu wissen, an welche Personen sie jeweils welche Informationen geschickt hatten. Nicht oder nur sehr verzögert eintreffende Rückantworten aus ihrem ersehnten Exilland

---

[72] Wehrmachtberichte (wie Anm. 16) Bd. 1, S. 98.

mussten in ihnen zuweilen starke Zweifel an der Realisierbarkeit des Vorhabens aufkommen lassen. Sie konnten nur darüber spekulieren, warum der argentinische Konsul sich hinter der so spitzfindigen Unterscheidung von „Landwirt" und „Landarbeiter" bei der Angabe des Berufs verschanzte und welches wohl die Bestimmungen sein mochten, auf deren Grundlage er meinen Eltern das Visum verweigerte.

Ebenso dürftig waren offenbar die Kenntnisse, über die Werner sowie Verwandte und Freunde in Übersee hinsichtlich der sich für die Juden in Deutschland immer mehr zuspitzenden Lage verfügten. Karlsbergs hatten das Land schon 1937 verlassen, und auch Werner war 1938 noch vor dem Pogrom emigriert. Vaters Bitte an seinen Cousin Richard Retwitzer, dem soeben erst die Flucht gelungen war, sich mit Joseph Karlsberg in Verbindung zu setzen, war daher gewiss auch von der Hoffnung gespeist, Richard möge den Freunden über die Realität in Deutschland berichten und ihnen die Dringlichkeit der Auswanderung vor Augen führen. Werner war seinerzeit ins Land gelassen worden, um dort zu siedeln, die Landwirtschaft Argentiniens stärken zu helfen und dann zur Unterstützung von alledem seine Familie nachzuholen. Nach knapp zwei Jahren hatte er es endlich geschafft, einen einfachen, kleinen Bauernhof sein eigen zu nennen und zu bewirtschaften. Jetzt wurde ihm verwehrt, seine Familie entsprechend der „Llamada familiar" einreisen zu lassen. Er verstand bestimmt nicht, worin die Schwierigkeiten gründeten, mit denen meine Eltern sich in Deutschland konfrontiert sahen. Ebenso wenig wird er gewusst haben, warum die Argentinier sich quer stellten.

Natürlich ist mein Vater kein Landwirt gewesen. Er verstand überhaupt nichts von diesem Metier, wenngleich er gelegentlich mit einem Spaten oder einer Hacke in unserem Gemüsegarten gearbeitet haben mag. Viele der älteren Flüchtlinge, die an Umschulungskursen der jüdischen Hilfsorganisationen nicht mehr teilnehmen konnten, mussten notgedrungen falsche Berufsangaben machen, um überhaupt eine Chance zur Einwanderung zu haben. Mein Vater machte da keine Ausnahme. Es ist durchaus denkbar, dass er in Argentinien wieder eine Zigarrenfabrikation hätte aufbauen und für seine Arbeiterinnen und Arbeiter dann genauso sozial hätte wirken können, wie er es in Fränkisch-Crumbach immer getan hatte. Mit seiner Zigarrenfabrik war er dort der größte Arbeitgeber gewesen und hatte, was damals längst nicht Pflicht war, seine Beschäftigten alle sozialversichert. Aber an Zigarrenfabrikanten, zumal an solchen mit sozialem Gewissen, war die argentinische Regierung seinerzeit zuletzt interessiert.

Für Vater muss jeder Gedanke an eine Zukunft auf einem nur kleinen, primitiven

Bauernhof der wahre Horror gewesen sein, noch dazu in einem Land, dessen Sprache er nicht verstand und die zu erlernen für ihn nicht leicht sein würde. Die Bauernhöfe in Fränkisch-Crumbach waren damals gewiss keine Beispiele landwirtschaftlichen Fortschritts, aber wie Werner in Argentinien improvisieren musste, lag weit dahinter zurück. Dennoch hat unser Vater mit seinen 62 Jahren noch den Mut für ein neues Leben in der Fremde aufgebracht, unter Zurücklassung der älteren Familienmitglieder sowie einiger Freunde, die er alle niemals wiedersehen würde. Er hatte sein Lebenswerk verloren, nicht nur materiell, sondern auch die Achtung, die Treue und vielfach auch die Freundschaft seiner Beschäftigten. Die Nachbarn hatten sich von ihm ab- oder gegen ihn gewandt. Die Nazis hatten sie dazu aufgestachelt, die jüdische Einwohnerschaft der Gemeinde zu verachten, ihnen mit Geringschätzung und Ablehnung zu begegnen. Nicht zuletzt deshalb war Vater bereit, sich in Übersee Lebensbedingungen auszusetzen, die einem älteren Mann wie ihm bestimmt nicht zuträglich waren. Schon bevor er 1938 all die Entbehrungen und ebenso die Prügel im Konzentrationslager Buchenwald hatte erleiden müssen, war er nicht mehr bei guter Gesundheit gewesen. Welche Zukunft, wenn überhaupt, mag er für sich gesehen haben? Allen Widrigkeiten zum Trotz tat er alles ihm Mögliche, um die Auswanderung seiner Familie voranzutreiben.

Die Eltern kamen, wie so oft, auf Menschen zu sprechen, denen die Flucht aus Deutschland gelungen war. So hatte sich Onkel Josef, Vaters um ein Jahr älterer Bruder, mit seiner Frau Camilla in die USA retten können. Vater hatte ihn zuletzt 1938 in Buchenwald gesehen. Auch Josef Oppenheimer aus Darmstadt war dorthin verbracht worden. Etwa zwei Jahre nach seiner Ausreise aus Deutschland wurde Darmstadt Sammelort und Durchgangsstation für Juden aus ganz Hessen zur Deportation in die Lager und Vernichtungsstätten des Ostens. Viele Darmstädter müssen doch die besorgten und verängstigten Menschen gesehen haben, erst wie sie an den Sammelstellen warteten und dann wie man sie durch die Straßen zum Güterbahnhof trieb, mit ihrer armseligen Habe, einem einzigen Koffer und einer Decke, die man sie mitnehmen ließ. Auch kleine Kinder waren darunter. Nach stundenlangem Warten wurden sie in Güterwaggons gepresst wie Vieh. Dann folgte eine tagelange Fahrt in den Tod. Hat nach dem Krieg irgendwer herauszufinden versucht, was diesen armen, unschuldigen Opfern zugestoßen ist? Was wussten die Darmstädter? Haben sie darüber überhaupt einmal mit ihren Nachbarn gesprochen? Hin und wieder habe ich Leute dazu befragt, wenn auch erst viele Jahre später. Oft genug sagte man mir, dass die Mühen des Wiederaufbaus in den Nachkriegsjahren einfach zu groß gewesen seien, um über die doch nur wenige Jahre zuvor Verschwundenen und ihr Schicksal nachzudenken. Vermutlich wäre ihnen eine Rückkehr der Opfer auch sehr ungelegen gekommen, nachdem sie sich deren Besitzes bemächtigt hatten. Die wenigen, die tatsächlich nach dem Krieg in ihre einstigen Heimatstädte und -dörfer zurückkehrten, wurden dort wahrlich nicht mit offenen Armen empfangen. Inzwischen haben zum Glück die Kinder und Enkel der Täter- und Mitläufergeneration sich der Opfer angenommen. Die langen Listen der von Darmstadt aus Deportierten sind inzwischen veröffentlicht, ihre Namen, Herkunftsorte und Geburtsdaten. Alljährlich wird ihrer nun am Güterbahnhof gedacht. Auch mein Onkel Gustav Oppenheimer ist auf einer dieser Listen zu finden.

Meine Mutter nahm auch aus der Ferne großen Anteil an meinen schulischen Fortschritten. Sie wusste, dass ich eine Prüfung für die Aufnahme ins Gymnasium gemacht hatte, wie alle elfjährigen Kinder in England. Mit meinen noch recht begrenzten Englischkenntnissen hatte ich die Prüfungsblätter im Prinzip nur anstarren können. Die dort formulierten Fragen lagen ebenso außerhalb meiner Vorstellungskraft wie ein Platz im Gymnasium. Auch meine Freundin Elfi, viel sprachgewandter als ich, hatte es nicht geschafft. Zu jener Zeit musste man im Gymnasium Schulgeld bezahlen, das sich beileibe nicht alle Eltern leisten konnten. Nur die sehr klugen Kinder aus ärmeren Familien konnten auf einen Freiplatz hoffen. Ich kann mir gut vorstellen, dass es überhaupt nicht gerne gesehen worden wäre, wenn wir „kleinen Ausländer" diese begehrten Freiplätze hätten belegen können. Der Weg ins Gymnasium und zur Universität wurde mir später durch die Hilfe guter Menschen ermöglicht.[73]

Michael fiel das Schreiben damals nicht leicht, aber der Brief, den er am 11. April an Hannah schrieb, war wohlüberlegt und ordentlich verfasst. Hannah wird sich darüber gefreut haben. Mutter war kritisch. Das Wort „faul" kam schnell über ihre Lippen und war sicher nicht immer ganz gerechtfertigt. Sie legte Wert darauf, dass jedes Wort korrekt geschrieben wurde – vielleicht stand sie ja sogar hinter Michael, wenn er schrieb. Richtige und schöne Schreibweise war mir gleichgültig, Hauptsache, Michael schrieb immer ein paar Zeilen an mich. Auch freute es mich, wenn Feo in Großbuchstaben mit ihrem Namen zeichnete, wie sie es schon lange vor ihrer Einschulung gelernt hatte. Dies brachte mir meine Geschwister näher. Nachrichten über Schulfreundinnen wie Esther Stein, die nach Palästina gelangt war, oder Helga Reichelsheimer aus unserem früheren Nachbardorf nahm ich begierig auf. Wer Alfred Saar war, wusste ich nicht und sah diese Nachricht als

---

[73] Siehe: David (wie Anm. 2) S. 136 ff.

für Hannah bestimmt an. Dora war eine der Helferinnen im Waisenhaus gewesen. Das Wort „Umschulungslager" hatte für mich einen unheilvollen Klang und ich erfuhr erst später, dass hiermit ein Vorbereitungslager für die Auswanderung gemeint war. Hoffentlich ist Dora die Flucht geglückt. Fred Lang und sein Bruder waren unsere Cousins. Wie meine Eltern mit Michael und Feo wurden auch sie im Oktober 1940 nach Südfrankreich deportiert, wo sie schließlich aus dem Lager befreit wurden. Noch vor Kriegsende gelangten beide in die USA in Sicherheit. Sie mussten dort ein völlig neues Leben beginnen, denn auch ihre Eltern überlebten nicht.

Am 10. April 1940 notierte Victor Klemperer in seinem Tagebuch: „Ständig trostlose Situation. Das Haus zwangsweise zum 1. Juni vermietet, [...] unser eigenes Wohnen noch unbestimmt. – Besprechung mit dem Auswanderungsberater der Jüdischen Gemeinde, Ergebnis unter Null: Sie müssten heraus – wir sehen keine Möglichkeit. Amerikanisch-jüdische Komitees setzen sich nur für Glaubensjuden ein. Ihre zuständige Stelle Pfarrer Grüber, dem es an Mitteln fehlt." Klemperer, der früh zum Protestantismus konvertierte Gelehrte aus einer jüdischen Familie, war hinsichtlich seiner Auswanderung in einer ähnlich desolaten Lage wie meine Eltern. Für die Nazis galt er als Jude und unterlag somit all ihren antijüdischen Maßnahmen, so auch dem Zwang, sein Haus zu räumen. Ihm und seiner Frau wurden dann zwei Zimmer einer Wohnung in einem der „Judenhäuser" zugewiesen, die es mittlerweile wie überall auch in Dresden gab. Von jüdischen Hilfsorganisationen hatte er zumindest in der Auswanderungsfrage keine Unterstützung zu erwarten, konnten diese doch nicht einmal annähernd die Ausreise jüdischer Gemeindemitglieder finanzieren. Das Büro des Pfarrers Heinrich Grüber, welches seit 1938 im Auftrag der Bekennenden Kirche evangelisch getauften Juden zu helfen suchte, war schon aus Geldmangel dazu in vielen Fällen nicht in der Lage. Zur ihm gestellten Frage, ob er nach der deutschen Invasion in Dänemark und Norwegen nicht vielleicht glaube, dass die Wehrmacht in vier Wochen in England landen werde, vermerkte Klemperer: „Ich tat so, als wenn ich es nicht glaubte; aber in Wahrheit fange ich an, den erst für unmöglich gehaltenen deutschen Endsieg für wahrscheinlich zu halten."[74]

Bald meldeten sich bei Klemperer jedoch wieder erste Zweifel an der Siegesgewissheit der Wehrmacht: „ ... Norwegen scheint ein allzu großer und schlecht verdaulicher Bissen. Wir folgen den Kämpfen um Narvik mit verzweifeltem Anteil. Große deutsche Siegesberichte, darunter verklausulierte Eingeständnisse

---

[74] Klemperer (wie Anm. 17) Bd. 1, S. 515.

schwieriger Lage und schwerer Verluste [...] Am meisten grübeln wir über die Rolle der deutschen Luftwaffe; manches spricht für ihre große Wirksamkeit und Überlegenheit, manches auch dagegen. Man kann sich kein Bild machen. Der Heeresbericht weiß immer von vernichteten englischen Kreuzern und nie von eigenen Verlusten zu erzählen. Drei Kreuzer an einem Tag: das ist enorm; aber wenn die deutschen Bomber so absolut unwiderstehlich sind, wieso hält überhaupt noch eine Flotte Narvik blockiert, wie konnten englische Truppen nach Norwegen gelangen, wieso gibt es noch ein unversehrtes Schiff in Scapa Flow??? Ich kann gar nicht genug Fragezeichen tippen."[75]

In der Tat hatten sich die deutschen Seestreitkräfte im Laufe des April als keineswegs so tauglich erwiesen wie die Wehrmachtberichte glauben machen wollten. Vor Narvik hatte die britische Marine sämtliche dort liegenden deutschen Zerstörer versenkt, bei Angriffen deutscher Unterseeboote gegen alliierte Schiffe war es zu zahlreichen Torpedoversagern, somit – wie es wehrmachtsintern hieß – zu einer ernsten „Torpedokrise" gekommen,[76] und am 26. April hatte der in Norwegen eingesetzte Flottenchef dem Oberkommando der Marine erklärt: „Die Gefechtsbereitschaft der Schlachtschiffe, des Kreuzers ‚Hipper' und der Zerstörer steht auf einem Tiefpunkt, der die Erfolgsaussichten bei einem Kampf mit feindlichen Streitkräften stark einschränkt. Weder die Waffenausbildung noch der Gefechts- und Leckwehr-Dienst entsprechen dem für den Krieg zu fordernden Ausbildungsstand."[77] Solche streng geheimen militärischen Interna kannten damals natürlich weder Klemperer noch meine Eltern. Auch in Großbritannien wurde ohne genaue Kenntnis der Schwächen der gegnerischen Marine eine deutsche Invasion für sehr wahrscheinlich gehalten. Die Angst davor war jedenfalls allgegenwärtig.

---

[75] Klemperer am 19. April 1940 (wie Anm. 17) Bd. 1, S. 517.
[76] Siehe: Overesch (wie Anm. 1) Bd. 2, S. 73.
[77] Siehe: Overesch (wie Anm. 1) Bd. 2, S. 76.

Niedergeschlagenheit macht sich breit

Mannheim 2. Mai 1940

Meine lieben Karlsbergs!

Es ist uns ganz unverständlich, dass wir auf alle unsere Briefe und Telegramm des Hilfsvereins bis heute noch ohne Nachricht von Euch sind. Mit jeder Post hofften wir, eine Nachricht von Euch, meine lieben Freunde, zu erhalten. Da von Euch keine Antwort kam, schrieb ich am 22. April meinem Vetter Richard Retwitzer, der seit kurzem in Buenos Aires wohnt, und bat ihn, Euch aufzusuchen und zu hören, ob und was Ihr in unserer Angelegenheit tun konntet. Werner schrieb uns, es sei keine Schwierigkeit, die Verlängerung für die Llamada zu erhalten. Ob Werner von dort aus die Lage beurteilen kann, wissen wir nicht. [...] Ich bin ja überzeugt, dass Sie, liebe Frau Karlsberg, und Du, lieber Joseph, keine Mühe scheut, um uns behilflich zu sein. Ich bin Euch auf alle Fälle für Eure Mühe recht dankbar. Wie geht es Euch allen, hat sich Euer Vater dorten gut eingelebt? Wir können von uns soweit ordentlich berichten; wir freuen uns immer auf die Nachrichten unserer Kinder. Hannah und Ruth schreiben recht vergnügt und zufrieden. Auch von Ernst haben wir ganz zufriedene Nachricht. Ihr werdet mich ja nicht missverstehen, wenn ich so sehr auf Antwort von Euch dränge. Für heute nur noch herzliche Grüße

Euer Moritz

Liebe Freunde,

wie wir Euch schon mehrfach schrieben, ist es uns selbst peinlich, Euch immer zu plagen und um Hilfe drängen zu müssen. Aber wir sind nun leider in der schlimmen Lage, Euch bemühen zu müssen und Euch zu bitten, die nötigen Schritte bei den dortigen Ämtern, der ICA usw. zu tun. Ich persönlich habe schon fast die Hoffnung auf Gelingen unseres Siedlungsplanes in Argentinien aufgegeben. Vielleicht könnt Ihr ermessen, was das heißen will nach vier Jahren des Wartens. [...] Für Werner, der jetzt teilweise kolonisiert ist, ist die Lage auch sehr schlimm, wenn die Familie nicht kommt. [...] Von uns persönlich ist keine Veränderung zu berichten. Wir sind gesund und unsere Arbeit könnte uns an und für sich Spaß machen. Feo geht jetzt in die Schule, hat Freude daran und kommt sich sehr

würdig vor. Dass unser Ernst Koch geworden ist, schrieben wir wohl auch schon. Geht Lotte noch zur Schule? Wie fühlt sich Euer Werner? Auch abgesehen von unseren eigenen Angelegenheiten möchten wir gerne recht viel von Euch hören. Von Ella und Ernst Neu hatten wir kürzlich einen Brief, von Bella und Familie haben wir längere Zeit nichts gehört. Gott sei Dank scheint es unseren Mädels gut zu gehen; die Trennung ist doch schwer, besonders unter den heutigen Verhältnissen. Lasst bald von Euch hören. Viele herzliche Grüße
Eure Grete

Moritz Israel Oppenheimer
Mannheim R 7, 24
5. Mai 1940
Sehr geehrter Herr Levi![78]
Sie hatten vor einem Jahr die Freundlichkeit, in unserer Auswanderungsange-legenheit bei der ICA zu intervenieren. Entschuldigen Sie bitte, wenn wir Sie heute in gleicher Angelegenheit ersuchen, sich nochmals wegen unserer Auswanderung mit der gleichen Stelle in Verbindung zu setzen. Wie Sie uns damals mitteilten, ist die Llamada kurze Zeit nach Ihrem Brief bei uns einge-gangen. Nach Eingang derselben durch den Hilfsverein sandte ich die Llamada zur Prüfung dem zuständigen Konsulat. Man teilte uns mit, dass außer den übli-chen Unterlagen noch eine Bescheinigung, von einer behördlichen Stelle unter-zeichnet, beigebracht wird, aus der hervorgeht, dass in den letzten fünf Jahren Landwirtschaft betrieben wurde. Durch besondere Umstände, die Ihnen ausein-ander zu setzen zu weit führen würde, zog sich die Abwicklung meiner geschäft-lichen Angelegenheiten sehr in die Länge.[79] *Ohne diese Abwicklung ist aber eine Auswanderung unmöglich. Als wir dann die Unterlagen beisammen hatten und auch mit der Abwicklung ziemlich fertig waren, erhielten wir vom Hilfsverein Berlin die Nachricht, dass die Einreise für ICA-Fahrer gestoppt sei. Man wollte sich aber in unserem Interesse, da unsere Llamada am 13. April abläuft, bemühen, noch die Erlaubnis zur Einreise zu bekommen.*
Ich suchte hierauf persönlich den Konsul auf und trug ihm den Sachverhalt vor. Er erklärte mir, dass er das Visum nicht geben könnte, da ich wohl die Bescheinigung als Landwirt, nicht aber als Landarbeiter hätte; ich soll nach drüben kabeln, dass

---

[78] Der Brief war an Herrn J. Levi in Rotterdam, Lambertweg 12, gerichtet.
[79] Der Bürgermeister von Fränkisch-Crumbach hatte alles daran gesetzt, dass mein Vater seine Zigarrenfabrik nicht mehr verkaufen konnte. Dazu genauer: David (wie Anm. 2) S. 41 ff.

Moritz Israel Oppenheimer   Mannheim 5 Mai 1940

Mannheim R 7. 24

Herrn

J. Levi

Rotterdam

Lambertweg 12

              Sehr geehrter Herr Levi !

     Sie hatten vor einem Jahr die Freundlichkeit in unserer
Auswanderungs Angelegenheit bei der I C A zu interveniren.
Entschuldigen Sie bitte, wenn wir Sie heute in gleicher Angelegen=
heit ersuchen, sich nochmals wegen unserer Auswanderung mit der
gleichen Stelle in Verbindung zu setzen. Wie Sie uns damals mit=
teilten, ist die Llamada kurze Zeit nach Ihrem Brief bei uns
eingegangen. Nach Eingang derselben durch den Hilfsverein, sandte
ich die Llamada zur Prüfung dem zuständigen Konsulat. Man teilte
uns mit, daß ausser den üblichen Unterlagen, noch eine Bescheinig=
ung, von einer behördlichen Stelle unterzeichnet, beigebracht wird
aus der hervorgeht, dass in den letzten 5 Jahren, Landwirtschaft
betrieben wurde. Durch besondere Umstände, die Ihnen auseinander =
zusetzen zu weit führen würde, zog sich die Abwicklung meiner
geschäftlichen Angelegenheiten sehr in die Länge. Ohne diese
Abwicklung ist aber eine Auswanderung unmöglich. Als wir dann die

die Bedingung (in der Llamada) als Landarbeiter gestrichen würde. Trotz Vorlage der landwirtschaftlichen Bescheinigung und Fürsprache des Hilfsvereins beim Generalkonsul, der für die Erteilung war, verweigert das zuständige Konsulat das Visum. Die Llamada ist am 13. April abgelaufen. Kurz vor diesem Termin kam die Nachricht vom Hilfsverein, dass unsere Einreise noch möglich ist. Der Konsul verweigerte aber immer noch das Visum. [...] Ich habe nun folgende Bitte an Sie, verehrter Herr Levi: Wollen Sie bitte den Sachverhalt der ICA unterbreiten und darum bitten, dass die Llamada verlängert wird und man uns behilflich ist, das Visum zu erlangen. Im letzten Schreiben beruft sich der Konsul auf seine Bestimmungen. Wir wissen aber nicht, welche das sind. Ich füge Fotokopien der Llamada und eines Schreibens der ICA bei. Entschuldigen Sie bitte nochmals, dass ich Sie als Unbekannten mit meinen Angelegenheiten belästige, aber die Auswanderungsschwierigkeiten werden immer größer, sodass man für jede Hilfe dankbar ist. Ich danke Ihnen im Voraus und grüße Sie ergebenst
Moritz Israel Oppenheimer

Mannheim 15. Mai 1940
Lieber Ernst,

Dein lieber Brief vom 18. April kam schon vor etwa acht Tagen hier bei uns an. Diesmal ging wohl das Hin und Her recht schnell. Du musst entschuldigen, wenn wir ein paar Tage mit der Antwort gewartet haben. Nach den Feiertagen und Ferien, die beide angenehm, geruhsam und behaglich waren, setzte plötzlich stramme Arbeit ein. Du hast ja sicher jetzt selbst einen Begriff, wie es in so einem Betrieb ist.[80] Wenn nur drei oder vier Dinge zu erledigen sind, die aus dem Rahmen des Gewöhnlichen fallen, so spürt man dies schon recht sehr. Wir haben eben eine ganze Reihe von zurückgebliebenen und unbegabten Schülern; das macht gerade mir viel Arbeit. [...] Doch wollte ich immerhin, dies wären meine größten Sorgen. Bei uns hat's keine Veränderungen gegeben; die Auswanderungsfrage ist noch genauso ungelöst wie vorher. Diese Woche hatten wir allerdings die erste Antwort von Karlsbergs. Sie waren brav und haben es sich etwas kosten lassen, d. h. sie haben telegrafiert: „ICA versprach, alles bestens zu erledigen." Ich muss sagen, dass ich nach all den trüben Erfahrungen der letzten vier Jahre wenig Hoffnung an dies Telegramm knüpfe. [...] Deinen Brief, in dem Du von Deinem Zusammensein mit Rena und Kurt Friedmann berichtest, haben wir bekommen. [...] Ich traue der Hilfsbereitschaft und Energie Renas viel mehr Erfolg zu als der ICA. Aber die Zeit, die unendlich lange, unübersehbare Zeit!! Du hast Recht, dass es heute noch keinen Zweck hat, etwas wegen der Papiere zu unternehmen; doch musst Du frühzeitig wissen, dass es vielleicht nötig ist und dass die Anforderungen an ein Affidavit[81] sehr hoch sind. Viele Leute mit verhältnismäßig niederer Nummer kommen dadurch nicht weg. Man stellt in Stuttgart hohe Anforderungen.[82] Von Werner haben wir nun auch wieder lange nichts gehört, dagegen hatten wir kurz hintereinander zwei sehr liebe Briefe von Ruth. Auch Tante Liese schreibt zufrieden und besonders beruhigend in Bezug auf die Kinder. [...] Von Onkel Josef, von dem wir doch auch monatelang nichts gehört hatten, kamen kurz hintereinander drei Briefe, teils an uns, teils an Gustav. Ich bin sehr froh, da sie verhältnismäßig so gut schreiben. [...] Hoffentlich hören wir bald wieder Gutes von Dir. Grüß die, die nach uns fragen und sei selbst herzlichst gegrüßt von Deiner
Mutter

---

[80] Ernst war als Koch im Jüdischen Nationalen Waisenhaus in Yonkers im Staat New York beschäftigt und hatte somit ähnliche diesbezügliche Erfahrungen gesammelt wie meine Eltern im jüdischen Waisenhaus in Mannheim.
[81] Bürgschaft für Einwanderer in die USA.
[82] Wie das argentinische Konsulat befand sich auch das für Mannheim zuständige amerikanische Konsulat in Stuttgart.

Mannheim 22. Mai 1940

Liebe Freunde Karlsberg, lieber Werner,

endlich, endlich nach vielen Wochen, ja Monaten des Wartens haben wir nun Nachricht von Euch bekommen, und zwar Ihr Telegramm, liebe Karlsbergs, und Deinen Brief, lieber Werner, vom 9. April. [...] Ich will Euch nun gleich antworten, wenn man jetzt auch immer befürchten muss, dass die Post nicht ankommt. Der Inhalt Eurer Nachrichten war ja recht tröstlich; seid alle nicht böse, wenn ich jetzt in einer Stimmung bin, in der ich nicht viel Hoffnung daraus schöpfen kann. Abgesehen davon, dass ich in Anbetracht der großen Schwierigkeiten meine Bedenken habe, ob die ICA genügend erreichen kann, besonders beim Konsulat, kommt jetzt noch hinzu, dass es scheint, als ob es gar keine Ausreisemöglichkeiten mehr gäbe. [...] Ich weiß, Ihr habt Euch alle sehr viel Mühe um uns gegeben; zuletzt habt Ihr Euch noch die Kosten mit dem Telegramm gemacht. Wir werden dankbar daran denken, wie auch alles kommen möge. Verzeiht, wenn ich nur kurz schreibe; anders hat es nicht viel Sinn. Bitte, lieber Werner, schreib recht oft an die Kinder. Wir sehnen uns so nach ihnen und machen uns Sorgen um sie. Für Deine Glückwünsche zu meinem Geburtstag, lieber Werner, besten Dank. Ich wünsche Dir nun meinerseits zu dem Deinen alles Gute und Beste. Ob ein Wunder geschieht, dass wir nächstes Jahr die Geburtstage gemeinsam feiern können? Es wäre mein höchster Wunsch. Nochmals wärmsten Dank und die herzlichsten Grüße

Eure Grete

Gestern war übrigens Tante Recha hier, lässt allseits grüßen.

Liebe Freunde! Lieber Werner!

Vielen Dank für Euer Bemühen. Ich nehme an, dass auch noch Briefe von Euch unterwegs sind, denn ich kann mir nicht denken, dass Ihr uns so warten ließt. Hoffen wir, dass es uns noch gelingen wollte, recht bald mit den Kindern wieder gesund zusammen zu sein. Ich war 14 Tage wegen starker Erkältung im Bett, bin seit gestern zum ersten Mal wieder auf. Für heute noch herzliche Grüße

Euer Moritz

Mannheim 26. Mai 1940

Liebe Erna und liebe Ruth,

es ist in letzter Zeit ein paar Mal so gegangen: Kurz nachdem wir einen Brief an Euch abgeschickt hatten, kam einer von Euch an uns. So auch vor zwei Tagen. Wir haben uns diesmal vielleicht noch mehr gefreut als sonst, hatten wir doch vermutet, Ihr wäret nicht mehr in Verbindung miteinander. Jetzt sind wir besonders froh, Gutes von Dir, liebe Ruth, zu erfahren. Sehr lieb ist es uns, dass Du die Feiertage in einer Umgebung verleben konntest, die Dir sicher gefallen und zugesagt hat. Bei uns waren die Feiertage auch recht gemütlich und angenehm, wozu Du, liebe Erna, auch Dein Teil beigetragen hast.

Von Hannah und Tante Liese haben wir längere Zeit nichts gehört. Wisst Ihr, ob sie umgezogen sind? Wenn's geht, grüßt beide recht sehr von uns allen. Diese Woche können wir uns über die Post nicht beklagen; außer Eurem Brief bekamen wir noch je einen von Ernst und von Werner. Ernst schreibt wie immer recht zufrieden, schickt ein Bildchen von einem Ausflug mit. Werner rechnet immer noch damit, dass wir ganz bald zu ihm kommen. Die ICA hat auch ihm versprochen, uns zu helfen. Er kann aber aus seiner Abgeschiedenheit heraus doch nicht ganz übersehen, wie schwierig die Lage in Bezug auf Auswanderung für uns ist. Im Moment gibt es überhaupt kaum eine Ausreisemöglichkeit, und gerade der Unterschied zwischen Werners Zuversicht und unserer Niedergeschlagenheit, die wohl durch eine klarere Erkenntnis aller Schwierigkeiten hervorgerufen ist, hat mich aufgeregt.

Feo hat ihren Geburtstag recht vergnügt verlebt; ich schrieb Euch schon darüber. In der Schule gefällt es ihr gut; vielleicht kann sie Euch schon bald selbst einen Brief schreiben, denn das Lernen fällt ihr leicht. Der kleine Junge, der bei ihr in der Klasse ist, heißt Ludwig. Heute war ich mit Michael und Feo bei Onkel und Tante im Altersheim. Ich war zum ersten Mal dort. Sie sind recht gut dort aufgehoben; Onkel hat jetzt sicher mehr Unterhaltung als zu Hause. Er ist so doch immer in Gesellschaft und man ist ihm behilflich. Die Tante ist ein klein wenig vernünftiger geworden; leider hat sie immer noch den Fehler, zuviel zu schreien. Anneliese und Esther lassen Dich, liebe Ruth, wieder grüßen. Anneliese ist sehr lieb, hat schon manchmal Feo zum Spielen geholt. Bleibt gesund, schreibt bald wieder und seid herzlich gegrüßt von Eurer

Grete

Liebe Ruth, liebe Hannah und liebes Fräulein Fischel!

Das war wirklich eine Freude, wieder von Ihnen, Fräulein Fischel, und von Dir, liebe Ruth, zu hören. Wir haben überhaupt letzte Woche ziemlich viel Post gehabt, von Werner, Ernst und Else Karlsberg. Werner sowie Else schreiben, dass man von drüben versprochen hat, alles zu tun, um unsere Ausreise zu fördern. Hoffen wir das Beste. Hast Du, liebe Ruth, noch immer regelmäßig Nachricht von Hannah und Tante Liese? Bitte grüße sie von uns. Ich habe jetzt 14 Tage gele-

Mannheim, 26. Mai 1940

Liebe Erna und liebe Ruth, es ist in letzter Zeit ein paar Mal so gegan=
gen: kurz nachdem wir einen Brief an Euch abgeschickt hatten, kam einer
von Euch an uns an. So auch vor zwei Tagen. Wir haben uns diesmal viel=
leicht noch mehr gefreut als sonst, hatten wir doch vermutet, Ihr wäret
nicht mehr in Verbindung mit einander. Jetzt sind wir besonders froh,
Gutes von Dir, liebe Ruth, zu erfahren. Sehr lieb ist es uns, daß Du
die Feiertage in einer Umgebung verleben konntest, die Dir sicher gefal=
len und zugesagt hat. Bei uns waren die Feiertage auch recht gemütlich
und angenehm, wozu Du, liebe Erna, auch Dein Teil beigetragen hast.
      Von Hannah und Tante Liese haben wir längere Zeit nichts gehört.
Wißt Ihr, ob sie etwa umgezogen sind? Wenn's geht, grüßt beide recht
sehr von uns allen. Diese Woche können wir uns über die Post nicht be=
klagen; außer Euerem Brief bekamen wir je einen von Ernst und von
Werner. Ernst schreibt wie immer recht zufrieden, schickt ein Bildchen
von einem Ausflug mit. Werner rechnet immer noch damit, daß wir ganz
bald zu ihm kommen. Die ICA hat auch ihm versprochen, uns zu helfen.
Er kann aber aus seiner Abgeschiedenheit heraus doch nicht ganz überse=
hen, wie schwierig die Lage in Bezug auf Auswanderung für uns ist. Im
Moment gibt es überhaupt kaum eine Ausreisemöglichkeit, und gerade der
Unterschied zwischen Werners Zuversicht und unserer Niedergeschlagenheit,
die wohl durch eine klarere Erkenntnis aller Schwierigkeiten hervorge=
rufen ist, hat mich aufgeregt.
      Feo hat ihren Geburtstag recht vergnügt verlebt; ich schrieb Euch
schon darüber. In der Schule gefällt es ihr gut; vielleicht kann sie Euch
schon bald selbst einen Brief schreiben, denn das Lernen fällt ihr leicht
Der kleine Junge, der bei ihr in der Klasse ist, heißt Ludwig.
      Heute war ich mit Michael und Feo bei Onkel und Tante im Alters=
heim. Ich war zum ersten Mal dort. Sie sind recht gut dort aufgehoben;
Onkel hat jetzt sicher mehr Unterhaltung als zu Hause. Er hat so doch
immerxxxxxxxxx immer Gesellschaft, und man ist ihm behilflich. Die
Tante ist ein klein wenig vernünftiger geworden; leider hat sie immer
noch den Fehler, zuviel zu schreien.
      Anneliese und Esther lassen Dich, liebe Ruth, Wieder grüßen. Anne=
liese ist sehr lieb, hat schon manchmal Feo zum spielen geholt.
      Bleibt gesund, schreibt bald wieder und seid herzlichst gegrüßt
                  von Eurer   Grete

Liebe Ruth , liebe Hannah & l. Frl. Fischel !

Das war wirklich eine Freude wiedervon Ihnen Frl. Fischel & von Dir
liebe Ruth zu hören. Wir haben überhaupt letzte Woche ziemlich
Post gehabt, von Werner, Ernst & Else Karlsberg. Werner sowie Else
schreiben dass man von drüben versprochen hat, Al les zu tun , um
unsere Ausreise zu fördern. Hoffen wir das Beste. Hast Du l. Ruth
noch immer regelmässig Nachricht von Hannah & Tante Liese. Bitte
grüsse sie von uns. Ich war jetzt 14 Tage gelegen, habe eine starke
Grippe gehabt. Feo hat es sehr wichtig mit der Schule. Onkel Salli
wollte am 18 Mai nach Nord Amerika zu seinen Kindern übersiedeln.
Ich hoffe dass weitere Briefe von Euch unterwegs sind. Ihnen Frl.
Fischel danke besonders für Ihre lieben Grüsse. Euch meine Lieben
noch recht viele Grüsse & Küsse Euer   Papa

*Liebe Ruth und Hannah und alle andern,
ich freue mich daß Ihr alle Gesund seid
und uns grüßt Euch alle herzlich Mina,*

gen, hatte eine starke Grippe. Feo hat es sehr wichtig mit der Schule. Onkel Sally wollte am 18. Mai nach Nordamerika zu seinen Kindern übersiedeln. Ich hoffe, dass weitere Briefe von Euch unterwegs sind. Ihnen, Fräulein Fischel, danke ich besonders für Ihre lieben Grüße. Euch, meine Lieben, noch recht viele Grüße und Küsse

Euer Papa

Liebe Ruth und Hannah und alle anderen!
Ich freue mich, dass Ihr alle gesund seid und so grüßt Euch alle herzlich
Mina

Mannheim 29. Mai 1940
Meine liebe Frau Else Karlsberg,
die Bestätigung Ihres Telegramms ist wohl schon in Ihren Händen; nun haben wir Ihnen noch für Ihren lieben, ausführlichen Brief vom 13. Mai zu danken, der schon am 27. hier ankam. Noch mehr danken wir Ihnen natürlich für all die Mühe, die Sie sich für uns gemacht haben. Ich habe immer gewusst, dass wir uns auf Sie verlassen können und dass Sie keine Mühe scheuen würden. Und wenn wir immer wieder und wieder schrieben, so geschah es deswegen, weil man sich heutzutage nicht darauf verlassen kann, dass Briefe immer ankommen. Wir hatten inzwischen auch Briefe von Herrn Richard Retwitzer und von Werner. Letzterer schreibt besonders zuversichtlich. Ich will gern glauben, dass sich die ICA bemühen wird. Ob sie aber so viel Einfluss hat, dass der Konsul, die Hauptquelle aller Hindernisse, umgestimmt wird? Sie dürfen es mir nicht verübeln, wenn ich nach vier Jahren der Enttäuschung und des vergeblichen Wartens nicht gleich den Mut habe, mich neuen Hoffnungen hinzugeben. Jede neue Enttäuschung ist noch schmerzlicher als die vorhergehende. Zurzeit ist überhaupt nahezu jede Ausreise unmöglich; hoffentlich ändert sich dies bald wieder. Auch geht hier das Gerücht, dass die ICA Schwierigkeiten bei den zuständigen Stellen hat, weil Leute, die sie hinübergebracht hätte, die Siedlung wieder verlassen hätten und in die Großstadt gegangen wären. Man soll gewiss nicht auf jedes Gerücht etwas geben, aber man wird durcheinander, wenn man solche Dinge hört, ob man will oder nicht. Für uns persönlich kommt ja gar nichts anderes in Betracht als Siedlung – Michael sehnt sich sehr nach dem Landleben zurück –, und es wäre eine traurige Ironie des Schicksals, wenn gerade wir wegen solcher Befürchtungen nicht sollten auswandern können. [...] Die beiden Todesfälle, die Sie uns mitteilten, besonders der von Simon, sind uns recht nahe gegangen, und wir sprechen vor allem

Ihrem Schwiegervater unser herzliches Beileid aus. Dass Herz Reichelsheimer in Frankfurt im Krankenhaus starb und auch dort beerdigt wurde, werden Sie inzwischen auch von anderer Seite erfahren haben. [...] Ganz besonders soll ich Sie von Mina grüßen; sie spricht immer mit großer Hochachtung von Ihnen, was ja bei ihr was heißen will. Nun noch von uns allen herzliche Grüße und nochmals warmen Dank für alles, was Sie für uns getan haben. Dass Sie nicht lockerlassen und immer wieder dort an der richtigen Stelle anstoßen werden, nehme ich als selbstverständlich an.
Ihre Grete Oppenheimer

Meine lieben Karlsbergs!
Besten Dank für Telegramm und Ihren ausführlichen Brief, liebe Frau Else. Inzwischen hatten wir auch Brief von meinem Vetter Retwitzer, der Euch aufgesucht hatte. Ich weiß ja, dass Ihr, meine Lieben, keine Mühe scheut, um uns behilflich zu sein. Wenn Gott will, ist es uns mal möglich, uns für all Euer Bemühen erkenntlich zu zeigen. Zum Heimgang Eures Onkels Simon sage ich mein herzliches Beileid. Euch allen noch herzliche Grüße und nochmals vielen Dank
Euer Moritz Oppenheimer

Mannheim 29. Mai 1940
Lieber Ernst,
diesmal hat uns Dein lieber Brief noch mehr gefreut als sonst, weil er uns das nette Bildchen brachte. Feo hat Dich sofort erkannt und strahlte. Michael brachte nur „sauber, sauber" heraus, womit jedoch nicht gesagt ist, dass ihm der Begriff „sauber" jetzt näher liegt als früher. Ich selbst konstatiere, dass Du gut und männlich aussiehst. Auch der Inhalt Deines Briefes macht mir Spaß; außer meiner Freundin Wally – hast Du je wieder von ihr gehört? – bist Du der Einzige, von dem wir bis jetzt aus Amerika ein Wort über Landschaft, Natur und dergleichen zu lesen bekamen. Ich bilde mir ein, etwas Geist von meinem Geist zu verspüren und freue mich darüber.
Auf die wichtigsten Fragen können wir Dir leider auch heute noch keine klare Antwort geben, obwohl wir außer dem Telegramm von Karlsbergs noch einen Brief von Else Karlsberg, einen von Richard Retwitzer und einen recht zuversichtlichen von Werner bekamen. Alle berichten, dass die ICA sich bemühen und auch über die dortigen Behörden auf das Konsulat einwirken wolle. Ich kann nur zitieren: „Die Botschaft hör ich wohl, allein mir fehlt der Glaube". Du wirst es begreiflich finden, wenn ich nach vier Jahren der Enttäuschung und des vergeblichen

Wartens mich davor fürchte, mich an neue Hoffnungen zu klammern, die bald wieder zunichte werden können. Vater ist übrigens etwas zuversichtlicher als ich und hofft, doch in absehbarer Zeit auswandern zu können. Zurzeit ist, nebenbei bemerkt, überhaupt jede Ausreise fast unmöglich.

Von Ruth bekamen wir zu unserer frohen Überraschung noch einen sehr lieben Brief vom 30. April. Wir vermuten, dass Hannah umgezogen ist, vielleicht auch Tante Liese. Ich bitte Dich sehr, den dreien recht häufig zu schreiben, wenn Du es irgendwie einrichten kannst. Vater war zwei Wochen ziemlich stark erkältet, lag sogar im Bett; jetzt geht es ihm wieder viel besser. [...]

Deine Mutter

Lieber Ernst!

Mit Deinem Brief und Bildchen haben wir uns sehr gefreut. Mir geht es wieder besser, ich spüre es noch in den Knochen und werde so schnell müde. Onkel und Tante in Worms fühlen sich weiter recht wohl. Wie geht es Onkel Julius mit seinem Geschäft? Extra Grüße für sie. Bitte schreibe häufig den Mädchen und gib auch Du uns immer wieder Nachricht. Grüße alle Verwandten und sei Du herzlich gegrüßt von Deinem

Vater

Unter Verletzung der 1937 von der Reichsregierung erteilten Garantie, im Kriegsfall die Neutralität Belgiens zu wahren, marschierten deutsche Truppen am 10. Mai 1940 in das kleine Königreich ein. Ebenso erging es am selben Tag den gleichfalls neutralen Ländern Luxemburg und Niederlande. Dies war der Beginn des Westfeldzuges zur Eroberung Frankreichs. Schon am 15. Mai kapitulierten die Niederlande nach einem am Vortag erfolgten verheerenden deutschen Luftangriff auf Rotterdam. Es folgte der Einmarsch nach Frankreich. Als amerikanische Nachrichtenagenturen zuvor die Bedrohung der Niederlande gemeldet hatten, da „zwei deutsche Armeen sich von Bremen und Düsseldorf aus im Vormarsch auf die holländische Grenze befänden", war dies jedoch von Berlin noch dementiert worden.[83] Die Wehrmachtberichte hatten unmittelbar vor dem Überfall auf diese Nachbarländer regelmäßig bekannt gegeben: „An der Westfront keine besonderen Ereignisse."[84] Und sogar noch am 9. Mai hatte es geheißen: „An der Westfront verlief der Tag ruhig."[85] Umso überraschender war natürlich dann die

---

[83] Overesch (wie Anm. 1) Bd. 2, S. 79.
[84] Wehrmachtberichte (wie Anm. 16) Bd. 1, S. 135, 137, 139, 140.
[85] Wehrmachtberichte (wie Anm. 16) Bd. 1, S. 140.

Meldung tags darauf: „Angesichts der unmittelbar bevorstehenden feindlichen Kriegsausweitung auf belgisches und holländisches Gebiet und der damit verbundenen Bedrohung des Ruhrgebietes ist das deutsche Westheer am 10. Mai bei Morgengrauen zum Angriff über die deutsche Westgrenze auf breitester Front angetreten."[86] Welcher Feind angeblich das Ruhrgebiet bedrohte, darüber schwiegen die Wehrmachtberichte, gemeint waren Großbritannien und Frankreich. Victor Klemperer, über die Niederlage der britischen Streitkräfte im norwegischen Andalsnes informiert, notierte am 3. Mai 1940 in banger Sorge in sein Tagebuch: „Was wird aus der Welt, wenn Deutschland siegt? Und aus uns?" Einen Schalterbeamten auf der Bank hatte er höhnen hören: „Jetzt kriegen wir die Engländer. Die Juden fliehen schon aus England. Die setzen wir auch noch dahin, wo wir sie brauchen können." Selbst der ihm wohlgesinnte Kaufmann Vogel schien davon überzeugt zu sein, dass England in sechs Wochen erledigt sei, dies jedoch nicht durch deutsche Flugzeuge, sondern vielmehr „durch unsere neuen Geschütze", die geheimnisvollen Wunderwaffen.

Die Auswanderungsberatung der Jüdischen Gemeinde vermochte Klemperer als einzig noch verbleibendes Fluchtziel Shanghai zu nennen, wenn er die Reise dorthin bezahlen und außerdem noch 400 Dollar vorweisen könne. Aber dieses Geld hatte er nicht.[87] Er konnte nicht umhin, nach dem raschen Vormarsch im Westen einen deutschen Sieg über Großbritannien für denkbar zu halten: „Es ist fast bis zur Unmöglichkeit schwer, sich der allgemeinen Suggestion zu entziehen und nicht mit dem ‚Blitzsieg' [...] und der phantastischen Landung in England zu rechnen. Und doch können und können wir nicht glauben, dass England und Frankreich sich vernichten lassen."[88]

Wie allen Menschen, die noch auf eine Chance zur Auswanderung hofften, muss der rasche deutsche Sieg über die Benelux-Länder und Frankreich auch meinen Eltern einen schweren Schock versetzt haben. Die Enttäuschung geht aus ihren Briefen vom Mai jenes Jahres überdeutlich hervor. Dass unsere Eltern damals bereits seit vier quälend langen Jahren auf eine Ausreise gehofft hatten, ist mir erst beim Schreiben dieses Buchs bewusst geworden. Immer wieder war in unserem Familienkreis schon in Fränkisch-Crumbach von Auswanderung die Rede gewesen.[89] In der frühen Phase der NS-Herrschaft, als die Auswandererzahlen noch recht niedrig waren, konnte man relativ problemlos nach Paraguay, Uruguay

---

[86] Wehrmachtberichte (wie Anm. 16) Bd. 1, S. 143
[87] Klemperer (wie Anm. 17) Bd. 1, S. 520 f.
[88] Klemperer (wie Anm. 17) Bd. 1, S. 525.
[89] Siehe: David (wie Anm. 2) S. 22 ff.

oder Argentinien gelangen, wenn man bereit war, dort in der Landwirtschaft zu arbeiten. 1936 beschlossen meine Eltern deshalb, nach Argentinien zu gehen. Werner wurde in eine landwirtschaftliche Lehre geschickt, nach der er die Einreiseerlaubnis erhielt, jene „Llamada familiar", die den Nachzug der Familie ermöglichen sollte. Zwei Jahre waren verstrichen, bis Werner in die Ferne ziehen konnte.

Mein ältester Bruder Ernst hatte sich im Dezember 1938 auf den Weg in die USA gemacht. Obwohl meine Eltern schon bald nach seiner Ankunft auch für dieses Land die Einreise beantragt hatten, standen die Chancen, dorthin zu gelangen, eher noch schlechter. Die Vereinigten Staaten ließen jedes Jahr nur eine nach länderbezogenen Quoten strikt begrenzte Anzahl von Immigranten ins Land. Mit unserer hohen deutschen Quota-Nr. 31.298 konnte es noch einige Zeit dauern, bis wir an der Reihe waren.[90] Doch nicht die Quota allein war ausschlaggebend. Entscheidend waren neben zahlreichen nötigen Dokumenten die sogenannten Affidavits. Das waren eidesstattliche Versicherungen von Verwandten und Freunden in den USA mit genauem Nachweis ihrer Vermögensverhältnisse, nach denen sie für die Neuankömmlinge im Bedarfsfall mindestens fünf Jahre lang zu sorgen imstande sein mussten. Solche Bürgschaften wurden streng geprüft und in vielen Fällen abgewiesen. Die alleinige Entscheidungsgewalt bei deren Bewertung hatten die zuständigen Konsuln in den Ländern, aus denen Menschen auswandern wollten. Und die meisten dieser Konsuln legten die Vorgaben sehr restriktiv aus. Meine Mutter schätzte die mit den Affidavits verbundenen Schwierigkeiten also durchaus realistisch ein, vermutlich auch aufgrund von Erfahrungsberichten bereits gescheiterter Antragsteller. Diejenigen, die wir in den USA kannten, waren bis auf wenige Ausnahmen alle aus Deutschland geflohen, mussten sich selbst eine neue Existenz aufbauen und besaßen kein nennenswertes Vermögen, um zusätzlich noch eine Familie mit vier minderjährigen Kindern über Wasser halten zu können. Trotzdem setzte Mutter eine gewisse Hoffnung in Rena Rohrheimer, für den Ernstfall vielleicht doch einen Ausweg zu wissen.

Was meine Mutter nicht wissen konnte und was höchstwahrscheinlich auch unsere gerade frisch in die Vereinigten Staaten eingewanderten Verwandten und Freunde nicht in vollem Umfang erkannten, war die Haltung der amerikanischen Gesellschaft und ihrer Politiker in Einwanderungsdingen. Presseberichte über die Pogrome von 1938 waren in den amerikanischen Medien zwar zuhauf erschienen, auch hatten diese dort im ganzen Land zu einer regelrechten Protestwelle und zu deutlichen Verurteilungen der Nazi-Untaten geführt. Allerdings folgten dieser öffentlichen moralischen Entrüstung keinerlei praktisch wirksame Hilfen für die verfolg-

---

[90] Zur Einwanderungspolitik der USA siehe im Detail: Walter (wie Anm. 60) S. 380-496, hier insbesondere zur Einwanderungsgesetzgebung: S. 389-399.

ten Juden, etwa durch Aufstockung der Einwandererquoten und durch erleichterte Einreisebedingungen.[91] In jenem November 1938 wurde in den USA eine Umfrage durchgeführt, wonach 71 Prozent der Befragten die Aufnahme einer größeren Zahl jüdischer Flüchtlinge ablehnten. Nur 21 Prozent sprachen sich dafür aus, der Rest der Befragten hatte dazu keine Meinung. Auf Mitgefühl konnten diejenigen, welche in Deutschland auf eine Aufnahme in die Vereinigten Staaten hofften, insofern nicht zählen. Die damals dort vorherrschende Atmosphäre war geprägt von einer Spielart des Isolationismus, der sich über die Ungerechtigkeiten in der Welt zwar empörte, sich aber im Hinblick auf die praktischen Konsequenzen für nicht zuständig erklärte. Man konzentrierte sich in patriotischer Manier auf sich selbst und schürte nur zu bereitwillig Existenzängste um die Arbeitsplätze der amerikanischen Alteingesessenen, die angeblich durch die Flüchtlinge gefährdet würden. Ein latenter Antisemitismus tat ein Übriges. All jene Kräfte, die im Prinzip für verbesserte Einwanderungsmöglichkeiten plädierten, wagten in dieser gerade auch im entscheidungsrelevanten US-Kongress vorherrschenden Atmosphäre kaum, eine offene Diskussion über die Liberalisierung der diesbezüglichen Gesetze zu führen.[92] Selbst eine parteiübergreifende Initiative, ähnlich der in Großbritannien, zur Aufnahme von 20.000 Kindern ohne deren Eltern über die für Deutschlandflüchtlinge festgesetzte Quote hinaus scheiterte 1939.[93] Wie hat eine derart bedeutende Nation nur so blind sein können gegenüber dem Terror, der in Deutschland wütete?

Welche Beziehung Herr Levi in Rotterdam zur ICA hatte, lässt sich nicht mehr sagen. Vielleicht war er aus Deutschland in die Niederlande emigriert, hatte Verbindung zum Hilfsverein gehabt und war meinem Vater als Ansprechpartner empfohlen worden, weil er von Rotterdam aus womöglich besser mit Argentinien korrespondieren konnte. Mit der Bombardierung der Stadt und der Besetzung der Niederlande war dieser Weg, Hilfe von draußen zu erhalten, versperrt. Auch die Vermittlung unserer Korrespondenz über Doris Katz, die noch im April Hannahs Brief nach Mannheim gesandt hatte, fand damit ihr Ende. Zu allem Unglück sahen sich meine Eltern seit kurzem mit einer neuen Schikane der Nazis konfrontiert, der nächtlichen Ausgangssperre für Juden. Hierdurch war ihnen verboten, in den Sommermonaten zwischen 9.00 Uhr abends und 5.00 Uhr früh und in den Wintermonaten zwischen 8.00 Uhr abends und 6.00 Uhr früh das Haus zu verlassen.[94]

---

[91] Dazu und zum Folgenden: Walter (wie Anm. 60) S. 409.
[92] Vgl. im Detail: Walter (wie Anm. 60) S. 410 ff.
[93] Walter (wie Anm. 60) S. 415 ff.
[94] Vgl.: Overesch (wie Anm. 1) Bd. 2, S. 79 sowie Klemperer (wie Anm. 17) Bd. 1, S. 528.

Die Hürden werden immer höher –
keine Aussicht auf Einreise in die USA

Mannheim 17. Juni 1940

Lieber Ernst,

heute schon kam Dein lieber Brief vom 6. Juni bei uns an und war uns ein rechter Trost in unseren Sorgen, die wir wegen der Auswanderungsschwierigkeiten und der Auseinandergerissenheit der Familie haben, wenn wir auch Gott sei Dank gesund sind und unserer gewohnten Beschäftigung nachgehen können. Wegen Vaters Erkältung brauchst Du Dir keine Gedanken zu machen. Sie steckt ihm ja immer noch ein bisschen in den Knochen und er verzichtet schweren Herzens auf das Rauchen, aber er ist auf und kann seine Arbeit tun. Dass Du selbst Klima und Schwerarbeit so gut verträgst, ist ein großes Glück und eine rechte Beruhigung für uns. Dazu noch Gehaltserhöhung! Man muss wirklich froh und dankbar sein. Von Werner haben wir nach seinen zuversichtlichen Briefen jetzt wieder mehrere Wochen nichts gehört. Da man nicht weiß, wie die Post nach Argentinien funktioniert, bitte ich Dich, ihm über uns Bescheid zu geben. Es schien so, als ob Else Karlsberg und er wirklich in Buenos Aires etwas für uns erreicht hätten. Nun hören wir von beiden nichts mehr, und überdies ist zurzeit ja gar keine Ausreisemöglichkeit vorhanden. Du schreibst, wir sollten uns keine Sorgen machen, wenn eine Auswanderung nach USA nötig wäre. Ach, lieber Ernst, wir machen uns sogar sehr große Sorgen. Vielleicht ahnst Du gar nicht, welche Ansprüche das Konsulat eben an ein Affidavit stellt. Es gibt Leute, die immer wieder ihre Papiere mit Beanstandungen zurückerhalten. Dann käme die Frage der Passage; zurzeit soll das Konsulat kein Visum erteilen, wenn nicht die Frage der Passage vorher geregelt ist. Und als Letztes und Schwerstes hörte man heute, dass die Einwanderungsbestimmungen nach USA insofern geändert würden, dass der Konsul eine Auswahl treffen könne, je nachdem, ob er die Betreffenden für geeignet halte oder nicht. Das wäre dann so ähnlich wie beim argentinischen Konsulat. Genaues hat man ja noch nicht gehört. Bitte erkundige Dich, so gut es geht. Schlimm wäre es besonders, wenn man seines Alters wegen zurückgewiesen werden könnte. [...] Bleib gesund und schreib bald wieder. Viele herzliche Grüße Mutter

heit der Familie haben, wenn wir auch G'tt sei Dank gesund sind und
unsrer gewohnten Beschäftigung nachgehen können. Wegen Vaters Erkäl=
tung brauchst Du Dir keine Gedanken zu machen. Sie steckt ihm ja im=
mer noch ein bißchen in den Knochen, und er verzichtet schweren Her=
zens auf das Rauchen, aber er ist auf und kann seine Arbeit tun. Daß
Du selbst Klima und Schwerarbeit so gut verträgst, ist ein großes
Glück und eine rechte Beruhigung für uns. Dazu noch Gehaltserhöhung!
Man muß wirklich froh und dankbar sein.
     Von Werner haben wir nach seinen zuversichtlichen Briefen
jetzt wieder mehrere Wochen nichts gehört. Da man nicht weiß, wie
die Post nach Argentinien funktioniert, bitte ich Dich, ihm in Deinem
nächsten Schreiben an ihn über uns Bescheid zu geben. Es schien so,
als ob Else Karlsberg und er wirklich in Buenos-Aires etwas für uns
erreicht hätten. Nun hören wir von beiden nichts mehr, und überdies
ist zur Zeit ja gar keine Ausreisemöglichkeit vorhanden. Du schreibst,
wir sollten uns keine Sorgen machen, wenn eine Auswanderung nach
U.S.A. nötig wäre. Ach, lieber Ernst, wir machen uns sogar sehr große
Sorgen. Vielleicht ahnst Du garnicht, welche Ansprüche das Konsulat
eben an ein Affidavit stellt. Es gibt Leute, die immer wieder ihre
Papiere mit Beanstandungen zurück erhalten. Dann käme die Frage der
Passage; z. Zt. soll das Konsulat kein Visum erteilen, wenn nicht
die Frage der Passage vorher geregelt ist. Und als Letztes und Schwer=
stes hörte man heute, daß die Einwanderungsbestimmungen nach U.S.A.
insofern geändert würden, daß der xxxxx Konsul eine Auswahl treffen
könne, je nachdem, ob er die Betreffenden für geeignet halte oder
nicht. Das wäre dann so ähnlich wie beim argentinischen Konsulat.
Genaues hat man ja noch nicht gehört. Bitte erkundige Dich, so gut es
geht. Schlimm wäre es besonders, wenn man seines Alters wegen zurück=
gewiesen werden könnte.
     Von Ruth erhielten wir vor ein paar Tagen noch ein Briefchen;
von Hannah haben wir lange nichts gehört. Vielleicht ist sie um=
gezogen. Bitte schreib recht oft an Deine Geschwister, das ist wich=
tiger wie an Onkel Gustav, der jeden Brief von Dir zu lesen bekommt.
Wir sehnen uns so sehr nach Euch allen.

Auszug aus dem Brief meiner Eltern an unseren Bruder Ernst in den USA vom 17. Juni
1940.

Lieber Ernst!

*Mit Deinem Brief, der so schnell hier war, haben wir uns sehr gefreut. Ich bin
immer noch nicht ganz hergestellt, ich bin dauernd müde und abgespannt, hoffe
aber, doch bald wieder ganz in Ordnung zu sein. Onkel Sally schrieb am 1. Juni,
dass er und Tante Johanna in den nächsten Tagen ab Lissabon nach USA reisen
wollten. Hoffentlich hat es so geklappt. Bitte schreibe gleich darüber. Bestelle
Onkel, dass ich das Paket mit den drei Anzügen erhielt und die Damenkleider
gleich der Frau Bär abgab. Ich lasse einstweilen bestens danken und wünsche
beiden das Beste in ihrer neuen Heimat.*
Dein Vater

Mannheim 7. Juli 1940
Lieber Ernst!
*Wir haben schon einige Tage wieder Nachricht von Dir erwartet. Dein letzter Brief
vom 6. Juni war am 17. Juni hier. […] Von Werner und den Mädels haben wir
keine Nachricht und ich hoffe von Dir zu hören, sobald Du etwas erfährst. Wegen
unserer Auswanderung hören wir gar nichts von Argentinien. Dieser Tage las
ich einen Brief von Jule und Ludwig, an Ilse Lambsheim gerichtet. Ludwig ist*

verheiratet und wohnt mit Jule und den Eltern, die seit Januar in Chicago sind, zusammen. Von zu Hause hören wir gar nichts mehr, ich habe schon lange niemanden von dorten gesprochen. Selma Reichelsheimer schrieb kürzlich, lässt Dich grüßen. Es interessiert mich sehr zu hören, ob Onkel Sally jetzt drüben ist. Bei Onkel Gustav bin ich jetzt längere Zeit nicht gewesen, er schreibt aber recht zufrieden. Nächste Woche will ich mal wieder nach Worms. Seit einigen Wochen ist auch Mina Bödigheimer, Schwester von Eugen Löb, in diesem Heim. Dieser Tage bekommen unsere Kinder Ferien, ungefähr die Hälfte der Kinder fahren zu ihren Angehörigen, sodass wir es auch etwas ruhiger bekommen. Kann sich Onkel Josef irgendwie betätigen? Grüß alle Verwandten und Freunde und sei Du herzlich gegrüßt von Deinem
Vater

Lieber Ernst,
da ich doch meiner Freundin Wally schrieb, nehme ich ihre Freundlichkeit in Anspruch, um Dir einen Zusatzbrief zukommen zu lassen. Deinen Letzten haben wir sofort beantwortet. Viel Neues weiß ich heute nicht zu schreiben. Es wird ja auch das Wichtigste für Dich sein, wenn Du hörst, dass wir gesund in unserer gewohnten Umgebung sind. Nach den Kindern sehnen wir uns umso mehr, je weniger wir von ihnen hören und je weniger man etwas über den Zeitpunkt eines Wiedersehens ahnen kann. […] Schreib uns bitte gleich, wenn Du etwas von Werner hörst. Hast Du mal was von Lina Karlsberg, Selma und Familie gehört? Ich denke gerade daran, weil uns heute Linas Schwägerin besuchte. Deren Tochter ist jetzt auch in New York. Grüß alle, die nach uns fragen und sei selbst herzlichst gegrüßt von Deiner
Mutter

Mannheim 22. Juli 1940
Lieber Ernst!
Deinen Brief vom 26. Juni erhielten wir letzte Woche. Unsere verschiedenen Schreiben schätzen wir auch in Deinem Besitz. Von Werner und den beiden Mädchen haben wir leider immer noch keine Nachricht. Ich hoffe, dass Du Dich ebenfalls, um Näheres zu hören, bemüht hast. Ich bin gottlob wieder ganz gesund, habe wieder guten Appetit und sehe auch wieder viel besser aus. Zurzeit haben wir Ferien. Hast Du jetzt eigentlich über den Aufenthalt von Onkel Sally und Tante Johanna gehört? Ich hoffe bestimmt, dass sie jetzt bei ihren Kindern sind. Vor acht Tagen war Adolf Heilbrunner, Bruder von Tante Camilla, bei uns über Nacht.

Er erzählte, dass Walter krank war. Ich hoffe, dass er wieder vollständig herge-
stellt ist. In unserer Auswandererangelegenheit hören wir leider gar nichts. Schon
im Mai teilten uns Karlsbergs mit, dass die ICA versprochen hätte, alles zu tun,
um unsere Einreise zu ermöglichen. Sicher könnte uns Werner jetzt, nachdem er
angesiedelt ist, gut gebrauchen. Ich kann mir gar nicht denken, wie er so allein bei
fremden Leuten zurechtkommt. Man kann auch nichts Genaues von ihm hören.
Ich hoffe doch, dass Du mit ihm in Verbindung bist. Vom Hilfsverein haben wir
seinerzeit gehört, dass Du 50 Dollar zur Verfügung gestellt hast. Zu schade, dass
es damals nicht geklappt hat. Onkel Gustav und Tante Ida geht es nach wie vor
gut. Wie geht es Tante Gutta und ihren Kinder, sind sie alle beschäftigt? Kommst
Du auch noch mit Richard, Hermann und Ludwig Neu zusammen? Ich hörte, dass
Leopold David, früher Reichelsheim, gestorben sei. Ich hoffe, dass Post von Dir
unterwegs ist. Grüße alle Verwandten und sei Du herzlich gegrüßt von Deinem
Vater

Lieber Ernst,
vor kurzem schrieb ich an meine Freundin Wally Adler und legte ein paar Zeilen
für Dich bei. Hat sie sie Dir geschickt? Auch an Rena Rohrheimer schrieb ich
und fragte sie, ob sie über das Hilfskomitee etwas von den Kindern gehört hat.
Man macht sich halt doch große Sorgen. Sonst geht das Leben weiter wie bisher.
Wenn wir auch nicht ganz ausspannen, so machen sich die Ferien doch recht an-
genehm fühlbar. Man kann länger schlafen, mehr spazieren gehen und hat nichts
mit Schulaufgaben zu tun. Auch in der Wirtschaft ist's leichter, da gut die Hälfte
unserer Zöglinge abwesend ist. Ich hatte die Absicht, viel mit den Kindern ins
Freie zu gehen, nun ist aber das Wetter sehr schlecht. Einliegendes schick bitte
an Onkel Louis, falls Du nicht zufällig Gelegenheit hast, ihn persönlich zu spre-
chen. Michael soll sich bei einem Schulturnfest neulich sehr gut angestellt haben;
Vater und ich hatten keine Zeit, dabei zu sein. Ich weiß aber, dass er körperlich
gewandt ist; auch sonst hat er sich gebessert. Neuigkeiten, die Dich interessieren
könnten, weiß ich keine, hoffe aber, bald von Dir angenehme zu hören. Viele
herzliche Grüße von Deiner
Mutter

Mannheim 5. August 1940
Meine lieben Karlsbergs!
Euer letztes Schreiben erhielten wir am 26. Mai [...] Von Werner haben wir leider
schon lange keine Nachricht, sein letzter Brief ist vom 9. April. Von der ICA haben

wir weder von dorten noch von hier etwas gehört, und so warten wir immer noch auf die Einreiseerlaubnis. Wir sind jetzt beunruhigt, dass wir so lange von Werner keine Nachricht haben. Ich bitte deshalb um kurze Benachrichtigung, was los ist. […] Von Fritz und Bella haben wir schon lange keine direkten Nachrichten, stimmt es, dass sie am gleichen Platz wohnen wie Ella und Ernst? Wie geht es Eurem Vater? Bitte grüßt ihn. Was macht denn meine Freundin Recha? Ihr habt lange nichts von ihr erwähnt; auch würde mich interessieren, von David und Frau und Manfred zu hören. Von den Mädchen haben wir leider lange nichts gehört; heute hatten wir indirekt von Hannah kurze Nachricht. Gustav und Ida geht es gottlob gut, sie sind im Altersheim Worms gut untergebracht und fühlen sich auch recht wohl. Da ich nicht weiß, wann Euch dieser Brief erreicht, gratuliere ich schon jetzt recht herzlich zum Neuen Jahre. Ich würde mich sehr freuen, wenn ich bald Günstiges von Euch wegen unserer Ausreise hören könnte und grüße recht herzlich

Euer Moritz

Liebe Freunde,

nun haben wir wieder lange nichts von Ihnen und auch nichts von Werner gehört. Hoffentlich geht's Ihnen allen gut. Bitte benachrichtigen Sie Werner, dass es uns gesundheitlich gut geht und wir unserer gewohnten Beschäftigung nachgehen können […]. Wir hatten wirklich gehofft, dieses Neue Jahr mehr in der Nähe von Euch beginnen zu können. Leider hat es das Pech, das uns wirklich in unserer Auswanderungssache verfolgt, nicht erlaubt. Nun hoffen wir auf das nächste [Jahr]. *Zurzeit sind ja die reinen Reisemöglichkeiten – von allem anderen abgesehen – nahezu gleich null. Neulich wurde in der Zeitung eine Reise nach Argentinien etwa so skizziert: Russland, Sibirien, Japan, südlich um Asien herum, Indischer Ozean, Kap der guten Hoffnung, Atlantischer Ozean. Dauer und Kosten können Sie vielleicht selbst schätzen. […] Welche Sehnsucht wir nach unseren Auswärtigen haben, brauche ich Ihnen gar nicht erst zu sagen. Wann und wo werden sich alle wieder einmal treffen? Zufällig haben wir jetzt auch von Ernst lange nichts gehört. Mina ist noch bei uns und lässt alle grüßen. […] Auch von mir die besten Wünsche für Sie alle zum Neuen Jahr und viele herzliche Grüße*

Ihre Grete

Mannheim 6. August 1940

Lieber Werner!

Wir schrieben heute an Karlsbergs und legen diese Zeilen zur Weiterbeförderung

an Dich bei. Leider haben wir von Dir lange keine Nachricht. Dein letzter Brief war vom 9. April. Auch von der ICA haben wir, trotzdem uns so bestimmt zugesagt war, nichts mehr gehört. Inzwischen ist eine Familie Löb von Birkenau, die damals die gleichen Schwierigkeiten hatte, abgereist. Man soll uns doch wenigstens sagen, ob noch eine Möglichkeit, nach dorten zu kommen, besteht oder nicht. Wenn wir doch von Dir Nachricht bekämen, wir sind wirklich beunruhigt. Von den Mädchen hören wir gar nichts; gestern hatten wir von Hannah eine kurze Nachricht über das Rote Kreuz vom 31. Mai. Wir sind gottlob gesund und hoffen auch Gleiches von Dir. In meinen verschiedenen Schreiben habe ich diverse Fragen gestellt, bitte doch mal ausführlich zu berichten. Ich kann mir gar nicht denken, dass Du allein zurechtkommen kannst. Bist Du gesund? Korrespondierst Du noch mit Ernst und den Mädchen? Ich hoffe doch, dass Post von Dir unterwegs ist und grüße Dich herzlich
Dein Vater

Lieber Werner,
es scheint doch viel Post von Dir verloren zu gehen, da es ja ganz ausgeschlossen ist, dass Du monatelang nicht schreibst. So leid es uns tut, wenn Du die Kosten hast, es hat aber wohl keinen Zweck, anders als Luftpost zu schreiben. Wer hätte glauben können, dass wir nach all den vielen Bemühungen im August 1940 noch hier wären! Und augenblicklich ist doch gar keine Reisemöglichkeit. Ich mache mir viele Sorgen, besonders um die Kinder. Hast Du etwas von Fritz und Bella gehört? Sie sollen in Argentinien sein, am gleichen Platz wie Ella und Ernst; keiner weiß etwas Genaues. Wir hier sind gesund und haben es eben ganz angenehm, da Ferien sind. Im Moment weiß ich nichts mehr zu schreiben; bald mehr. Der Brief soll auch gleich fort. Viele herzliche Grüße wie immer von Deiner
Mutter

Mannheim 8. August 1940
Lieber Ernst!
Wir erhielten gestern Deinen Brief vom 15. Juli. Du hast uns diesmal auch ziemlich lange warten lassen, wir freuten uns aber sehr mit Deinen Mitteilungen. Besonders freuten wir uns, von Hannah und Werner zu hören. [...] Was nun Werner mit dem Weggehen von dorten meint, kann ich nicht sagen, denn wir haben ja schon so lange nichts mehr von ihm gehört, sein letzter Brief war vom 9. April. Meinen Standpunkt kennst Du ja wohl; es wäre mir natürlich am liebsten,

wenn wir alle zusammen in den USA sein könnten. Wie das technisch durchführbar ist, weiß ich nicht. Wenn Werner schon jetzt nach USA kommen könnte, wäre das natürlich viel vorteilhafter. Ich kann aber gar nichts sagen, bis wir von Werner Nachricht haben. Was nun die Vorladung von Stuttgart betrifft, so lässt sich noch nichts mit Bestimmtheit sagen. Zurzeit sind Nr. 22.000, man hört sogar, dass Nr. 24.000 schon aufgerufen sei. Also unsere Nr. 31.000 kann eventuell bis Ende des Jahres an die Reihe kommen. Man hat schon gehört, dass Leute zur Siedlung in USA bevorzugt würden. Eine praktische Ausführung hat man jedoch noch nie gehört. Vielleicht hat Rena Gelegenheit, darüber etwas zu erfahren; auch wäre es eventuell möglich, Hannah und Ruth schon jetzt anzufordern. Man hört, dass verschiedene Kinder schon nach drüben kamen. Wir sind begierig zu hören, was Rena für Ansichten respektive Pläne hat. Ich glaube gerne, dass sie tut, was in ihren Kräften ist. [...] Grüße alle Verwandten, besonders die Familien S., J. und L. Löwenstein, Onkel Josef, Louis und Tante Gutta und sei Du herzlich gegrüßt von Deinem
Vater

Lieber Ernst,
diesmal war uns Dein lieber Brief eine besondere Freude, erstens weil er Gutes von Dir selbst mitteilt und zweitens, weil er endlich Nachricht von Liese und Hannah brachte. Hoffentlich hörst Du jetzt auch bald etwas von Ruth. Man ist in Gedanken jetzt noch viel mehr bei den auswärtigen Lieben und macht sich natürlich noch viel mehr Sorgen als vorher. Vielleicht schreibt Dir Tante Liese einmal etwas über Tante Lotte. Annie, geb. Oppenheim, war vorgestern ein paar Stunden bei uns; sie war auf dem Weg nach Stuttgart, leider noch nicht, um ihr Visum zu holen, sondern um sich zu informieren, was eigentlich an ihren Papieren nicht stimmt. Die USA-Konsulate sind eben in ihren Anforderungen in jeder Hinsicht ungeheuer streng. Es ist wirklich bald wie ein Lotteriegewinn, wenn einer das Visum bekommt. Gerade deshalb mache ich mir – wie ich Dir ja schon schrieb – so viele Sorgen. [...]
Fortsetzung des Briefs am 12. August:
Von Annie aus Mainz hatte ich eine recht deprimierte Karte über ihre Stuttgarter „Erfolge". Man verlangt jetzt noch ein Bardepot des Bürgen. Dass man überdies nicht nur vorherige Bezahlung der Passage, sondern Nachweis der Buchung bei einem bestimmten Schiff verlangt, weißt Du sicher schon. Heute ist ein Zögling unseres Hauses, Michaels bester Freund, auch nach vielen Schwierigkeiten – die Frau bemüht sich schon seit der Zeit, als es noch keine Nummern gab – mit

140

seiner Mutter über Sibirien abgereist. Hoffentlich klappt ihnen alles; es bleibt ja immer bis zur letzten Minute noch vieles zweifelhaft. [...] Mina und Feochen sind heute früh gemeinsam nach Mainz abgereist. Mina will sich Verschiedenes ansehen; es soll eine Art Urlaub sein. Einen längeren gestattet sie sich auch hier nicht, obwohl es ihr gutes Recht wäre. Feo wird inzwischen bei Tante Annie abgegeben, die das „Goldgeschöpf" immer noch heiß liebt. [...] Grüß bitte alle Verwandten und Bekannten, die sich für uns interessieren, und sei selbst herzlichst gegrüßt von Deiner

Mutter

Mannheim 11. August 1940

Lieber Werner!

Dein Schreiben vom 25. Juni, gewöhnliche Briefpost, erhielten wir am 8. dieses Monats. Hast Du denn seit 9. April nicht mehr geschrieben? Wenn ja, dann bitte ich doch sehr, uns für die Folge nicht mehr so lange auf Antwort warten zu lassen. Wir waren wirklich in Verlegenheit. Warum schreibst Du so wenig, ich meine so kurz, gar nicht ausführlich? [...] Ernst schrieb, dass Du von dorten weg wolltest, warum? Bitte uns doch sofort ausführlich zu schreiben. Ich hatte dieser Tage auch einen Brief von Richard Retwitzer, der Dich ja unterrichtet hatte, dass ich ihm schrieb. Er teilte mir mit, dass wegen der Llamada am 26. Juni neu eingereicht wurde beim Ministerium. Man muss jetzt die Antwort von dort abwarten. Die einzige Reisemöglichkeit ist über Russland, nach Japan, von dort nach Nord-Amerika, durch den Panama-Kanal nach Südamerika. Die Reise ist natürlich sehr teuer und außerdem anstrengend. Da die Passage nur in Devisen zahlbar ist, weiß ich nicht, ob wir auf diesem Weg herauskommen können. Du schreibst, gesundheitlich geht es Dir gut und im Übrigen bist Du zufrieden, wenn's auch nicht gerade großartig geht. Ich entnehme daraus, dass Du nicht zufrieden bist. Wenn Du doch siehst, dass Du dorten nicht weiterkommen kannst, dann musst Du die Konsequenzen daraus ziehen und Dich eventuell mit der ICA beraten, was sonst zu tun ist. Es wäre in diesem Fall gut, Du fährst nach Buenos Aires, besprichst Dich mit Retwitzer, eventuell mit Pappenheim. Oder denkst Du, es wäre besser, wenn wir zusammen in die USA gingen? Ich habe dies aber schon einmal geschrieben und keine Antwort erhalten. Eine Frau Steinmetz in Alcaraz schreibt an ihre Tante hier, dass ein Vorwärtskommen nicht möglich sei. Du hast uns die Verhältnisse noch nie so krass geschildert, es wäre mir deshalb sehr erwünscht, ausführlich von Dir zu hören. Ich kann mir denken, dass Du Dir körperlich zu viel zumutest, dass Du es mit Gewalt schaffen willst. Ich bitte Dich sehr, strenge Dich nicht zu sehr an und mache Dich nicht kaputt. Ich bitte Dich nochmals, schreibe uns öfter und nur Luftpost, aber auch über Dich und Dein Tun und Umgebung. Du kannst Dir doch denken, dass uns dies alles sehr interessiert. Also bleibe gesund und sei herzlich gegrüßt von Deinem

Vater

Lieber Werner,

auch ich war sehr froh, endlich wieder einmal Deine Schrift zu sehen und genauso froh über Deine Ausführungen betreffend Hannah. Als sie vor über einem Jahr wegging, war sie wohl ein großes, kräftiges Mädchen, größer und breiter als ich, aber in ihrem Wesen doch noch ein rechtes Baby. Die Fremde und die Verhältnisse haben wenigstens das Gute, dass sie die Leute frühzeitig selbständig und auch tüchtig werden lassen. Wenn Ihr sechs Euch wiedersehen könntet – oh wäre es erst wahr! –, würde wahrscheinlich jeder über die fünf anderen staunen und wir über alle sechs. Das Jüngste ist auch schon groß, ein helles Kerlchen, dessen Schnäbelchen selten stillsteht. Michael übt mit Erfolg Hand- und Kopfstand und hat's schon weit darin gebracht. Sein neuestes Interesse sind Landkarten, die er stundenlang studieren kann; auch das liegt wohl im Blut, siehe Tante Liese, von mir ganz zu schweigen. Ernst hatte auch einen Brief von Tante Liese. Von Ruth haben wir leider sehr lange nichts gehört. An Auswanderung wage ich gar nicht mehr zu glauben. Die Reiseschwierigkeiten, so groß sie sind, sind nicht das Schlimmste. Das Schlimmste ist die Stellungnahme des Konsuls und dann die Beschaffung der ungeheuren Passagekosten. Auch die Einwanderung nach USA wird immer schwerer. Ich schrieb an Ernst darüber. Die Konsulate stellen stets von neuem höhere Anforderungen, sowohl was die Höhe der Bürgschaft als auch was andere Dinge betrifft. Es wird jetzt nicht nur Stellung des Passagegeldes, sondern Angabe des Schiffes verlangt. Meine Cousine Annie, geb. Oppenheim, aus Hanau, jetzt in Mainz verheiratet, hatte auch dies nachweisen können, aber jetzt verlangt man noch Bardepot des Bürgen zu ihren Gunsten! Man sieht unter diesen Umständen nicht sehr hoffnungsvoll in die Zukunft. Ich hoffe, wenigstens von Dir bald wieder Gutes zu hören und grüße Dich wie immer herzlichst

Deine Mutter

Mannheim 13. August 1940

Lieber Ernst!

Wir erhielten heute Deinen Brief vom 31. Juli, mit dem wir uns natürlich riesig freuten. Gestern haben wir erst einen Luftpostbrief an Dich abgeschickt. Es kann

daher sein, dass beide Briefe zu gleicher Zeit eintreffen. Mutter und ich sind glücklich, wenn Dein Plan gut zur Ausführung kommt.[95] Brief an Werner habe ich gestern abgeschickt und ausführliche Nachricht von ihm erbeten. Er schreibt erstens selten und dann nur sehr kurz, über sich selbst hat er gar nichts zu berichten, und was man anfragt, beantwortet er noch nicht einmal. [...] Ich lege einige Zeilen für Onkel Julius hier bei. Wir sind natürlich sehr gespannt auf Deine weiteren Nachrichten und hoffen, dass alles gut klappt. Gestern hatten wir eine Karte von Onkel Siegfried, dass Onkel Moritz nicht wohl sei. Ich habe gleich an beide geschrieben. Ich freute mich sehr mit Deiner Mitteilung, dass Onkel Sally und Tante Johanna gut bei ihren Kindern angekommen sind, grüße sie bitte herzlich. Bestelle viele herzliche Grüße an Rena, wir lassen für alle ihre Mühe herzlichst danken. Sei Du auch herzlich gegrüßt von Deinem
Vater

Lieber Ernst,
es ist zwar heute unser Trauergedenktag[96], aber Dein lieber Brief, der heute ankam, hat ihn uns zu einem Freudentag gemacht. Das war die schönste und beruhigendste Nachricht seit vielen Monaten. Hoffentlich gelingt Dir alles nach Deinen und unseren Wünschen. Was Du da tust, werde ich Dir nie vergessen, und die Kinder sollen es Dir ihr Leben lang danken. Du vermisst Briefe von uns; ich nehme an, dass inzwischen einige bei Dir eingetroffen sind. [...] Mina lässt Euch alle immer besonders herzlich grüßen. Hoffentlich hast Du jetzt nicht mehr so unter der Hitze zu leiden; im Gegensatz zu Euch hatten wir hier dieses Jahr noch wenig richtig heiße Sommertage. Es wäre schön, wenn Du uns bald weitere Einzelheiten über das Gelingen der Pläne mitteilen könntest. Nochmals Dank für Alles und viele herzliche Grüße
Deine Mutter

---

[95] In seinem Brief vom 31. Juli 1940 hatte Ernst den Eltern geschrieben, er hoffe, dass Hannah und Ruth bald die große Reise über den Atlantik antreten könnten. Er habe alles in die Wege geleitet, nur seien noch ein paar Formalitäten zu erfüllen, was aber wohl ziemlich schnell gehen werde. Anstelle der Aufnahme von Kindern aus Deutschland hatten sich die USA zwischenzeitlich bereit erklärt, britische Kinder aufzunehmen, welche durch den Luftkrieg gefährdet waren. Unsere Reise in die USA scheiterte, denn wir galten dort wie auch in Großbritannien als Deutsche und erhielten keine Reiseerlaubnis.
[96] An Trauergedenktagen, den Todestagen von Angehörigen, gedenken Juden dieser ihnen nahe stehenden Menschen. Ich konnte bisher nicht herausfinden, welches Mitglied unserer Familie an einem 13. August verstorben ist.

Mannheim 25. August 1940

Lieber Ernst!

Wir schrieben Dir zuletzt am 13. August und ich schätze Dich im Besitze dieses Briefes. Inzwischen hat sich nichts Neues ereignet. Gestern lasen wir den Brief von Richard Retwitzer an seine Mutter; er schrieb, dass Werner bei ihm war, er würde recht gut aussehen, ist durch den schlechten Ausfall der Ernte missgestimmt und wollte von dorten weg. R. R. empfahl ihm, vorläufig keine Veränderung vorzunehmen und sich erst um die Einwanderung seiner Eltern zu bemühen. [...] Wegen Hannah und Ruth sind wir sehr gespannt auf Deine weiteren Nachrichten; hoffentlich glückt Dir Dein Vorhaben. Hast doch sicher auch an Ruth geschrieben. Wir würden uns so sehr freuen, von beiden wieder mal direkt zu hören. Dieser Tage erhielten wir eine Karte von Onkel Julius vom April; sage ihm dies bitte gelegentlich, damit er nicht denkt, ich hätte sie nicht beantwortet. Sei noch recht herzlich gegrüßt von Deinem

Vater

Lieber Ernst,

ich hoffe, dass auch weiterhin bei Dir alles in Ordnung ist. Bei uns gibt's kaum Veränderungen. Sehr schlimm scheint es mit den amerikanischen Visen zu werden. In meinem vorigen Brief schrieb ich Dir wohl, ein Visum zu bekommen sei ungefähr so wahrscheinlich, wie in der Lotterie zu gewinnen; jetzt muss ich das berichtigen: Es ist ungefähr so, als ob man in der Lotterie den Haupttreffer macht. Selbst Leute, bei denen alle Unterlagen in Ordnung sind einschließlich Bezahlung der Passage und Nachweis der Kabinennummer, bekommen ohne Angabe von Gründen das Visum verweigert. Leute mit einem sogenannten Vorvisum bekommen ihr Geld zurück und den Bescheid, dass kein Visum erteilt wird. Und viele ähnliche Fälle; ich kann Dir gar nicht alle Einzelheiten aufzählen. Kein Mensch ahnt, wieso das auf einmal gekommen ist, ob es vorübergehend ist oder lange dauern kann usw. Jedenfalls kann es einen in eine rechte Hoffnungslosigkeit versetzen. Was soll dann aus uns allen werden? Man tappt so im Dunkeln und sieht im Dunkel so wenig Licht. Hoffentlich erhalten wir wenigstens durch Dich bald wieder Nachricht von Hannah und Ruth. Den Kleinen geht's Gott sei Dank gut. Feo schreibt Dir alle paar Tage einen Brief; schade, dass ich sie Dir nicht schicken kann. Bei Michael kriege ich nachgerade Angst, dass er zum Zirkus geht; er bringt schon einen Salto in der Luft fertig. Mina lässt Dich wie immer sehr grüßen. Vor ein paar Tagen hatten wir wieder einmal Nachricht von Selma[97], die immer nach Dir fragt. Sie haben auch kein sehr schönes Leben. Wir schicken Dir, wie ich schon schrieb, jetzt in jedem Brief etwas Gratulationskorrespondenz zum Weiterbefördern mit.[98] Ich warte sehr auf Deine nächsten Nachrichten. Viele herzliche Grüße von Deiner

Mutter

Mannheim 4. September 1940

Lieber Ernst,

soeben kam Dein lieber Brief vom 20. August und ich will ihn gleich beantworten. Er enthielt eine Einlage von Werner vom 29. Juli. Dies ist anscheinend der sicherste Weg, Post aus Argentinien zu bekommen, denn Werner schreibt doch, dass er an uns geschrieben hat und wir bekommen fast gar keine Post von ihm. Auch jetzt haben wir noch keine Zeile von ihm aus Buenos Aires erhalten. [...] Was unsere Kinder anbelangt, hat mich übrigens Dein Brief – sicher ohne dass Du es wolltest – sehr deprimiert und meine Hoffnungen recht heruntergeschraubt. Du schreibst nämlich, dass es jetzt vom amerikanischen Konsulat dort abhängig sei. Nun hörte ich aber mehrfach, dass die amerikanischen Konsulate dort genau wie hier ihre Bestimmungen äußerst verschärft hätten. Wie es hier in dieser Hinsicht ist, habe ich Dir ja schon mehrfach geschrieben. Es geschieht nur noch in ganz außergewöhnlichen Fällen, dass jemand ein Visum bekommt. Die einzige Möglichkeit wäre, dass bei Kindern Ausnahmen gemacht würden, doch davon weiß ich nichts. Halte uns über alles, auch über die Rückschläge, auf dem Laufenden. Es beunruhigt mich auch etwas, dass Du anscheinend gar nichts von Ruth hörst. Auf dem Umweg über vier bis fünf Leute hörten wir, dass das Heim verlegt sei. Weißt Du etwas darüber? [...] Heute schicken wir Dir wieder ein paar Einlagen an Leopold Löwenstein und Lehrer Kahn, die Du bitte weiterbefördern willst. Von uns selbst ist kaum etwas Neues zu erzählen. Die Ferien sind vorbei, und ich plage mich wieder mit schlecht gemachten Schulaufgaben; doch dafür werde ich ja schließlich bezahlt. Vater sieht sehr gut aus und nimmt auch wieder zu. Michael kann jetzt schon einen Salto in der Luft schlagen. Ob er beim Zirkus endet? Da wäre mir die Landwirtschaft wirklich lieber. Doch ist für alles augenblicklich wenig Aussicht vorhanden. [...]

---

[97] Gemeint ist Selma Reichelsheimer, Mutter von Helga in London, die mit ihrem Mann Gustav damals immer noch in Reichelsheim wohnte. Nach dem Pogrom 1938 war ihr Leben in der kleinen Odenwald-Gemeinde sehr schwer. Sie wurden 1942 in den Tod deportiert.
[98] Gemeint sind Glückwünsche zum jüdischen Neujahrsfest an Verwandte und Freunde, denen die Emigration in die USA geglückt war.

Bleib weiter gesund und sei herzlichst gegrüßt, auch von Feo, Deine Mutter

Mannheim 4. September 1940

Lieber Richard[99] und Familie!

Deine Zeilen vom 24. Juli erhielt ich und danke Dir herzlich für Dein Schreiben und Deine Bemühungen. Inzwischen las ich im Schreiben an Deine Mutter, dass Werner bei Dir war. Du hast ihn wohl vorher gar nicht gekannt. Ich bin nun gespannt, was wir weiter in der Auswanderungsangelegenheit hören. Wie geht es bei Dir und Deiner Familie? Deiner Mutter geht es ordentlich, wie ich höre, hat sie am 17. September ihren 80. Geburtstag. Für dieses Alter ist sie wirklich körperlich und geistig noch gut auf der Höhe. Sie ist gesundheitlich viel besser als Tante Berta; diese macht sich zuviel Sorgen um Liesel und ihren Mann, die meiner Ansicht nach gar nicht nötig wären. Lilli ist zurzeit wieder ganz gesund. Wir kommen ziemlich oft zusammen. Meiner Frau und Kindern geht es ordentlich. Wir hatten seither Schulferien und es war in unserem Haus ziemlich ruhig, da die meisten Kinder verreist waren. Seit Sonntag ist alles wieder zurück und wir haben wieder normalen Betrieb. Lieber Richard, besorge bitte einliegenden Brief an Werner weiter, besten Dank dafür. Zu den Feiertagen wünsche ich Euch jetzt schon alles Gute. Nochmals besten Dank für Deine Bemühung. Ich grüße auch im Auftrag meiner Frau herzlich

Dein Moritz

Liebe Retwitzers,

ich möchte doch gern selbst ein paar Zeilen beifügen und mich besonders nach dem Befinden von Onkel Max erkundigen. Hoffentlich seid Ihr alle wohl und relativ zufrieden. Wir leben hier unser gewohntes Leben weiter, sind nur bedrückt darüber, dass wir von unseren auswärtigen Töchtern so gar nichts Direktes hören und dass es mit unserer Auswanderung so gar nicht klappen will. Die Aussichten, nach USA zu kommen, sind auch sehr schlecht geworden; es geschieht sozusagen nur noch in Ausnahmefällen. Hoffentlich hat Werner einen halbwegs vernünftigen Bescheid von der ICA bekommen. Wir warten gespannt auf seinen nächsten Brief. Anscheinend geht gerade von ihm viel Post verloren, denn er beruft sich auch jetzt wieder auf etwas, das er vorher geschrieben habe und das wir nie erhielten. Unsere zwei Jüngsten sind sehr gewachsen und trotz allem recht vergnügt. Auch ich danke Euch herzlich für alle Bemühungen unseretwegen und

---

[99] Gemeint ist Vaters Cousin Richard Retwitzer.

bitte, sie gegebenenfalls fortzusetzen. Mit den besten Wünschen für das Neue
Jahr und vielen Grüßen
Eure Grete

Mannheim 4. September 1940
Lieber Werner!
Nach langer Zeit erhielten wir endlich heute wieder Nachricht von Dir, und zwar
Deinen Brief vom 29. Juli durch Ernst. Durch Richard Retwitzer hörten wir bereits,
dass Du in Buenos Aires warst. Wir sind jetzt sehr gespannt auf Deine nächste
Nachricht. Beantworte doch bitte meine diversen Fragen. Die Tante von Frau
Steinmetz fragt immer an, ob Du die Leute dorten kennst und eventuell mit ihnen
zusammenkommst. Warst Du eigentlich mal in Avigdor? Weißt Du, dass Fritz und
Bella jetzt auch in Argentinien sind? Ernst und Manfred sollen in Alem ein gutes
Geschäft haben. Ich freue mich, dass Du nach zwei Jahren wieder einmal nach
der Großstadt kommen konntest. Es ist doch sehr nett von der Familie Karlsberg,
Dich einzuladen. Hast Du auch die übrigen Crumbacher gesprochen? Warst Du
auch bei Pappenheim? Ich hoffe, dass ein ausführlicher Brief von Dir unterwegs
ist. Wir hörten, dass sich Ruths Wohnsitz verändert hätte, das Heim soll von dort
verlegt worden sein. Ich möchte zu gern auch von ihr wieder mal etwas hören, sie
hat immer so lieb und verständig geschrieben. Onkel Gustav und Tante Ida geht
es in Worms recht ordentlich. Sie sind jetzt auch schon ein Jahr von zu Hause
weg. Wenn es nur Ernst gelingen würde, die beiden Mädchen kommen zu lassen,
er schreibt, dass es nur am Konsulat liegen würde. Wenn ein Kalb geboren wird
und einige dafür eingehen, wird sich Dein Bestand schlecht vermehren. Wie viel
Vieh hast Du jetzt? Hast Du auch schon Hühner etc.? Ich habe Michael und Feo
erzählt, dass Du für beide schon je ein Reitpferd hättest. Ich bitte Dich nochmals,
schreibe recht häufig. Sei noch herzlich gegrüßt von Deinem
Vater

Lieber Werner,
Dank für Deinen lieben Brief über Ernst. Du erwähnst darin einen vorher
Abgeschickten, den wir – wie sicher viele andere – nicht erhielten. Ich finde es
deshalb richtig, dass Du uns öfter einmal über Ernst schreibst, und dabei kannst
Du eventuell noch Zeit sparen, da Du sicher manches Mal an Ernst und uns
dasselbe zu berichten hast. Dass auch ich jetzt sehr auf Deinen Bericht über
Deinen Aufenthalt in Buenos Aires warte, kannst Du Dir denken. Ernst schrieb
uns vor etwa drei Wochen, dass er die nötigen Schritte getan habe, damit Hannah

und Ruth bald ihre große Reise antreten könnten. Wir waren sehr glücklich dar-
über. Nun steht in seinem heutigen Brief, dass die Sache vom amerikanischen
Konsulat dort abhängig sei. Das hat unsere Hoffnungen sehr herabgestimmt. Die
amerikanischen Konsulate haben nämlich dort wie hier, was Ernst vielleicht gar
nicht weiß, ihre Bestimmungen außerordentlich verschärft. Hier ist es zurzeit fast
unmöglich, ein amerikanisches Visum zu bekommen, und zwar in Fällen, in de-
nen es noch vor kurzer Zeit ohne Weiteres eines gab. Wir machen uns große
Sorgen um die Kinder; sie sich wahrscheinlich auch um uns. […] Von Karlsbergs
finde ich es besonders nett, Dich einzuladen. Else ist sich also gleich geblieben.
Wie haben sich Lotte und Werner entwickelt?
Dieses Schreiben meiner Mutter ist nicht vollständig erhalten.

Kurz bevor der einzige vom Juni 1940 überlieferte Brief meiner Eltern verfasst
wurde, hatte die Wehrmacht am 14. Juni Paris kampflos besetzt. Der Feldzug
gegen Frankreich war damit eigentlich schon entschieden. Am 22. Juni kam es in
Compiègne zum Waffenstillstand, den der greise Marschall Henri Philippe Pétain,
als Regierungschef erst wenige Tage im Amt, den Deutschen angeboten hatte.
Es folgte die Teilung des Landes in die unter deutschem Protektorat stehende
Nord- und Westhälfte bis zur spanischen Grenze und den unbesetzten Süden.
Pétain war Staatsoberhaupt des südlichen Landesteils, residierte im Kurort Vichy
und setzte auf eine Politik der begrenzten Kollaboration mit Deutschland. Welche
Folgen diese Politik haben würde, davon wird noch die Rede sein.
Der letzte Brief, den ich bis dahin von meinen Eltern erhalten hatte, datiert vom
26. Mai 1940. Er war an Erna Fischel in Kaunas geschickt und dann von ihr
an mich weitergeleitet worden. Den ganzen Sommer über vernahm ich nichts
mehr aus Mannheim. Ich konnte mir damals nicht erklären, warum. Doris Katz
ist, nachdem die Wehrmacht die Niederlande unter ihre Gewalt gebracht hatte, als Postvermittlerin zwangsläufig ausgefallen. Dort setzte zudem bald die
Judenverfolgung ein. Post aus dem noch neutralen Litauen nach England zu
schicken, wurde auch immer schwieriger. Im Nordseeraum herrschte Krieg.
Flugzeuge, die dieses Gebiet Richtung Großbritannien überfliegen wollten, waren
abschussgefährdet. In den Meerengen Skagerrak und Kattegat machte die deutsche Marine Jagd nicht nur auf die Militär-, sondern auch auf die Zivilschifffahrt
selbst solcher Nationen, welche nicht zu den Kriegsparteien gehörten. Die
Besetzung Dänemarks und Norwegens versperrte auch diese Postroute von
Litauen nach England. Erschwerend kam hinzu, dass am 15. Juni 1940 sowjetische Truppen Litauen besetzt hatten, wodurch das Land seine Selbständigkeit

eingebüßt hatte.[100] Ich bin sicher, dass meine Eltern genauso wie ich regelmäßig schrieben. Doch ihre Briefe kamen bei Hannah und mir einfach nicht mehr an, ebenso wenig wie unsere Briefe Deutschland erreichten. Aus jenem Sommer 1940 ist nur die gewiss unvollständige Korrespondenz der Eltern mit unseren Brüdern sowie mit Verwandten und Freunden in Übersee erhalten.

Unsere Eltern schrieben regelmäßig und in kurzen Abständen an Ernst und Werner. Das geschah nur noch mit Luftpost, obgleich das erheblich mehr kostete. Aber ihr Leben hing doch auch von den Nachrichten ihrer ausgewanderten Söhne ab, d. h. von der Chance, auf dem einen oder anderen Weg Deutschland vielleicht noch verlassen zu können. Immer wieder baten sie Ernst, mit uns und Tante Liese in engem Briefkontakt zu bleiben und ihnen zu berichten, was er aus England Neues erfahren hatte. Mein ältester Bruder, damals Mitte 20, erschien ihnen zeitweilig als einziger Ausweg, nachdem Post aus Argentinien nur noch äußerst spärlich kam. Ernst nahm seine Aufgabe zum Glück gewissenhaft wahr, berichtete über viele Verwandte und Freunde und besuchte diese auch gelegentlich, wenn er einen freien Tag hatte. Die Eltern wiederum erzählten ihm von denen, die Deutschland endlich hatten verlassen können. Viele werden sich gefragt haben, warum meinen Eltern dies nicht gelang. Zu jenem Zeitpunkt konnten Städte in den USA noch problemlos als Auswanderungsziel genannt werden, denn noch hatte Hitler dem Land nicht den Krieg erklärt.

Nicht alle in den hier wiedergegebenen Schreiben meiner Eltern genannten Personen kenne ich, und schon gar nicht habe ich alle Namen aus ihren Briefen überhaupt erwähnt. Dies führt mir vor Augen, welch große Lücke in meiner Familiengeschichte klafft. Ich weiß einfach zu wenig über alles das. Jule und Ludwig waren auch Oppenheimers aus Fränkisch-Crumbach, aber nicht verwandt mit uns. Vater war insbesondere am Ergehen von Onkel Sally interessiert, dem Bruder seiner ersten, früh verstorbenen Frau Clara, geb. Löwenstein. Salomon Löwenstein hatte in Mannheim gewohnt und war rechtzeitig in die Schweiz geflohen. Er betrieb dort einen Handel mit Holz, welches er den Rhein abwärts schickte, vermutlich nach Mannheim. Die Schweizer hatten ihm womöglich seinen Aufenthalt nicht auf Dauer gewähren wollen, weshalb er mit seiner Frau in die USA gegangen ist, wo ihre Kinder bereits lebten. Auch Salomons Bruder Leopold Löwenstein konnte aus Nazi-Deutschland dorthin entkommen. Er hatte sich danach bereit erklärt, einen monatlichen Beitrag zu Onkel Gustavs Altersheimkosten zu überweisen. Ebenso gelang dem dritten Bruder, Julius Löwenstein, und seiner

---

[100] Overesch (wie Anm. 1) Bd. 2, S. 92.

Frau Änne die Flucht in die Vereinigten Staaten.

Lehrer Kahn war der Rektor unserer kleinen jüdischen Schule im Odenwald-Städtchen Höchst gewesen, die wir noch eine Zeit lang haben besuchen können, nachdem die staatliche Volksschule in Fränkisch-Crumbach Hannah und mich entlassen hatte. Christen und Juden gleichermaßen hatten bis zum Beginn der Nazi-Herrschaft Hermann Kahn hoch geachtet, war er doch auch der erfolgreiche und populäre Dirigent des Höchster Gesangvereins sowie Oberchormeister des Odenwälder Sängerbundes gewesen. Er war ein über die Maßen gebildeter Deutscher, ein Musiker durch und durch mit einer großen Vorliebe für die deutsche Musik. Und er war einer von jenen vielen deutschen Juden, die sich vollständig mit Deutschland identifizierten, die das Land und seine Kultur liebten und die sich ein Leben anderswo überhaupt nicht vorstellen konnten. Hermann Kahn hatte es also geschafft, in die USA zu fliehen, wurde aber dort niemals richtig heimisch. Er starb 1963.[101]

Die meisten solcher Fluchten damals waren nur glücklichen Zufällen zu verdanken. Wo man eine Arbeit fand oder hilfreiche Kontakte hatte, ob man gesund war oder nicht, ob sich das Geld für die Schiffspassage auftreiben ließ und ob man Menschen im angestrebten Exilland fand, die für einen bürgten, all das spielte eine Rolle. Längst nicht immer gelang es, die Ausreiseerlaubnis aus Deutschland zu erhalten. Die Nazi-Behörden agierten zuweilen sehr willkürlich und oft auch konträr. Man wusste nie vorher, was einen genau erwartete. Hatte man dann nach langem Hin und Her die zur Ausreise erforderlichen Papiere und die Zusicherung der Bürgen, verwehrten einem die Behörden des Asyllandes die Einreise. Nicht nur der argentinische Konsul in Stuttgart machte meinen Eltern Schwierigkeiten, auch die Verhältnisse im Land selbst werden mitverantwortlich gewesen sein. So teilte Richard Retwitzer meinen Eltern im Juli 1940 mit, die Llamada habe im Monat zuvor beim zuständigen Ministerium neu beantragt werden müssen, eine Antwort stehe noch aus. Und er fügte hinzu: „Durch die politischen Ereignisse ist diese Institution auch in Mitleidenschaft gezogen worden."[102] Von stabilen politischen oder gar demokratischen Verhältnissen konnte in Argentinien seinerzeit nicht die Rede sein. 1932 war der General Augustin P. Justo durch Wahlbetrug Staatspräsident geworden und hatte nach einem Putschversuch nicht nur den Belagerungszustand verhängt, sondern eine weithin repressive Politik verfolgt, von der auch jüdische Einrichtungen im Land betroffen waren. Antisemitismus

---

[101] Siehe: Gemeindevorstand Höchst i. Odw. (Hrsg.): Geschichte und Schicksale der Juden zu Höchst. Höchst i. Odw. 1985, S. 209–214.
[102] Brief Richard Retwitzers vom 24. Juli 1940.

war dort vor allem in Polizei- und Armeekreisen sehr verbreitet. Zudem gab es unter jenen nicht-jüdischen Deutschen, welche schon lange vor 1933 eingewandert waren, zahlreiche Verfechter der Nazi-Ideologie, denen die jüdischen Flüchtlinge damit ein Dorn im Auge waren und die außerdem nach 1945 dafür sorgten, dass zahlreiche NS-Verbrecher in Argentinien Unterschlupf fanden und somit der ihnen ansonsten drohenden Strafverfolgung entgingen. Richard Retwitzer deutete mit seinem Hinweis auf die „politischen Ereignisse" vermutlich den kurz bevorstehenden Wechsel im Amt des Staatspräsidenten an: Roberto Ortiz, erst 1938 nach stark manipulierter Wahl ins Amt gekommen, musste wegen einer schweren Erkrankung die Amtsgeschäfte im August 1940 seinem Vizepräsidenten Ramón S. Castillo übergeben.[103] Hatte Ortiz einen politisch neutralen Kurs verfolgt, so war seine Haltung doch eher zugunsten der Alliierten gewesen. Castillo achtete zwar offiziell auf Wahrung der Neutralität, sympathisierte gleichwohl mit dem Nationalsozialismus. Sicherlich hat sich der Regierungswechsel auch auf die Einwanderungspolitik Argentiniens ausgewirkt und im Sommer 1940 die Erteilung einer neuen Llamada verhindert. Wie zermürbend dies alles für meine Eltern war und wie ihre Hoffnung auf Auswanderung zusehends schwand, beweisen ihre Briefe.

Tante Annie war, wie ihre Schwester Lotte, eine Tochter von Hermann und Olga Oppenheim aus Hanau. Annies Zwillingsschwester Hertha war früh zum Katholizismus konvertiert und in ein Kloster eingetreten. An sie kann ich mich nicht erinnern. Olga und meine Großmutter Feodora Krämer waren Schwestern und gebürtige Pappenheims. Olga Oppenheim war bei einem Straßenbahnunfall schwer verletzt worden und an den Folgen bereits Ende 1922 gestorben.[104] Lotte Oppenheim, von Beruf Klavierlehrerin und Konzertpianistin, die ihrem Vater seither den Haushalt geführt hatte, war von diesem überredet worden, im Frühjahr 1939 als Hausangestellte nach England zu gehen. Meine Mutter stand mit ihrer Cousine Lotte fortan in regelmäßigem Briefkontakt, und Tante Lotte kümmerte sich auch um uns Mädchen. Da sie nur sehr wenig verdiente, gelang es ihr nicht, den Vater nachzuholen. In den Nachkriegsjahren hat sie ohne Erfolg versucht herauszufinden, was mit ihren Schwestern und ihrem Vater passiert ist. Aus jener Zeit stammt ein Foto ihres Elternhauses in Hanau, das inzwischen zu einem Hotel umgewandelt worden war.

---

[103] Siehe: Mühlen (wie Anm. 15) S. 137 f.
[104] Olga Oppenheim, am 13. Januar 1873 in Eschwege geboren, starb am 31. Dezember 1922 in Hanau. Auskunft des Stadtarchivs Hanau (StadtA Hanau) vom 27. Februar 2007.

Familienporträts aus glücklichen Zeiten

Meine Großmutter Feodora Krämer, geb. Pappenheim, mit ihren beiden Töchtern Elise (links, damals drei Jahre alt) und Margarete (sechs Jahre alt) in Mannheim 1898.

Meine Großtante Olga Oppenheim, geb. Pappenheim, mit ihrer ältesten Tochter Lotte (damals fünf Jahre alt) in Hanau 1898. Die Töchter Annie und Hertha wurden erst im Jahr 1900 geboren.

Das frühere Elternhaus von Tante Lotte in Hanau, später ein Hotel. Aufnahme aus den 1950er Jahren, als Lotte Oppenheim noch einmal dorthin zurückkehrte.

Mutters Cousine Annie hatte im Februar 1940 in Mainz Oskar Levy geheiratet.[105] Beide planten ebenfalls ihre Auswanderung, und zwar in die USA. In dieses Land zu gelangen, war schon vor Beginn des Zweiten Weltkriegs nicht einfach gewesen, denn bereits damals gab es eine rigide Begrenzung der Einwanderungsquoten für die jeweiligen Länder. Ab September 1939 wurden die Hürden noch höher gesetzt und waren für viele Einwanderungswillige seitdem kaum noch zu überwinden. Deutsche Schiffe, die auf der Atlantikroute zuvor die größte Transportkapazität gestellt hatten, fielen mit Kriegsbeginn aus. Ausländische Schiffsgesellschaften weigerten sich zunehmend, Zahlungen in deutscher Währung zu akzeptieren, und die Devisenbewirtschaftung des Nazi-Staates tat ihr Übriges, indem sie den auf ihre Ausreise Wartenden die Devisenzuteilung verwehrte. Hinzu kam die Inanspruchnahme der auf den Schiffen verfügbaren Plätze durch die vielen mit Fortschreiten des Krieges in ihre Heimat zurückkehrenden Amerikaner. Die Folge all dessen war, dass die amerikanischen Konsuln immer öfter den Nachweis einer bezahlten Schiffspassage verlangten, bevor sie zur Ausstellung eines Visums bereit waren. Schließlich erhielten nur noch jene Anwärter auf den Quota-Listen

---

[105] StadtA Hanau (wie Anm. 104). Die Hochzeit fand am 7. Februar 1940 statt.

ein Visum, deren Fahrkarte bereits von Verwandten und Freunden in den USA bezahlt worden war.[106]

Das US-Außenministerium verschärfte zudem ab November 1939 die Prüfung der Affidavits. Bürgschaften solcher Amerikaner, welche nicht mit den Antragstellern verwandt waren, wurden nur noch anerkannt, wenn diese Bürgen über beträchtliche Geldmittel verfügten. In vielen Fällen mussten sie nun außerdem erst Bardepots für die Flüchtlinge bei einer amerikanischen Bank einrichten. Die Verschärfung der Einreisebestimmungen führte dazu, dass lediglich etwa zehn Prozent derjenigen, die auf den deutschen Quota-Listen standen, überhaupt ein Einreisevisum für die USA erhielten, wenn ihre Nummer aufgerufen wurde.[107] Hinzuzufügen ist, dass kurz nach der Kapitulation Frankreichs, als die Flüchtlingstragödie in Europa ihren Höhepunkt erreichte, eine an die Konsuln gerichtete telegrafische Dienstanweisung des amerikanischen Außenministerium eine noch sorgfältigere Prüfung der Visa-Anträge anordnete. Im Prinzip lief das auf nichts anderes hinaus, als die Einwanderung von Juden aus Deutschland weitgehend zu verhindern.[108]

Auch wenn Tante Annie und ihr Mann möglicherweise die neuen, restriktiven Bestimmungen allesamt erfüllt hatten, war Annies Reise nach Stuttgart im August 1940 vor diesem Hintergrund bereits so gut wie ohne jede Erfolgsaussicht gewesen. Auch ihnen gegenüber versperrten die Vereinigten Staaten die Tore. Das Ehepaar Levy wohnte zuletzt in einem der Mainzer „Judenhäuser", nämlich in der Adam-Karrillon-Straße 54. Mindestens 43 Menschen waren dort zum Schluss auf engstem Raum zusammengepfercht.[109] Am 30. September 1942 wurden sie mit einer großen Zahl weiterer jüdischer Mainzer Bürger über den Darmstädter Güterbahnhof nach Polen in den Tod deportiert. Die Geheime Staatspolizeistelle Darmstadt überschrieb die Deportationsliste beschönigend mit

---

[106] Siehe: Walter (wie Anm. 60) S. 430.

[107] Siehe dazu: Walter (wie Anm. 60) S. 430 f. Walter zeigt zudem am Beispiel des Stuttgarter Konsulats auf, wie hoch die Zahl der Visumanträge im Verhältnis zu den dann erteilten Visa tatsächlich war. Danach lagen diesem Konsulat Ende 1938 etwa 110.000 Anträge vor, es durfte aber monatlich nur 850 Visa ausstellen. Im Frühjahr 1939 war die Quote auf vier bis sechs Jahre im Voraus ausgebucht; siehe dort: S. 442.

[108] Siehe dazu: Walter (wie Anm. 60) S. 451 ff. Im Juli 1940 sind seitens des Stuttgarter US-Konsulats nur noch drei Visa erteilt worden. Die Hintergründe können hier nicht im Detail erörtert werden, sind aber bei Walter (S. 442 ff.) nachzulesen. Wichtig ist hierbei, dass die ursprünglich für Deutschland zugeteilten Quotenplätze anderen Ländern zur Verfügung gestellt wurden und dadurch nicht mehr von den bisherigen deutschen Anwärtern genutzt werden konnten. Die amerikanische Einwanderungspolitik unterstrich somit Hitlers Todesurteil gegen die deutschen Juden (dazu: Walter, S. 454 f.).

[109] Auskunft Dr. Hedwig Brüchert, Mainz, vom 13. Februar 2007.

„Wohnsitzverlegung nach dem Generalgouvernement".[110]
Hermann Oppenheim ereilte, wie ich heute weiß, das gleiche Schicksal.
Vermutlich war er, damals bereits 77 Jahre alt, nach der Emigration der Tochter
Lotte zu Verwandten nach Frankfurt am Main gezogen. Von dort wurde er am 1.
September 1942 nach Theresienstadt deportiert, wo er genau einen Monat später
ums Leben kam. Annies Zwillingsschwester Hertha wurde gleichfalls ein Opfer
des Nazi-Regimes. Sie wurde am 18. August 1942, ebenfalls von Frankfurt aus,
nach Theresienstadt verbracht und starb dort, kurze Zeit nach Annies gewaltsa-
mem Tod, am 18. Oktober 1942 im Alter von nur 42 Jahren.[111]
In den Wehrmachtberichten des Sommers 1940 wurde der Triumph des
Westfeldzuges auf jeder Seite gefeiert. Sich ständig steigernde „Gefangenen-
und Beutezahlen" zeugten von der „Überlegenheit" des deutschen Militärs.
Auch las man von der „Vernichtung englischer Truppen", über „Reste des ge-
schlagenen britischen Expeditionsheeres", welche nach ihrer Einkesselung bei
Dünkirchen auf kleinen Booten zu den vor der Reede liegenden Schiffen zu ge-
langen versuchten, was aber „durch laufende Angriffe, besonders von Junkers-
Sturzkampfflugzeugen" vereitelt worden sei.[112] „Frankreichs und Großbritanniens
Stoßarmeen" seien „vernichtet, einer der größten Siege der Weltgeschichte" sei
„errungen. Großdeutschland" beherrsche „das gesamte Ost- und Südufer der
Nordsee und den Kanal. Da die Gegner den Frieden auch weiterhin verneinen,
wird sie der Kampf bis zur völligen Vernichtung treffen", hieß es in einem zusam-
menfassenden Bericht vom 5. Juni.[113] Wenn es um große Töne und Übertreibung
ging, war die Nazi-Propaganda nicht zu übertreffen. Nichts wurde indes darüber
gebracht, dass die Luftwaffe bei Dünkirchen keineswegs so erfolgreich agiert hatte, wie vorgetäuscht wurde, und dass weit über 300.000 britischen sowie auch
französischen Soldaten Ende Mai, Anfang Juni die Evakuierung von Dünkirchen
nach Großbritannien gelungen war.[114] Diese Truppen bildeten den Kern der britischen Heimatverteidigung für den Fall einer deutschen Invasion und nahmen

---

[110] Siehe: „Als die letzten Hoffnungen verbrannten ..." (wie Anm. 7) S. 313. Der Transport
ging vermutlich nach Treblinka; siehe dazu: Gottwaldt/Schulle (wie Anm. 7) S. 228.
[111] Zu den Daten siehe: StadtA Hanau (wie Anm. 104) sowie: Institut Theresienstädter Initiative (Hrsg.): Theresienstädter Gedenkbuch. Die Opfer der Judentransporte aus Deutschland
nach Theresienstadt 1942-1945. Prag 2000, S. 613. Fälschlicherweise werden Hermann
und Hertha (nicht: Herta) Oppenheim im Theresienstädter Gedenkbuch mit dem Namen
„Oppenheimer" genannt.
[112] Wehrmachtberichte (wie Anm. 16) Bd. 1, S. 179.
[113] Wehrmachtberichte (wie Anm. 16) Bd. 1, S. 189.
[114] Vgl.: Overesch (wie Anm. 1) Bd. 2, S. 88. Danach wurden 85 Prozent der britischen
Expeditionsarmee evakuiert.

Wohnsitzverlegung

nach dem Gen. Gouvernement

Namentliches Verzeichnis.

Lfd. Nr.	Zuname	Vorname	Fam. Stand	Geburts- datum	Wohnort und Straße
			[...]		
605	Krieger geb. Fränkel	Sally J.	verh.	18. 1.94	" " 21
606	Landau geb. Lieber	Sophie	verw.	16.12.86	Mainz, Margareteng. 19
607	Langstätter	Louis J.	verh.	6. 4.79	Mainz,Unt.Zahlbacherstr.11
608	Langstätter geb. Kahn	Elisabeth S.	verh.	14. 5.95	" " " 11
609	Levy	Oskar J.	verh.	25. 9.84	Mainz, Ad.Karrillonstr.54
700	Levy geb. Oppenheim	Anni S.	verh.	10.10.00	" " " 54
701	Lichten	Arthur J.	ledig	1. 1.00	Mainz-Gonsenheim, Friedrichstr. 14

Auszüge aus der Namenliste der am 30. September 1942 aus Mainz deportierten jüdischen Opfer, unter ihnen meine Tante Annie Levy, geb. Oppenheim, und ihr Mann Oskar Levy.

vier Jahre später an der Gegenoffensive in der Normandie teil, durch die letztlich im Westen die Niederringung des Nazi-Regimes eingeleitet wurde. Nach dem raschen Sieg über Frankreich hatten die Wehrmachtberichte großspurig verkündet: „Es bleibt nur noch ein Feind: England!"[115]

Folglich konzentrierte sich im Sommer 1940 die Wehrmachtberichterstattung auf Großbritannien.[116] Man kann dort in einem fort von Angriffen auf britische Häfen, Flugplätze, Eisenbahnstrecken und Bahnhöfe lesen, auf Tanklager, militärische Anlagen sowie auf Werke der Rüstungsindustrie, alles dies in einer Fülle, dass meine Eltern zuweilen die blanke Angst um unser aller Leben erfasst haben muss, wenn sie davon erfuhren. Denn stets wurden diese deutschen Luftangriffe als erfolgreich bezeichnet, womit große Zerstörungen auf den britischen Inseln gemeint waren. Anhaltend hoch sei auch die Versenkung „feindlichen Handelsschiffsraums", meldeten die Wehrmachtberichte. Die englischen Luftangriffe auf Deutschland wurden demgegenüber als erfolglos geschildert; sie träfen so gut wie nie militärische Ziele, richteten überhaupt nur „geringen" bis „unbedeutenden" Sachschaden an. Immer aber wurde dabei die Verletzung und

---

[115] Wehrmachtberichte (wie Anm. 16) Bd. 1, S. 245.
[116] Vgl.: Wehrmachtberichte (wie Anm. 16) Bd. 1 für die Monate Juli bis September 1940.

Tötung von Zivilpersonen herausgestrichen, als habe es dies nur bei englischen Angriffen, nie aber bei der Bombardierung Großbritanniens durch die Deutschen gegeben. Kriegspropaganda hat ihre eigene Sprachregelung, und dies ist heute nicht anders. Wachsamkeit war und ist daher immer geboten.

Angesichts der drohenden Invasion in Großbritannien – Hitler hatte Ende Juli tatsächlich die Landung dort auf den 15. September festgelegt, im August aber wieder zurückgestellt[117] – und der Ungewissheit darüber, welche Zerstörungen die deutschen Bombardierungen in unseren Wohnorten angerichtet haben könnten, ist die Sorge unserer Eltern um Hannah und mich nur allzu verständlich. Erhielten sie schon keine Post mehr von uns, so war auch der Kontakt zwischen mir und Ernst eine Zeit lang unterbrochen. Im Nordosten Großbritanniens war im Juni 1940 eine Diphtherieepidemie ausgebrochen, die auch etliche von uns Mädchen im Heim erfasste.[118] Es gab damals noch keine Antibiotika, weshalb die Erkrankung sehr ernst genommen werden musste. Ich verbrachte also längere Zeit auf der Isolierstation des Krankenhauses und war nicht imstande, an Ernst zu schreiben. Außerdem wurde unser Heim derweil aus Sicherheitsgründen von Tynemouth an der englischen Ostküste nach Windermere in das Landesinnere verlegt, und es dauerte natürlich eine Weile, bis dieser Wechsel und meine neue Adresse in der Familie bekannt geworden sind. Man hatte in Großbritannien damals andere Sorgen, als unseren Angehörigen solche Details mitzuteilen. Meine Eltern waren dann aber überglücklich, von Ernst zu erfahren, dass es Hannah und mir nach wie vor gut ging.

Schon als Mutter im Frühjahr vernommen hatte, dass ihre Schwester Liese in York Hannah und mich einladen wollte, war sie darüber sehr froh gewesen. Es bedeutete ihr viel, dass Tante Liese, zu der sie eine enge Beziehung hatte, nach Sicherheit und Wohlergehen ihrer Töchter schauen wollte, zumal ihr selbst dazu die Hände gebunden waren. Im Sommer, nachdem ich aus dem Krankenhaus entlassen worden war, stand das große Ereignis endlich vor der Tür. Ich war in heller Aufregung, warf doch das jetzt bevorstehende Wiedersehen mit Hannah und Tante Liese einen kleinen Hoffnungsschimmer in mein Leben zu jener Zeit, als es so wenig zu hoffen gab. Die Zugfahrt von Windermere, wo ich nun wohnte, schien mir etwas schwierig zu sein, denn ich musste mehrere Bahnlinien unterschiedlicher privater Gesellschaften benutzen. Zum Glück jedoch nahm mich dann ein Mitglied der Jüdischen Gemeinde in Newcastle, welche unser Heim unterhielt, bis dorthin mit. So brauchte ich nicht alleine zweimal in Penrith und Newcastle

---

[117] Overesch (wie Anm. 1) Bd. 2, S. 104 und 106.
[118] Siehe dazu: David (wie Anm. 2) S. 100 ff.

umzusteigen, denn dies hätte ich bei meinen damaligen Englischkenntnissen doch noch als gewisses Wagnis empfunden. Das Zusammensein mit Hannah und Tante Liese aber gab mir wieder Auftrieb. Ich freute mich, Tante Lieses vertrauten Frankfurter Dialekt zu hören, mit dem wir aufgewachsen waren, und ich fühlte mich dabei ganz entspannt. Auch machte es einfach Spaß, über bestimmte Ereignisse zu reden, vor allem über Menschen, die zur Familie gehörten. Dies gab mir trotz der Trennung von meinen Eltern, die nun schon ein Jahr andauerte, die Sicherheit, doch noch eine Familie zu haben.

Ähnlich wie Victor Klemperer in Dresden werden auch meine Eltern in Mannheim jenen Sommer 1940 erlebt haben. Sie wohnten im jüdischen Waisenhaus, hatten vorübergehend ein wenig Erleichterung dadurch, dass während der Schulferien einige Kinder ihre Angehörigen besuchen konnten. Klemperers lebten in zwei Zimmern eines der „Judenhäuser", in die man in Dresden – wie in allen deutschen Städten – die Juden auf engstem Raum zusammengedrängt hatte, um sie besser überwachen zu können und für die Deportation in eines der Konzentrations- bzw. Vernichtungslager parat zu halten. Am 11. Juni 1940 notierte Klemperer: „Trostloser Abend im Judenhaus. Kreidl sen[ior] sagte mir: Wir leben in einer vergangenen Welt. Wir glauben immer noch an Englands Stärke. Es ist schwach; es wird ein ganz kleiner Inselstaat. Italien[119] wird sich mit seiner Luftflotte alles holen, was es will: Wir Juden werden hinterher an die Wand gestellt." Am Nachmittag desselben Tages schöpfte er freilich aus einer Zeitung wieder Mut: „Aus dem Kleingedruckten, Verhüllten und Bagatellisierten glaube ich entnehmen zu können, dass England sich noch längst nicht für besiegt hält und – vor allem – dass ein Eingreifen Amerikas wahrscheinlich scheint. Immerhin durchleben wir qualvollste Zeit."[120] Auf die USA hofften Klemperer und sicher viele mit ihm leider zu früh, denn Präsident Roosevelt hatte amerikanischen Schiffen nach Italiens Kriegseintritt zunächst nur das Anlaufen der Mittelmeerhäfen untersagt, dachte jedoch noch nicht an ein militärisches Eingreifen.[121] Aus dem, was Klemperer den Meldungen zum vermeintlich kurz bevorstehenden deutschen Sieg über Großbritannien entnehmen konnte, machte er sich seinen eigenen Reim. So fiel ihm auf, dass „immer das Fünffache der eigenen Verlustziffer als Einbuße des Feindes angegeben" wurde, die Wehrmacht aber dennoch nicht so recht vorwärts zu kommen schien. Und er stellte fest, dass die angeblich so erfolglosen britischen Flugzeuge täglich immer dichter und weiter nach Deutschland einflogen.

---

[119] Italien war am 10. Juni 1940 an der Seite Deutschlands in den Krieg eingetreten.
[120] Klemperer (wie Anm. 17) Bd. 1, S. 533 f.
[121] Overesch (wie Anm. 1) Bd. 2, S. 90.

Ende August 1940 erlebte er den ersten Fliegeralarm in Dresden.[122]

Die Not wurde für die Juden in Deutschland immer unerträglicher: „Neues Verbot für Juden, den Großen Garten und andere Parks zu betreten. […] Niemand weiß genau, was erlaubt ist, überall fühlt man sich bedroht. Jedes Tier ist freier und rechtlich gesicherter", vertraute Klemperer im Juli seinem Tagebuch an.[123] Die armselige Kleidung, mit der er und andere Juden sich in Ermangelung von Kleiderkarten begnügen mussten, ließ sich nicht mehr kaschieren: „Den ‚guten' Anzug muss ich schonen und laufe buchstäblich ausgefranst, ich könnte höchstens aus der Kleiderkammer der Jüdischen Gemeinde Abgetragenes zu kaufen suchen."[124] Um für 20 Pfennig Zwirn zu kaufen, musste er dort einen Antrag stellen, und längst gab es nur noch Papierkragen ohne Stoffüberzug. Auch sei die Ernährung „in den letzten Wochen furchtbar geworden. Sehr wenig Fleisch, sehr schlecht konserviertes (die geringen Wurstquanten fast ungenießbar), kein Obst, kein Fett, schlechteste Unkunstbutter. Nur sehr viele Eier aus Dänemark."[125] Trostlosigkeit dominierte einfach alles. Alle Versuche Klemperers, um in Übersee erneut seinen Beruf ausüben zu können, waren bisher gescheitert. Gleichwohl gab er einer Bekannten, der man die Ausreise zu ihren Söhnen in die USA gestattet hatte, einen englisch geschriebenen Lebenslauf mit. Die Reise der Frau sollte über Moskau und Japan gehen und kostete sie „den Rest ihres Geldes: 44.000 M." Ihre Tochter, der die Einreise in die Vereinigten Staaten verweigert wurde, hoffte nun auf Shanghai.[126]

Liest man die Tagebuchnotizen Klemperers, der ob des Kriegsverlaufs ständig zwischen Hoffen und Bangen schwankte, so kann man sich vielleicht annähernd ein Bild der Lage machen, in der sich auch meine Eltern damals befunden haben. Die desolate Versorgung, die Verzweiflung und Angst der Eltern, die sie in ihren Briefen nie artikulieren durften und mit denen sie uns Kinder auch nicht belasten wollten, müssen schier unerträglich gewesen sein.

---

[122] Klemperer (wie Anm. 17) Bd. 1, S. 547 f.
[123] Klemperer (wie Anm. 17) Bd. 1, S. 536 f.
[124] Klemperer (wie Anm. 17) Bd. 1, S. 541.
[125] Klemperer (wie Anm. 17) Bd. 1, S. 543 und 549.
[126] Klemperer (wie Anm. 17) Bd. 1, S. 552.

Verschwinden aus Deutschland:

die Deportation nach Südwestfrankreich

Am 29. Oktober 1940 schrieb Reinhard Heydrich, Chef der Sicherheitspolizei und des Sicherheitsdienstes des Reichsführers-SS, folgenden Brief an den SA-Standartenführer und Gesandten Martin Luther im Auswärtigen Amt Berlin: „Der Führer ordnete die Abschiebung der Juden aus Baden über das Elsass und der Juden aus der Pfalz über Lothringen an. Nach Durchführung der Aktion kann ich Ihnen mitteilen, dass aus Baden am 22. und 23. 10. 1940 mit 7 Transportzügen und aus der Pfalz am 22. 10. 1940 mit 2 Transportzügen 6.504 Juden im Einvernehmen mit den örtlichen Dienststellen der Wehrmacht, ohne vorherige Kenntnisgabe an die französischen Behörden, in den unbesetzten Teil Frankreichs über Châlon-sur-Saône gefahren wurden. Die Abschiebung der Juden ist in allen Orten Badens und der Pfalz reibungslos und ohne Zwischenfälle abgewickelt worden. Der Vorgang der Aktion selbst wurde von der Bevölkerung kaum wahrgenommen. Die Erfassung der jüdischen Vermögenswerte sowie ihre treuhänderische Verwaltung und Verwertung erfolgt durch die zuständigen Regierungspräsidenten. In Mischehe lebende Juden wurden von den Transporten ausgenommen.“[127]

Diese von Heydrich als „Abschiebung“ bezeichnete Deportation war bis ins Kleinste vorbereitet worden.[128] Ein entsprechender Erlass des badischen Innenministeriums datierte vom 15. Oktober 1940, war aber bis zum Beginn der Aktion nicht nach außen gedrungen. Beamte der Gestapo und der Ordnungspolizei überbrachten den Betroffenen den Befehl zur Festnahme und setzten ihnen eine Frist – örtlich unterschiedlich zwischen 15 Minuten und einigen Stunden –, innerhalb derer sie zum Abtransport fertig sein mussten. Einem als „geheim“ klassifizierten Merkblatt

---

[127] Abgedruckt in: Wiehn, Erhard R. (Hrsg.): Oktoberdeportation 1940. Die sogenannte „Abschiebung“ der badischen und saarpfälzischen Juden in das französische Internierungslager Gurs und andere Vorstationen von Auschwitz. 50 Jahre danach zum Gedenken. Konstanz 1990, S. 7. Von der Deportation wurden die Juden aus Baden, der Pfalz und dem Saarland, damals „Gau Saarpfalz“ genannt, erfasst. Anders als in Heydrichs Brief wird anderenorts auch die Zahl von 6.538 deportierten Juden genannt.

[128] Vgl. zum Folgenden: Sauer, Paul: Die Deportation der badischen Juden nach Südfrankreich, in: Wiehn (wie Anm. 127) S. 65 ff.

für die bei der Deportation der pfälzischen Juden eingesetzten Beamten sind detaillierte Anweisungen über die hierbei zu beachtenden Richtlinien zu entnehmen.[129] Die Vorschriften für die badischen Beamten dürften nicht anders gewesen sein. Vielen jüdischen Menschen blieb kaum Zeit und Möglichkeit, die ihnen pro Person nur erlaubten 50 Kilogramm Gepäck sowie 100 Reichsmark Bargeld mitzunehmen. Es kam zu Selbstmorden aus Verzweiflung. Nach Ablauf der gesetzten Frist wurden die Verhafteten zu Sammelplätzen in den größeren Städten und von dort per Bahn nach Frankreich gebracht, bis zur Grenze des unbesetzten französischen Gebiets begleitet durch SS-Leute und Gestapobeamte.

In erster Linie dürfte diese Deportation auf den Übereifer der zuständigen NS-Gauleiter Josef Bürckel (Saarpfalz) und Robert Wagner (Baden) zurückzuführen gewesen sein, welche den Ehrgeiz hatten, ihren jeweiligen Zuständigkeitsbereich baldmöglichst dem „Führer" als – wie es im Jargon der NS-Rassisten hieß – „judenrein" melden zu können. Beiden war nach der Eroberung Frankreichs die Zivilverwaltung für Lothringen und das Elsass übertragen worden, wobei sie bereits Erfahrung gesammelt hatten mit der Deportation einer großen Zahl von Juden und anderen missliebigen Franzosen aus diesen Gebieten in das französische Landesinnere. In einer gemeinsamen Aktion dehnten sie ihr Vorgehen sodann auf die in der Pfalz, dem Saarland und in Baden lebenden Juden aus. Es war dies die erste großflächige Massendeportation aus Deutschland und zugleich ein Probelauf hinsichtlich der Reaktionsweise der nicht-jüdischen deutschen Bevölkerung. Sie reagierte offensichtlich überwiegend mit Gleichgültigkeit.

Aus Mannheim wurden am 22. Oktober 1940 insgesamt 1.972 jüdische Menschen zum Abtransport gezwungen, von Säuglingen bis hin zu alten, gebrechlichen und kranken Menschen.[130] Unter ihnen waren auch meine Eltern, meine jüngeren Geschwister Michael und Feodora sowie die etwa 15 Kinder des Waisenhauses, von denen ich viele kannte. Vielleicht hatten meine Eltern eine Vorahnung gehabt, dass ihr Verbleib in der Stadt nicht von Dauer sein würde. In Mannheim war zumindest nicht verborgen geblieben, dass im Februar 1940 Juden aus der Stettiner Gegend nach dem Osten deportiert worden waren. Und im Lauf des Oktober hatte sich in der Jüdischen Gemeinde das Gerücht verbreitet, dass etwas gegen die Juden geplant sei. Genaueres wusste aber wohl niemand.

---

[129] Abgedruckt in: Wiehn (wie Anm. 127) S. 597 f.

[130] Einige der folgenden Informationen sind den Berichten der beiden überlebenden Mannheimer Oskar Althausen und Dr. Eugen Neter entnommen, in: Wiehn (wie Anm. 127) S. 343 ff. und 375 ff.; das Mahnmalprojekt für Baden geht von 1.983 aus Mannheim deportierten Menschen aus (siehe: www.mahnmal-projekt.de/geschichte/orte.html).

Am frühen Morgen jenes Oktobertages wurde den Mannheimer Juden eine Frist von ein bis zwei Stunden gesetzt, um schnell noch etwas zusammenzupacken: pro Person ein einziges Gepäckstück mit Kleidung, einer Decke, Verpflegung für mehrere Tage, Ess- und Trinkgeschirr und – wie gesagt – maximal 100 Reichsmark. Alles andere musste zurückgelassen werden. Sodann wurden sie zu Sammelpunkten in der Stadt gebracht, etwa zu Schulen, wo nochmals ihre Personalien aufgenommen wurden. Die deutsche Bürokratie arbeitete gründlich, auch bei Deportationen. Mein Bruder Michael erinnert sich, dass er mit unseren Eltern und vielen anderen noch eine Nacht in einem großen Gebäude verbringen musste und sie erst am nächsten Tag den Zug bestiegen. Das Ziel ihrer „Reise", die damals in Personenwagen erfolgte und nicht, wie sonst bei Deportationen meist üblich, in Viehwaggons, war ihnen unbekannt. Sicher werden viele befürchtet haben, es gehe in den Osten, denn Überlebende haben immer von ihrem Erstaunen darüber berichtet, dass sie sich plötzlich in Frankreich befanden und das mitgeführte Geld in Francs umgetauscht wurde. Die Fahrt dauerte drei Tage und zwei Nächte, bis die Opfer den Bahnhof von Oloron Sainte Marie erreichten. Dort wurden die völlig erschöpften Menschen auf Lastwagen verladen und an ihren Bestimmungsort gebracht.

Die Geheimhaltung der Aktion hatte nicht nur gegenüber den Ausgewiesenen optimal funktioniert. Auch Frankreich wurde von der Ankunft der Transporte völlig überrascht. Bei Ankunft der Züge in Lyon wurde zunächst vermutet, es handele sich um ausgewiesene Franzosen aus dem von Deutschland besetzten Osten Frankreichs. Als sich herausstellte, um wen es sich bei den Deportierten tatsächlich handelte, protestierten die Franzosen heftig und verlangten eine Rücknahme der menschlichen Fracht. Aber Deutschland überließ dem besiegten Feindland das weitere Schicksal der Juden, die daraufhin nach Gurs verbracht wurden, einem kleinen Ort im Südwesten am Fuß der Pyrenäen.[131]

---

[131] Die Überraschung Frankreichs spiegelt sich in einem Telegramm vom 28. Oktober 1940 wider, nach dem die französische Abordnung in der Waffenstillstandskommission um Aufklärung über den Vorgang bat; abgedruckt in: Wiehn (wie Anm. 127) S. 607.

T e l e g r a m m
(Offener Text)

dFriedens HWIX, den 28. Oktober 1940 - 19.10 Uhr
Ankunft: " 28. " " - 20.45 "

Nr. 207 vom 28.10.   C I T O

 Französische Abordnung mitteilt mit Note, dass
Züge, davon 2 aus Mannheim, die übrigen aus Karlsruhe,
mit 6000 Deutschen und anderen Staatsangehörigen am 23. und
24. Oktober in Lyon eingetroffen. Züge waren durch die Reichs
bahndienststellen als Transporte Ausgewiesener angemeldet
worden, worauf die französische Eisenbahndienststelle in
Macon im Glauben, es handle sich um ausgewiesene Franzosen
aus den französischen Ostgebieten, die Züge angenommen hätten.
 Die Reichsregierung habe der französischen Regierung
über die Transporte keine vorherige Mitteilung gemacht. Für
eine vorläufige Unterbringung dieser Ausländer wäre daher auch
keine Vorsorge getroffen worden. Gerüchtweise verlaute, dass
es sich um einen Transport von Juden nach Portugal handle.
 Französische Abordnung bittet im Auftrage ihrer Regierung um umgehende Auskunft, welches endgültige Reiseziel die
Reichsregierung für diese Ausgewiesenen vorgesehen habe.
 Erbitte Mitteilung über Sachverhalt und Weisung, wie
französische Abordnung zu bescheiden ist.

         Welch

vorgelegt in ...
und eingegangen ...
.... (A.u.St)
2 . R.A.M.
3 . St.S.
4 . Chef AO.
5 . U.S.A.M.
6 . Leiter Abt. Pol.
7 . " " Recht
8 . " " Pers.
9 . " " W.
10 . " " Kult.
11 . " " Presse
12 . " " Prot.
" " " Rechl

K204455

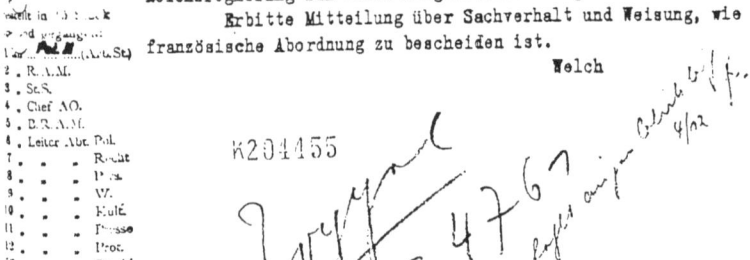

Protesttelegramm der Regierung von Südfrankreich gegen die Deportation der Juden aus Baden, der Pfalz und dem Saarland.

DAS LAGER GURS

Das Internierungslager Gurs[132], nicht weit vom gleichnamigen Ort entfernt, war im März/April 1939 als eines jener Lager errichtet worden, die nach dem Ende des Spanischen Bürgerkrieges Flüchtlinge von dort und vormalige Kämpfer aus den Reihen der Internationalen Brigaden aufnehmen sollten. Auf einem Areal von knapp 80 Hektar waren beiderseits einer etwa zwei Kilometer langen geteerten Straße 382 einfache Holzbaracken errichtet worden, unterteilt in 13 durch hohen Stacheldrahtzaun streng voneinander getrennte Barackenblocks, die sogenannten Ilots. Das Lagergelände lag in einer breiten Talsenke. Da es häufig regnete, verwandelte sich der Lehmboden dort oft in ein kaum noch begehbares Matschfeld. Die dünnen Holzwände der als Provisorium für wenige Monate gedachten Baracken und ihre nur mit Teerpappe bedeckten Dächer waren für den Aufenthalt im Winter völlig ungeeignet. Einrichtungsgegenstände gab es in den Baracken nicht. Zur Zeit der erwähnten Deportation aus Südwestdeutschland befanden sich noch immer spanische Flüchtlinge im Lager, die nicht in ihre Heimat hatten zurückkehren können und die in Frankreich keine Arbeit fanden. Nach der Besetzung Nordfrankreichs waren zudem viele Juden, welche vor den Nazis aus unterschiedlichen Ländern dorthin geflohen waren, aufgegriffen und in den Süden abgeschoben worden. Auch sie hatte die Vichy-Regierung in Gurs und anderen Lagern interniert.

---

[132] Zum Lager Gurs siehe: Bullinger, Thomas (Hrsg.): Gurs: ein Internierungslager in Südfrankreich 1939-1943. Zeichnungen, Aquarelle, Fotographien. Hamburg 1993; Mittag, Gabriele: „Es gibt Verdammte nur in Gurs". Literatur, Kultur und Alltag in einem südfranzösischen Internierungslager. 1940-1942. Tübingen 1996; Dies. (Hrsg.): Gurs. Deutsche Emigrantinnen im französischen Exil. Berlin 1991; Obst, Johannes: Gurs. Deportation und Schicksal der badischen – pfälzischen Juden 1940-1945. Hemsbach 1986; Philipp, Michael (Hrsg.): Gurs. Ein Internierungslager in Südfrankreich 1939-1943. Literarische Zeugnisse, Briefe, Berichte. 2. Aufl. Hamburg 1993; Schramm, Hanna: Menschen in Gurs. Erinnerungen an ein französisches Internierungslager (1940-1941). Mit einem dokumentarischen Beitrag zur französischen Emigrantenpolitik (1933-1944) von Barbara Vormeier (Schriftenreihe: Deutsches Exil 1933-45, Bd. 13). Worms 1977; Landeszentrale für politische Bildung Rheinland-Pfalz (Hrsg.): Das Lager Gurs. Französische und deutsche Perspektiven. Begleitheft zur Ausstellung in der Gedenkstätte KZ Osthofen März/April 2007. Alzey 2007; Stadt Mannheim und Stadtjugendring Mannheim (Hrsg.): Gurs 1170 km. Zur Deportation der badischen und pfälzischen Jüdinnen und Juden nach Gurs. Ausstellungs- und Projektdokumentation der Gruppe „Souvenir de Gurs". Mannheim 2006.

Als der Transport mit meinen Eltern und Geschwistern am Abend des 25. Oktober 1940 in Gurs eintraf, regnete es, und die Opfer mussten durchnässt und frierend ihre Baracken beziehen, deren Boden oft noch nicht einmal mit Stroh bedeckt war.[133] Das Gepäck, gesondert aus Oloron gebracht und im Freien zwischengelagert, gelangte vielfach erst nach Wochen an die Besitzer. Vieles davon war inzwischen unbrauchbar geworden. Männer und ältere Söhne wurden in Männer-Ilots, Frauen und jüngere Kinder von ihnen getrennt untergebracht. Die Familien wurden also auseinander gerissen. Nur innerhalb des eigenen Blocks, von französischen Posten bewacht, konnte man sich frei bewegen. Die wenigen Passierscheine, welche die französische Lagerverwaltung jedem Ilot zugestand, reichten bei weitem nicht aus, um Familienmitglieder in anderen Barackenblocks regelmäßig zu besuchen. Die Atmosphäre in den dunklen, nur mit Klappluken versehenen Unterkünften war bedrückend. Eine Möglichkeit, sich zurückzuziehen, gab es nicht. Alle lebten dicht zusammengedrängt, der Platz reichte gerade zum Liegen oder um in gekauerter Haltung unter den schrägen Wänden der Baracken zu sitzen. Ein Großteil der Juden aus Baden, der Pfalz und dem Saarland, die man in Gurs gefangen hielt, war über 60 Jahre alt und oft gesundheitlich nicht in der Lage, mit dieser Situation zurechtzukommen.

Erschwerend kam hinzu, dass die sanitären Verhältnisse und die Versorgung mit Nahrungsmitteln sowie mit Medikamenten völlig unzureichend waren. Jedes Ilot hatte nur eine einzige Latrine, in der Art eines Hochstandes mit Tonnen darunter und durch dürftige Bretterverschläge abgetrennt. Sie zu erklimmen fiel alten und kranken Menschen sehr schwer, insbesondere wenn der schlammige Untergrund das Gehen fast unmöglich machte. Die Menschen schämten sich außerdem zutiefst, hier ihre Notdurft verrichten zu müssen. In den im Freien stehenden, lediglich primitiv überdachten Küchen, die zu jedem Barackenblock gehörten, fehlte es an den wichtigsten Gerätschaften und auch an Brennmaterial. Ratten, Läuse und anderes Ungeziefer plagten die Menschen immens. Mehr als 600 Deportierte starben allein in den ersten drei Monaten. Eine ruhrartige Darmerkrankung, Hungerödeme, die rasche Verschlimmerung bereits vorhandener Erkrankungen, aber auch ein gebrochener Lebenswille trugen zu diesem schnellen Massensterben bei. Viele alte und gebrechliche Menschen blieben im

---

[133] Siehe zum Folgenden die Zeitzeugenberichte von Althausen und Neter, in: Wiehn (wie Anm. 127); siehe ebenso die Schilderung des Lebens im Lager Gurs von Hanna Schramm (wie Anm. 132) S. 64-137. Hanna Schramm gehörte zu jenen deutschen Emigrantinnen in Frankreich, welche bereits im Juni 1940 verhaftet und nach Gurs verbracht worden waren. Kurz nach der Ankunft der Badener Juden wurde sie zur Leiterin eines Frauen-Ilot in der Selbstverwaltung des Lagers gewählt.

Schlamm stecken, stolperten, brachen sich ein Bein, ohne dann medizinisch versorgt zu werden. Berichte der wenigen Lagerbewohner, welche jene Zeit überlebten, sowie erhalten gebliebene Briefe – Hilferufen gleich – führen uns die ungeheure Not im Lager Gurs drastisch vor Augen.[134]

Aus Gurs besitze ich keine Briefe meiner Eltern. Sicher werden sie versucht haben, auch von dort zu schreiben, aber meiner Erinnerung nach hat mich kein Brief erreicht.[135] Aus Vichy-Frankreich nach England, in die USA und nach Argentinien zu schreiben, war mit Einschränkungen möglich. Meine Eltern werden, in Gurs mit Michael und Feo sowie den Waisenkindern angekommen, mehr als genug Sorgen und Nöte auszustehen gehabt haben. Mein Bruder Michael erinnert sich noch heute an seine Angst während der ganzen Fahrt, dass einer aus seiner vertrauten Gruppe verschwinden könnte. Auch die Kälte und Nässe, der Schmutz, der fürchterliche Schlamm, der ständige Hunger sind ihm noch allzu präsent. Da es Vater nicht gut ging, schickte Mutter meinen Bruder zu ihm, um ihn zu unterstützen. Gurs war gewiss kein Ort, von dem aus Briefe mühelos in die Welt gehen konnten. Wahrscheinlich hatten die Eltern, so unerwartet mit einer völlig neuen und extremen Lebenssituation konfrontiert, zunächst an Ernst und Werner oder Verwandte in Übersee geschrieben, ihnen ihre Lage mitgeteilt und sie um Hilfe gebeten. Was hätten wir jüngeren Kinder in England auch schon für sie tun können? Es kann auch sein, dass die Lagerzensur den Versand mancher elterlichen Briefe verhindert hat oder diese auf dem Postweg verloren gegangen sind. Darüber kann ich heute nur spekulieren.

Die menschenunwürdigen Zustände in Gurs riefen bald etliche Hilfsorganisationen auf den Plan, die sich um eine Verbesserung bemühten.[136] Ihre besondere Sorge galt den Kindern. Bis zum 14. Lebensjahr blieben diese bei ihren Müttern in den Frauenbaracken, danach wurden die Söhne bei den Vätern untergebracht. Zweifellos hatten das bedrückende Barackenleben auf engstem Raum, der dauernde Anblick von Kranken und Sterbenden sowie auch die Haltlosigkeit, in die etliche Internierte durch die grauenvollen Umstände verfielen, auf Kinder keine

---

[134] Siehe die entsprechenden Belege in: Wiehn (wie Anm. 127). Insbesondere die Juden in Südbaden hatten oft freundschaftliche oder verwandtschaftliche Beziehungen in die neutrale Schweiz, schrieben Briefe dorthin und erhielten dadurch Unterstützung durch schweizerische Hilfsorganisationen. Etliche dieser Schreiben sind erhalten.

[135] Viele Jahrzehnte war es mir nicht möglich, die Briefe meiner Eltern zu lesen. Für das Buch über meine Kindheits- und Jugenderinnerungen (wie Anm. 2) habe ich einige durchgesehen. Bei dessen Abfassung ist mir der Fehler unterlaufen, die ersten aus Frankreich erhaltenen Briefe dem Lager Gurs zuzuordnen. Tatsächlich kamen sie aber aus dem Lager Rivesaltes, in das meine Eltern 1941 von Gurs aus verlegt wurden.

[136] Siehe: Neter, in: Wiehn (wie Anm. 127) S. 397 f.

guten Auswirkungen. Die Selbstverwaltung der Internierten versuchte daher schon sehr bald, unterstützt durch die Hilfswerke, den Kindern trotz widrigster Bedingungen ein Minimum an Beschäftigung und Unterricht zu ermöglichen. Bereits im ersten Winter richtete man zu diesem Zweck in den Ilots Kinderbaracken ein, mit Kindergärten für die jüngeren und Schulen für die älteren Kinder.[137] Wenn es um Kinder ging, waren die Franzosen in jener frühen Internierungsphase noch bereit, gewisse Erleichterungen zu genehmigen. Bänke, Tische und Material wurden von den Hilfsorganisationen gestiftet, auch Öfen und eine ausreichende Brennholzzuteilung gab es. Zudem konnten die Kinder hier schlafen. Wenn auch Papier und Schreibzeug vorhanden waren, so fehlten doch Schulbücher und sonstige Lehrmittel. Dennoch verstanden es hoch qualifizierte Lehrerinnen aus den Reihen der Internierten, die Kinder mit ihren Lernangeboten zu begeistern und ihre Wissbegier anzuregen.[138] Auch meine Mutter erteilte in Gurs Unterricht, wie mein Bruder Michael bestätigt. Sie selbst berichtete in einem späteren Brief aus Rivesaltes davon, dass die Kinder in Gurs gerne lernten.

Es war darüber hinaus möglich, die Kinder mit zusätzlicher Nahrung zu versorgen und sie gemeinsam zur Baracke des Secours Suisse, des Schweizer Hilfswerks, zum Milchtrinken zu führen. Manchmal durften die Kinder, die sich im Lager freier bewegen konnten als die Erwachsenen, in betreuten Gruppen sogar außerhalb der Lagerumzäunung spielen. Neben der Lieferung von Nahrungsmitteln zur Aufbesserung der unzureichenden Lagerkost sowie vielfältigen anderen Maßnahmen zur Erleichterung des Lagerlebens versuchten die Hilfsorganisationen zudem immer wieder, Kinder aus dem Lager herauszuholen und sie in Kinderheimen oder bei Familien in Sicherheit zu bringen. Zu nennen sind hier unter anderen die Quäker und das speziell um das Wohl der jüngsten Lagerbewohner bemühte jüdische Kinderhilfswerk O.S.E. (Œuvre de Secours aux Enfants).[139] Schon im Dezember 1940 hatte eine Delegation der Quäker aus Toulouse in Gurs ihre Arbeit aufgenommen, unter ihnen die Norwegerin Alice Resch (später: Resch Synnestvedt) und die Dänin Helga Holbek.

---

[137] Siehe dazu: Wiehn (wie Anm. 127) S. 288 ff.; Alice Resch Synnestvedt: Over the Highest Mountains: A Memoir of Unexpected Heroism in France during World War II. Pasadena 2005, S. 98.

[138] Siehe: Schramm (wie Anm. 132) S. 115 f.

[139] Die O.S.E. arbeitete bereits lange vor dem Krieg als französische jüdische Wohlfahrtsorganisation, welche sich vor allem um Familien und Kinder kümmerte. Sie besteht heute noch. Zur Arbeit damals und heute siehe: http://www.ose-france.org.

Alice Resch, Harriet Marple (hintere Reihe von links nach rechts), Ima Lieven, Helga Holbek, Toot Bleuland van Oordt (vordere Reihe von links nach rechts) in Toulouse 1940.

Gemeinsam mit Andrée Salomon, der Leiterin des O.S.E.-Sozialdienstes in Frankreich, gelang es ihnen, dass am 26. Februar 1941 eine große Gruppe von 48 Kindern, zu denen auch mein Bruder Michael gehörte, das Lager verlassen konnte. Dies ging natürlich nicht ohne Einwilligung der französischen Behörden. Ein großer Stapel Formulare für unterschiedliche Stellen in Pau, Toulouse und Vichy hatte ausgefüllt werden müssen, bis die Abreise der Kinder gesichert war.[140] Der Transport mit lagereigenen Lastwagen zum Bahnhof Oloron und von dort mit dem Zug nach Aspet erfolgte mit Einverständnis der Lagerleitung und der Präfekten der Départements Basses-Pyrénées und Haute-Garonne, lag aber in ausdrücklicher Verantwortung der O.S.E., wie der Lagerleiter schriftlich vermerkte. Eigentlich hatten aus Gurs 50 Kinder abreisen sollen, doch acht von ihnen waren wieder von der Liste gestrichen worden. Wahrscheinlich hatten die Eltern in letzter Minute davor zurückgeschreckt, sie allein gehen zu lassen. Sechs anderen Kindern wurde dadurch aber die Möglichkeit eröffnet, mitzufahren.

Es war ein tränenreicher Abschied. Die Eltern hatten Angst, ihre Kinder ziehen

---

[140] Siehe dazu und zum Folgenden: Resch Synnestvedt (wie Anm. 137) S. 100-104.

SÛRETÉ NATIONALE
CAMP DE GURS
(B Pyrénées)

DIRECTION
n° 7404.

Note de service.

Par application des dispositions de la note du 21 février 1941 de M. le Préfet des Basses-Pyrénées (Ière Division - Service des Etrangers),

Les cinquante enfants hébergés au Camp de Gurs dont les noms suivent :

N o m et prénoms	date et lieu de naissance	nationalité
1°) A D L E R , Erich	MANNHEIM 9 janvier 1928	allemande
2°) A D L E R , Martha	MANNHEIM 4 juillet 1935	allemande
3°) A D L E R , Richard	MANNHEIM 4 juillet 1935	allemande
4°) A D L E R , Siegfried	MANNHEIM 28 septembre 1928	allemande
5°) BASNICKI,Georg-Ferdinand	PIRMASENS 5 juin 1928	allemande
6°) B A U E R , Lore	STRUMPELBRUNN 22.10.1935	allemande
7°) B E E R M A N N ,Ruth	SCHWETZINGEN 3 février 1927	apatride
8°) B E R N E R , Nathan	BURGPRESSPACH 18.9.1927	allemande
9°) BODENHEIMER,Selina	GAILINGEN 29 octobre 1933	allemande
10°) D A F N E R , Herta	MANNHEIM 6 septembre 1930	allemande
11°) D A F N E R , Maria	PARIS 8 janvier 1937	française
12°) ECKSTEIN, Martin	WEINHEIM 15 août 1929	allemande
13°) E L K A N , Trude	SPEYER 7 décembre 1928	allemande
14°) FERNICH,Marion-Friedel	FRANKFURT/Main 7.I.1931	allemande
15°) GOLDSCHMIDT,Heinz	KARLSRUHE 29 octobre 1929	allemande
16°) H A B E R E R ,Renate	OFFENBURG 23 décembre 1933	allemande
17°) HAMBURGER,Ruth-Regina	HEIDELBERG 13 janvier 1930	allemande
18°) HAUSZMANN,Günther	KIRCHHEIM 5 novembre 1928	allemande
19°) HAUSZMANN, Karl	KIRCHHEIM 19 mars 1933	allemande
20°) H E R Z , Eva-Ruth	MANNHEIM 25 juin 1935	allemande
21°) H E R Z E ,Hedwig	KAISERSLAUTERN 23.X.1930	allemande
22°) H E S S , Rolf	FRANKFURT 12 novembre 1934	allemande
23°) JANKELEVICZ, Jerme	Pologne 16 décembre 1927	polonaise
24°) JANKELEVICZ,Margot	Pologne 16 décembre 1927	polonaise

Liste der 50 Kinder, die für die Abreise von Gurs in das Maison des Pupilles in Aspet vorgesehen waren, unter ihnen mein Bruder Michael - Nr. 38.

Note de service no 7404 du 20 février 1...
(transfèrement à la Maison des Pupilles
d'ASPET de cinquante enfants hébergés
au Camp de Gurs)

3 ème feuille

No m et prénoms	date et lieu de naissance	nationalité
KALLMANN, Max-Erich	MANNHEIM 20 novembre 1929	allemande
KALLMANN, Ruth	MANNHEIM 9 juin 1936	allemande
27°) KRICKL, Leopold	STRASSBOURG 27 novembre 1930	française
28°) MARX, Herbert	KARLSRUHE 12 mai 1934	allemande
29°) LAURER, Hjalmar	SAARBRUCKEN 9 avril 1934	allemande
30°) MAYER, Heinz	HOFFENHEIM 17 mars 1932	allemande
31°) MAYER, Manfred	HOFFENHEIM 6 février 1929	allemande
32°) MOBES, Hanna	KARLSRUHE 30 septembre 1927	allemande
33°) MOSES, Suse	KARLSRUHE 11 avril 1929	allemande
34°) LANDAU, Carl Leopold	PFORZHEIM 19 mai 1928	allemande
35°) LEVY, Suse	RASTATT 5 juillet 1927	allemande
36°) LEVIE, Hans	SAARVELLINGEN 13.9.1929	allemande
37°) LEVIE, Paul	SAARVELLINGEN 24.8.1928	allemande
38°) OPPENHEIMER, Michael	DARMSTADT 16 mars 1930	allemande
39°) REINHOLD, Henny	LUDWIGSHAFEN 13 juillet 28	polonaise
40°) REINHOLD, Ruth	MULHOUSE 21 avril 1931	allemande
41°) ROSENBERG, Leo	BRUCHSAL 19 décembre 1932	allemande
42°) SCHILLER, Hugo	WURZBURG 18 août 1931	allemande
43°) SONDHEIMER, Leonore-Therese	WORMS 24 mai 1929	allemande
44°) STEIN, Alfred	SCHWETZINGEN 4 janvier 33	allemande
45°) STERN, Beate	LAUTERBACH 8 octobre 1932	allemande
46°) STERN, Suse	FULDA 22 septembre 1935	allemande
47°) WALLENSTEIN, Horst	MANNHEIM 11 avril 1933	allemande
48°) WEILHEIMER, Ernst	LUDWIGSHAFEN 11.12.1935	allemande
49°) WEILHEIMER, Richard	LUDWIGSHAFEN 21.11.1931	allemande
50°) WEISSMANN, Ilse	MANNHEIM 14 mars 1927	allemande

seront dirigés, avec le consentement de leurs parents, sur la
" MAISON DES PUPILLES " à ASPET (Haute-Garonne).

Die geretteten Kinder in Aspet 1942. Mein Bruder Michael steht in der hinteren Reihe, 2. von links, vor dem größeren Jungen.

Die geretteten Jungen in Aspet 1942. Mein Bruder Michael steht hier in der oberen Reihe, 4. von rechts.

Die geretteten Kinder in Aspet 1942. Mein Bruder Michael steht in der hinteren Reihe, 2. von links. Hintere Reihe auch: Henri Couvot, der Leiter des Waisenhauses.

Die Jungen in Aspet 1942. Meinen Bruder Michael sieht man hier in der hinteren Reihe, 4 von links, vor dem größten Jungen.

zu lassen, auch wenn sie wussten, das es für diese das Beste war. Viele Kinder glaubten, dass ihre Eltern sie nicht mehr haben wollten. Auch meinem Bruder fiel der Abschied von den Eltern und von Feo sehr schwer, aber sie versicherten ihm, dass er im Heim wesentlich mehr zu essen haben würde als im Lager. Zweifellos hatten auch unsere Eltern sich zu diesem Schritt regelrecht überwinden müssen. Doch sie wollten, dass Michael endlich ein richtiges Dach über dem Kopf hatte und gut versorgt würde. Dass dies ein Abschied für immer sein sollte, konnte damals niemand ahnen.

Andrée Salomon begleitete die Kinder in das Waisenhaus mit dem Namen Maison des Pupilles de la Nation in der Gemeinde Aspet, südwestlich von Toulouse. Als Gegenleistung für die Aufnahme dieser Kinder übernahmen die Quäker in jenen Jahren, in denen in Frankreich die Lebensmittel knapp waren, die Versorgung sowohl der Neuankömmlinge als auch der bereits dort wohnenden französischen Kinder. Noch konnte keines der Kinder aus Gurs ein einziges Wort Französisch und der Leiter des Waisenhauses, Henri Couvot, sprach kein Deutsch. Angesichts der großen Verantwortung für so viele neue Kinder bat er die Quäker in Toulouse um Hilfe, und diese sandten Alice Resch für die nächsten Monate. In ihrer Erinnerung war dies eine sehr bereichernde Zeit für sie und die Kinder sind ihr rasch ans Herz gewachsen. Jeden Abend ging sie von Bett zu Bett und nahm sich Zeit, mit jedem Kind zu sprechen. Sie erfuhr von den unbegreiflichen Tragödien, welche sich tief in die Seelen der Kinder eingegraben hatten, und von ihrer Angst um die Eltern, die im Lager weiter hungern und darben mussten. Die Briefe der Eltern nach Aspet klangen immer optimistisch, aber diese Kinder trauten dem nicht, kannten sie doch die bittere Realität von Gurs aus eigener Erfahrung. Eines Tages versteckten sie zur Verwunderung der Franzosen einen Brotlaib, doch nicht, um ihn selbst zu essen, sondern um ihn ins Lager zu schicken.

Da in der kleinen Dorfschule kein Platz für so viele Kinder zusätzlich war, richtete Alice Resch im Heim eine Behelfsschule ein. Schon bald begannen die Kinder, Französisch zu sprechen. Auch Englisch brachte sie ihnen bei. Bis zum Besuch einer französischen Schule sollte noch einige Zeit verstreichen. Als Alice Resch aus Aspet abberufen wurde, schickten die Kinder ihr sogleich einen Brief. Auch warteten sie immer sehnsüchtig auf ihre Besuche. Sie blieben mit ihrer Retterin in Kontakt, bis diese 99jährig im Juni 2007 in Dänemark verstarb.

Wenn auch die Unterbringung im Heim das Leben der Kinder sehr erleichterte, so bedeutete dies längst nicht, dass sie in der vorerst noch unbesetzten französischen Südzone in Sicherheit gewesen wären. Nachdem die Vichy-Regierung ohne Not den Deutschen im Juli 1942 die Zusage gegeben hatte, die Deportation der

Vos enfants d'Aspet:

Richard Adler — Martha Adler
Egon ♡ — Lore Baum
Renate Haber — Gertar Dafner
Ruth Reinhold, Hedi Horge Marion Jornich Heinz Mayer
Richard Wilhelm, Alfred Stein, Horst Wallerstein
Leopold Knühl, Leo Rosenberg Halmar Mauren
Viktor Friedmann Bernhard Lion Serge Schiller Kurt Walker
Herbert Meer Rolf Blüch
Hanna Moser, Hans Hanauer, Heinz Goldschmidt,
Ruth Beermann, Henri Reinhold, Max Hallmann
Hans Levi Siegfried Adler Germaine Jankielewicz
Paul Lewin Martin Echstein. Heinz Mayer
Michael Oppenheimer Günter Haußmann Walter Kirchheimer
Manfred Mayer Ruth Kaltmann Luse Moses Ruth Hamburger
Maria Dafner Carl Landau Trudel Elkan Georg Basniegki
Ernst Wertheimer

Lundi, le 21 juillet 1941

Chère Miss Resch

Nous tous, nous pensons souvent à vous. Mais dimanche
dernier, nous avons fait une minute de silence, pour vous en-
voyer, tous ensemble, en même temps, nos pensées affectueuses.
Il était juste onze heures! Les avez-vous senties, ces pensées? Nous
savons que vous ne nous oublier pas et espérons toujours que nous
viendrons un jour vous dire bonjour. Quelle joie, ce jour là! Vous
voyez que nous savons déjà un peu de français, mais pas assez
encore, pour vous écrire une longue lettre, ni même cette courte,
sans être aidés. Aussi, comme nous avons beaucoup à vous
raconter, nous l'avons fait en allemand, et nous envoyons ces
deux lettres en même temps. Merci pour tout ce que vous avez
fait pour nous. Quarante-six petits cœurs battent pour vous et
pour Miss Holbek à qui nous devons tant.

Brief der nach Aspet geretteten Kinder an „Miss Resch" vom 21. Juli 1941 (mit allen Unterschriften).

ausländischen Juden aus Südfrankreich vorzubereiten, holte die französische Polizei viele jüdische Kinder aus jenen Heimen heraus und schickte sie wieder zurück in die Lager, von wo sie deportiert werden sollten. Auch nach Aspet kamen eines Tages französische Gendarmen, holten 15 Kinder ab und brachten sie zu ihren Eltern in das Lager Rivesaltes. Mit viel Mühe gelang es Helga Holbek, der Leiterin des Quäker-Büros in Toulouse, die Kinder dort wieder herauszuholen.[141] Noch gefährlicher wurde es für die nun an allen möglichen Orten versteckten Kinder, als die Wehrmacht im November 1942 auch die Südzone besetzte. Viele Heime wurden damals von den Hilfsorganisationen verlegt, um die Kinder vor dem drohenden Zugriff zu schützen.

Der Aufenthalt der Kinder in Aspet war dem Präfekten von Toulouse bekannt. Noch dazu war in ihren Papieren das Wort „Jude" rot eingestempelt, was in manchen anderen Heimen hatte vermieden werden können. Nach und nach schmuggelten die Quäker Anfang 1943 die jüdischen Kinder aus Aspet heraus und brachten sie in anderen Heimen unter. Dem Präfekten gegenüber behaupteten sie, Aspet läge ihnen zu weit von Toulouse entfernt, und so erstellten sie für ihn auch

---

[141] Resch Synnestvedt (wie Anm. 137) S. 116.

zum Schein eine Liste von Personen, die bereit gewesen seien, die Kinder privat aufzunehmen. Darüber hinaus mussten diese mit französischen Papieren und Bezugskarten versehen werden, um ihre Herkunft zu verschleiern.[142] Die neuen Identitäten der Kinder trugen die gleichen Anfangsbuchstaben wie ihre ursprünglichen. Aus Michael Oppenheimer wurde so eine Zeit lang Michel Olivier.

Am 22. Oktober 1940, dem Tag des Verschwindens meiner Eltern und Geschwister aus Mannheim, meldeten die Wehrmachtberichte die erfolgreiche Fortsetzung der Bombardierung Londons sowie weiterer englischer Städte.[143] Während meine Liebsten und mit ihnen Tausende andere in den nächsten Monaten im Lager Gurs litten, ließ die Wehrmacht tagtäglich in Rundfunk und Presse ihre Erfolge bejubeln, nun auch mit italienischen Luftstreitkräften an ihrer Seite. Zweifellos waren die Angriffe auf England von beängstigender Zerstörungskraft. Allein im Oktober jenes Jahres waren 783 Luftangriffe gegen die britischen Inseln geflogen worden, davon mehr als 300 auf London. Rund 15.000 zivile Todesopfer seit Beginn des Luftkriegs gegen Großbritannien und noch weit mehr Verletzte waren damals schon zu beklagen.[144] Mitte November 1940 wurde die Industriestadt Coventry in Mittelengland durch deutsche Luftangriffe über Nacht weitgehend zerstört, einschließlich ihrer alten gotischen Kathedrale. Die Angst vor den deutschen Flugzeugen, mehr noch aber vor einer deutschen Invasion war unser täglicher Begleiter im Heim. Der zusammenfassende Wehrmachtbericht über das zweite Halbjahr 1940 begann mit den Worten „Das Kriegsjahr 1940 war ein Jahr deutscher Siege" und kündigte „tödliche Schläge gegen England" an.[145] Angesichts dieser brisanten Lage hatte der britische Premierminister Winston Churchill im Dezember 1940 ein Memorandum an den amerikanischen Präsidenten Franklin D. Roosevelt gerichtet, in dem er auf die U-Boot-Gefahr und die in seinem Land dringend benötigten Einfuhren hinwies. Roosevelts im Januar des Folgejahres an die Adresse der Demokratien gerichtete Botschaft sicherte die Sendung von Schiffen, Flugzeugen, Panzern und Geschützen in stetig wachsender Zahl zu, um die Freiheit der Welt wiederzugewinnen und zu bewahren.[146]

Victor Klemperer wusste vom Hörensagen, dass Juden aus Deutschland nach

---

[142] Resch Synnestvedt (wie Anm. 137) S. 143 und 196.

[143] Wehrmachtberichte (wie Anm. 16) Bd. 1, S. 338 f.

[144] Overesch (wie Anm. 1) Bd. 2, S. 126. Entgegen der Nazi-Propaganda der Wehrmachtberichte, welche die feindlichen Verluste immer größer hinstellte als die eigenen, nennt Overesch 1.733 deutsche und nur 915 britische abgeschossene Flugzeuge seit Beginn der Luftschlacht um England.

[145] Wehrmachtberichte (wie Anm. 16) Bd. 1, S. 391; zur Zeit vom 22. Oktober 1940 bis Ende März 1941 siehe dort: S. 338-459.

[146] Siehe: Overesch (wie Anm. 1) Bd. 2, S. 135 und 143.

Frankreich abgeschoben worden waren. Sein Tagebucheintrag vom 7. November 1940 beweist es: „Seit einigen Tagen schwebt ein Berliner Plan mit Für und Wider. Katz brachte uns darauf. Schwer beunruhigt durch brutale Judenevakuierungen aus Württemberg. Die Leute seien nackt und bloß binnen zwei Stunden abgeschoben worden, nach Südfrankreich, in die Barackenlager der spanischen Kommunisten.“[147] Man rechnete nun in Dresden mit dem Schlimmsten und viele Juden erwogen, in das eher Anonymität versprechende Berlin umzusiedeln. Aber wo und von was hätte man dort leben sollen? Die Verhältnisse waren ohnehin desolat genug.[148]

Nach den öffentlichen Büchereien hatten die Nazis den Juden jetzt auch noch die Benutzung privater Leihbibliotheken verboten. Bohnenkaffee hatte es seit über einem Jahr nicht mehr gegeben, nun waren allein den „Ariern“ 50 Gramm zugeteilt worden. Eine neue Schikane schrieb den Juden vor, nach 8.00 Uhr abends in ihren Wohnungen zu bleiben. Auch Besuche bei Mitbewohnern des „Judenhauses“ oder der Aufenthalt im Treppenhaus waren verboten. Ab Januar 1941 verlangte eine neue Judensteuer 15 Prozent vom Einkommen. Milch wurde nicht mehr in „Judenhäuser“ geliefert, Klemperer musste sie fortan von weither holen. Einkauf und Verpflegung wurden immer schwieriger, von der Nährmittelkarte wurde Juden immer mehr weggeschnitten. Und es drohte die Konfiskation der Schreibmaschine, die Victor Klemperer für seine Arbeit unabdingbar benötigte. „Ich leide wieder unter dem scheußlichen Gefühl, mich auf das Schlafengehen zu freuen und vor dem Aufstehen zu fürchten“, resümierte er Mitte Februar 1941 seine Erfahrungen während der letzten Monate.

Im Januar 1941 hatten deutsche Fliegerverbände begonnen, im Mittelmeer zu operieren. Neben Meldungen über zerstörte Militär- und Industrieanlagen in England, über versenkte Schiffe rund um die britischen Inseln und im Atlantik sowie über immense Zahlen abgeschossener britischer Flugzeuge sprachen die Wehrmachtberichte nun auch regelmäßig über heroische Angriffe auf Streitkräfte Englands im Mittelmeerraum sowie in Nordafrika. Sie verschwiegen, dass Italien am 28. Oktober 1940 Griechenland den Krieg erklärt und in das Land eingefallen war. Britische Verbände waren daraufhin auf Kreta gelandet. Am 2. März 1941 folgte der deutsche Einmarsch in Bulgarien, in der Propagandasprache der Nazis als „Sicherung gegenüber den bekannt gewordenen britischen Maßnahmen in

---

[147] Klemperer (wie Anm. 17) Bd. 1, S. 560. Die Zeitungen scheinen über die Abschiebung nichts berichtet zu haben, sodass man in Dresden vermutlich nur gerüchtehalber hierüber informiert war.

[148] Siehe zum Folgenden für die Zeit Oktober 1940 bis März 1941: Klemperer (wie Anm. 17) Bd. 1, S. 558 f, 566, 569, 576 f, 580, 582 ff.

Südosteuropa."[149] Klemperer hatte die Ausdehnung der deutschen Militärmacht auf ein weiteres europäisches Land sehr deprimiert. „Wird Amerika in den Krieg eintreten?", fragte er sich bang und ergänzte: „Wird es England gelingen, Italien schachmatt zu setzen?"[150] Seine Hoffnung auf ein Affidavit für die Einreise in die USA schwand zusehends. Es gab neue Gerüchte über Truppenverlagerungen in den Osten.

---

[149] Wehrmachtberichte (wie Anm. 16) Bd. 1, S. 435.
[150] Klemperer (wie Anm. 17) Bd. 1, S. 573.

Das Lager Rivesaltes

Im März 1941 wurde ein Teil der im mittlerweile völlig überbelegten Gurs festgehaltenen Menschen in andere Lager verlegt. Alte Menschen kamen nach Noé,
Schwerbehinderte nach Récébédou und Familien nach Rivesaltes, nördlich von
Perpignan und nicht weit vom Mittelmeer. Dorthin verschlug es auch meine Eltern
mit Feo.[151] Ich war natürlich froh, wieder Post von ihnen zu erhalten und ihre
neue Anschrift zu kennen. Diese klang zunächst recht vielversprechend: „Centre
d'Hébergement", Gästezentrum. Im Deutschen ist eine Herberge ein Zufluchtsort,
der Schutz und Geborgenheit bietet. Dennoch konnte mich die Adresse trotz meiner zwölf Jahre nicht täuschen. Selbst wenn ich bis dahin kein Wort Französisch
gelernt hatte, so wirkte doch das Wort „Baraque" (Baracke), welches ebenfalls Teil
der angegebenen Anschrift war, düster und bedrohlich und nicht im Geringsten
beruhigend, besonders wenn es davon 58 und vielleicht noch viel mehr gab.

Das Lager mit einer Fläche von – wie ich heute weiß – gut 600 Hektar lag wenige
Kilometer von der Gemeinde Rivesaltes entfernt auf einer steinigen Hochebene mit
karger Vegetation.[152] Die heftigen, eisigen Nordwinde im Winter und die glühend
heiße Sonne während des Sommers begünstigten Erkrankungen der Atemwege
wie des Kreislaufs. Wenn Regen und Stürme über das Lager hinwegpeitsch-

---

[151] Zum Lager Rivesaltes siehe: Boitel, Anne: Le Camp de Rivesaltes 1941-1942. Du centre
d'hébergement au „Drancy de la zone libre". Perpignan 2001; Bohny-Reiter, Friedel: Vorhof
der Vernichtung. Tagebuch einer Schweizer Schwester im französischen Internierungslager
Rivesaltes 1941-1942 (Hrsg.: Erhard Roy Wiehn). Konstanz 1995; Petit, Marianne/Reyer,
Johanna: Das Gedenkstättenprojekt in Rivesaltes, Pyrénées-Orientales, in: Gedenkstät-
tenRundbrief Nr. 132 – 8/2006 (Hrsg.: Stiftung Topographie des Terrors Berlin), S. 10-20;
Frenkel, Cornelia: Historische Konstruktionen für die Namenlosen. Gedenkstättenarbeit in
Frankreich, Spanien, Deutschland, in: GedenkstättenRundbrief Nr. 136 – 4/2007 (Hrsg.:
Stiftung Topographie des Terrors Berlin), S. 22-31; Zakhor pour la Mémoire: Acceuil – La
Chronologie du Camp de Rivesaltes (http://www.zakhor.fr/); Le Mémorial du Camp des Rivesaltes (http://www.cg66.fr/culture/memorial/historique.html); Les camps d'internement
français entre 1939 et 1945: Camp de Rivesaltes (http://www.apra.asso.fr/Camps/Fr/Camp-
Rivesaltes.html).
[152] Vgl.: Boitel (wie Anm. 151) S. 184; Siehe dazu die zahlreichen Tagebucheinträge von
Friedel Bohny-Reiter (wie Anm. 151), die von November 1941 bis zur Schließung des Lagers im November 1942 dort als Schwester der Schweizer Kinderhilfswerks arbeitete und
auch lebte. Ebenso: Petit/ Reyer (wie Anm. 151) S. 10; Althausen, in: Wiehn (wie Anm. 127)
S. 356 ff.

ten, war oft kein Fortkommen zwischen den Baracken. Die gänzlich entkräfteten Menschen wurden dann einfach umgeweht. Meine Eltern lebten von März bis Dezember 1941 in Rivesaltes und waren den Härten dieser Klimaschwankungen voll ausgesetzt. Hinzu kam die Gefahr, an Malaria zu erkranken, waren doch die Sumpfgewässer des benachbarten Salses-Leucate ideale Brutstätten für Moskitos.

1938 als Schulungslager der französischen Armee unter dem Namen „Camp Joffre" errichtet, hatte der Ort seit dem deutschen Überfall auf Frankreich zudem als Durchgangsstation für Truppen gedient, die auf ihren Einsatz warteten. An einer Bahnlinie lag Rivesaltes strategisch günstig. 1940 wurden darüber hinaus dort Bürgerkriegsflüchtlinge aus Spanien interniert, die zuvor in anderen Lagern untergebracht gewesen waren.[153] Das Gelände war sehr weitläufig und bot Platz für rund 18.000 Menschen. Es gab 16 Ilots mit jeweils zehn bis zwölf Baracken von etwa 30 Metern Länge. Anders als in Gurs waren die Unterkünfte aus Asbestzement-Steinen gebaut und die Dächer mit Ziegeln gedeckt. Doch es fehlte an vielem, denn das Lager war längst nicht fertig gebaut und dennoch teilweise schon in Verfall übergegangen, als es seinem neuen Zweck zugeführt wurde.

Mitte Januar 1941 wurde der weitaus größte Teil des Lagers zum „Centre d'Hébergement" und sollte, wie es beschönigend hieß, der Familienzusammenführung dienen. Spanische Republikaner, Sinti und Roma sowie Juden verschiedener Nationalitäten mit ihren Familien, allesamt aus anderen Lagern der unbesetzten Zone hierher verfrachtet, bevölkerten bald das Areal. Rivesaltes war allerdings keineswegs das, was man sich unter einem „Familienlager" vorstellen würde. Zwar gab es Holzbetten mit Drahtgeflecht und Strohsack, teilweise auch doppelstöckig wie eine Art Käfig, aber die Familien waren nicht zusammen untergebracht. Meine Eltern lebten im Ilot B, der für die jüdischen Familien vorgesehen war. Die Frauen teilten sich die Unterkünfte mit den Kindern, ältere Söhne und die Männer lebten in eigenen Baracken. Block B war, auch nach Meinung der Lagerleitung, der verfallenste von allen.[154] Dachziegel fehlten, viele Fensterscheiben waren zerbrochen, die Elektrizität war noch gar nicht installiert, Ungeziefer bevölkerte diesen Block scharenweise. Die Ausbauarbeiten zogen sich noch über Monate hin, wurden aber nie abgeschlossen. Wahrscheinlich war es kein Zufall, dass man ausgerechnet hier die Juden einquartiert hatte.

Waren Einwanderer während der 1920er Jahre in Frankreich als Arbeitskräfte noch

---

[153] Siehe genauer: Boitel (wie Anm. 151) S. 24-28.
[154] Boitel (wie Anm. 151) S. 35.

gerne aufgenommen worden, so hatte sich in der Folge der auch dieses Land beutelnden Weltwirtschaftskrise und der damit einhergehenden sozialen Probleme die Einstellung ihnen gegenüber bereits lange vor dem Zweiten Weltkrieg deutlich gewandelt. Der halboffizielle Antisemitismus der letzten Regierungen der Dritten Republik und die von diesen in die öffentliche Meinung lancierten Vorbehalte gegen Juden und andere unerwünschte Ausländer bereiteten Schritt für Schritt den Boden für die judenfeindliche Kollaborations-Politik des Vichy-Regimes, welches sich nach der französischen Niederlage im Juli 1940 installierte.[155]

Bereits vor Kriegsbeginn waren gesetzliche Möglichkeiten zur Einrichtung von Internierungszentren geschaffen worden, und unmittelbar nach der französischen Kriegserklärung an Deutschland waren alle Deutschen und Österreicher durch öffentliche Plakataushänge aufgefordert worden, sich bei den Behörden zu melden.[156] Der staatliche Antisemitismus begann mit der Aufhebung des bis dahin geltenden Gesetzes gegen Rassenhetze durch die Regierung Regierung Pétain am 27. August 1940.[157] Rund 15.000 Einbürgerungen wurden aufgehoben, in der Mehrzahl traf diese Maßnahme deutsche und österreichische Juden, die nach Frankreich ausgewandert oder vor den Nazis dorthin geflohen waren. Gesellschaftliche Ausgrenzung und verwaltungstechnische Erfassung aller von Vichy als missliebig erachteten Personen begannen in der unbesetzten französischen Zone bereits sehr früh. Nicht die Angst vor Deutschland diktierte diese Entwicklung, wie es nach dem Krieg oft von den Verantwortlichen behauptet wurde, sondern die selbstgewählte Anpassung an die Politik des Nazi-Regimes.

Am 3. und 4. Oktober 1940 ergingen zwei antijüdische Gesetze mit weitreichenden Folgen. Das erste betraf die französischen Juden und schloss viele von ihnen aus öffentlichen Ämtern und Berufen und somit aus dem sozialen Leben aus. Das zweite, welches sich gegen „fremde Staatsangehörige jüdischer Rasse" richtete und Juden bereits mit dem nazistischen Begriff der „Rasse" diskriminierte, erlaubte die Internierung jüdischer Ausländer sowie die zwangsweise Wohnortzuweisung auf Beschluss des zuständigen Präfekten.[158] Die zahlreichen mittlerweile eingerichteten Internierungslager wurden so nach und nach zu Fallen für all jene, denen die Auswanderung nicht gelingen wollte. So waren die Verhältnisse in Frankreich bereits, bevor meine Eltern dorthin verschleppt wurden.

---

[155] Siehe: Obschernitzki, Doris: Letzte Hoffnung - Ausreise. Die Ziegelei von Les Milles 1939-1942. Vom Lager für unerwünschte Ausländer zum Deportationszentrum. Teetz 1999, S. 75 ff.

[156] Der Aufruf ist abgedruckt in: Obschernitzki (wie Anm. 155) S. 74.

[157] Zu den Anfängen des Vichy-Regimes siehe: Obschernitzki (wie Anm. 155) S. 117 ff.

[158] Vgl.: Obschernitzki (wie Anm. 155) S. 170 f. sowie Boitel (wie Anm. 151) S. 22 f.

Dem zunehmend raueren politischen Klima, das im Vichy-Staat den zu „Unerwünschten" erklärten Menschen schwer zu schaffen machte, entsprach auch
das Vorgehen der Lagerbeschäftigten in Rivesaltes. Am 1. November 1940
waren die Internierungslager, die bisher dem Militär unterstanden hatten, in
die Zuständigkeit des französischen Innenministeriums übergegangen. Die zur
Bewachung eingesetzten Soldaten, die sich den Internierten gegenüber noch
vergleichsweise human verhalten hatten, wurden jetzt durch Polizeiwachen
abgelöst. Schikanen und Übergriffe gehörten fortan zur Tagesordnung der
Internierten, ebenso die Unterschlagung eines Teils der dem Lager zustehen-
den Verpflegung sowie die Konfiszierung so dringend benötigter zusätzlicher
Lebensmittelsendungen.[159] Die Internierten hatten keine Möglichkeit, sich dagegen zu wehren. Verglichen mit Gurs war das Essen in Rivesaltes noch schlechter
und einseitiger. Den Internierten war es nicht mehr erlaubt, die Angelegenheiten
der Ilots in Selbstverwaltung zu regeln, um etwa durch Kochen in Eigenregie für
eine Verbesserung der Ernährungssituation zu sorgen. Alles wurde durch französische Beschäftigte geregelt, die oft genug ihre ganze Macht über die armen
Menschen zur Geltung brachten und sie nicht selten auch regelrecht drangsa-
lierten. Die Chefs und die Polizeiposten, die in jedem Ilot Dienst taten, waren
Franzosen, und die Barackenchefs, selbst Internierte, mussten den Ilot-Chefs
jeden Tag Meldung machen.[160]

Das Lager Rivesaltes wies eine Fülle gravierender Mängel auf, als die große
Zahl der Familien dort eintraf. Deshalb wurden die Internierten verpflichtet, viele Instandsetzungsarbeiten selbst zu übernehmen. „Arbeiterkompanien" verschiedener Handwerksberufe wurden zusammengestellt und auch im sonstigen
Lagerdienst, von der Büroarbeit bis zum Putzen, wurden Internierte eingesetzt.
So war es zwar auch in Gurs schon gewesen, aber die Internierten hatten diese Arbeiten dort weitgehend in Eigenverantwortung regeln dürfen. Je nach Art
der Tätigkeit konnte in Rivesaltes mit einer geringen Bezahlung, mit größeren
Brotrationen oder mit Vorteilen in der Kantine gerechnet werden.[161] Außerdem
wurden Internierte im Lager zu Arbeiten herangezogen wie Steine schleppen
oder Steine klopfen, deren Nutzen nicht unbedingt erkennbar war.

Trotz der, verglichen mit Gurs, festeren Unterkünfte waren die Lebensbedingungen
in Rivesaltes wesentlich schlechter. Neben der Tatsache, dass die französische

---

[159] Dazu: Obschernitzki (wie Anm. 155) S. 161 sowie Boitel (wie Anm. 151) S. 66 ff. und S.
80.
[160] Siehe: Boitel (wie Anm. 151) S. 58.
[161] Siehe: Boitel (wie Anm. 151) S. 36 f.

Lagerverwaltung keine Selbstverwaltung der Internierten wünschte, ließ sie auch die Hilfswerke nur deshalb dort arbeiten, weil sie selbst mit der Organisation des Lagers nicht zurechtkam. Das Lager war wegen seiner Größe viel unübersichtlicher und insofern schwerer zu bewachen. Inzwischen hatte die Vichy-Regierung zudem strengere Vorschriften für die Behandlung von Internierten erlassen und legte den Hilfswerken, die in Rivesaltes tätig waren, viele Steine in den Weg, wenn sie Menschen aus dem Lager befreien wollten. Nach der Registrierung wurden den Ankömmlingen alle Wertgegenstände und Papiere abgenommen, um eine Flucht zu verhindern. Das gesamte Gepäck wurde durchsucht. Wer Geld von Verwandten und Freunden geschickt bekam, durfte davon pro Woche und Familie höchstens 800 Francs zum Kauf dringend nötiger Zusatznahrung behalten. Zwar gab die Lagerleitung Empfangsbescheinigungen aus, doch sahen viele das im Lagersekretariat „deponierte" Geld nie wieder.[162] Verlassen konnte man das Lager nur zwangsverpflichtet zur Arbeit in sogenannten Arbeiterkolonien, wenn man bei halbwegs guter körperlicher Verfassung war und seitens der Lagerverwaltung auf die Liste der Arbeitsfähigen gesetzt wurde. Dies betraf vor allem Männer zwischen 18 und 55 Jahren. Frauen und Jugendliche ab 15 wurden als Saisonkräfte herangezogen. So presste die Vichy-Regierung noch das Letzte aus den Internierten heraus.

Ihr Lageralltag war streng geregelt. Sie mussten im Sommer um 6.30 Uhr, im Winter um 7.30 Uhr aufstehen und zu ebenfalls streng festgelegten Zeiten – sommers um 22.00 Uhr, winters um 21.30 Uhr – zu Bett gehen. Dazu noch waren die gemeinsamen Essenszeiten in der Kantine einzuhalten, wobei die Mahlzeiten diese Bezeichnung eigentlich nicht verdienten. Zwei Appelle morgens und abends auf dem zentralen Platz des Blocks gehörten zum Tagesablauf. Vormittags wurde eine halbe Stunde Körperpflege zugestanden und pro Woche ein halber Tag zum Waschen der Wäsche. Männer hatten sich mindestens zwei Mal pro Woche zu rasieren und monatlich einmal die Haare bei Friseuren schneiden zu lassen, die aus den Reihen der Internierten kamen. Drei Mal wöchentlich zu vorbestimmten Zeiten war es erlaubt, Großeltern, Eltern, Ehepartner und Kinder sowie weitere

---

[162] Boitel (wie Anm. 151), S. 140 f. Bis zum 1. Mai 1941 lag der Umtauschkurs Francs gegen Reichsmark bei 1 Fr zu 0,05 RM; siehe: Overesch (wie Anm. 1) S. 159. 800 Francs monatlich pro Familie bedeuteten, dass die Familie monatlich höchstens 40,- RM für ihren Bedarf zusätzlich zu der miserablen Verpflegung im Lager ausgeben durfte, sofern sie dieses Geld überhaupt zur Verfügung hatte. Für die Internierten waren Geldsendungen immer ein großes Glück, doch die Mittel reichten bei weitem nicht für ein bescheidenes, menschenwürdiges Leben ohne Hunger.

Verwandte ersten Grades zu besuchen.[163] Angesichts des ganzen Elends, dem die Menschen in Rivesaltes ausgesetzt waren, wirken solche Vorschriften geradezu lächerlich, aber sie bestimmten damals eben den Lageralltag auch meiner Eltern. Alle Briefe, in denen Internierte über die Lagerrealität und den fürchterlichen Hunger schrieben, wurden durch die Zensur abgefangen und erreichten ihre Empfänger nicht. Die schlimmen Verhältnisse im Lager konnten also nur in verklausulierter Form angedeutet und Bitten um Hilfssendungen konnten nur so verfasst werden, dass sie nicht den Unwillen der französischen Zensoren erregten. Man konnte nur hoffen, dass die Empfänger der Briefe ihre Botschaften richtig verstanden und das Benötigte schickten. Meine Eltern waren in dieser Hinsicht sehr vorsichtig.

Auch in diesem Lager versuchten die Hilfsorganisationen nach Kräften, die Lage zu entschärfen. Sie teilten Verpflegung und Kleidung aus sowie Spielzeug für die Kinder, sorgten für die Kranken, stellten Öfen auf, richteten mit einfachsten Mitteln Kindergärten und Unterrichtsräume her und organisierten in Zusammenarbeit mit den Internierten das Lagerleben. Auch halfen sie diesen, über die Konsulate in Marseille ihre Auswanderung weiterzubetreiben und gegebenenfalls auch auszureisen.[164] Ebenso lag den Hilfswerken daran, möglichst viele Kinder und Jugendliche aus der Lagerhölle zu holen und sie in Heimen unterzubringen, in denen sie Hunger und Elend hinter sich lassen konnten.

Angesichts der großen Zahl schulpflichtiger Kinder zwischen sechs und 14 Jahren – im Mai 1941 waren dies 1.536, im August desselben Jahres gar 1.802, danach sank die Zahl aufgrund vieler Rettungen[165] – und dank der Hartnäckigkeit der Hilfswerke sahen sich die zuständigen Unterrichtsbehörden gezwungen, in Rivesaltes die Schulpflicht einzuführen.[166] Insgesamt 38 Klassen, aufgeteilt nach Altersstufen, wurden in den Ilots B, K und J eingerichtet. Ihre Ausstattung war dürftig bis nicht vorhanden. Jeweils drei Klassen teilten sich eine Baracke. Von den 38 Klassen, mit 35 und mehr Kindern allesamt überfüllt, besaßen anfangs nur acht Klassen Tische. Es dauerte bis zum Juli 1941, bis 200 Schultische zur Verfügung gestellt wurden, obwohl 900 nötig gewesen wären. Auch die Ausstattung mit Lehrkräften, welche von den französischen Behörden angeworben wurden, war äußerst mangelhaft. Nur eine knappe Handvoll wurden als reguläre Lehrkräfte eingestellt, alle anderen als geringer bezahlte „Hilfslehrer". Unterrichtszeiten

---

[163] Dazu: Boitel (wie Anm. 151) S. 147-149.
[164] Vgl.: Petit/Reyer (wie Anm. 151) S. 10; Althausen, in: Wiehn (wie Anm. 127) S. 356 ff.
[165] Siehe: Boitel (wie Anm. 151) S. 153.
[166] Zum Folgenden: Boitel (wie Anm. 151) S. 77-79 sowie 151-154.

waren montags bis freitags von 8.00 bis 11.45 Uhr sowie von 14.45 bis 17.45 Uhr. Mittwochs sollten, sofern das Wetter es zuließ, mit den Klassen Ausflüge in die Umgebung gemacht werden, zu denen eine kalte Mahlzeit mitgenommen wurde. Um die Schulpflicht durchzusetzen, waren das beaufsichtigte gemeinsame Mittag- und Abendessen an den Schulbesuch gebunden. Eine Eintrittskarte gab den Kindern Zutritt zum Speisesaal, doch erhielten sie diese nur, wenn sie auch den Unterricht besucht hatten. Angesichts des Hungers, an dem Kinder wie Erwachsene im Lager beständig litten, sowie der gravierenden Mängel der Schulorganisation und nicht zuletzt in Anbetracht der ganzen Ausweglosigkeit des Lagerlebens erscheint diese Kopplung des Essens an den Schulbesuch als eine geradezu absurde Regelung.

Im Block B, in dem meine Eltern mit meiner damals siebenjährigen Schwester Feo lebten, gab es nach einer Zählung vom Juni 1941 insgesamt 279 schulpflichtige Kinder, die sich auf acht Klassen mit jeweils etwa 35 Schülerinnen und Schülern verteilten. Acht Internierte, unter Ihnen meine Mutter, erteilten neben den französischen Lehrkräften den Unterricht. Im monatlichen Lagerreport für den September 1941 hieß es, die Mehrzahl der Schulkinder in Ilot B sei zwar intelligent, aber faul und undiszipliniert. Liest man dagegen den Bericht des französischen Rabbiners Henri Schilli[167], welcher regelmäßig in diesem Block tätig war, so wird klar, dass die Kinder nach einem „Frühstück" aus schwarzem Kaffee für die über Sechsjährigen, ohne jede feste Nahrung, kaum imstande sein konnten, dem Unterricht zu folgen. Auch die Milchverteilung am Nachmittag lag sehr im Argen. Block J, in dem diese stattfand, lag einen Kilometer von Block B entfernt. Bei kaltem und stürmischem Wetter war der Weg dorthin für die geschwächten Kinder eine elende Schinderei, auf die noch dazu lange Wartezeiten im Freien folgten. Deshalb mussten viele notgedrungen oft auf die Milch verzichten. Klage wurde auch darüber geführt, dass die jüdischen Kinder gelegentlich gar keine Milch erhielten oder ihre Rationen kleiner waren als die der anderen Kinder im Lager. Der wachsende Antisemitismus der Lagerverwaltung machte auch vor den Jüngsten nicht Halt.

Meine Schwester Feo wurde Mitte Dezember 1941 von dem jüdischen Hilfswerk O.S.E. aus Rivesaltes befreit. Dokumente, wie sie über die Rettung meines Bruders Michael und die große Kindergruppe aus Gurs vorliegen, sind mir für Feo nicht bekannt. Sie selbst spricht darüber bis heute nicht. Die Befreiung von

---

[167] Boitel (wie Anm. 151) S. 177 f; zur Person Schillis und seiner Hilfe für Kinder siehe: Hammel, Frédéric Shimon (Chameau): Le Grand-Rabbin Henri Schilli, in: http://judaisme. sdv.fr/histoire/rabbins/schilli/schilli.htm.

Kindern aus dem „Familienlager" gestaltete sich aufgrund der zunehmend juden-
feindlichen Politik des Vichy-Regimes bereits deutlich schwieriger als in Gurs.
Von zwei Fällen einer gelungenen Rettung berichtet Alice Resch Synnestvedt.
So gelang es der Quäkerin Mary Elmes, vier Kinder aus Rivesaltes herauszu-
schmuggeln. Die zweite Aktion, bei der zwölf Kinder gerettet wurden, lief folgen-
dermaßen: Die Kinder waren in einer größeren Gruppe auf dem Weg zu einem
Kontrollpunkt des Lagers, als Andrée Salomon, die Leiterin des französischen
O.S.E.-Sozialdienstes, vorbei kam und freundlich lächelnd sagte: „Kinder hier
entlang". Wie selbstverständlich nahm sie die Kinder aus der Kolonne heraus.
Die Autorität in ihrer Stimme ließ die Wachen glauben, ihr Vorgehen habe seine
Richtigkeit. Sie führte die Schar daraufhin in einen Seitenweg, wo ein Lastwagen
der O.S.E bereitstand. Schnell waren die Kinder aufgeladen. Dann kletterte sie
selbst neben den Fahrer und der Wagen fuhr aus dem Haupttor des Lagers hinaus, wo sie wie üblich mit ihrem Erlaubnisschein den Wächtern zuwinkte. Diese
erkannten sie und den Wagen und ließen sie passieren. So gelangten die zwölf
Kinder in die Freiheit.[168]

Vielleicht war es bei Feo ähnlich gewesen. Die Rettung der Kinder, nie ohne
Einverständnis der Eltern durchgeführt, musste mit großer Umsicht und genauer
Planung erfolgen. Sofern sie nicht von den französischen Behörden genehmigt
war, durfte sie keinerlei Gefahr laufen, entdeckt zu werden. Die Hilfswerke hätten
sonst riskiert, ihre Arbeit in den Lagern einstellen zu müssen, und die Internierten
wären die Leidtragenden gewesen. Die Befreiung der Kinder aus den Lagern lief,
wie bei meinem Bruder Michael ersichtlich, aber nicht generell im Geheimen ab.
Meist war der Aufenthalt der Kinder in den verschiedenen Heimen den zuständigen
Stellen der französischen Verwaltung bekannt. Diese hätten also durchaus jederzeit Zugriff auf die Kinder gehabt. Doch nicht überall folgten sie den Anweisungen
des Vichy-Regimes. Gelegentlich verhielten sie sich den Heimleitungen gegenüber wohlwollend oder schauten nicht so genau hin. Dies hat etliche aus den
Lagern herausgeholte Kinder geschützt und dadurch gerettet.

---

[168] Beschreibung nach: Resch Synnestvedt (wie Anm. 137) S. 117.

Das Lager Les Milles und das Hôtel du Levant in Marseille

Meine Eltern versuchten auch weiterhin alles, um mit der Auswanderung voranzukommen. Nach einigen Schwierigkeiten hatten sie es im Dezember 1941 endlich erreicht, in das Lager Les Milles[169] sowie in eines der drei zu jenem Lager gehörenden Häuser für Frauen und Kinder in Marseille, das Hôtel du Levant, verlegt zu werden. Von hier aus, in der Nähe des amerikanischen Konsulats, hofften sie, doch noch ausreisen zu können.

Les Milles war ein kleines provenzalisches Dorf, eingemeindet in die nur wenige Kilometer entfernte Stadt Aix-en-Provence. Am Dorfrand lagen die großen Gebäude einer 1938 stillgelegten Ziegelei. Im September 1939 hatte man hier ein Internierungslager für die meldepflichtigen Ausländer des Départements Bouches-du-Rhône sowie der Nachbardépartements eingerichtet, in welchem binnen kurzem mindestens 1.500 Deutsche und Österreicher festgehalten wurden. Zu ihnen zählten nicht nur etliche namhafte Schriftsteller und Künstler, Journalisten und Wissenschaftler, die vor den Nazis schon Jahre zuvor hatten fliehen müssen, sondern auch Geschäftsinhaber, die seit Jahrzehnten in der Region ansässig waren. Es fanden sich dort unversehens auch deutsche und österreichische Passagiere italienischer Schiffe wieder, die sich bereits auf der sicheren Reise in ihr Asylland gewähnt hatten. Die französischen Behörden hatten die Schiffe in Marseille angehalten, die Emigranten von Bord geholt und dann nach Les Milles gebracht.[170]

Geld und Wertgegenstände mussten die Internierten bei der Aufnahme ins Lager abgeben. Es herrschte, damals noch unter militärischer Verwaltung, eine entsprechend straffe Disziplin mit Appellen und täglichen Arbeitsdiensteinsätzen. Schon in

---

[169] Zum Lager Les Milles siehe: Obschernitzki (wie Anm. 155). Während die Männer in Les Milles untergebracht wurden, lebten die Frauen und Kinder in Marseille in drei zum Lager gehörenden Häusern mit den wohlklingenden Namen „Hôtel Bompard", „Hôtel Terminus des Ports" und „Hôtel du Levant" in der Innenstadt von Marseille. Sie konnten sich in der Stadt frei bewegen, mussten aber in der Regel eine Arbeit aufnehmen, um ihren Lebensunterhalt zu sichern. Zum Lager Les Milles siehe ebenso: http://golm.rz.uni-potsdam.de/seghers/frankreich; http://campdesmilles.org/index_fichiers.

[170] Zu dieser ersten Internierungsphase siehe: Obschernitzki (wie Anm. 155) S. 73-110.

jener ersten Phase des Ziegeleilagers waren die Bedingungen zur Unterbringung so vieler Menschen völlig unzureichend. Die hygienischen Verhältnisse mit viel zu wenig Wasserhähnen und Aborten waren desolat, die Gebäude außerdem zur Unterbringung von Menschen überhaupt nicht vorbereitet.

Diese Situation trafen auch jene an, welche vor den Deutschen in den Süden geflohen waren und sich nun, nach deren Okkupation des französischen Nordens, mit Paragraph 19 des Waffenstillstandsvertrags konfrontiert sahen. Er besagte: „Die französische Regierung verpflichtet sich, auf Aufforderung all die Deutschen auszuliefern, die von der deutschen Regierung namentlich benannt werden [...]".[171] Die Angst unter den Internierten wegen dieser Bestimmung war beträchtlich. Fast 3.000 Männer, zu „feindlichen Ausländern" deklariert, wurden in jener Zeit im Lager Les Milles festgehalten.

An den katastrophalen Verhältnissen in der ehemaligen Ziegelei änderte sich kaum etwas, als diese im Januar 1941 zum Transitlager für die Emigration umgewandelt wurde, dem einzigen übrigens in der unbesetzten Zone.[172] Neben der Ausreise per Flugzeug, die begreiflicherweise nur von ganz wenigen besonders gut situierten Flüchtlingen genutzt werden konnte, und der über den Landweg via Spanien zu den portugiesischen Häfen war die Schiffsreise ab Marseille die einzig verbliebene und daher von sehr vielen Auswanderungswilligen ins Auge gefasste Möglichkeit, Frankreich zu verlassen. Auch meine Eltern klammerten ihre Hoffnung daran.

Die südfranzösischen Lager unterstanden wie gesagt mittlerweile dem Innenministerium und damit der französischen Polizei. Die Lagerleiter waren mit erheblichen Vollmachten ausgestattet. Wohl und Wehe der Internierten lag völlig in deren Ermessen. Sie konnten den Tagesablauf bestimmen, Strafen verhängen, über kurzzeitige Urlaubsgesuche und Besuchserlaubnisse für außerhalb des Lagers lebende Angehörige entscheiden, und sie leiteten Visumanträge – befürwortend oder ablehnend – weiter. Gefürchtet war auch das Überwachungspersonal. Alle Anträge, vom einfachen Urlaubsgesuch bis zum Ausreiseantrag, mussten in Französisch verfasst sein. Viele Gefangene waren der französischen Sprache nicht mächtig und so auf Hilfe hierfür angewiesen. Auch ein spezielles „Emigrationsbüro" gab es, das ein Polizeikommissar leitete.[173]

---

[171] Obschernitzki (wie Anm. 155) S. 116; zu dieser zweiten Phase der Internierung: S. 111-146.
[172] Zur Phase des Transitlagers Les Milles von Januar 1941 bis Juli 1942 siehe: Obschernitzki (wie Anm. 155) S. 183-264.
[173] Obschernitzki (wie Anm. 155) S. 210 und 220 f.

Die deutschen Internierten in Les Milles waren in neun Gruppen aufgeteilt, jede mit einem aus den eigenen Reihen rekrutierten „Chef" und einem Stellvertreter an der Spitze. Diese Gruppenchefs hatten durchaus eine gewisse Machtstellung inne, allein schon hinsichtlich der Frage, ob ein Urlaubsgesuch an die Lagerleitung weitergeleitet wurde oder ob sie selbst Urlaub gewährten. Ein Missbrauch dieser Stellung war nie ganz auszuschließen. So ist die Beschwerde eines Internierten an den Lagerleiter vom Mai 1941 überliefert, dem der Chef der Gruppe 9 drei Wochen lang den Urlaub gesperrt hatte.[174] Auch mein Vater gehörte später dieser Gruppe an, und die Tatsache, dass er oft keinen Urlaub erhielt und meine Eltern sich nur selten sehen konnten, mag durchaus in der Person seines Gruppenchefs begründet gewesen sein.

Wie in allen Lagern war die Ungezieferplage gravierend. Insbesondere der Läuse schien man sich nur schwer erwehren zu können. Unzureichend war auch die Ernährung. Rüben, Topinambur und etwas Brot scheinen die hauptsächlichen Nahrungsmittel gewesen zu sein. Ohne Lebensmittelsendungen und gelegentliche Selbstversorgung auf dem Schwarzmarkt, für die man aber Geld benötigte, war auch an diesem Ort das Überleben schwer möglich.[175] Die Hilfsorganisationen bemühten sich in Les Milles ebenso wie in den anderen Lagern, die Internierten nach Kräften zu unterstützen. Für Fragen hinsichtlich der Emigration war die jüdische Flüchtlingshilfe HICEM, ein Zusammenschluss dreier nationaler Organisationen[176], unmittelbar im Lager aktiv. Ihr war es möglich, das Geld für die Schiffspassagen vorzustrecken und die zur Visumerteilung erforderliche Bestätigung über die Bezahlung der Passage auszustellen. Allerdings deckte das Angebot an Schiffsplätzen nie die Nachfrage, und ein Einreisevisum für das Asylland sowie das Ausreisevisum aus Frankreich waren weitere Hürden, welche die Ausreisewilligen zu überwinden hatten.

Im Dezember 1941, als mein Vater nach Les Milles kam, waren dort 1.259 Internierte registriert, überwiegend Männer jüdischen Glaubens. Knapp 90 davon waren älter als 65 Jahre. Und es waren viele darunter, die im Oktober 1940 im Rahmen der Bürckel-Wagner-Aktion aus Baden, der Pfalz und dem Saarland nach Gurs deportiert worden waren. Sie alle hofften, dass ihnen die Auswanderung nach langer, entwürdigender Internierung doch noch gelingen

---

[174] Siehe: Obschernitzki (wie Anm. 155) S. 222.

[175] Dazu: Obschernitzki (wie Anm. 155) S. 227 f.

[176] Zusammengeschlossen waren hier die amerikanische HIAS (United Hebrew Sheltering Immigrants Aid Society), die britische JCA (Jewish Colonization Association) – in Deutschland „ICA" genannt – und die deutsche Emigdirekt. HICEM ist ein Kürzel der drei Organisationsnamen; siehe: Mühlen (wie Anm. 15) S. 35.

würde. Die Lagerkartei verzeichnete eine große berufliche Bandbreite, auch der Beruf des „Zigarrenfabrikanten", wie mein Vater einer gewesen ist, war dabei.[177] Er jedoch war dort als „commerçant" (Kaufmann) eingetragen.

Das Hôtel du Levant im rund 30 Kilometer entfernten Marseille, in dem meine Mutter unterkam, war natürlich überhaupt kein richtiges Hotel. Zwar waren die neuen Bedingungen schon etwas besser als in den zuvor durchlittenen Lagern, aber die vielen dort mit oder ohne Kinder untergebrachten Frauen mussten auf allerengstem Raum in Mehrbettzimmern mit Etagenbetten leben. Auch Kinder, die zur Emigration ohne ihre Familie vorgesehen waren, wurden hier untergebracht und bis zu ihrer Abreise von den Hilfswerken betreut. Wegen Überfüllung war die Aufnahme in eines jener zum Camp Les Milles gehörenden Häuser keineswegs immer möglich. Die diesbezügliche Entscheidung fällte der Präfekt des Départements Bouches-du-Rhône. Gelegentlich erlaubte er nur den Männern, nach Les Milles zu kommen, deren Frauen und Kindern jedoch nicht. Oft lehnte er den von den Internierten selbst zu beantragenden Transfer in das Transitlager auch gänzlich ab.[178] Auch in diesen „Hôtels" waren strenge Regeln zu befolgen. Die Frauen und Kinder wurden von der Vichy-Polizei registriert und überwacht. Zwar konnten sie sich in Marseille frei bewegen, sofern sie die Zeit dazu hatten, aber sich der Überwachung zu entziehen, war so gut wie unmöglich. Wirklich sichere Verstecke waren rar. Wo auch hätten meine Eltern untertauchen sollen, um sich zu retten? Sie waren nicht mehr jung und hatten Familienpflichten. Nie hätten sie eine Entscheidung getroffen, die unsere in Frankreich versteckten Geschwister gefährdet und den Kontakt mit uns anderen Kindern unmöglich gemacht hätte. Sie mussten sich in die Situation notgedrungen fügen und konnten nur auf einen glücklichen Ausgang hoffen.

Zum Zeitpunkt ihrer Ankunft in Les Milles bzw. Marseille am 24. Dezember 1941 war die französische Politik gegenüber den Juden bereits gravierend verschärft worden.[179] Die Regierung in Vichy hatte sich zur eilfertigen Kollaborateurin entwickelt und glich sich zusehends dem Nazi-Regime an. Im März jenes Jahres hatte sie ein „Generalkommissariat für Judenfragen" geschaffen unter der Leitung des dezidierten Antisemiten Xavier Vallat. Im Oktober war dieses Kommissariat um eine „Judenpolizei" erweitert worden. Im Mai und August 1941 war es in der besetzten Zone auf Betreiben Vichys zu Massenverhaftungen gekommen, in deren Folge das Lager Drancy nahe Paris in Betrieb genommen wur-

---

[177] Siehe: Obschernitzki (wie Anm. 155) S. 215 und 218 f.
[178] Dazu: Boitel (wie Anm. 151) S. 117 f. und 121.
[179] Siehe zum Folgenden: Obschernitzki (wie Anm. 155) S. 187, 217 sowie 243-264.

de. Hetzpropaganda gegen Juden gehörte mittlerweile in ganz Frankreich zur Tagesordnung, nicht nur bei den deutschen Besatzern, sondern auch bei den Franzosen. Mit Datum vom 25. Juni 1941 ordnete der damalige Innenminister François Darlan für die Präfekten der unbesetzten Zone an, dass „kein Ausländer jüdischer Rasse [...] mehr aus den Auffanglagern oder den Internierungslagern entlassen wird, wenn er nicht vor dem 10. Mai 1940 in Frankreich wohnhaft war." Nach dieser Bestimmung hatten meine Eltern zu dem Zeitpunkt, als sie immer noch auf Emigration hoffend nach Les Milles und Marseille kamen, bereits keinerlei Aussicht mehr gehabt, eine Ausreiseerlaubnis zu erhalten. Davon wussten sie vermutlich nichts.

Die antijüdischen Maßnahmen in Frankreich bedrohten zunehmend auch die im unbesetzten Landesteil lebenden französischen Juden. Auf Drängen der Deutschen, die in Frankreich ebensolche „Judenräte" schaffen wollten wie in den osteuropäischen Gettos, um die Juden für ihr ganzes Elend selbst verantwortlich zu machen, regte Vallat, der Leiter des „Generalkommissariats für Judenfragen", die Bildung einer „Union Générale des Israélites de France" an. Diese nahm am 29. November 1941 ihre Arbeit auf und unterstand dem „Judenkommissariat". Alle jüdischen sozialen und humanitären Institutionen sollten hier zwangsvereinigt werden, um deren Arbeit besser kontrollieren zu können. Dies erschwerte die Tätigkeit der jüdischen Hilfsorganisationen im Lande ganz erheblich. Eine solch verstärkte Kontrolle bedeutete aber zugleich, dass meine Geschwister Michael und Feo letztendlich nicht in Sicherheit waren. Jederzeit konnten sie entdeckt und an die Nazis ausgeliefert werden.

Im Zuge jener Maßnahmen, die das NS-Regime ab Juli 1941 unter dem zynischen Begriff „Endlösung der Judenfrage in Europa" einleitete, und als Folge der zu deren Koordinierung einberufenen „Wannseekonferenz" im Januar 1942 begannen im Juni darauf zwischen Deutschland und dem Vichy-Regime unter Pierre Laval Verhandlungen um die Auslieferung von 10.000 ausländischen Juden aus der Südzone.[180] Bereits ausgestellte Ausreisevisa für diese Menschen wurden annulliert. Offiziell war dabei von „staatenlosen" Juden die Rede, um die Einbeziehung jener Franzosen zu verschleiern, denen Vichy die Staatsbürgerschaft wieder entzogen hatte. Womit selbst die deutsche Seite nicht gerechnet hatte, war der Vorschlag Lavals, auch Kinder unter 16 Jahren zu deportieren. Bis zum Abschluss der Verhandlungen am 4. Juli 1942 hatten bereits fünf Transporte mit in Nordfrankreich festgehaltenen Juden die besetzte Zone in Richtung Auschwitz

---

[180] Dazu: Obschernitzki (wie Anm. 155) S. 250 f.

verlassen, der erste schon Ende März.[181]

Für viele in Les Milles und seinen drei Marseiller Nebenlagern Internierte hatte die Ziegelei seit Mitte 1941 die Funktion eines Transitlagers verloren, also lange bevor dieses im August 1942 zum Deportationszentrum umgewandelt wurde. Kurz vorher, Mitte Juli 1942, hatte eine deutsch-französische Kommission unter SS-Hauptsturmführer Theodor Dannecker und SS-Unterscharführer Ernst Heinrichsohn eine Inspektionsreise nach Südfrankreich unternommen zwecks – so nannten sie das wirklich – „Besichtigung des Judenmaterials". Auch Les Milles war eines ihrer Reiseziele gewesen, ebenso das Hôtel Bompard in Marseille.[182] Um auf die bereits in Berlin avisierte Deportationszahl zu gelangen, wurde nicht mehr auf Einhaltung der zuvor ausgehandelten Altersbegrenzung geachtet, die auf 16 bis 45 Jahre festgelegt gewesen ist. In die „restlose Vernichtung", wie es in Danneckers Rapport hieß, wurden schließlich alle Juden einbezogen, derer die Nazis und ihre französischen Komplizen überhaupt habhaft werden konnten. Die Frauen im Hôtel du Levant, in dem meine Mutter wohnte, blieben davor nicht verschont.

[181] Siehe: Klarsfeld (wie Anm. 11), Inhaltsübersicht sowie die Listen der Deportierten: S. 1-49.

[182] Siehe: Obschernitzki (wie Anm. 155) S. 265; Berichtauszug Danneckers dazu: S. 265/267.

Briefe der Eltern aus Frankreich – Rivesaltes, Marseille, Les Milles: Mai 1941 bis Juli 1942

Moritz Oppenheimer
Centre d'Hébergement, Ilot B, Baraque 58, Rivesaltes, Pyrénées Orientales,
France
6. Mai 1941
Lieber Ernst!

Heute erhielten wir Dein Schreiben vom 15. April. Es sind noch drei Briefe von uns unterwegs. Die Pakete respektive Päckchen ab Lissabon habe ich Dir ja bereits bestätigt. Inzwischen ist nichts mehr eingegangen. Dagegen kann ich Dir den Eingang der 1.300 Francs bestätigen. Besten Dank. Von Werner erhielt ich auch einen Betrag von 459 Francs. Ich hatte mir bereits etwas geliehen. Von Marseille habe ich noch nichts gehört. Dagegen hoffe ich sehr, die Llamada von Werner zu erhalten. Wir nehmen natürlich jede Gelegenheit gerne wahr – was am ersten möglich ist. Die Reisemöglichkeit nach Südamerika soll günstiger sein. Außerdem würde ich gerne mit Werner zusammenarbeiten, da ich mich doch hierbei besser betätigen kann als in den USA. Der Hauptfaktor ist aber für da oder dort die Passage. Es soll noch eine Route über Martinique geben, und zwar sollen von dort monatlich drei Schiffe gehen. Die Passage ist in französischen Francs zu bezahlen. Vielleicht kannst Du Dich mal erkundigen. Eventuell müssen wir Werner in Anspruch nehmen. Wie ist es denn eigentlich mit den 50 Dollar geworden, die Du seinerzeit für die Reise auf Anfrage des Hilfsvereins zur Verfügung gestellt hast? Warum hört man denn gar nichts von Tante Gutta und Onkel Louis? Grüße alle Verwandten und sei selbst herzlich gegrüßt von Deinem
Vater

Mutter ergänzte:
Auch ich danke Dir von ganzem Herzen für Deinen lieben Brief vom 15. April sowie für all Deine Sorge und Fürsorge. Wie ich schon an Werner schrieb, tut es uns weh, dass wir Euch in den Jahren, in denen Ihr für Euch selbst sorgen

müsstet, so in Anspruch nehmen, aber es ist Schicksal und höhere Gewalt; und nächst dem Wunsch, bald wieder mit Euch Kindern allen vereint zu sein, habe ich keinen größeren als den, dass Euch Eure Opfer einmal reichlich ersetzt werden. Anscheinend hat man in Portugal vernünftigerweise statt größerer Pakete, die uns viel Zoll kosten – einmal kam eines mit 47 Francs Gebühren –, mehrere kleine geschickt. Auch von Luise Theile erhielten wir mehrere, und dann scheint noch ein unbekannter Absender in Tätigkeit zu sein, der an meine Adresse schickt. Gesundheitlich geht es Vater und mir wieder viel besser. Bitte setze bei Gelegenheit Deine Geld- und Lebensmittelsendung fort. Schreib dann nach Portugal, man möchte auch einmal ein Päckchen Zwieback senden. Es ist wegen Vaters Magen. Versuch, direkt im Brief, Stopfgarn zu schicken; manche Leute bekommen es geflochten als Zopf oder Band. Hoffentlich geht es Dir gut. Die herzlichsten Grüße
Deine Mutter

Zweifellos sind nicht alle Briefe meiner Eltern aus Frankreich erhalten geblieben. Sie werden schon aus Gurs Ernst und Werner sowie weitere Verwandte und Freunde von ihrer veränderten Lage unterrichtet haben, denn dieser Brief vom Mai 1941, in dem sie auf empfangene und abgeschickte Post Bezug nehmen, belegt einen umfangreicheren Schriftwechsel. Bereits in Gurs waren die Internierten dringend auf Lebensmittelsendungen angewiesen gewesen. In Rivesaltes galt dies in noch stärkerem Maße. Es muss meinen Eltern unendlich schwer gefallen sein, um Esswaren und Geld aus dem Ausland zu betteln, damit sie um ihrer Kinder willen eine Überlebenschance hatten. Aus Mutters Zeilen ist zu spüren, wie sehr sie sich schämt, meine älteren Brüder um Gefälligkeiten bitten zu müssen, aber darin bestand die einzige Möglichkeit, die völlig unzureichende Lagerernährung ein wenig aufzubessern. Es war den Internierten zwar gestattet, Dinge des täglichen Bedarfs zu kaufen. Aber wer hatte schon immer genügend Geld hierfür. Manche Güter waren auch rationiert und nur auf Karte zu haben, womit die Internierten als Käufer nicht in Frage kamen.

Vater hatte im Winter 1938 in Buchenwald sehr gelitten und seither Probleme mit Magengeschwüren, weshalb Mutter Ernst um Zwieback für ihn bat, den er besser vertrug. Zudem scheint die Zeit in Gurs unseren beiden Eltern gesundheitlich stark zugesetzt zu haben. Dass es Vater und ihr „wieder viel besser" gehe, dürfte Mutter eher zu Ernsts Beruhigung geschrieben haben. Wer über Monate täglich Hunger litt, von den anderen schädlichen Auswirkungen eines solchen Lagerlebens ganz zu schweigen, dem konnte es gesundheitlich nicht gut gehen. Auch an der Bitte meiner Mutter um Zusendung von Stopfgarn wird die große Not der Eltern offensichtlich. Im Mai 1941 lebten sie und alle mit ihnen Deportierten mittlerweile sieben lange Monate in den Lagern. Mannheim hatten sie verlassen müssen nur mit dem, was sie an Kleidung am Körper trugen bzw. was sie im Handgepäck mitnehmen konnten. Auch Victor Klemperer, der zu jener Zeit in relativ normaler Umgebung in einem Haus in Dresden lebte, berichtete in seinen geheimen Tagebüchern immer wieder über zerschlissene Kleidung, die kaum zu ersetzen war. Weitaus mehr galt dies für all jene, die in den Lagern darben mussten, die ihre Kleidung nur auf sehr reduzierte Weise pflegen und ausbessern konnten und die während der kalten und nassen Jahreszeit zudem dort voll bekleidet schlafen mussten, um die Temperaturen wenigstens einigermaßen aushalten zu können. Stopfgarn war also unerlässlich, um sich vor der völligen Zerlumptheit zu bewahren und einen Rest an persönlicher Würde zu behalten.

Ernst und Werner halfen den Eltern, so gut sie konnten, obwohl sie selbst wenig besaßen. Auch wenn meine Mutter nicht ihre leibliche Mutter war, hatten sie doch ein sehr herzliches Verhältnis zueinander. Ernst war zehn und Werner acht Jahre alt gewesen, als ihre Mutter Klara, geb. Löwenstein, Vaters erste Frau, früh an den Folgen einer misslungenen Gallenoperation starb. Es hatte nie einen Unterschied zwischen unseren älteren Brüdern und uns jüngeren Kindern gegeben. Wir fühlten uns als eine zusammengehörige Familie.

Portugal mit seiner Hauptstadt Lissabon war nach der Besetzung Nordfrankreichs nicht nur für die Emigration eine wichtige Drehscheibe geworden. Auch für Hilfssendungen in die südfranzösischen Lager spielte es neben der Schweiz eine große Rolle. Von Lissabon aus sandte der Hilfsverein für jüdische Auswanderung mit Sitz in Zürich seine „Liebesgaben-Sendungen".[183] Was bestellt werden konnte und mit der Bestellung auch zu bezahlen war, richtete sich nach den portugiesischen Ausfuhrbestimmungen. Neben Päckchen und Paketen unterschiedlichen Gewichts mit haltbaren Waren gab es auch ein – wie es hieß – „Spezialangebot (nur für Internierungslager und Ghetti)." Mit aufrichtiger Dankbarkeit nahmen meine Eltern jede Unterstützung an, die Freunde und Verwandte für sie und Feo schickten.

Auch von Rivesaltes aus versuchte Vater, bei den Konsulaten in Marseille die Auswanderung zu erwirken. Er war dabei auf den Postweg bzw. die Unterstützung durch die Hilfswerke angewiesen und gelangte nur mühsam an Informationen,

---

[183] Siehe: Sauer, in: Wiehn (wie Anm. 127) S 81.

HILFSVEREIN FÜR JÜDISCHE AUSWANDERUNG

Vorstand:
Robert Faller, Präsident
Max Rosenfeld, Vice-Präs.
alt Rabbiner Dr. Littmann
alt Rabbiner Dr. Lewenstein
Rabbiner Dr. Taubes
Alfred Faller
Dr. Otto Elsner
Dr. Hugo Wyler

ZÜRICH - STAUFFACHERQUAI 44 - TEL. 3 8415

Liebesgaben-Sendungen

ab Portugal

Neue Preise!
September 1942

500 g-Päckchen:			Transport-versicherung	Total
		Fr.	Fr.	Fr.
Fischkonserven:				
No. 12	Sardinen	5.—	—.15	5.15	5 %
No. 14	Thunfisch	5.50	—.20	5.70	3 %
No. 44	Sardellenfilets (Anchovis)	5.—	—.15	5.15	10 %
No. 45	Fischgericht in Dose zum Warmessen	5.—	—.15	5.15	5 %
Getrocknete Früchte:				
No. 26	Feigen	3.25	—.10	3.35	
No. 31	Pflaumen	4.50	—.15	4.65	3 %
No. 33	Trauben	5.—	—.15	5 15	
No. 34	Nüsse	6.—	—.20	6.20	
No. 35	Mandeln				
Diverse:				
No. 36	Geschälte Kastanien, getrocknet	3.—	—.10	3.10	
No. 47	Tomatenpüree	3.25	—.10	3.35	
No. 49	Feigenbrot	4.75	—.15	4.90	5 %
Mischpakete:				
No. 16	Mischpaket «Bern», 200 g Sardinen, 250 g Thunfisch	5.25	—.20	5.45	
No. 27	Mischpaket «Luzern», 200 g Sardinen, 250 g Feigen	4.25	—.15	4.40	
No. 30	Mischpaket «Lugano», 200 g Nüsse und Mandeln, 250 g Trauben	5.50	—.20	5.70	
No. 48	Mischpaket «Ascona», 200 g getrock. Pflaumen, 250 g getrock. Kastanien	3.75	—.15	3.90	

Sendungen nach Italien und Holland min. 5 kg mit Portozuschlag von Fr. 1.50 für das 5 kg-Paket

5 kg-Pakete:						
No. 43 «Portugal»						
1500 g Fischkonserven	200 g Tomatenpüree	500 g Kastanien		39.—	1.—	40.—
450 g Feigen	500 g Trauben	500 g Pflaumen				
500 g Nüsse/Mandeln						

Spezialangebot (nur für Internierungslager und Ghetti - Rote-Kreuz-Pakete)
(vorübergehend, solange möglich)

A.	4 Büchsen Kondensmilch, 750 g Seife, 750 g Banacao, 500 g Schokolade, je eine Rolle schwarzen und weißen Zwirn, Nähnadeln	34.—	1.—	35.—
B.	2 Büchsen Kondensmilch, 500 g Käse, 500 g Haferflocken, 500 g Banacao, 750 g Kaffee, 500 g Schokolade, 450 g Honig, je eine Rolle weißen und schwarzen Zwirn, Nähnadeln	38.—	1.—	39.—
C.	1000 g Linsen, 450 g Honig, 750 g Haferflocken, 500 g Tee, 750 g Schokolade, 750 g Seife, je eine Rolle weißen und schwarzen Zwirn, Nähnadeln	36.—	1.—	37.—
D.	1000 g Linsen, 1000 g Haferflocken, 3 Dosen Kondensmilch, 500 g Schokolade, 3 Dosen Sardinen	29.—	1.—	30.—

6 %

«Colis Suisse». Dieses Paket kann nur von Frankreich nach Frankreich gesandt werden. Das Gewicht ist zirka 4 kg und enthält zurzeit folgenden Inhalt, das kann aber je nach vorhandenen Vorräten ändert: 1 kg Konfitüre, 1 kg Erbsen, 500 g Halva (Türkenhonig)-Brotaufstrich, 250 g Oliven, 1 Dose Sardinen, 125 g Pâte de figues, Nüsse 10.— (unversichert)

Die angegebenen Preise enthalten Porto, Versand- und Transport-Versicherungsspesen. Infolge der zurzeit noch ungeklärten Verhältnisse, kann vorläufig unsre Versicherung nicht auf Haftpflicht für die richtige Auslieferung der Päckchen nach dem Osten ausgedehnt werden.

Waren, deren Versendung infolge eintretender Ausfuhrverbote oder aus sonstigen Gründen unmöglich wird, werden durch andere Artikel gleichen Wertes ersetzt.

Für Bestellungen bitten wir beiliegendes Bestellformular benutzen zu wollen. Zahlungen erbitten zugleich mit der Bestellung auf unser Postscheck-Konto VIII 11 650.

Wir begrüßen Sie

mit vorzüglicher Hochachtung
HILFSVEREIN für jüdische Auswanderung:

Robert Faller

Angebotsliste des Hilfsvereins für jüdische Auswanderung für „Liebesgaben-Sendungen" ab Portugal, hier mit den Preisen vom September 1942. Eine ähnliche Liste hatte zuvor schon gegolten.

auf welchem Weg man Frankreich zu jener Zeit noch verlassen konnte. Eine Route sollte, so hatte er erfahren, über Martinique führen, eine Insel der Kleinen Antillen in der östlichen Karibik und damals wie heute Teil des französischen Mutterlandes. Die Martinique-Linie war Anfang 1941 eröffnet worden und wurde von drei Schiffen befahren. Dahin zu gelangen, bedeutete noch nicht die Freiheit, sondern erneute Internierung in einem dortigen Lager, bis man endlich zum eigentlich ins Auge gefassten Asylland weiterreisen konnte. Oft genug erreichten die Schiffe aber ihr Ziel gar nicht, sondern wurden unterwegs von den Alliierten aufgebracht und umgeleitet, etwa in die britische Kolonie Trinidad oder nach Nordafrika, wo die Auswanderer wiederum festsaßen. Vichy stellte die Martinique-Linie daher bereits im Mai 1941 wieder ein.[184] Diese Route war meinen Eltern also versperrt.

Vater rechnete mit Nachricht und Hilfe durch seine Geschwister Gutta und Louis, die seit einiger Zeit in den USA lebten. Gutta Rubel war zu ihren Kindern nach Hartford in Connecticut ausgewandert. Sie war seit einigen Jahren verwitwet. Ihr Mann Albert war einen Monat vor dem Machtantritt der Nazis gestorben. Albert Rubel aus dem pfälzischen Hochspeyer hatte im Ersten Weltkrieg für Deutschland gekämpft; seine beiden Brüder waren damals gefallen. Wir alle liebten Tante Gutta sehr. Vor der Emigration hatte sie in der Heimatstadt ihres Mannes gewohnt. Als ich nach Jahrzehnten eine deutsche Freundin in Saarbrücken besuchte, fuhren wir gemeinsam dorthin. Wir besuchten den Hochspeyerer Friedhof und fanden auf dem Kriegerdenkmal die Namen der Rubel-Brüder, die ihr Leben für Deutschland geopfert hatten. Ihre Namenszüge wirkten noch recht frisch für ein Ereignis, das schon so lange zurücklag. Da fiel mir ein, dass mein Cousin Herbert Rubel, Tante Guttas jüngster Sohn, gegen Ende des Zweiten Weltkriegs als amerikanischer Soldat nach Deutschland gekommen und in der Nähe seiner Heimatstadt stationiert gewesen war. Er hatte den Friedhof aufgesucht und war bestürzt darüber, dass man die Namen der Rubel-Brüder vom Denkmal entfernt hatte. An die gefallenen jüdischen Soldaten des Ersten Weltkriegs hatte offensichtlich nichts mehr erinnern sollen. Verärgert ging Herbert zur Bürgermeisterei – die Pfalz gehörte damals noch zur amerikanisch besetzten Zone – und verlangte, die Namen wieder einzusetzen. Er verließ Hochspeyer und kehrte nie mehr dorthin zurück. So kann ich nun bezeugen, dass die Ehrung für die Rubel-Brüder wiederhergestellt wurde.

Onkel Louis aus Darmstadt lebte mit seiner Frau Camilla und den beiden Söhnen

---

[184] Siehe: Obschernitzki (wie Anm. 155) S. 193 f. und 198; zu den von Januar 1941 bis Juli 1942 ab Marseille fahrenden Schiffen: S. 197-200.

Joachim und Erich, später Joe und Eric genannt, in New York City. Ihre ersten Jahre im Exil waren für sie, wie für die meisten Emigranten, sehr schwer. Wahrscheinlich hätten die Geschwister meinem Vater gerne geholfen, wenn es ihnen möglich gewesen wäre.

Vor vielen Jahren, als ich noch in Großbritannien lebte, habe ich Rivesaltes einmal besucht und englische Gäste der Gemeinde, die dort ein Ferienhaus hatten, gefragt, ob sie jemals etwas darüber gehört hätten, was sich an diesem Ort während der Vichy-Zeit zugetragen hat. Sie hatten keine Ahnung. Über die noch vorhandenen Überreste der einstigen Unterkünfte des Internierungslagers hatten sie noch nie nachgedacht. Wahrscheinlich wären ihnen die Einheimischen auch ausgewichen, wenn sie danach gefragt hätten. Bis heute geht man in Frankreich sehr ambivalent mit der eigenen Rolle während des Krieges um, und es hat auch recht lange gedauert bis zu der Entscheidung, in Rivesaltes eine Gedenkstätte zur Erinnerung an die Opfer jenes Lagers einzurichten.

Nachdem meine Eltern mit Feo im März 1941 von Gurs nach Rivesaltes verlegt worden waren, weitete Hitler seinen Krieg immer mehr aus. Am 30. März versammelte er die am geplanten Ostfeldzug beteiligten höheren Befehlshaber und eröffnete ihnen, dass mit dem Einmarsch in die Sowjetunion ein „Vernichtungskampf" bevorstehe, bei der es um die Auslöschung der ganzen bolschewistischen Weltanschauung gehe. Die sowjetischen Kommissare und die dortige Intelligenz hätten keine Schonung zu erwarten.[185] In den frühen Morgenstunden des 6. April 1941 begann sodann der Balkanfeldzug mit dem Einmarsch deutscher und italienischer Truppen in Jugoslawien und Griechenland. Jugoslawien kapitulierte bereits Mitte April, das griechische Festland war Anfang Mai besetzt.[186]

Am 22. Juni startete die Wehrmacht das seit langem vorbereitete Unternehmen „Barbarossa", den Angriff auf die Sowjetunion. In den Wehrmachtberichten war zu diesem folgenschweren Waffengang an jenem Sonntag nur zu lesen: „An der sowjetrussischen Grenze ist es seit den frühen Morgenstunden des heutigen Tages zu Kampfhandlungen gekommen. Ein Versuch des Feindes, nach Ostpreußen einzufliegen, wurde unter schweren Verlusten abgewiesen. Deutsche Jäger schossen zahlreiche rote Kampfflugzeuge ab."[187] Tatsächlich hatte es keinerlei Einflüge sowjetischer Flugzeuge gegeben und der Angriff hatte die Sowjetunion eigentlich völlig überrascht. Viele Deutsche werden dem Bericht geglaubt haben, dass die

---

[185] Siehe: Overesch (wie Anm. 1) Bd. 2, S. 163.
[186] Siehe im Detail: Wehrmachtberichte (wie Anm. 16) Bd. 1, S. 467-516 für die Zeit vom 6. April bis 2. Mai 1941.
[187] Wehrmachtberichte (wie Anm. 16) Bd. 1, S. 585.

Sowjets dem mit ihnen seit dem Hitler-Stalin-Pakt vom August 1939 verbündeten Deutschland in den Rücken gefallen seien. Zweifellos war Stalin ein Diktator, wie auch Hitler einer war. Aber die deutsche Propaganda bog hier die Wahrheit wieder einmal dreist zum eigenen Gunsten zurecht. Der britische Premierminister Churchill reagierte auf den deutschen Einmarsch in die Sowjetunion mit einer Rundfunkerklärung: „Hitler ist ein Ungeheuer an Verruchtheit, unersättlich in seiner Blut- und Raubgier [...]. Das Naziregime lässt sich von den schlimmsten Erscheinungen des Kommunismus nicht unterscheiden. Wir haben nur eine Absicht, wir haben nur ein einziges, unverrückbares Ziel. Wir sind entschlossen, Hitler und jede Spur des Naziregimes zu vernichten. Und davon wird uns nichts abhalten – nichts!"[188]

Bereits zwei Tage nach Beginn dieses von Hitler als Vernichtungskrieg geplanten Feldzugs war das litauische Kaunus unter deutscher Gewalt.[189] Damit war das Schicksal von Mutters Freundin Erna Fischel besiegelt. Nur sehr wenige Juden entkamen den fürchterlichen Massenmorden, die alsbald in den baltischen Staaten durch deutsche wie durch einheimische Kräfte exzesshaft betrieben wurden.[190] Den ganzen Sommer 1941 über waren die Wehrmachtberichte voll von deutschen Erfolgsmeldungen, welche den Eindruck vermittelten, als sei der Sieg über die Sowjetunion nur noch eine Frage der Zeit. In Hitlers Vorstellung hätte das Land bis zum Jahresende vollständig unterworfen sein sollen.[191]

Victor Klemperer hatte am 16. April 1941 in sein Tagebuch notiert: „Zur Lage: Serbien, Griechenland vernichtet, englische Expeditionskorps im Abtransport, ganz Cyrenaika zurückgewonnen, ägyptische Grenze überschritten, Türkei still, Russland still. Warum lassen sich die anderen einzeln abschlachten?"[192] Die Sommermonate sollten für ihn ein ständiges Hin und Her werden zwischen vager Hoffnung und Entmutigung ob der Ungewissheit der eigenen Lage. Im Mai hörte

---

[188] Overesch (wie Anm. 1) Bd. 2, S. 185.

[189] Overesch (wie Anm. 1) Bd. 2, S. 186.

[190] Zu den Geschehnissen in Kaunas siehe: Kaiser, Reinhard/Holzman, Margarete (Hrsg.): „Dies Kind soll leben". Die Aufzeichnungen der Helene Holzman 1941-1944. Frankfurt a. M. 2000. Auch die Familie Holzman war mit Erna Fischel befreundet (Hinweise bezogen auf Juli 1941: S. 29 und 377). Genaueres zu deren Schicksal ist dem Buch nicht zu entnehmen.

[191] Zu den Erfolgsmeldungen siehe: Wehrmachtberichte (wie Anm. 16) Bd. 1, S. 585-684 für die Zeit von Juni bis Ende September 1941. Der Öffentlichkeit nicht bekannt gegeben wurde eine von Hitler genehmigte Denkschrift des Oberkommandos der Wehrmacht vom August 1941 mit der darin getroffenen Feststellung, der Feldzug gegen die Sowjetunion könne im Jahr 1941 nicht mehr beendet werden. Siehe dazu: Overesch (wie Anm. 1) Bd. 2, S. 201.

[192] Klemperer (wie Anm. 17) Bd. 1, S. 588. Zum Folgenden, d. h. für die Zeit von Mai bis September 1941 siehe: S. 592-669.

er von einer Bekannten in Pirna, im ganzen Bezirk seien schon 10.000 Männer eingezogen und nach Osten kommandiert worden. Der deutsche Überfall auf die Sowjetunion, von Goebbels anschließend in einer Radiorede gerechtfertigt wegen des angeblichen Verrats des – wie es damals hieß – jüdisch-bolschewistischen Russlands, überraschte Klemperer sicher nicht vollends. Verwundert registrierte er jedoch die Stimmung in der Bevölkerung unmittelbar darauf: „Im ‚Einnehmerhaus' wurde getanzt, überall vergnügte Gesichter. Eine neue Gaudi, eine Aussicht auf neue Sensationen, neuen Stolz ist der russische Krieg für die Leute."

Wollte er über die offiziellen Verlautbarungen und die Einschätzungen Hitler ergebener Zeitgenossen hinaus mehr über den Kriegsverlauf im Osten erfahren, so war er auf Berichte Einzelner angewiesen, die aus eigenem Erleben Genaueres wussten. So erfuhr er bereits im Juli durch den in der polnischen Grenzregion beim Autobahnbau beschäftigten Sohn von Mitbewohnern des „Judenhauses" Folgendes: „Wir hätten ungeheure Verluste, hätten die Widerstandskraft der Russen unterschätzt, sie schienen im Angriff gegen die Ölquellen in Rumänien, sie seien an Mannschaft und auch an Ausrüstung unerschöpflich, sie seien nicht in diesem Sommer zu überrennen." Aus dem Gespräch mit einer Bekannten, deren Mann in Russland stationiert war, entnahm er des Weiteren: „Die Deutschen waten fürchterlich im russischen Blut." Und aus verschiedensten anderen Berichten, etwa zurückgekehrter Soldaten, konnte er schließen, dass die deutsche Lage prekär, ein Sieg über die Sowjetunion vor dem Wintereintritt kaum zu erwarten, ein Durchhalten über die Winterzeit angesichts des vorhandenen Rohstoffmangels so gut wie unmöglich sei. In den Zeitungen registrierte Klemperer mehr als je zuvor Gefallenenanzeigen, mittlerweile jedoch seltener versehen mit der Wendung „Für Führer und Vaterland gefallen". Auch fiel ihm auf, dass die Leute sich häufiger wieder mit „Guten Tag" anstatt mit „Heil Hitler" grüßten.

Die Versorgungslage verschlechterte sich mit dieser exorbitanten Ausweitung des Krieges rapide, die Juden waren hiervon zwangsläufig besonders hart betroffen. So genannte „Mangelwaren", zu denen etwa Gemüse und Salat zählten, wurden von deren Haushaltskarten ganz gestrichen. Auch der Bezug von Tabakwaren war ihnen verboten. Die immer restriktiver werdenden Bestimmungen gegenüber den Juden in Deutschland gingen einher, wie Klemperer sorgenvoll vermerkte, mit einer zunehmenden Hetze, einer immer maßloser und widerwärtiger werdenden Schimpferei auf alle Juden. Mit der Einführung des „Judensterns", den alle seit dem 19. September 1941 vom sechsten Lebensjahr an gut sichtbar an der Kleidung tragen mussten, wurde ihnen auch die Benutzung der Omnibusse untersagt. Straßenbahnfahrten waren nur noch stehend auf dem offenen Vorderperron erlaubt. Klemperer notierte: „Die Zeitung begründet: Nachdem das Heer die Grausamkeit etc. des Juden am Bolschewismus kennen gelernt, müsse den Juden hier jede Tarnungsmöglichkeit genommen werden, um den Volksgenossen jede Berührung mit ihnen zu ersparen." Von der Grausamkeit der Deutschen auf ihrem Vormarsch gen Osten, ihren bestialischen Massenmorden an der dortigen jüdischen Bevölkerung schrieben die Zeitungen nichts.

Moritz Oppenheimer
Centre d'Hébergement, Ilot B, Baraque 58, Rivesaltes, Pyrénées Orientales, France
1. September 1941
Lieber Ernst !
Deine Schreiben und neun Päckchen von Portugal haben wir bereits mit unserem letzten Schreiben vom 13. August bestätigt. Es ist sonderbar, dass wir von Werner seit Mai keine Nachricht mehr haben. Wenn eine Einreise nach Argentinien für uns nicht möglich sein sollte, dann wollen wir aber mit aller Kraft die Einreise nach USA betreiben. Gib Dir deshalb Mühe. Einliegende Fragebogen bitte ich noch zu ergänzen und gleich weiterzuleiten, die Adressen zu vervollständigen. Seit Jahren machte ich mir nun Hoffnung, mit der Familie in Gemeinschaft mit Werner etwas aufzubauen, zumal Hannah jetzt auch in der Landwirtschaft ausgebildet ist und die übrigen Kinder herangewachsen sind; ist auch da wieder ein Strich durch die Rechnung gemacht. Es ist doch so, dass ich mich in der Landwirtschaft noch gut betätigen hätte können, während ich in USA keine Betätigung finde. Andererseits brauche ich wohl nicht besonders zu erwähnen, wie dringend nötig es ist, dass wir mit der Familie wieder vereint werden. Ich weiß, dass Du Deine Schuldigkeit tust und bin Dir für alles dankbar, was Du seither getan hast. Bitte uns auch weiter zu unterstützen. Zum Jahreswechsel empfange die besten Wünsche. Grüße alle unsere Lieben und gratuliere in unserem Namen. Sei noch herzlich gegrüßt von Deinem
Vater

Lieber Ernst,
auch ich danke Dir wie immer herzlich für Deine uns sehr willkommene Hilfe. Hoffentlich geht's Dir gut. Ich wünsche Dir und Deiner zukünftigen Frau das Beste fürs kommende und alle zukünftigen Jahre. Das, was Eure Jugendjahre be-schwerte , soll Euch tausendfach durch Gutes in jeder Hinsicht vergolten werden.

Brief meiner Eltern an Ernst vom 1. September 1941.

Wir haben jetzt länger als sonst nichts von Dir gehört, auch von Tante Liese respektive den Kindern erwarte ich von Tag zu Tag Post. Von Werner fehlt, wie gesagt, seit Monaten Nachricht. Grüß Verwandte und Bekannte von uns und wünsche allen in unserem Namen das Beste. Wir können, wie man verstehen wird,
jetzt nicht Dutzende von Neujahrsbriefen in die Welt schicken. Stehst Du noch
mit Rena in Verbindung? Ich werde gerade ihr doch nächstens einmal schreiben
oder ihr einen Abschnitt an einen Brief an Dich beifügen. Ich unterrichte nach
einer Pause von drei Wochen jetzt wieder, habe aber nur Mädchen, sodass die
Arbeit viel leichter ist. Ich habe einige materielle Vorteile durch diese Arbeit. Dir
nochmals alles Gute und hoffentlich auf Wiedersehen im nächsten Jahr. Uns allen Glück, Segen, Freiheit und Frieden
Deine Mutter

Margarete Oppenheimer
Centre d'Hébergement, Ilot B, Baraque 25, Rivesaltes, Pyrénées Orientales,
France
8. September 1941
Meine liebe Liese, liebe Frau Schwarzwald, liebe Kinder,
heute kam Euer lieber Brief vom 17. August bei uns an. Ich wartete schon ein
paar Tage darauf, denn seit Empfang Eures letzten Schreibens war etwas mehr
Zeit als sonst vergangen. Immer wieder ist zu sagen, dass die Post von Euch zu
uns viel schneller geht als umgekehrt; wir sind aber glücklich, dass sie überhaupt
funktioniert. Es wäre schrecklich, wenn wir nicht in Verbindung miteinander wären.
Wir freuten uns sehr über die guten Nachrichten betreffend der Kinder, sind
aber beunruhigt, dass Du, liebe Liese, anscheinend überanstrengt bist. Dass
Hannah einen so schönen Geburtstag feiern durfte, ist sehr fein. Ich selbst verbrachte den Tag in sehnsuchtsvollem und etwas trübseligem Gedenken. Immer
wieder warten wir aufs „kommende Jahr", und weil es gerade so nahe bevorsteht, will ich nicht versäumen, Euch die besten Wünsche zu senden. Man darf
ja trotz allem die Hoffnung nicht verlieren, wenn es auch bei uns zurzeit gar
nicht nach einer Änderung und Auswanderungsmöglichkeit aussieht. Wie ich
Euch wohl schon schrieb, hören wir über Ernst, dass Werner die argentinischen
Einwanderungspapiere für uns abgelehnt bekam. Es ist uns überhaupt gar
nicht lieb, dass wir schon seit Mai keine Nachricht von Werner haben, und ich bin
froh, dass Hannah von ihm gehört hat. Wir schreiben ihm oft.
Von Lotte bekam ich keine Briefe, weiß auch gar nichts von Onkel Hermann, und

von Annie hatte ich nur einmal in Monaten durch meinen Schwager Gustav einen Gruß übers Rote Kreuz. Dass ich eine Anfrage eines Hilfskomitees bekam – jetzt weiß ich, dass sie durch Ihre Schwester veranlasst war, liebe Frau Schwarzwald –, schrieb ich Euch bereits.

10. September 1941. Ich kam seit vorgestern nicht zum Schreiben. Vielleicht war es ganz gut, denn gestern kam ein Brief von Dir an, liebe Lotte. Er war vom 22. August, und Dein Gedenken und Deine Herzlichkeit freuten uns sehr. Die von Dir erwähnten anderen Briefe an mich und Moritz haben wir, wie gesagt, nicht erhalten. Gerade vor ein paar Tagen hatte ich einen Brief von Tante Lulu, in dem sie anfragt, ob ich nichts von Deinem Vater und von Annie wisse. Annie schickte mir einmal ein Paket nach Gurs. Das ist aber jetzt unmöglich. Ich wollte sie gerade am Tag unserer Ausreise aus Mannheim besuchen. Es war noch ein Glück, dass ich nicht gefahren bin. Tante Lulu ist jetzt in Marseille. Sie rechnet selbst mit einem längeren Aufenthalt dort, doch ich hoffe, dass nun immerhin schon ein tüchtiger Schritt zu ihrer Auswanderung getan ist.

Nun hoffe ich, dass Ihr beide, Lotte und Liese, Euch ein bisschen ausruhen könnt. Ich selbst überanstrenge mich nicht, obwohl ich von früh bis spät ununterbrochen beschäftigt bin. Ich gebe am Vormittag und Nachmittag Unterricht. Es ist aber nicht mehr so schlimm wie vorher, da ich nur noch Mädels habe. Dafür muss ich für die Wäsche und Instandhaltung der Kleidung sorgen, ein bisschen kochen usw. Feochen ist nicht mehr ganz so süß wie vorher, folgt weniger. Schule hat es zum Glück jetzt auch, aber von da bis zur normalen Beschäftigung, wie sie so ein Kind haben müsste, ist doch noch ein großer Schritt. Michael schreibt die nettesten Briefe mit sachlichen Berichten über Feste, Fußballspiele usw. Zurzeit sind beide sehr stolz, eine Schwägerin bekommen zu haben. Die Nachricht von Ernsts Verheiratung freute uns sehr. Die Frau schrieb besonders nett und herzlich. Ein Brief mit besonderen Zeilen für die Kinder ist an Euch unterwegs. Gesund sind wir drei hier nach wie vor. So Gott will, bleiben wir es. Schreibt bald wieder. Post ist die größte Freude. Nochmals alles Gute und die besten Grüße

Eure Grete

Margarete Oppenheimer
Centre d'Hébergement, Ilot B, Baraque 25, Rivesaltes, Pyrénées Orientales, France
23. Oktober 1941

Liebe Liese, liebe Frau Schwarzwald,

vor ein paar Tagen kam Euer lieber Brief vom 25. September, wie so oft nur einen knappen Tag, nachdem ich einen Brief an Euch weggeschickt hatte. Diesmal versuche ich es wieder über Lissabon, da überholt dieses Schreiben vielleicht noch das erste. Wie immer war Euer Brief uns eine große Freude. Es ist mir ein so großer Trost, dass Du, liebe Liese, wenigstens schriftlich mit den Kindern in enger Verbindung stehst und wir dadurch von vielen sorgenvollen Gedanken befreit sind. Es ist ja so schön, dass es den beiden gut geht. Ich erwarte bald wieder Originalbriefe. Ruth soll mir schreiben, wie die Bücher heißen, die sie als Preise bekam, und Hannah soll weiter von ihrem Leben berichten. Von uns gibt's wenig Neues zu erzählen. Von unserer Schule schrieb ich ja schon. Ich habe sehr viel und sehr anstrengende Arbeit, sechs volle Stunden pro Tag. Am Vormittag und Nachmittag je nur eine kurze Pause von 15 Minuten. Alle Elementarfächer und Hilfsmittel zur Vorbereitung. Schwierige Arbeitsbedingungen, da die Klassen von den Nachbarräumen nur unvollkommen getrennt sind. Dazu sind die Kinder sehr ungleichmäßig vorgebildet und auch sehr von Ordnung, Arbeit und Regelmäßigkeit entwöhnt (in Gurs sehnten sie sich noch direkt nach Lernen). Ich bin ja auch nicht mehr die Jüngste. Zurzeit bin ich die einzige Lehrkraft aus Kreisen der Hébergés, die mit den jungen französischen Lehrern zusammenarbeitet. In der Mittagszeit muss ich versuchen, Strümpfe zu stopfen und das, was sonst nötig ist, zu erledigen. Da es jetzt früh dunkel wird, kann man abends wenig erledigen. Zurzeit sind hier seit ein paar Tagen eisigkalte Winde. Ich hätte in diesen südlichen Gegenden eine solche Kälte im Oktober nicht für möglich gehalten. Wenn nicht der Trost wäre, dass hier auch oft das Wetter von einer Stunde zur anderen ins Gegenteil umschlägt, würden wir uns sehr vor dem Winter fürchten, dem zweiten im Camp! Aber von der Heftigkeit dieser Stürme macht man sich nur einen Begriff, wenn man sie erlebt hat. Gesundheitlich geht's einigermaßen, nur habe ich wieder über mein altes Unterleibsleiden zu klagen. Vielleicht würde ich mich eher zu einer Radikallösung, einem operativen Eingriff, entschließen, wenn Feo auch in einem Kinderheim wäre. Wir haben nicht energisch dafür gesorgt. Erstens ist es schwer, auch das Sechste herzugeben, zweitens wollte es selber um keinen Preis, aber ein Fehler war's doch. Was körperliches Wohl und Erziehung anbetrifft, wäre das Kind sicher in einem Heim besser aufgehoben. Michael schreibt weiterhin sehr gut und nett. Von Ernst und Werner hatten wir jetzt längere Zeit keine Nachricht. In großer Aufregung war ich ein paar Tage wegen Helene. Hier hielt sich hartnäckig das Gerücht, sie sei gestorben. Da war ich glücklich, als ein Brief von ihr selbst ankam, in dem sie sich über die Kondolenzen, die ihretwegen erfolgt waren, lustig macht. Wir waren in Mannheim und Gurs einander wieder sehr nahe. Von Hertha hatte ich vergangene Woche einen lieben Brief und sogar ein

Päckchen, das sie sich vermutlich von ihren eigenen Sachen abgespart hat; direkt rührend. Sie ist „liberiert", wohnt auf einem kleinen Platz. Ihre Tochter, ein nettes Mädchen, ist in England und arbeitet fleißig als Säuglingspflegerin. Auch mit Tante Lulu stehe ich in Briefwechsel; sie ist in Marseille, kommt jedoch auch dort mit ihren Auswanderungsangelegenheiten schlecht vorwärts und fühlt sich sehr einsam. Moritz sorgt weiter sehr gut für mich, wenn ich abgehetzt aus der Schule komme. Außer Tee bereitet er Heringspaste, Suppen und dergleichen und entwickelt ungeahnte Talente.

Liebe Liese, gräm Dich nicht, dass Du schwere Putzfrauenarbeit tun musst. Sei froh, dass Du sie dort, wo Du bist, tun kannst. Du hast dann doch ein eigenes Heim. In unserer früheren Heimat hätten wir es auch nicht schön. Dabei bin ich gewohnt, alle Gerüchte mindestens durch zwei zu dividieren. Der Brief gilt auch für Lotte mit. Lehrer Seif lässt die Kinder grüßen. An Euch alle denkt immer und grüßt Euch

Eure Grete

Meine Eltern, Anfang September 1941 noch voller Hoffnung auf die Einreisegenehmigung für Argentinien, traf es wie ein Schlag, als wenige Tage später all die Papiere wertlos geworden waren, die sie für die Auswanderung so mühsam zusammengetragen hatten. Auch Werner hatte dort viel Arbeit in die erneute Ausstellung einer Llamada investiert. Um an den Zug zu kommen, musste er immer erst zur nächsten Bahnstation reiten. Die Hauptstadt Buenos Aires, in der alle entscheidenden Behörden saßen, war von seinem Wohnort sehr weit entfernt. Die zuständigen Stellen haben Werner jedoch nie mitgeteilt, dass das argentinische Außenministerium schon recht bald nach Kriegsbeginn eine Anordnung getroffen hatte, nach der Juden nicht mehr ins Land gelassen werden durften. Er und damit auch meine Eltern – und all die anderen – wurden somit völlig im Unklaren über die wahren Absichten der argentinischen Einwanderungspolitik gelassen. Die Aufnahme von vielen Nazi-Verbrechern und deren Schutz seit 1945 hingegen fiel Argentinien nicht schwer. Diejenigen jüdischen Flüchtlinge, die es geschafft hatten, noch rechtzeitig ins Land zu gelangen, mussten fortan Seite an Seite mit diesen Verbrechern leben. Alle wussten ganz genau, wer was vordem gewesen war.

Unsere Eltern setzten nun ihre letzte Hoffnung darauf, vielleicht doch noch in die USA einwandern zu dürfen. Vater hatte alle nötigen Fragebögen ausgefüllt und sie Ernst zurückgeschickt mit der Bitte um Ergänzungen. Im Lager derart überlebenswichtige Dinge zu regeln, war gewiss nicht leicht. All ihre Papiere hatten sie bei der Ankunft abgeben müssen. Viele Unterlagen waren vermutlich auch in Mannheim zurückgeblieben, als sie die Deportation nach Gurs so überraschend ereilte. Außerdem konnte Vater das Lager nicht einfach verlassen, um im amerikanischen Konsulat in Marseille vorzusprechen, wie er dies von Mannheim aus noch bei dem in Stuttgart gekonnt hatte.

Inzwischen hatten sich die amerikanischen Bestimmungen verschärft. Am 30. Juni 1941 hatte das US-Konsulat den in den Lagern tätigen Hilfsorganisationen die neuen Richtlinien zur Vergabe von Visa mitgeteilt. Danach waren dem Auswärtigen Amt in Washington ein Lebenslauf des Antragstellers sowie zwei Vermögensgarantien vorzulegen. Die Bürgen in den USA mussten die Antragsunterlagen beim Auswärtigen Amt anfordern. Die Konsulate konnten sie forthin nicht mehr ausgeben. Erst nach Vorprüfung der ausgefüllten Formulare in Washington wurden diese, sofern sie für ausreichend erachtet wurden, den zuständigen Konsulaten zur weiteren Bearbeitung und zur Begutachtung des Antragstellers zugeleitet. Dieser musste ergänzend beweisen, dass er ein Ausreisevisum sowie gegebenenfalls ein Transitvisum erhalten werde und ferner die Reservierung für eine Schiffspassage mit festem Termin besaß. Einreisevisa in die USA blieben dabei nur vier Monate gültig.[193]

Es ist leicht vorstellbar, dass sich damit schier unüberwindbare Hürden vor meinen Eltern auftürmten. Sie waren völlig auf Ernst angewiesen, also auf das, was er in den USA erreichen konnte. Zudem wussten sie zum Zeitpunkt, als Vater die Fragebögen ausfüllte, noch nicht, dass sie überhaupt kein Ausreisevisum aus Frankreich mehr erhalten würden. Die Schiffspassage wäre eine weitere Hürde gewesen. Wenn ich mir in Kenntnis dieser Fakten heute die damalige Lage meiner Eltern vergegenwärtige, bin ich entsetzt über die Gleichgültigkeit und Ignoranz, welche nicht nur im antisemitischen Vichy-Frankreich, sondern auch in den USA gegenüber all jenen herrschte, die so dringend auf ihre Rettung warteten.

Meine Eltern verzweifelten dennoch nicht und kamen den neuen, verschärften Anforderungen für die ersehnte Einwanderung in die USA nach. Sie mussten alles tun für uns Kinder, um die Familie wieder zu vereinen. So waren sie auch glücklich über jede Nachricht, mit der sie erfuhren, dass es uns gut ging. Eine Neuigkeit, über die Mutter sich sehr freute, war die Heirat von Ernst mit Ada. Meine Mutter kannte seine Frau zwar nicht, nahm sie aber sogleich gerne in die Familie Oppenheimer auf. Sie war glücklich über den warmherzigen und liebevollen Brief ihrer Schwiegertochter, der sie in Rivesaltes erreichte.

---

[193] Die Bestimmungen sind abgedruckt in: Obschernitzki (wie Anm. 155) S. 201 f.

Am 7. August 1941 war meine Schwester Hannah 16 Jahre alt geworden. Mutter hatte an jenem Tag mit Trauer und Sehnsucht an sie gedacht. Ihrer Ältesten war es nicht vergönnt gewesen, in England eine weiterführende Schulausbildung zu machen. Sie musste früh und hart arbeiten, um ihren Lebensunterhalt zu verdienen und konnte ihren Berufswunsch erst nach dem Krieg und nachdem sie in die USA ausgewandert war verwirklichen. Dennoch beklagte sich Hannah in ihren Briefen an die Eltern nie. Mit Sicherheit begriff sie viel besser als ich, in welcher Lage meine Eltern seinerzeit waren, hatte gewiss auch mehr Informationen über das, was in Europa geschah. Auch Michaels Briefe gaben Mutter allen Grund zur Freude. Das Fußballspielen hatten mein Bruder und die anderen Jungen seines Heims durch Jules Frey erlernt, einen jungen österreichischen Juden, der zwangsweise in der Gemeinde Aspet angesiedelt worden war, dort keine rechte Aufgabe fand und Alice Resch eines Tages angeboten hatte, ihr bei der Arbeit mit den Kindern zu helfen.[194] Solche Spiele im Freien und die vielen Unternehmungen draußen trafen Michaels Geschmack sehr. Um Feos Zukunft im Lager machte sich Mutter allerdings ernsthafte Sorgen. Die desolate Situation dort erschien ihr für die Entwicklung meiner Schwester nicht besonders förderlich, womit sie sicher Recht hatte. Viele Kinder waren auf sich gestellt, lungerten im Gelände herum und hatten keine altersgemäße Beschäftigung, die ihnen Halt und Orientierung bot. Auch wenn es Unterricht für die schulpflichtigen Kinder gab, waren doch die Verhältnisse in der Lagerschule weit entfernt von dem, was Mutter als erfahrene Lehrerin unter einem ordentlichen Schulbetrieb verstand. Sie wünschte sich, dass Feo in der Geborgenheit eines Kinderheims leben könne. Aber leicht fiel ihr eine solche Entscheidung nicht, zumal sie gegen Feos Willen getroffen werden musste.

Immerzu werden in den Briefen Verwandte genannt, um die sich meine Mutter Sorgen machte. Tante Lulu war vielleicht keine Tante im eigentlichen Sinn, aber Kinder nannten damals auch ältere entfernte Verwandte so. Ich erinnere mich, dass sich meine Mutter und ihre Schwester Liese einmal recht amüsiert über Tante Lulu unterhalten haben. Sie muss eine Verwandte mütterlicherseits und älter gewesen sein als Mutter und Tante Liese. Ihren richtigen Namen konnte ich bis heute nicht in Erfahrung bringen, denn es lebt niemand mehr, den ich fragen könnte. Sie stammte höchstwahrscheinlich aus Baden, vielleicht sogar aus Mannheim, und hatte es geschafft, aus Gurs nach Marseille zu gelangen, um von dort auswandern zu können. Aber aufgrund des Ausreiseverbots für die

---

[194] Siehe: Resch Synnestved (wie Anm. 137) S. 102.

Deportierten der Bürckel-Wagner-Aktion ist zu befürchten, dass Tante Lulu den Deportationen nach Drancy und weiter nach Auschwitz zum Opfer gefallen ist.

Von ihrer Cousine Annie, Tante Lottes Schwester, und von deren beider Vater Hermann Oppenheim hatte Mutter schon lange keine Nachricht mehr erhalten. Die Nazis hatten kein Interesse daran, dass die Juden in Frankreich mit ihren in Deutschland verbliebenen Verwandten und Freunden Kontakt halten konnten. Mutter übertrieb nicht, als sie schrieb, dass sie am 22. Oktober 1940 zum Glück nicht bei Annie in Mainz zu Besuch war. Nicht auszudenken, was mein Vater, meine jüngeren Geschwister und die Waisenhauskinder am Tag der Deportation ohne meine Mutter gemacht hätten. Es wäre eine Katastrophe gewesen. Weder Tante Annie noch ihr Vater Hermann Oppenheim überlebten.

Wegen des Gerüchts, ihre Cousine Helene Friedmann, unsere Tante Helene, sei gestorben, wird Mutter am Boden zerstört gewesen sein. Sie kannten sich ein Leben lang und waren einander sehr nahe. In Marseille sollten sie sich bald wiedersehen. Auch Helene Friedmann wurde, wie die meisten deutschen Juden in Südfrankreich, schließlich ermordet. Aber in jenem Oktober 1941 erwies sich die Nachricht von ihrem Tod zum Glück noch als falsch. Ich erinnere mich sehr gut an Tante Helene. Sie war eine nette, kultivierte und elegante Frau, hatte in Mannheim gewohnt und wir besuchten sie gelegentlich, schon bevor wir selbst dorthin ziehen mussten. Helene Friedmann, sieben Jahre älter als meine Mutter, war eine geborene Krämer und entstammte dem Mannheimer Zweig ihrer Familie. Sehr wahrscheinlich war sie die Tochter eines Bruders meines Großvaters Moritz Krämer. Unseren Großvater, der entweder vor meiner Geburt oder kurz danach gestorben ist, habe ich nie kennen gelernt. Zu ihm und seinen sonstigen Familienangehörigen besitze ich keinerlei Überlieferung. Die Einzige, die ich hätte fragen können, wäre Mutters Schwester Liese gewesen. Aber es war nach dem Ende des Nazi-Regimes und angesichts so vieler ermordeter Familienmitglieder sehr lange ein Tabu, nach Angehörigen bzw. nach deren Verbleib zu fragen.

Zum Zeitpunkt ihrer Deportation nach Gurs war Tante Helene bereits Witwe. Ihr Mann Siegmund Leopold Friedmann, Mitinhaber einer Mannheimer Heizungs- und Sanitärgroßhandlung, war im Januar 1933 im Alter von 57 Jahren verstorben, kurz bevor die Nazis an die Macht kamen. Danach hatte meine Tante die Mitinhaberschaft der Firma, welche im Quadrat F 7, 22/23 direkt am Luisenring lag, bis zu deren Auflösung im März 1939 übernommen. Im Juni des gleichen Jahres war Helene Friedmann eine Leitungsaufgabe im jüdischen Altersheim im Quadrat B 7, 3 übertragen worden, und sie hatte die Reise nach Gurs daher gemeinsam mit den dort wohnenden alten Menschen antreten müssen. Ihre Söhne

FICHE D'IDENTITÉ du CENTRE D'ÉMIGRATION (Bompard)

FICHE D'IDENTITÉ

Noms : *Friedmann née Kraemer*

Prénoms : *Hélène*

Lieu de naissance : *Mannheim*   **Date :** *15-2-85*

Nationalité *allemande*

Célibataire, Mariée (Biffer la mention inutile) :

Profession : *directrice d'hospice*

Domicile habituel : *Mannheim*

Destination :

Venant de *Camp de Gurs*

Date d'entrée en France : *25-10-40*

A Marseille depuis le : *4-12-41*

Pièces d'identité présentées :

A été amenée par :

Rentrée le : *4-12-41*

Sortie le :

Karteikarte von Mutters Cousine Helene Friedmann nach deren Verlegung in das Hôtel du Levant in Marseille.

Robert und Georg Leopold waren 1936 und 1938 nach Palästina, Sohn Kurt war 1937 in die USA emigriert.[195]

Auf irgendeinem Weg muss Mutter Nachricht von Richard Seif erhalten haben, unserem früheren Lehrer aus der jüdischen Schule in Höchst. Er hatte außerdem den Wagen gefahren, mit dem wir Kinder aus Fränkisch-Crumbach und Reichelsheim jeden Tag dorthin gelangten. Das war keine ungefährliche Fahrt, zum einen, weil das Auto eine alte Klapperkiste war, mehr noch aber wegen der Attacken durch Steinwürfe und Schlimmeres, denen der „jüdische" Bus wiederholt ausgesetzt war.[196] Für Seif, junger Vater dreier kleiner Kinder, waren diese Fahrten eine außerordentliche Belastung. Im Juni 1939 verzog er nach Renver in den Niederlanden[197], denn dieses Nachbarland galt damals noch als ein sicheres Refugium, auch zur Vorbereitung der weiteren Emigration nach Übersee. Seine Frau Frieda zog einen Monat später nach Frankfurt am Main, wohin die Kinder schon kurz nach der Pogromnacht gebracht worden waren.[198] Es gelang Richard Seif nicht, von den Niederlanden aus die Flucht seiner Familie in die Wege zu leiten. Dem Brief meines Vaters vom 8. Mai 1942 zufolge hielt sich Lehrer Seif damals in Frankreich auf, wohin er vermutlich gleich nach der deutschen Invasion der Niederlande geflohen war. Seine Frau und die drei Kinder wurden am 16. September 1942 von Frankfurt am Main nach Theresienstadt deportiert. Zwei Jahre später, am 12. Oktober 1944 erfolgte ihre weitere Verschleppung nach Auschwitz in den Tod. Die Kinder waren damals sechs, sieben und zehn Jahre, ihre Mutter war 34 Jahre alt. Richard Seif ereilte dieses Schicksal bereits früher. Mit dem Transport Nr. 31, der Drancy am 11. September 1942 mit Menschen aus unterschiedlichen französischen Lagern verließ, kam er zwei Tage später in Auschwitz an.[199]

---

[195] Die Informationen zur Familie Friedmann und deren beruflichem Hintergrund verdanke ich Michael Caroli vom Stadtarchiv Mannheim (Auskunft vom 13. August 2007). Zum Altersheim in B 7, 3 siehe: Keller (wie Anm. 47) S. 127 ff. Helene Friedmann, am 15. Februar 1885 geboren, lebte zuletzt, wie meine Mutter, im Hôtel du Levant in Marseille. Sie wurde mit dem ersten Transport aus dem Lager Les Milles am 11. August 1942 nach Drancy verbracht. Siehe dazu: Klarsfeld, Serge: Les Transferts de Juifs de la Région Marseille vers les Camps de Drancy ou de Compiègne en Vue des leur Déportation 11 Aôut 1942 - 24 Juillet 1944. Paris 1992, S. 6. Ihre Deportation nach Auschwitz in den Tod erfolgte am 14. August 1942 mit dem Transport Nr. 19. Siehe dazu: Klarsfeld (wie Anm. 11) S. 159.

[196] Siehe: David (wie Anm. 2) S. 33 f.

[197] Siehe: Grünewald (wie Anm. 63) S. 271.

198 Siehe: Grünewald (wie Anm. 63) S. 189, 278 f und 280 f.

[199] Zu Frieda Seif und deren Kindern: Theresienstädter Gedenkbuch (wie Anm. 111) S. 622; zu Richard Seif: Klarsfeld (wie Anm. 11) S. 272. Aufgrund des schlechten Zustandes der Deportationslisten wird sein Geburtsdatum mit 9.1.1910 statt mit 8.1.1910 angegeben.

Mutters Brief vom 23. Oktober 1941 an ihre Schwester Liese und deren Freundin Josefine Schwarzwald sowie an Tante Lotte war nicht für uns Kinder bestimmt. Ich las ihn erst 24 Jahre später, nachdem Tante Liese 1965 im Alter von 70 Jahren in England verstorben war. Gegenüber diesen engen Vertrauten vermochte Mutter Probleme mit der eigenen Gesundheit eher anzusprechen und auch, wenngleich sehr zurückhaltend, politische Schwierigkeiten anzudeuten. Der Hinweis, sie würden es in der früheren Heimat auch nicht schön haben, selbst wenn Mutter nicht allen Gerüchten geglaubt haben mag, ist ein untrügliches Indiz dafür, dass sie über die sich für die Juden dramatisch verschärfende Lage dort einiges wusste. Man konnte im Lager Rivesaltes durchaus Zeitungen kaufen, auch wenn diese nur im Sinne der Vichy-Regierung oder der Nazis berichteten. Man musste eben zwischen den Zeilen lesen. Internierte, die Kontakte in neutrale Länder wie die Schweiz hatten, erhielten sicher auch auf diesem Weg Informationen. Darüber hinaus gab es im Lager zahlreiche antifaschistische Spanier, die dieses zur Arbeit leichter verlassen konnten als die jüdischen Internierten, und die eine sehr kritische Haltung sowohl gegenüber der französischen Internierungspolitik als auch gegenüber Deutschland einnahmen. Und schließlich arbeiteten hier etliche Hilfswerke sowie auch französische Rabbiner. Sie alle werden schon irgendwie berichtet haben, was sie wussten, und dies dürfte sich unter den Internierten eben rasch herumgesprochen haben.

Erst aus Briefen wie diesem konnte ich mir ein ungefähres Bild davon machen, wie hart das Leben meiner Eltern tatsächlich war. Es war ein handgeschriebener Brief auf einem kleinen Stück Papier von schlechter Qualität. Erstaunlich ist, wie viele Informationen Mutter auf so einem Papierfetzen übermittelte. Papier war eine Kostbarkeit und musste deshalb komplett beschrieben werden. Noch nicht einmal Absätze gestattete sie sich. Nur kleine Gedankenstriche deuteten an, dass ein neuer Textabschnitt folgte. Normalerweise war ihre Handschrift nicht so klein, aber wegen des Papiermangels und der Portokosten war sie einfach dazu gezwungen. Im Original sind zudem viele Wörter abgekürzt. Auch ihre Zeitknappheit wird sehr deutlich. Im Oktober wurde es früh dunkel und in den Baracken gab es kein elektrisches Licht. Alle Arbeiten, nicht nur die Erledigung von Korrespondenzen, waren auf einen engen Zeitrahmen begrenzt. Dabei war Post zu schicken und zu erhalten zuweilen der einzige wirkliche Trost in dieser schlimmen Situation.

Mutter war sicherlich nicht dazu gezwungen, in Rivesaltes zu unterrichten. Doch als engagierter Pädagogin lag ihr sehr daran, dass die Kinder einen Unterricht mit vielfältigen Anregungen erhielten. Als wir selbst noch kleine Kinder waren, verlangte Mutter stets von uns, dass wir lesen sollten, anstatt unsere Zeit mit kindischen Albernheiten totzuschlagen. Wir taten immer beides und waren damit zufrieden. In Gurs hatte sie die Erfahrung gemacht, dass die Kinder trotz allem überaus lernbegierig geblieben waren. Unter den dort internierten Juden hatte es viele Lehrkräfte gegeben, die in Eigeninitiative und gemeinsam mit den Hilfswerken bemüht waren, den Kindern soviel „Normalität" zu erhalten, wie es unter den Lagerbedingungen möglich war. Geistige Herausforderungen waren dabei ein enorm wichtiger Schutz vor Mutlosigkeit und Verzweiflung. Dies im Blick wird sie auch in Rivesaltes angeboten haben, als Lehrerin tätig zu sein. Sie arbeitete dort mit jungen französischen Lehrkräften zusammen, die vom Leben der Kinder sicherlich wenig wussten. Und sie sah, wie die Kinder sich nach einem ganzen Jahr im Lager verändert hatten. Körperlich geschwächt und emotional verstört, ließ ihre Lust am Lernen merklich nach. Sie hatten Angst und sehnten sich nach einem anderen Leben. Im ersten Winter in Gurs hatten sie Angehörige, Freunde, Nachbarn an Krankheiten, Hunger und den grauenvollen Umständen sterben sehen. Charlotte Siesel, eine Mannheimer Klassenkameradin, im Oktober 1940 mit ihren Eltern nach Gurs deportiert, hatte das alles überlebt und erzählte mir später, dass sie als Kinder dort gefrorene Leichen an Wände gelehnt gesehen hatten, die eingesargt werden sollten.[200] In Rivesaltes hatte sich daran nichts geändert, höchstens zum Schlechteren. Es gab noch weniger Essen und noch mehr Ungeziefer.

Die materiellen Vorteile, die meiner Mutter im Gegenzug für ihre Arbeit zugestanden wurden, werden wahrscheinlich aus etwas größeren Essensportionen bestanden haben. Zusätzliche Nahrung war in Rivesaltes ein unschätzbares Gut. Eigentlich war es wegen der Feuergefahr verboten, in den Baracken zu kochen. Wollte man aber aus den Lebensmittelsendungen etwas zubereiten, blieb keine andere Wahl, denn eigens im Freien eingerichtete Kochstellen zur Selbstversorgung der Ilots wie noch in Gurs gab es dort nicht. Mit welchen Hilfsmitteln Vater es bewerkstelligte, Tee und kleine Gerichte zu kochen, um Mutter eine Freude zu bereiten, weiß ich natürlich nicht. In Gurs hatten sich viele mit Blechbüchsen und etwas Holz primitive Feuerstellen eingerichtet. Vielleicht war das in Rivesaltes auch so. Obwohl er darin sehr ungeübt war, dürfte Vater in jedem Fall unter diesen schwierigen Bedingungen sein Bestes gegeben haben.

---

[200] Charlotte Siesel, deren Eltern in Auschwitz umkamen, wurde 1942 gerettet. Nach längerem Aufenthalt in Frankreich konnte sie in die Schweiz fliehen. Von dort emigrierte sie 1945 nach Palästina. Sie lebt heute unter dem Namen Amira Gezow in Israel; siehe: Gurs 1170 km (wie Anm. 132) S. 10. Ich traf sie 1990, als wir auf Einladung der Stadt Mannheim zum 50. Jahrestag der Deportation in einer Gruppe Gurs besuchten.

Im Oktober-Brief benutzte Mutter erstmals das Wort, mit dem die in den Lagern untergebrachten Menschen von offizieller französischer Seite seit Frühjahr 1941 bezeichnet wurden: „Hébergés", die Beherbergten. Die Behörden wollten das Kind offenbar nicht beim Namen nennen und die Lagerinsassen nicht „Häftlinge", was sie aber in Wirklichkeit waren. Die ortsansässige Bevölkerung hatte ihre eigenen Bezeichnungen für die Internierten, und die waren von jeder Beschönigung weit entfernt: „Les indésirables", die Unerwünschten, das war das allgemein gebräuchliche Wort.

Bereits im August 1941 war es zwischen dem Oberkommando des Heeres (OKH) und Hitler zu Unstimmigkeiten gekommen. Das OKH hatte für die Fortführung der Operationen im Osten vorrangig den Vorstoß auf Moskau und die Einnahme der sowjetischen Hauptstadt gefordert, da dies aus Witterungsgründen nur noch bis Oktober möglich war. Hitler hingegen verlangte die Eroberung der Krim, um sich des Industrie- und Kohlengebietes am Donez zu bemächtigen und gleichzeitig die russische Ölzufuhr aus dem Kaukasus abzuschneiden.[201] Diese Differenzen gelangten natürlich nicht an die Öffentlichkeit. Die Wehrmachtberichte sprachen weiterhin von „planmäßigen" und „erfolgreichen" Operationen, von „günstigem Fortschreiten" der deutschen Angriffe, von „gewaltigen Vernichtungsschlachten" und nannten große Gefangenenzahlen sowie ebensolche Mengen an erbeuteten Panzern und Geschützen. Der Bericht vom 23. Oktober 1941 beispielsweise beginnt so: „Trotz schwieriger Witterungsverhältnisse wurde die äußere Verteidigungsstellung der sowjetischen Hauptstadt in den letzten Tagen von Südwesten und Westen her in breiter Front durchbrochen. Unsere Angriffsspitzen haben sich stellenweise bis auf 60 Kilometer an Moskau herangekämpft."[202] Wer zu lesen verstand, konnte aber daran erkennen, dass das Herbstwetter die Operationen inzwischen stark behinderte. Die Kämpfe im Verlauf des November traten vielerorts auf der Stelle, wenngleich die Berichte suggerierten, deutsche und ihre verbündeten Truppen seien weiterhin erfolgreich. Vermehrt war jedoch nun von Abwehrkämpfen die Rede, und man darf getrost annehmen, dass manches jener Gefechte schon mehr ein Rückzugsgefecht war. Erst der Wehrmachtbericht vom 8. Dezember ließ die Öffentlichkeit in verbrämter Form wissen, dass der vermeintlich so schnell zu erringen geglaubte Sieg an der Ostfront empfindlich gestört worden war: „Die Fortsetzung der Operationen und die Art der Kampfführung im Osten sind von jetzt ab durch den Einbruch des russischen Winters bedingt. Auf

---

[201] Overesch (wie Anm. 1) Bd. 2, S. 199.
[202] Wehrmachtberichte (wie Anm. 16) Bd. 1, S. 707.

weiten Strecken der Ostfront finden nur noch örtliche Kampfhandlungen statt."[203] Die Meldung war nichts anderes als ein Eingeständnis der Tatsache, dass der Sieg über die Sowjetunion 1941 nicht mehr möglich und die deutsche Offensive in einen Stellungskrieg übergegangen war. Kein Wort ist dort jedoch darüber zu lesen, dass die Deutschen abseits der Front in allen von ihnen eroberten Gebieten eine schreckliche Blutspur der zahllosen Massaker an der jüdischen Bevölkerung hinter sich ließen. Die Maßnahmen zur Durchführung des Völkermordes an den Juden hatten aber inzwischen auch in Deutschland eingesetzt.

Am 25. Oktober 1941 vertraute Victor Klemperer seinem Tagebuch an: „Immer erschütterndere Nachrichten über Judenverschickungen nach Polen. Sie müssen fast buchstäblich nackt und bloß hinaus. Tausende aus Berlin nach Lodz. [...] Wird und wann wird Dresden betroffen? Es schwebt immer über uns."[204] Zwei Tage zuvor war jede weitere Auswanderung der Juden aus Deutschland untersagt worden. „Die Verschickungen nach Polen nehmen ihren Fortgang, überall unter den Juden tiefste Depression", notierte Klemperer im November, und weiter lesen wir: „Die Nachrichten über Judenverschickungen nach Polen und Russland lauten von verschiedenen Seiten katastrophal."[205] Ende desselben Monats fand sich eine Freundin der Klemperers unvermutet auf einer Deportationsliste. Ihr Mobiliar wurde zur Versteigerung beschlagnahmt, der Transporttermin jedoch in letzter Minute verschoben. Klemperer hielt fest: „Man weiß nichts Genaues, nicht, wen es trifft, nicht, wann noch wohin. Täglich Nachricht aus verschiedenen Städten, Abgang großer Transporte, Sistierungen, dann wieder Abgang, mit 60-Jährigen, ohne 60-Jährige – alles scheint Willkür. München, Berlin, Hannover, Rheinland [...]. Das Heer braucht die Züge, das Heer gibt Züge frei [...]. Alles schwankt, man wartet von Tag zu Tag. Heute ein eiliges Schreiben der Reichsvereinigung: Wer hat Kriegsauszeichnung? Soll das gegen Verschickung helfen?"[206]

Angesichts solcher Meldungen, die sich unter den deutschen Juden wie ein Lauffeuer herumsprachen und alle in Angst und Schrecken versetzten, kann man sich vorstellen, dass manches davon durchaus bis nach Südfrankreich durchgesickert ist. Auch meine Eltern, die noch viele Verwandte und Freunde in Deutschland hatten, werden sehr beunruhigt gewesen sein. Sie mussten befürchten, unter der Vichy-Herrschaft keineswegs vor dem Zugriff der Nazis geschützt zu sein. Schreiben konnten sie darüber jedoch nichts, die Lagerzensur hätte ihre

---

[203] Wehrmachtberichte (wie Anm. 16) Bd. 1, S. 742.
[204] Klemperer (wie Anm. 17) Bd. 1, S. 680.
[205] Klemperer (wie Anm. 17) Bd. 1, S. 685 f.
[206] Klemperer (wie Anm. 17) Bd. 1, S. 688.

Briefe gestoppt.

Margarete Oppenheimer
Hôtel du Levant, 36 rue Fauchier, Marseille, France
25. Dezember 1941

Liebe Liese, liebe Kinder, liebe Frau Schwarzwald,
ich habe jetzt schon lange nichts mehr von Euch gehört, wartete in Rivesaltes Tag um Tag auf Nachricht und fürchtete oft, überhaupt nichts mehr von Euch zu hören. Hoffentlich klappt's aber doch noch. Ihr werdet sehr erstaunt sein über die Änderung meiner Adresse. Vor etwa 14 Tagen erhielten wir plötzlich den Bescheid, dass wir von Rivesaltes wegkamen; dann wurde dies, nachdem wir schon mit Gepäck am Ausgang unseres Ilot waren, widerrufen; dann ging's wieder hin und her und schließlich klappte es doch, dass wir vorgestern abfuhren und gestern nach einer beschwerlichen Reise hier ankamen. Ich halte den Wechsel in jeder Beziehung für eine Verbesserung, zumindest was mich selbst anbelangt. Von Moritz weiß ich noch nichts; ich hoffe aber, dass er in den nächsten Tagen Urlaub bekommt und mich besuchen kann. Er ist in einem Lager 30 Kilometer von hier, während ich in der Stadt mit anderen Frauen in einem großen Haus untergebracht bin. Von hier soll dann die Auswanderung besser betrieben werden können; hoffentlich klappt's auch einmal.
Bis jetzt habe ich von der Stadt noch nichts gesehen. Wenn aber ein paar Tage herum sind, werde ich wohl überall herumgehen können. Feo ist seit 14 Tagen in einem Kinderheim und schreibt sogar selbst goldig und sehr zufrieden. Auch Michael schreibt wie immer gut. Von Ernst und Werner hörten wir auch lange nichts, sind wegen Werner sogar direkt in Sorge, da auch die argentinischen Verwandten nichts von ihm hören.
Bis jetzt fühle ich mich hier sehr wohl, traf hier ein paar feine Menschen wieder, die ich im Camp lieb gewann und die bereits vor mir hierher gekommen waren. Sehr erfreulich war das Wiedersehen mit Helene, mit dem wir beide nicht mehr gerechnet hatten. Ich habe aber auch jetzt andere zurückgelassen – viele waren es nicht, an die ich mich in Rivesaltes in den letzten Monaten sehr angeschlossen hatte und mit denen ich auch weiterhin in Fühlung bleiben will. Dazu gehört in erster Linie Marie Hochherr. War es das gemeinsame Blut oder was sonst? Jedenfalls fiel uns beiden der Abschied sehr schwer, und wir bedauerten immer wieder, dass wir 40 Jahre lang nichts voneinander wussten. Sie ist ein herzlicher, gescheiter Mensch, und auch Schwiegersohn, Tochter und Enkelinnen sind sympathisch. Ich habe in Rivesaltes bis zuletzt sehr viel gearbeitet und muss hier

zunächst flicken und stopfen. Und wie geht es Euch? Bitte schreibt oft. Wir warten so sehnsüchtig auf Nachricht. Du, liebe Ruth, wolltest jetzt oft schreiben und sicher hast Du es auch getan, aber wir haben gar nichts mehr bekommen. Vater wird Euch auch bald schreiben; ich will mit dem Absenden des Briefs nicht auf ihn warten. Bei Tante Lulu war ich noch nicht; sie wird noch am meisten erfreut sein, wenn sie mich wieder sieht. Grüßt Lotte und seid herzlich gegrüßt von Eurer Mutter, Schwester und Freundin
Grete

Liebe Liese,
es war ein Geschenk, als man mir sagte, dass Grete zu uns gekommen ist. Man gehört doch zusammen, ist wie ein Wunder. Dir und Frau Schwarzwald viele liebe Grüße
Helene

Margarete Oppenheimer
Hôtel du Levant, 36 rue Fauchier, Marseille, France
25. Januar 1942
Mein geliebtes, gutes Ruthkind,
nachdem wir wochenlang nichts von Euch allen gehört hatten, kamen zu unserer großen Freude kurz hintereinander fünf Briefe aus England, und zwar einer von Tante Lotte, drei von Tante Liese – in zweien davon waren Briefe von Dir und Hannah –, und schließlich kam der Chanukkabrief von Dir allein. Du wirst vielleicht inzwischen schon von Tante Liese gehört haben, dass wir nicht mehr in Rivesaltes sind. Im Leben von Vater hat sich dadurch wenig geändert. Er ist in einem Camp in der Nähe. Ist nun sogar von uns allen getrennt. Allerdings darf er gelegentlich hierher kommen und mich besuchen. Ich bin jetzt einen Monat hier und er war in dieser Zeit zweimal bei mir. Seit etwa zwei Monaten ist Feo weg, und zwar in einem Kinderheim ziemlich weit von hier. Zuerst schrieb sie sehr glücklich und vergnügt. Sie hat ja nie richtig deutsch schreiben lernen können und überhaupt wenig Unterricht gehabt. So ist ihre Rechtschreibung sehr schlecht, aber sie kann sich doch sehr gut ausdrücken. Im letzten Brief klagt sie über Heimweh. Es tut mir dies sehr leid, aber ich muss trotzdem zugeben, dass sie in einem Heim in jeder Beziehung besser untergebracht ist als hier in einem Haus, wo Hunderte von Frauen ziemlich eng beieinander wohnen. Auch sonst gäbe es Schwierigkeiten. Mir ist es für mich schon sehr schwer gewesen, da man hier sein Essen selbst bezahlen muss. Ich war deshalb glücklich, dass ich im Haushalt

Exp: Margarete Oppenheimer, Hotel du Levant, 36 rue Faucher, Marseille 25.I.42 France.

Mein geliebtes, gutes Ruthkind, nachdem wir wochenlang nichts von Euch allen gehört hatten, kamen zu unserer großen Freude kurz hintereinander 5 Briefe aus England u. zwar einer von Tante Lotte, 3 von Tante Liese – in zweien davon waren Briefe von Dir u. Hannah – u. schließlich kam der Chanukkahbrief von Dir allein. Du wirst vielleicht inzwischen schon von Tante Liese gehört haben, daß wir nicht mehr in Rivesaltes sind. Im Leben von Vater hat sich dadurch wenig geändert. Er ist in einem Camp in der Nähe u. ist nun sogar von uns allen getrennt. Allerdings darf er gelegentlich hierherkommen u. mich besuchen. Ich bin jetzt einen Monat hier, u. er war in dieser Zeit zweimal bei mir. Seit etwa 2 Monaten ist Feo weg u. zwar in einem Kinderheim ziemlich weit von hier. Zuerst schrieb sie sehr glücklich u. vergnügt. Sie hat ja nie richtig deutsch schreiben lernen u. überhaupt wenig Unterricht gehabt. So ist ihre Rechtschreibung sehr schlecht, aber sie kann sich doch sehr gut ausdrücken. Im letzten Brief klagt sie über Heimweh; es tut mir dies sehr leid, aber ich muß trotzdem zugeben, daß sie in dem Heim in jeder Beziehung besser untergebracht ist als hier in einem Haus, wo Hunderte von Frauen ziemlich eng beieinander wohnen. Auch sonst gäbe es Schwierigkeiten. Nur ist es für mich aber sehr schwer gewesen, da man hier sein Essen selbst bezahlen muß. Ich war deshalb glücklich, daß ich im Haushalt von Bekannten Beschäftigung gefunden habe. Die Leute haben 2 ganz kleine Kinder, u. es ist

Auszug aus Mutters Brief an mich vom 25. Januar 1942.

von Bekannten Beschäftigung gefunden habe. Die Leute haben zwei ganz kleine Kinder und es ist viel zu tun. Ich greife bei allem zu, mache natürlich auch die groben Arbeiten wie Waschen und Bodenputzen und strenge mich sogar weniger an als bei der Schularbeit in Rivesaltes. Aber wie sollte ich noch für Feo sorgen? Sonst ist es natürlich schön, mal wieder in einer Stadt zu sein. Ich könnte mich den ganzen Tag frei bewegen, habe nur keine Zeit dazu. Höchstens mit dem Kinderwagen komme ich einmal weg. Ich bin aber zufrieden dabei und die Leute, bei denen ich bin, sind wirklich sehr nett. Von Michael kommen zufriedene, vernünftige und nette Briefe. Ich hätte nie gedacht, dass er so gut schreiben würde. Von Ernst haben wir jetzt lange nichts gehört. Von Werner kam nach langer Zeit ein Brief mit einer Fotografie. Leider kann er gar nichts für unsere Auswanderung tun. Bitte sei so gut und grüße in Deinen nächsten Briefen Tante Liese, Hannah und die übrigen Bekannten und Verwandten. An Tante Liese und Tante Lotte schreibe ich baldigst. Ich habe wenig Zeit zum Schreiben, da ich abends arbeite und da überdies zeitig das Licht gelöscht wird. Und mit Stopfen usw. komme ich überhaupt nicht nach. Ich freue mich, dass Ihr doch etwas von Chanukka gemerkt habt, und besonders, dass Du daran gedacht hast, den Menschen, die lieb zu Dir sind, eine Freude zu bereiten. Auch ist es mir sehr recht, dass Du Dein Judentum nicht vergessen hast und dass Dich jüdische Bücher interessieren. Es ist ein Jammer, dass ich die vielen und schönen mit so vielen anderen in Mannheim zurücklassen musste. Wir konnten ja nur so wenig mitnehmen.

Ob Du Bilder schicken darfst, musst Du dort fragen. Versuch's einmal. Wir würden uns sehr freuen. Dass Du so gut in der Schule bist, macht uns sehr froh und glücklich. Deine Schrift ist allerdings wirklich schlecht. Ich wundere mich darüber, denn Du bist doch sonst mit den Händen geschickt, kannst sogar gut stricken. Versuch es doch einmal mit einer ganz weichen Feder, bei der Du wenig aufdrücken musst und schreibe überhaupt etwas größer. Ferner ist es gut, wenn der Federhalter ziemlich dick ist. Von Mina hatten wir kürzlich auch Nachricht. Sie hat große Sehnsucht nach Euch allen.

Bei uns war es teilweise sehr kalt, jedenfalls kälter, als man in dieser Gegend vermutet hätte. Aber auch dies trägt sich hier besser als in Rivesaltes, wo oft ganz schreckliche Stürme herrschten. Michael ist ein paar Eisenbahnstunden von uns weg. Es ist nicht einmal so schrecklich weit, und doch haben wir nun auch ihn schon fast ein Jahr nicht gesehen. Seit Februar vorigen Jahres ist er in einem französischen Kinderheim und es gefällt ihm sehr gut dort. Ich denke oft, wenn wir doch mit Gottes Hilfe wenigstens zu seiner Bar Mizwa wieder vereint sein könnten! Das ist noch über ein Jahr, eine lange Zeit. Schreib uns recht bald wieder,

damit wir wenigstens in Gedanken vereint sind. Wenn es zu lange dauert, den Brief an Vater zu schicken, so lasse ich es sein. Er denkt auch so immer an Euch alle. Bleib gesund und sei vielmals gegrüßt und geküsst von
Deiner Mutter

Liebe Ruth!
Auch ich freue mich, Gutes von Dir zu hören. Schicke doch mal Bilder von Dir. Was macht Deine Briefmarkensammlung? Hoffentlich hast Du Gelegenheit, manches gutes Material zu bekommen. Grüße Hannah, Tante Liese und sei Du herzlich gegrüßt und geküsst von Deinem
Vater

Wollten auswanderungswillige Internierte in das Transitlager Les Milles bzw. in eines der dazu gehörenden Nebenlager für Frauen und Kinder in Marseille verlegt werden, mussten sie dies beim Präfekten des Départements Bouches-du-Rhône beantragen. Meinen Eltern war, wenn auch nach einigen Schwierigkeiten, die gewünschte Verlegung geglückt. Für Vater hatte sich nichts zum Guten geändert. Er lebte nach wie vor unter Lagerbedingungen, ohne alle Rechte. Warum musste ein gesundheitlich angeschlagener, allem beraubter Mann extra „Urlaub" beantragen, um seine Frau zu sehen? Wem hätte er schaden können, wenn er sich jederzeit hätte frei bewegen können? Mit welchem Recht untersagte man Vater, meine Mutter regelmäßig zu besuchen? Der Umgang des Vichy-Regimes mit all den hilflos eingesperrten Menschen war eine Ungeheuerlichkeit.

Auch das Hôtel du Levant war weit entfernt von einer normalen Unterkunft. Hunderte von Frauen lebten in diesem Gebäude auf engstem Raum. Je 20 waren in einem Zimmer zusammengepfercht. Geschlafen wurde auf Etagenbetten. Privatsphäre und Ruhe gab es hier nicht. Das Licht wurde früh gelöscht, ein unglaublicher Eingriff in das Leben erwachsener Menschen. So musste Mutter nach einem Tag voll harter Arbeit die Briefe an ihre Lieben immer auf dem Bett sitzend schreiben, wohin durch die obere Wandabtrennung ein wenig vom Schein des Korridorlichts fiel.

Dennoch: Sich hin und wieder in einer Großstadt unter vielen Menschen frei bewegen zu können, dürfte meine Mutter schon als Erleichterung empfunden haben. Marseille bot Anonymität, wie seinerzeit Mannheim nach unserem Umzug aus Fränkisch-Crumbach. Dafür, dass sie nun nicht mehr im Lager eingesperrt war, nahm sie die Arbeit als Haushaltshilfe in einer Familie gerne in Kauf. Sie war sogar froh, diese Verdienstmöglichkeit gefunden zu haben. Da sie von ihren

„Bekannten" spricht, muss sie diese Familie bereits zuvor kennen gelernt haben. Wann und wie dies geschah, wird wohl nicht mehr herauszufinden sein. Vielleicht war der Kontakt über den in Rivesaltes tätigen französischen Rabbiner Schilli zustande gekommen.

Kurz bevor unsere Eltern aus Rivesaltes abgereist waren, hatten sie für Feo Aufnahme in einem Kinderheim gefunden. Diese Entscheidung wird ihnen fast das Herz gebrochen haben, und auch Feo, damals gerade erst sieben Jahre alt, hat sicherlich schwer daran getragen. Doch was sollten meine Eltern machen? Mutter hätte sich neben ihrer Arbeit kaum um ihre Jüngste kümmern können. Ein Kinderheim bot in jedem Fall bessere Möglichkeiten. Meine Schwester kam in die Domaine des Granges, ein Landgut in Crocq im Département Creuse. Hier war das nach jüdischen Glaubensregeln geführte Heim mit dem Namen La Maison Israélite de Refuge pour l'Enfance untergebracht. Es beherbergte etwa 100 Mädchen im Alter zwischen fünf und 20 Jahren und wurde von Louis Aron und seiner Frau Yvonne geleitet.[207] Viele der Mädchen kamen aus schwierigen Familienverhältnissen. Ihre Eltern hatten sie dort untergebracht, weil sie sich nicht ausreichend um sie kümmern konnten, oder aber sie waren Waisen. Aron führte von 1939 bis 1944 Tagebuch.[208] Seinen Aufzeichnungen vom 9. bis 14. Dezember 1941 konnte ich Näheres zu Feos Ankunft im Heim entnehmen.[209] Er notierte: „Die erste Gruppe aus Rivesaltes ist für den 11. angekündigt: bleibt nicht viel Zeit in Palavas!" Palavas war eine Zwischenstation, wo die Kinder auf ansteckende Krankheiten hin untersucht wurden. Man bereitete alles für die Neuankömmlinge vor und besorgte, was nicht so einfach gewesen ist, einen Wagen, um die Kinder in Létrade abzuholen. Am 11. Dezember trafen die Mädchen aus Rivesaltes ein. „Die zehn Neuen, begleitet von einer Assistentin der O.S.E. in Montpellier, Fräulein Lévy, sind um 4.00 Uhr morgens aus Palavas abgefahren, haben in Clermont gefrühstückt und dann den Bus nach Létrade

---

[207] Siehe: http://www.educreuse23.ac-limoges.fr/loewy/realisations/enfants/aron.htm sowie: http://www.educreuse23.ac-limoges.fr/loewy/realisations/enfants/osecreuse.htm. Das Heim war 1866 in Neuilly gegründet worden und wurde durch Schenkungen finanziert. Von August 1939 bis August 1942 wurde es nach Crocq verlegt, danach bis Kriegsende nach Chaumont.

[208] Klarsfeld, Serge unter Mitarbeit von Annette Zaidman (Hrsg.): Journal de Louis Aron. Directeur de la Maison Israélite de Refuge pour l'Enfance. Neuilly-sur-Seine 1939 - Crocq (Creuse) 1939-1942 - Chaumont (Creuse) 1942-1944. Paris 1998.

[209] Siehe zum Folgenden: Klarsfeld (wie Anm. 208) S. 74 f. Hier: deutsche Übersetzung des französischen Textes. Da die zweite Gruppe Mädchen aus Rivesaltes erst im Januar 1942 in Crocq eintraf, muss meine Schwester zu der ersten Gruppe gehört haben. Dies ergibt sich auch aus den Zeitangaben in Mutters Brief vom 25. Dezember 1941.

genommen." Aron und zwei ältere Mädchen holten die Kinder dort ab. „Um 22.00 Uhr Ankunft in Granges: Eine warme Mahlzeit ist sehr willkommen; der Empfang durch die Großen, die aufgeblieben sind, um bei der Ankunft und dem Essen zu helfen, ist perfekt. Die Neuen sind, trotz ihrer Erschöpfung, verblüfft über unsere Pracht. ‚Wenn wir doch unseren Eltern das übrig gebliebene Essen geben könnten. Wir haben eine ganze Mandarine für uns.' Das kleinste Quäntchen der Mahlzeit ist für sie wie ein Festessen. Dann allgemeines Zubettgehen, ebenfalls sehr willkommen." Am nächsten Morgen schliefen die Neuankömmlinge noch wie die Murmeltiere. Louis Aron schaute sich derweil ihre Papiere an, die er durchweg als unzureichend ansah. „Nachdem die Kleinen aufgestanden sind, werden sie bejubelt und liebkost. Sie schreiben ihren Eltern und beschreiben ihnen die Wunder der Reise und ihres Zufluchtsortes, lassen dabei nicht das kleinste Häppchen ihrer Mahlzeit unerwähnt, auch nicht ihr Erstaunen, in einem warmen Bett geschlafen zu haben." Tags darauf befasste sich Aron näher mit den Mädchen. „Im Allgemeinen sprechen sie ziemlich mangelhaft Französisch; die meisten scheinen aus besserem Milieu zu kommen; sie sind höflich und gut erzogen. Zu ihrer großen Freude dürfen sie ein Bad nehmen: Warmes Wasser zu haben ist für sie der höchste Genuss." Drei Tage nach der Ankunft wurden Pakete für die in Rivesaltes zurückgebliebenen Eltern und Geschwister fertiggemacht, deren Existenzbedingungen, wie Aron in seinem Tagebuch eigens festhielt, „fürchterlich" gewesen sein müssen.

Ich kann verstehen, dass Feo trotz der guten Aufnahme in Crocq Heimweh hatte, wie wir alle, obwohl wir älteren Kinder niemals davon sprachen. Aber Feo hatte noch länger als mein Bruder Michael die Härten des Lagerlebens mitgemacht. Dennoch schrieb sie meinen Eltern Briefe, die diese sehr erfreuten. Sicher wird sie ihnen auch von dem guten Essen und dem warmen Bett in der Domaine des Granges geschrieben haben, eine völlig unerwartete Erfahrung nach all dem bisher Erlebten.

Mutter war in keiner sonderlich religiösen Familie aufgewachsen und daher nur wenig vertraut mit jüdischer Tradition. Auch bei uns daheim hatte diese keine große Rolle gespielt. Erst die Verfolgung durch die Nazis hatte Mutters Hinwendung zum Judentum bewirkt. Bücher bedeuteten ihr sehr viel. Dass sie bei ihrer Zwangsverschleppung aus Mannheim keine hatte mitnehmen können, schmerzte sie außerordentlich. Wie gerne hätte sie mir daraus mitgeteilt. Auch sah sie es bei aller Freude über meine Lernerfolge als ihre mütterliche Pflicht an, mir aus der Ferne Ratschläge bezüglich meiner Schrift zu erteilen. Ich befürchte aber, ich tat nur wenig, um mich in dieser Hinsicht zu bessern. Immer schon hatte ich viel zu

DIRECTION CENTRALE
PARIS, 92, Champs-Elysées

Repliée à MONTPELLIER
12 bis, Rue Jules-Ferry, 12 bis
TÉL.: 24.43

ORGANISATION PHILANTHROPIQUE
FONDÉE EN 1912 ET DÉCLARÉE A PARIS
SOUS LE N° 170.699

MAISONS D'ENFANTS :

Villa HELVÉTIA
6, Rue de Valmy, MONTMORENCY (S.-&-O.)
Tél.: Montmorency 20-78

Villa des TOURELLES
113, Rue de Paris, SOISY-s/Mcy (S.-&-O.)
Tél.: Soisy 28.60

CHATEAU DU MASGELIER
par LE GRAND BOURG (Creuse)
Tél.: 19 à Grand Bourg

CHATEAU de CHABANNES
par St-PIERRE-de-FURSAC (Creuse)
Tél.: 3 à St-Pierre-de-Fursac

CHATEAU de CHAUMONT
MAINSAT (Creuse)
Tél.: 17 à Mainsat

CHATEAU DES MORELLES
à BROUT-VERNET (Allier)
Tél.: 13 à Brout-Vernet

Villa MARIANA
Boul. des Tauxes, St-RAPHAËL (Var)
Tél.: St-Raphaël 199

CHATEAU MONTINTIN
Commune de C-Chervix (Haute-Vienne)
Tél.: 7 Château Chervix

INTERNAT
8, Cours Jean Pénicaud
LIMOGES (Haute-Vienne)
Tél.: 26-51
Annexe : INTERNAT
Château du Mas-Jambost
LIMOGES (Haute-Vienne)
Tél.: 38.70

INSTITUTIONS :

Œuvre de Protection Sanitaire
des Populations Repliées
TERRASSON (Dordogne)

Centre Médico-Social
25, rue d'Italie, MARSEILLE
Tél.: Garibaldi 01.45

Monsieur ARON,
Directeur du Refuge de l'Enfance,
C R O C Q

Cher Monsieur,

      Comme suite à nos conversations, je
m'empresse de vous adresser sous ce pli la liste
des fillettes du Camp de RIVESALTES qui se rendront
prochainement dans votre Maison.

      Nous envisageons de les faire partir
en deux groupes de dix, le premier devant vraisembla
blement quitter le Camp dans une dizaine de jours.

      Avant de se rendre à CROCQ, les enfant
subiront une quarantaine dans un hôpital de MONTPELL
et elles arriveront munies de leur carte d'alimenta-
tion.

      Nous vous aviserons naturellement de l
date exacte de leur arrivée, mais nous vous serions
obligés de vouloir bien, dès à présent, envisager
leur admission à l'école de CROCQ.

      Sans doute, cette admission ne pourra-
t-elle avoir lieu avant le premier janvier prochain.

      Nous vous remercions de ce que vous
avez bien voulu faire pour ces enfants et vous prion
de croire, Cher Monsieur, à nos sentiments les
meilleurs.

Charles Lederman

Charles LEDERMAN
24, avenue Victor-Hugo,
R I V E S A L T E S

      P.S. Si vous avez quelques renseignements complé-
mentaires à demander concernant ces convois, vous
voudrez bien vous adresser à Mlle Vivette HERMANN,
Assistante O.S.E., 24, avenue Victor-Hugo, RIVESALTES.

Mit diesem Schreiben vom 24. November 1941 an den Direktor des Heims in Crocq kündigte das O.S.E.-Büro in Rivesaltes die Ankunft von zwei Gruppen mit je zehn Mädchen aus dem Lager an. Meine Schwester Feo gehörte zur ersten Gruppe, die am 11. Dezember 1941 in Crocq eintraf.

schnell geschrieben. Während meiner kurzen Schulzeit in Deutschland hatte ich noch dazu von der Sütterlinschrift in die lateinische Schreibschrift umlernen müssen. Als ich dann in die englische Schule kam, stellte ich bald fest, wie sehr sich meine Handschrift von der dort gebräuchlichen unterschied. Sicher wären meine handgeschriebenen Briefe heute leichter zu entziffern, hätte meine Mutter mir in jungen Jahren helfend zur Seite stehen können.

Vater vernahm gerne, dass ich Briefmarken sammelte. Seit Jahrzehnten war er Philatelist gewesen und hatte eine schöne Sammlung besessen. Wenn sie nicht schon 1938, als die Nazis unser Haus verwüsteten, zerstört worden war, so hatte er sie in Mannheim zurücklassen müssen. Aus späteren Briefen erfuhr ich, dass er – wie offenbar andere Internierte auch – in Les Milles wieder mit dem Briefmarkensammeln begonnen hatte, eine normale, an das frühere Leben erinnernde Beschäftigung unter ganz und gar abnormalen Bedingungen.

Selbst in der ganzen Trostlosigkeit der Lager hatte Mutter Freundschaften mit anderen guten Frauen geschlossen. Freundinnen, die in Mutters Leben schon immer eine wichtige Rolle gespielt hatten, waren jetzt überlebenswichtig. Schon als Kind war mir Mutters Pflichttreue gegenüber ihren Freundinnen bewusst. Sie hielt auch nach ihrer Heirat den Kontakt mit ihnen durch Briefe und Anrufe aufrecht, und ihre Freundinnen besuchten uns gelegentlich, obwohl unser doch recht entlegenes Dorf für deren Ansprüche eigentlich nicht viel zu bieten hatte. Die meisten Freundinnen aus jener Lagerzeit werden das meiner Mutter bevorstehende Schicksal haben teilen müssen, ebenso diejenigen, die in Deutschland zurückgeblieben waren und nicht hatten auswandern können. Mutter und ihre Cousine Helene Friedmann hatten wohl kaum damit gerechnet, sich nach dem Abschied in Gurs wieder zu begegnen. Auch Tante Helene hoffte darauf, zu ihrem Sohn Kurt in die USA ausreisen zu können.

Seit Mitte Oktober 1941 hatten die Deportationszüge aus Deutschland und den von ihm okkupierten Ländern in Richtung Osten zu rollen begonnen, aus Wien, Prag, Berlin, Frankfurt am Main, Köln sowie vielen anderen Städten, alle beladen mit jeweils bis zu rund 1.000 jüdischen Opfern. Noch bevor meine Eltern in Les Milles und Marseille ankamen, hatten 42 solcher Transporte ihre Bestimmungsorte Lodz – unter deutscher Herrschaft Litzmannstadt genannt –, Minsk, Kaunas und Riga erreicht.[210] Am 13. Dezember 1941 hatte der „Rigaer Blutsonntag"[211] statt-

[210] Siehe: Gottwaldt/Schulle (wie Anm. 7) S. 444 f.; die Auflistung sämtlicher Deportationen aus dem damals zum Deutschen Reich zählenden Gebiet von Oktober 1941 bis März/April 1945 dort: S. 444-467.
[211] Overesch (wie Anm. 1) Bd. 2, S. 230.

gefunden, der schreckliche Massenmord an deutschen Juden in der lettischen Hauptstadt, wohin seit Ende des Vormonats mehrere Transporte geleitet worden waren.

Victor Klemperer hatte damals in seinem Tagebuch festgehalten: „In der Verschickungssache chaotische Zustände; Transporte gehen ab, werden abgeblasen, gehen doch. Designierte schleppen ihre Koffer zur Bahn, schleppen sie zurück, warten – in Hannover sitzt ein Altfrauenheim auf den Koffern."[212] Wenig später, am 7. Dezember, schrieb er: „Heute sah ich eine Postkarte mit dem Poststempel: ‚Litzmannstadt Getto'. Darin teilte der ‚Älteste der Juden' mit, dass Geldspenden an dorthin Evakuierte erlaubt seien. Die Karte trug noch einen anderen Stempel: ‚Litzmannstadt, größte Industriestadt des Ostens'."[213] Als einzigen Lichtblick in jener leidvollen Zeit wertete er den Umstand, dass Deutschland und Italien den USA den Krieg erklärt hatten und damit die vage Hoffnung bestand, dieses große Land werde nun endlich gegen Nazi-Deutschland aktiv werden.

Mitte Januar 1942 dann seine bittere Feststellung[214]: „Evakuierung hiesiger Juden am kommenden Mittwoch, ausgenommen, wer über 65, wer das EK I besitzt, wer in Mischehe, auch kinderloser, lebt. Punkt 3 schützt mich - wie lange? [...] Es sollen sich auf der Gemeinde und im Werk, wo sehr viele Juden in Arbeit stehen, grausige Szenen der Verzweiflung abspielen. Man lässt zwar Eheleute zusammen, trennt aber rücksichtslos Eltern und Kinder. So bleibt die 15-jährige Tochter eines Apothekers allein hier zurück." Auch wenn das Dresdener Zeiss-Ikon-Werk, auf das Klemperer hier Bezug nimmt, die „Evakuierung" mehrerer Hundert dort beschäftigter Juden schließlich zurückstellen konnte, mussten doch am 21. Januar 1942 rund 240 jüdische Menschen Dresden verlassen, unter ihnen der Sohn seiner Hausnachbarn. Klemperer nahm sich vor, als „Kulturgeschichtsschreiber der gegenwärtigen Katastrophe" sein Tagebuch weiterzuführen: „Beobachten bis zum letzten, notieren, ohne zu fragen, ob die Ausnutzung der Notizen noch einmal glückt."

Im Laufe des Dezember 1941 hatte sich die sowjetische Gegenoffensive ausgeweitet und den deutschen Vormarsch zum Erliegen gebracht. Die Wehrmachtberichte vermeldeten am 17. Dezember notwendig gewordene deutsche Rückzugsaktionen in recht verklausulierter Form: „Im Zuge des Übergangs aus den Angriffsoperationen zum Stellungskrieg der Wintermonate werden zurzeit an

[212] Klemperer (wie Anm. 17) Bd. 1, S. 690.
[213] Klemperer (wie Anm. 17) Bd. 1, S. 693.
[214] Zum Folgenden: Klemperer (wie Anm. 17) Bd. 2, S. 10-14. Der Transport der Dresdener Juden ging zusammen mit Juden aus Leipzig nach Riga; dazu: Gottwaldt/Schulle (wie Anm. 7) S. 133 f.

verschiedenen Abschnitten der Ostfront die erforderlichen Frontverbesserungen und Frontverkürzungen planmäßig vorgenommen."[215] Mit der militärischen Führung höchst unzufrieden, übernahm Hitler in seinem Größenwahn zwei Tage später selbst den Oberbefehl über das Heer und erklärte dazu: „Das bisschen Operationsführung kann jeder machen. Die Aufgabe des Oberbefehlshabers des Heeres ist es, das Heer nationalsozialistisch zu erziehen. Ich kenne keinen General des Heeres, der diese Aufgabe in meinem Sinn erfüllen könnte."[216] Der Öffentlichkeit blieb diese Kundgabe seiner völligen Selbstüberschätzung allerdings verborgen. Ebenso sollte ihr künftig der Frontverlauf im Osten verheimlicht werden, denn mit Beginn der sowjetischen Winteroffensive, die sich bis Ende Januar 1942 fast auf die gesamte Ostfront ausgeweitet hatte, entfielen in den Wehrmachtberichten weitgehend die bis dahin in der Regel genannten Ortsnamen.

Moritz Oppenheimer
Gruppe 9, Camp Les Milles, Bouches-du-Rhône, France
29. März 1942
Liebe Ruth !
Von Mutter erhielt ich Deine lieben Zeilen vom 15. bzw. 20. Februar. Wie immer freuten wir uns sehr, von Dir guten Bericht zu erhalten. Auch wir sind gesund. Nur kann ich leider mit der lieben Mutter nicht so oft zusammen sein, wie dies im vorhergehenden Lager in Rivesaltes war. Wenn man nach Marseille will, muss man ein Gesuch um Urlaub einreichen.
Zurzeit ist es hier schon sehr warm. Die Mandel- und Pfirsichbäume stehen in schönster Blüte. Am Strande des Mittelmeers ist es sehr schön. Du hast Dich mit Michaels Brief sehr gefreut, es ist auch wirklich berechtigt. Mutter und mir geht es ebenso, er schreibt wöchentlich und jeder Brief ist anständig und vernünftig geschrieben. Er ist jetzt auch schon bald 14 Monate von uns getrennt, aber aus seinen Briefen merkt man, dass er selbständiger und vernünftiger geworden ist.
An Mina kannst Du über das Rote Kreuz schreiben, Mutter gibt Dir die Adresse. Wir werden uns natürlich sehr freuen, wenn Du uns Bilder von Dir schicken kannst. Mit der Dame vom Altersheim, meintest Du die Frau Delphine Retwitzer? Diese ist noch im Lager Gurs, wo wir zuerst waren.[217] Feochen geht es gottlob

---

[215] Wehrmachtberichte (wie Anm. 16) Bd. 1, S. 748.
[216] Overesch (wie Anm. 1) Bd. 2, S. 232.
[217] Martha Delphine Retwitzer, am 10. oder 17. September 1860 geboren, war im Oktober 1940 im Alter von 80 Jahren nach Gurs deportiert worden. Von dort wurde sie in das Lager

recht gut, sie schreibt trotz ihrer acht Jahre und wenigem Schulunterricht die gol-
digsten Briefe. Es tat mir ja sehr leid, sie als Letzte von Euch auch noch fortgehen
zu lassen, aber es ist auch für sie ein großer Vorteil, in einem Heim untergebracht
zu sein.
Schreibe mir doch bitte mal Näheres über Deine Briefmarkensammlung. Hier wird
viel gesammelt und gegenseitig getauscht. Grüße Hannah, Tante Liese und Frau
Schwarzwald und sei Du herzlich gegrüßt und geküsst von Deinem
Vater

Meine liebe Ruth,
diesmal hat Dir Vater zuerst und ausführlich geschrieben. Inzwischen hat mir
Michael den netten Brief geschickt, den Du ihm geschrieben hast. Den hat Vater
noch gar nicht gelesen. Ich hoffte sehr, Vater noch diese Woche sprechen zu
können, und nun war es leider wieder nichts. Wir sehen uns manchmal einen
Monat lang nicht. Du schreibst an Michael, der sich übrigens ganz besonders
mit Deinem Brief gefreut hat, Du könntest Dir gar nicht vorstellen, dass Du schon
13 Jahre würdest. Ach, mein Liebes, mir geht es ähnlich. Ich weiß noch ganz
genau, wie ich mit 13 Jahren war, denn es war die Zeit, als wir nach Frankfurt
übersiedelten. Ich kam mir damals recht erwachsen vor und war auch wirklich
schon sehr groß. Wir haben uns jetzt fast drei Jahre nicht gesehen und Du hast
Dich sicher sehr verändert und bist durch die schwere Zeit vermutlich viel ver-
ständiger geworden; aber mein liebes, gutes Kind bist Du sicherlich auch ge-
blieben. Dass Du eine gute Freundin hast, freut mich sehr. Das ist viel wert. Ich
habe treue Freundinnen und bin sehr froh darüber; habe sogar in Rivesaltes noch
viele Freundschaften mit feinen Menschen geschlossen. Leider habe ich keine
Zeit, ihnen so viel zu schreiben, wie ich gern möchte, denn ich habe jetzt noch
viel mehr zu tun als vorher, und es war vorher schon nicht wenig. Die Leute, bei
denen ich arbeite, haben noch ein kleines Kind bekommen, da muss ich Windeln
waschen und noch die Arbeit der Frau tun, die geschont werden muss. Jetzt ist
es gleich wieder elf Uhr nachts und das Licht ist gelöscht; nur über die halbhohe
Wand kommt vom Korridor Licht herein. Ich sitze hoch auf meinem Bett – es
sind immer zwei Betten bei uns übereinander – und schreibe. Dass Du Mina nur

---

für alte Menschen nach Noé verlegt, wo sie starb. Ein Todesdatum ist nicht überliefert;
siehe: Klarsfeld (wie Anm. 11), S. 632. Das hier genannte Geburtsdatum und das von meinem Vater in seinem Schreiben vom 4. September 1940 an ihren Sohn Richard Retwitzer
genannte Datum ihres 80. Geburtstages differieren um eine Woche. Ihre beiden Vornamen
finden sich in der Opfer-Namenliste der Stadt Mannheim; siehe: http://www.mannheim.de
unter: Stadtgeschichte-Mahnmal-Namenverzeichnis.

durchs Rote Kreuz Nachricht geben darfst, schrieb Dir ja schon Vater. Du weißt ja, wie man das macht – besondere Formulare, höchstens 25 Wörter –, denn Du hast uns ja früher auch so geschrieben. Die Adresse ist: Mina Dümig, Düsseldorf, Königsallee 64/III. Ich habe jetzt auch wieder länger nichts von ihr gehört. Sie hat Sehnsucht nach Euch allen. Anneliese habe ich in Gurs das letzte Mal gesehen. Das ist auch schon über ein Jahr her; aber die Marion Joseph aus Deiner Klasse ist hier. Die sehe ich manchmal. Und dann ist hier ein Mädel, erst neun Jahre, die sieht ganz genau aus, wie Du damals ausgesehen hast. Sie heißt Vera und war in Rivesaltes meine Schülerin, ein sehr liebes, kluges Kind. Ich rief sie unwillkürlich Ruth und sie antwortete, wenn ich sie so nannte.

Der Rest des Briefes ist nicht erhalten. Nur an zwei Rändern der eng beschriebenen Blätter ist noch zu lesen:

Es tut mir leid, dass Dir Hebräisch keinen Spaß macht. Lerne doch noch.

Viele, viele Grüße und Küsse

Mutter

Margarete Oppenheimer

Hôtel du Levant, 36 rue Fauchier, Marseille, France

14. April 1942

Liebe Liese, liebe Kinder, liebe Frau Schwarzwald,

vor ein paar Tagen bekam ich gleichzeitig Deine Briefe vom 19. und 26. März, liebe Liese. Der Letztere war also besonders schnell da. Besten Dank dafür sowie für die guten Nachrichten von den Kindern und die üblichen Antwortscheine. Inzwischen werdet Ihr noch mehrere Briefe von mir erhalten haben und daraus die verschiedenen Einzelheiten, nach denen Ihr fragt, entnehmen können. Auch für mich bedeutet der domestic-Beruf keine reine Freude, besonders wenn die „Chefin" halb so alt ist wie man selbst, sich aber für doppelt so tüchtig hält (manchmal glaube ich dann selbst an meine Untüchtigkeit. Nach den hinter mir liegenden anderthalb Jahren brauchte man sich nicht darüber zu verwundern). Immerhin hat man mir, als die Frau in der Klinik war, recht gern und zuversichtlich Kinder und Wohnung und alles Zubehör anvertraut.

Um zurückzukommen: Trotz allem und alledem bedeutet der heutige Zustand eine solche Verbesserung gegen vorher, dass ich froh und glücklich bin und wünsche, er möchte vorläufig anhalten. Dumm ist nur, dass ich von Moritz getrennt bin. Für ihn hat sich kaum etwas verbessert. Wir sehen uns sehr selten. Jetzt sind schon wieder etwa fünf Wochen seit seinem Hiersein vergangen. Er hat für morgen

Urlaub eingereicht. Ob er ihn erhält, ist noch ungewiss. Auch an den Feiertagen waren wir nicht zusammen, und uns beiden war's recht trübselig zumute. Wer weiß, wann wir wieder auch nur mit einem oder zweien der Kinder zusammen sein können. Michael ist doch im Verhältnis gar nicht so weit weg von hier, und doch haben wir ihn schon seit 14 Monaten nicht gesehen. Eine Stilprobe von Feo schickte ich Euch im letzten Brief. Ihre Adresse ist: Domaine des Granges, Crocq (Creuse), France. Ich habe jetzt von ihr 14 Tage lang keinen Brief gehabt, was vorher noch nie vorkam. Von Werner hörten wir in Monaten nur einmal; von Ernst erhielten wir nach langer Pause endlich mehrere Briefe kurz nacheinander. Die Schwiegertochter schreibt immer besonders nett, und Ernst bringt wirklich Opfer für uns. Doppelt anerkennenswert, da er jung verheiratet ist. Leider war er krank, Grippe mit nachfolgender Nierengeschichte. Es ginge ihm aber besser.

Ich selbst will diese Woche auch noch zum Arzt und mich, wenn irgend möglich, in ein Krankenhaus einweisen lassen. Die alte Frauengeschichte verlangt jetzt eine energische Behandlung. Dort werde ich vermutlich meinen 50. Geburtstag verleben. Dank für die diesbezüglichen Glückwünsche. Ich sehe so wenig Aussicht, wie sie sich erfüllen könnten. Es kommt zwar immer anders als man denkt. Kommt wohl auch einmal eine unerwartete Besserung? Ganz gewiss hätte ich nie gedacht, dass ich mit 50 Jahren in Marseille für anderer Leute Kinder unter einem blühenden Lorbeerbaum Windeln waschen würde; immerhin eine nützliche und ehrenhafte Beschäftigung. Blühenden Lorbeer sah ich mit Bewusstsein früher noch nie. Man merkt nach einem sehr kalten Winter jetzt den südlichen Frühling. Es gibt schon herrliche Blumen. Über die Bereicherung meiner botanischen Kenntnisse bin ich nicht böse, aber als Naturwissenschaftlerin hätte ich gern darauf verzichtet, nähere Bekanntschaft mit manchen Teilen der Kleintierwelt zu schließen.

Du fragst nach meinen französischen Kenntnissen. Leider haben sie sich nicht sehr erweitern können, da ich mit Ausnahme der Zeit, während der ich mit den jungen Lehrern in Rivesaltes zusammenarbeitete, kaum Gelegenheit hatte, viel und gutes Französisch zu hören. Die Bekannten, bei denen ich arbeite, sind Ungarn. Auch ich verstehe fast alles, kann lesen usw., spreche aber stotternd und suche nach Worten. Trotzdem sagte mir der französische Direktor in Rivesaltes: „Sie sprechen langsam, aber korrekt" und spannte mich in den Dienst ein, obwohl andere waren, die viel flotter redeten, allerdings kaum drei Zeilen richtig schreiben konnten. Was Deine „Memoiren" anbelangt – auch ich habe schon an Ähnliche gedacht, so etwa für die Enkel – so bittet Dich Moritz um den ersten Band, handsigniert und in Schweinsleder gebunden.

Helene lässt sehr grüßen. Wir sind immer wieder froh, zusammen zu sein. Auch Tante Lulu, die sonst sehr einsam ist, ist froh, dass ich hier bin. Von Hermine Klopfer hatte ich einen Brief; sie lässt Dich grüßen, lebt mit ihrem Mann auch ganz einsam in einem kleinen Platz „liberiert", hatte Angst, dass sie aus Geldmangel ins Camp zurückmüssten. So alte Leute können einem doppelt leid tun. Luddel hat wieder geheiratet. Seine Marlis ist nicht mehr im Camp, was Hannah interessieren wird. Ich weiß aber nicht genau, ob sie in einem Heim oder in einer Familie ist. Es ist gleich Mitternacht und mein Tag fängt früh an. Euch allen die herzlichsten Grüße

Eure Grete

Moritz Oppenheimer
Gruppe 9, Camp Les Milles, Bouches-du-Rhône, France
15. April 1942

Lieber Ernst, liebe Ada!

Ich hoffe, dass Ihr inzwischen meine verschiedenen Briefe erhalten habt. Ich erhielt jetzt kurz hintereinander Eure Briefe vom 12. Dezember, 1. Februar, 6. Januar und 8. März, den letzteren sogar vor dem ersten. Bilder haben wir keine erhalten, wir hätten uns sehr damit gefreut und ich bitte Ernst, diese nochmals zu schicken. Durch die Quäker wurden mir diese Woche 430 Francs ausbezahlt. Die weiteren 430 erhält die Mutter, weil die Adresse Moritz und Margarete lautet (dies ist zum amtlichen Kurs umgerechnet). Von Wachtel erhielt ich seither jeden Monat 1.000 Francs, Anfang des Monats sandte er kurz hintereinander 2.000 und 1.000 Francs. Wir danken herzlich. Es war auch gerade die höchste Zeit, denn es war Ebbe in der Kasse. Ich hatte mir gerade schon einige kleinere Beträge geborgt. Alle Lebensmittel sind wahnsinnig teuer geworden, sodass man heute das Dreifache braucht wie noch vor einem Jahr. Ich danke Euch beiden recht herzlich, dass Du, lieber Ernst, mir jetzt monatlich 2.000 Francs zukommen lässt. Ich bat vor Wochen schon Deine Cousine L. L. in Basel um 1[000] oder 2.000 fr[anzösische] Francs und zwar deshalb, weil Mutter sich einer Operation unterziehen muss; das sollte direkt nach Ostern sein, sie will es aber erst Anfang Mai machen lassen. Es ist ein Frauenleiden, mit dem sie sich schon seit Jahren herumschleppt; wir hatten dieserhalben schon Dr. Dauernheim, Dr. Rosenthal (Darmstadt) und verschiedene andere konsultiert. Jetzt empfiehlt man, eine Operation nicht mehr hinauszuschieben. Wenn Gott will, geht alles gut und normal vorüber. Deine Mutter, lieber Ernst, hatte ungefähr 1917 dieselbe Operation. Erst lehnte Liesel ab,

Moritz Oppenheimer
Gruppe 9
Camp des Milles B.d.R.

15. April 42.
Lieber Ernst liebe Ada!

Ich hoffe, dass Ihr inzwischen meine verschiedenen Briefe von früher u. m. letzten Brief v. 24/3 erhalten habt. Ich erhielt jetzt kurz hinter einander, Eure Briefe v. 12/12, 1/2, 6/1. u 8/3. Den Letzteren sogar vordem erst Bilder haben wir keine erhalten, wir hätten uns sehr damit gefreut u. bitte Euch, diese nochmals zu schicken. Durch die Quäker wurden mir diese Woche 430,- Fr. ausbezahlt. Die weiteren Fr. 430.- erhält die Mutter weil die Adresse Moritz u Margarete lautete. (Dies ist zum amtlichen Kurs umgerechnet). Von Wachtel erhielt ich seither jeden Monat 100 Anfang ds. Monats sandte er, kurz hinter einander 2000 u ... Fr. Wir danken herzlich. Es war auch gerade die höchste Z... denn es war Ebbe in der Kasse. Ich hatte mir bereits einige kleinere Beträge schon geborgt. Alle Lebensmittel sind wahnsinnig teuer geworden, sodass man heute das 3fache braucht u. vor einem Jahr. Ich danke Euch Beiden recht herzlich, da Du mir l. Ernst jetzt monatlich 2000 Fr. zukommen lässt. Ich bat vor Wochen schon Deine Cousine L.L in Basel, um 1-2 tei Fr. Fr. u zwar deshalb, weil Mutter sich einer Operation unterziehen muss, das sollte direkt nach Ostern sein, sie will es aber erst Anfang Mai machen lassen. Es ist ein Frauenleiden mit dem sie sich, schon seit Jahren herumschleppt, wir hatten dieserhalb schon, Dr. Gauermann Dr. Rosenthal Darmst. u verschiedene andere consultirt, jetzt empfiehlt man eine Operation nicht mehr hinauszuschieben. Wenn ? alles gut u normal vorüber. Deine Mutter sel. l. Ernst hatte ungefähr 1917. dieselbe Operation. Erst lehnte Liesel ab, da schrieb sie unterm 23/2, dass sie mir 1000 fr.Fr. zugesandt hä die aber bis heute noch nicht eingetroffen sind. Auf 2 B. im März erhielt keine Antwort von ihr, ich habe die Absicht, wenn das Geld jetzt noch eintreffen sollte die Annahme zu verweigern. Da ich damals sehr in Bedrängnis war u von Dir l. Ernst nichts hörte, auch Wachtel liess mich war, u gab mir keine Antwort auf m. Anfrage, wandte ich mich an Max Degginger in St. Gallen. u bat ihn um 100 ...

dann schrieb sie unterm 23. Februar, dass sie mir 1.000 fr[anzösische] Francs zugesandt hätte, die aber bis heute noch nicht eingetroffen sind. Auf zwei Briefe im März erhielt ich keine Antwort von ihr. Ich habe die Absicht, wenn das Geld jetzt noch eintreffen sollte, die Annahme zu verweigern. Da ich damals sehr in Bedrängnis war und von Dir, lieber Ernst, nichts hörte – auch Wachtel ließ mich warten und gab mir keine Antwort auf meine Anfrage –, wandte ich mich an Max Degginger und bat ihn um 100 Schweizer Franken. D. ist der Schwager von Felix Neumann. Ich korrespondierte mit ihm vor Eingang Deiner Post, ich stellte ihm in Aussicht, den Gegenwert durch Dich, lieber Ernst, oder Werner wiedervergüten zu lassen. Unter diesen Bedingungen sandte er mir jetzt diesen Betrag. Es tut mir furchtbar leid, dass ich Euch so in Anspruch nehmen muss, aber Ihr dürft versichert sein, dass weder Mutter noch ich leichtsinnig mit dem Ausgeben sind. Die Mutter hat lange Zeit sehr schlecht ausgesehen, doch haben wir uns beide seit unserer Verlegung wieder etwas erholt. Es ist jammerschade, dass Du, lieber Ernst, für das Geld von Auguste Schulz und Berta Levi Lebensmittel in Lissabon bestellt hast. Es ist bis heute noch nichts eingegangen. Ich habe Euch schon in meinem früheren Brief geschrieben, dass Ihr am besten (wenn möglich) das eingezahlte Geld zurückverlangen sollt. Es wäre mir wichtig zu hören, ob es Euch möglich ist, die zugedachten Unterstützungen über die Schweiz zu überweisen, eventuell an Liesel oder Degginger oder an eine von mir noch zu nennende Adresse. Von Werner haben wir auch wieder lange keine Nachricht. Einliegend ein Brief von Michael, den ich leider aus Gedankenlosigkeit vergaß, mitzuschicken. Ich bitte zu entschuldigen. Du, lieber Ernst, wirst Dich wundern, wie sich der Junge im Briefstil gebessert hat. Mutter sandte ihm zu seinem Geburtstag ein kleines Paketchen, er bedankte sich sehr höflich und schrieb, es wäre doch nicht nötig gewesen, er hätte alles, was er braucht, es gebe noch viele Kinder, die es nötiger gebrauchten als er. Feochen schreibt auch die goldigsten Briefe. Ihre Adresse: F. O., Domaine des Granges, Croque (Creuse). Wegen der Papiere in Washington wird es hoffentlich auch einmal klappen. Ada, sende mir doch bitte mal die Adresse Deiner Eltern, ich werde mal durch das Rote Kreuz schreiben, es geht mitunter ziemlich schnell. Wenn Werner auch nach USA kommen würde, wäre es mir natürlich sehr lieb, denn es gibt sicher dort auch gute Möglichkeiten, etwas in seinem Fach zu betreiben, wo ich mich noch betätigen könnte. Tante Recha und Moses[218] sind jetzt endlich auf dem Weg nach Kuba. Ich beschäftige mich zurzeit mit Briefmarkensammeln, wozu hier gute Gelegenheit zum Tauschen

---

[218] Recha Reiss, geb. Oppenheimer, ältere Schwester meines Vaters, und deren Mann Moses, zunächst nach Kuba emigriert, gingen später nach New York.

ist. Bitte deshalb bei Euren Briefen abwechselnd verschiedenartige Werte zu ver-
senden. Bitte das Kuvert mit Marken von diesem Brief wieder zurück. Seid noch
herzlich gegrüßt von Eurem

Vater

Margarete Oppenheimer
Hôtel du Levant, 36 rue Fauchier, Marseille
27. April 1942

Liebe Ada, lieber Ernst,

Vater hat den letzten Luftpostbrief an Euch ohne einen Zusatz von mir abgeschickt. Wir können uns eben über diese Dinge nur schlecht, d. h. schriftlich ver-
ständigen, haben uns jetzt viele Wochen nicht gesehen, da Vater nur selten Urlaub
erhält. Es ist ein Jammer, dass nach der Trennung von Feo nun auch wir zwei
nicht mehr beisammen sind. Für Vater ist es noch schlimmer als für mich; für ihn
geht die Zeit nicht herum, während mir die Arbeit, so stramm sie war, doch über
vieles hinweg half. Auch waren meine Lebensbedingungen dadurch besser. Es
kommt ja im Leben meistens anders als man denkt; immerhin wäre es mir kaum
je in den Sinn gekommen, dass ich einmal in Marseille unter blühendem Lorbeer
für anderer Leute Kinder Windeln waschen würde. Es ist dies keineswegs so
schlimm wie man denkt; nicht anstrengend, dabei durchaus nützlich und ehren-
wert. Seit das Baby da ist, war die Stimmung zwischen mir und meiner „madame",
die halb so alt ist wie ich und mit deren Mutter und Schwester ich sehr befreundet
bin, viel besser. Und als ich sie vor zwei Tagen in gutem Einvernehmen verließ,
tat sowohl der ganzen Familie wie mir selbst der Abschied sehr leid. Ich hätte
dort bleiben können; durch das Baby hatte sich die Arbeit ja nur vergrößert und
in Säuglingspflege habe ich ja allerhand Erfahrung; aber ich selbst entschloss
mich zu einem Schritt, den ich schon längst hätte tun sollen. Ich bin seit heute im Krankenhaus. Ein altes, früher ganz harmloses und mich nicht störendes
Frauenleiden hat sich im Camp verschlimmert und muss jetzt energisch behandelt werden. Vermutlich ist eine Operation nötig; der Chefarzt hat mich noch nicht
untersucht. Die Sache soll ganz einfach sein, und es ist sicher besser, sich jetzt
reparieren zu lassen als später; aber ein bissel mies ist mir doch davor, obwohl ich
sonst nicht feige bin. Und nach all dem Trubel der letzten Wochen – bei meinen
Freunden, wo ich arbeitete, waren außer unseren drei Kindern noch zwei von der
anderen Schwester der Frau zu Besuch, die bestimmt den Unartigkeitsrekord von
Südfrankreich halten, von der etwas merkwürdigen Mama ganz zu schweigen –,

nach all dem Durcheinander und nach dem Kummer und den Sorgen der letzten Monate und Jahre komme ich mir in diesem Krankenhaus mit seiner Ruhe auf einmal ganz merkwürdig vor. Da denke ich an Euch, fange an zu schreiben und will vor dem, was mir bevorsteht, nicht vergessen, Euch wissen zu lassen, dass ich an einen wie den anderen von Euch Geschwistern in gleicher Herzlichkeit und Liebe denke und keinen anderen Wunsch habe als den, bald in Frieden, Freiheit und Gesundheit, wenn auch unter bescheidensten Verhältnissen – wir haben dafür eine gute Schule hinter uns – mit Euch vereint zu sein. Auch Dich, liebe Ada, sehe ich dabei durchaus als Tochter an, habe das bestimmte Gefühl, dass wir uns gut verstehen werden. Ich danke Euch von Herzen für alles, was Ihr für uns tut, für die großen Geldopfer ebenso wie für das Kärtchen mit Nähgarn, das von Hilfsbereitschaft und Überlegung zeugt und mir überdies sehr willkommen war.

Wie geht es nun Dir, lieber Ernst, gesundheitlich? Nierensachen kommen ja nach Grippe häufig vor, müssen aber sorgfältig überwacht und behandelt werden. Auch wenn Du wieder arbeitest, musst Du von Zeit zu Zeit auf Eiweiß untersuchen lassen. Wir machen uns viele Sorgen Deinetwegen, gesundheitliche und andere. [...] Was treiben die anderen Verwandten und wie geht es ihnen? Grüßt alle. Lieber Ernst, versuche doch einmal wieder, mit meiner Freundin Wally in Verbindung zu kommen. Ich habe seit langer Zeit nichts von ihr gehört. Vater erfuhr zufällig, dass Markus Löb aus Beerfurth und Schwester nach Irrfahrten von Italien nach Afrika seit etwa drei Jahren hier seien. Gestern besuchte ich sie. Die Freude war natürlich groß. Von Onkel Gustav[219] kam ein Rot-Kreuz-Brief. Er war danach noch am 1. März im Altersheim; hoffentlich konnte er noch weiter bleiben. Auch von Mina hatte ich einen Brief. Sie bangt sich doch sehr nach uns und besonders nach den Kindern. [...] In meinem Zimmer im Hôtel du Levant wohnt, als eine von 20, ein Fräulein Trude Bloch. Sie erzählte mir, sie wäre bei Onkel Siegfried im Haushalt und mit Paul Löwenstein sehr befreundet gewesen, kenne auch Dich, lieber Ernst. [...] Du, liebe Ada, wirst mit Deinen Gedanken viel bei Deinen Eltern sein. Dieser Brief geht mit gewöhnlicher Post ab. Hoffentlich kann ich Euch bald per Luftpost berichten, dass es mir wieder gut geht. Seid in herzlichem Gedenken gegrüßt von Eurer Mutter

Grete Oppenheimer

Lieber Ernst, hast Du eigentlich Tante Lulus Schwiegertochter Hanna Schwabe

---

[219] Mein Onkel Gustav Oppenheimer wurde am 27. September 1942 von Darmstadt aus nach Theresienstadt deportiert und kam dort knapp einen Monat später ums Leben; siehe: Theresienstädter Gedenkbuch (wie Anm. 111) S. 746.

einmal wiedergesehen? Ich bin mit Tante Lulu jeden Schabbes zusammen. Sie ist sehr froh, dass ich hier bin. Sie fühlt sich sehr einsam, obwohl sie in einem ähnlichen Hébergés-Hotel wie ich mit vielen Menschen zusammenwohnt. Karl und Frau ernähren sich in Philadelphia mit Klavierstimmen. Es scheint ihnen nicht schlecht zu gehen.

Nochmals viele Grüße

Mutter

Margarete Oppenheimer
Hôtel du Levant, 36 rue Fauchier, Marseille, France
27. April 1942

Meine liebe Ruth,

heute, einen Tag nach Feos Geburtstag, erhalte ich den Brief, in dem Du ihr dazu gratulierst. Ich habe es ihr gleich mitgeteilt und habe mich überhaupt so mit Deinem Brief gefreut, dass ich Dir gleich antworte. Es ist doch nett, dass die Leute Dich an Deinem Geburtstag so gefeiert und so schön beschenkt haben. Auch dass Du eingeladen wurdest, ist ein Zeichen, dass man Dich gern hat, aber auch, wie ich hoffe und annehme, dass Du Dich ordentlich benimmst und es verdienst, dass die Leute Dich gern haben.

Grüß bitte Frau Dr. Sieber und Frau Dr. Urbach[220] recht herzlich von mir. Ich bin ihnen so sehr dankbar für all die Liebe, die sie Dir weisen. Hoffentlich hast Du inzwischen schöne Ferien verlebt und auch Hannah gesehen. Warst Du mit Tante Lotte und Tante Rosi zusammen? Schreib nun recht viele Einzelheiten. Gewundert hat es mich, dass Du Deinen Brief noch nach Rivesaltes adressiert hast. Von Tante Liese hatte ich schon etwa vor zwei Wochen einen Brief, der hierher gerichtet war und ich dachte, Du wüsstest, dass wir nicht mehr in Rivesaltes sind, sondern Vater in einem Camp hier in der Nähe und ich in Marseille selbst. Leider sehen Vater und ich uns selten; jetzt sind etwa sieben Wochen seit dem letzten Mal vergangen. Jedes von uns acht Familienmitgliedern wohnt doch an einem anderen Ort! Auch ich habe keinen heißeren Wunsch als den, Euch alle bald wiederzusehen.

Einzelheiten über mein hiesiges Leben habe ich sowohl an Dich als auch an Tante Liese ein paar Mal geschrieben und brauche sie heute nicht zu wiederholen. Dir selbst schrieb ich vor etwa 14 Tagen und teilte Dir dabei auch Minas

---

[220] Die Leiterinnen meines Kinderheims, deren Titel allerdings nur von ihren tatsächlich promovierten Männern entlehnt waren.

Adresse mit. Inzwischen hatte ich Nachricht von ihr. Sie hat eine gute Stellung, sehnt sich aber sehr nach Euch allen und nach Dir wohl am meisten. Ich denke, Du hast ihr schon geschrieben. Dass Du gut lernst und besonders Rechnen gern hast, ist mir natürlich eine große Freude. Was für Rechnungen lernt Ihr denn jetzt? Wenn wir mit Gottes Hilfe wieder zusammen sind, zeige ich Dir lauter interessante Rechnungen. Michael, der wirklich sonst ein netter, anständiger Junge geworden ist, lernt gar nicht gern. Sein Lehrer schrieb es mir diese Woche; aber die Vorliebe für Gartenarbeit hat er mit Dir gemeinsam. Der Frühling ist hier wirklich sehr schön; man sieht herrliche Blumen und merkt, dass man im Süden ist. Gestern haben Tante Helene und ich einen ganz wunderbaren Spaziergang bei schönstem Sonnenschein gemacht, sahen Kalkberge, interessante Pflanzen, entzückende Häuschen, und in der Nähe war das Meer.

Welche Bücher von Kipling hast Du denn bekommen? Tante Helene interessiert sich dafür und kennt viele davon. Ich selbst kenne nur das Dschungelbuch, und als ich es in deutscher Übersetzung las, war ich nicht viel älter als Du jetzt. Hast Du was von Pessach gemerkt? Michael hat Mazzen[221] gegessen, ich auch. Der Herr von der Familie, bei der ich in der letzten Zeit war, hat sehr schön Seder gegeben. Vater und ich waren nur verstimmt, dass wir nicht zusammen waren. Von Werner bekamen wir auch vor kurzem einen Brief. Er hatte Urlaub und war in Alcaraz, wo er früher arbeitete. Er wollte eigentlich zu Bella Neu und den anderen Verwandten, aber der Regen war ihm zu stark für die Reise. Er war auch in Buenos Aires bei Karlsbergs. Hast Du selbst wieder einmal etwas von den argentinischen Verwandten gehört? Wenn Du Hannah und Tante Liese schreibst, so grüße sie recht sehr von Vater und mir. Ich hoffe, bald wieder von Euch allen zu hören. An beide sind übrigens Briefe von uns unterwegs. Es grüßt und küsst Dich herzlich Deine Dich liebende
Mutter

Vater hatte den Brief von Ende März an mich im Lager Les Milles zu schreiben begonnen, ihn dann an Mutter geschickt und sie hatte weitere Seiten hinzugefügt. Die Erlaubnis für eine Fahrt nach Marseille zu erhalten, war für meinen Vater ein seltenes Glück. Außerhalb des Lagers mit seinem ganzen Dreck einmal die Wärme des südlichen Frankreich im Frühjahr zu erleben, die herrliche Mandel- und Pfirsichblüte und die bezaubernde Schönheit des Mittelmeerstrandes zu sehen, war ihm die einzige Aufmunterung in seiner hoffnungslosen Lage. Er freute

---

[221] Ungesäuerte Brote, die am Sederabend des Pessachfestes gegessen werden.

sich, dass Michael jede Woche schrieb und sich mit seinen zwölf Jahren zu einem vernünftigen und für sein Alter erstaunlich fürsorglichen Jungen entwickelt hatte.

In einem meiner Briefe muss ich nach dem Befinden einer alten Frau, an die ich mich aus Besuchen in Mannheim erinnerte, gefragt haben, einer Verwandten meiner Mutter, wie ich glaube. Ich meinte wohl Hermine Klopfer, die meine Mutter in ihren Briefen manchmal erwähnt, aber Vater verwechselte die Namen. Sein Cousin Richard Retwitzer hatte nach Argentinien flüchten können, während dessen Mutter im Oktober 1940 im Alter von 80 Jahren nach Gurs deportiert worden war. Hermine und Siegfried Klopfer[222] waren im Alter von 74 bzw. 82 Jahren von Mannheim aus in das südfranzösische Lager verfrachtet worden. Im Januar 1942 konnten sie Gurs verlassen und lebten fortan „liberiert", wie meine Mutter schrieb, in Souillac im Département Lot. Außerhalb der Lager zu leben war Internierten nur gestattet, wenn sie sich selbst ernähren konnten. Das war für die Klopfers offenbar nicht ganz einfach gewesen. Beide konnten letztendlich den Deportationen aus Südfrankreich entkommen, aber Siegfried Klopfer verstarb dort im April 1944. Hermine Klopfer, die aus Frankfurt am Main stammte, ging 1947 nach England, wo sie im September 1950 in Marylebone starb. Hatte sich irgendwer, der dieses alte Ehepaar in Mannheim bei seinem plötzlichen Abtransport gesehen hatte, gefragt, was mit ihnen geschehen würde? Hatte irgendwer Mitleid gezeigt oder Hilfe angeboten, ihnen womöglich ihr Gepäck getragen? Ich habe solche Szenen nie selbst erlebt. Aber ich sehe trotzdem vor meinem inneren Auge immer die neugierigen Nachbarn hinter ihren Gardinen und frage mich, was sie wohl gedacht und gefühlt haben mögen. Sahen sie dies alles als gerecht an? Welche Rechtfertigung legten sie sich zurecht?

Dass Mutter mir schrieb, wie sie selbst sich mit 13 Jahren gefühlt hatte, beglückte mich. Kinder neigen dazu, erstaunt zu sein bei dem Gedanken, dass ihre Eltern auch einmal so jung waren wie sie selbst. Wir hatten Mutter immer gerne zugehört, wenn sie über ihre Jugend erzählte. Sie hatte eine für Mädchen ihrer Generation ungewöhnliche Laufbahn als Mathematikerin einschlagen können. Aus ihren Zeilen heraus spüre ich, dass sie auch mir zutraute, meinen Weg zu gehen. Dass sie inzwischen Französisch sprach, korrekter als viele andere, warf ein ganz neues Licht auf sie. Sie konnte etwas Englisch, und ich erinnere mich noch, wie sie im letzten Jahr, als ich noch zu Hause lebte, für Argentinien Spanisch zu lernen begann. Sie hatte mich ermuntert, es mit ihr gemeinsam zu lernen, und bis heute habe ich einige jener Wörter behalten, die ich mir damals mit nur neun

---

[222] Die Informationen zum Ehepaar Klopfer verdanke ich Michael Caroli vom Stadtarchiv Mannheim (Auskunft vom 21. August 2007).

Jahren angeeignet habe.

Auch zum Hebräischlernen ermunterte sie mich. Einmal in der Woche kam ein Lehrer aus Manchester in unser Heim nach Windermere, um uns in Hebräisch und in Religion zu unterrichten. Ich meine, dass wir uns ihm gegenüber nicht besonders gut benommen haben. Er war kein begnadeter Pädagoge, hatte erkennbar wenig Spaß an seiner leidigen Aufgabe und wusste wahrscheinlich mit einem Haufen ausländischer Mädchen auch recht wenig anzufangen. Ich erinnere mich zwar nicht, viel dafür getan zu haben, trotzdem habe ich für meine Leistungen in Religion damals einen Buchpreis gewonnen. Am Hebräischen war mein Interesse größer, hoffte ich doch, eine neue Sprache zu erlernen. Aber der Unterricht war mühsam, beschränkte er sich doch fast ausschließlich auf die Übersetzung der Schöpfungsgeschichte mit einer Fülle von Wörtern, die wir im Englischen ganz und gar nicht verstanden. Ich benötigte eine Weile, um das englische Wort „firmament" (Himmelszelt, Firmament) zu begreifen. Aber mit Fragen egal welcher Art durften wir in diesem Unterricht keine Zeit vergeuden. Bisweilen aber machte die Übersetzung für mich einen Sinn und dann machte sie mir auch Freude.

Trotz der Haushaltsarbeit von früh bis spät schien meine Mutter irgendwie zufrieden gewesen zu sein. Sie freute sich am blühenden Lorbeer, auch wenn sie dabei über Waschbrett und Wäschezuber gebeugt Windeln waschen musste – eine körperlich ungemein anstrengende Arbeit vor der Erfindung der Wegwerfwindeln und dem Einzug elektrischer Waschmaschinen in die Haushalte. Sie berichtete über einen der sicher äußerst seltenen Spaziergänge mit ihrer Cousine Helene, der sie ein wenig den Alltag vergessen ließ. Und humorvoll kommentierte sie Tante Lieses Idee, ihre Memoiren zu schreiben. Ich bezweifle allerdings, dass Mutter ernsthaft an die Abfassung ihrer eigenen Memoiren dachte. Sie war Realistin und in ihrem Brief an ihre Schwester Liese und uns in England äußerte sie dann auch bang eine ihrer schlimmsten Befürchtungen: „Wer weiß, wann wir wieder auch nur mit einem oder zweien der Kinder zusammen sein können."

In ihren Briefen ließ sie sonst kaum etwas davon spüren, wie ausgelaugt sie mit fast 50 Jahren nach der langen Lagerzeit tatsächlich war. Nur Vater erwähnte in seinem Brief an meinen Bruder Ernst und dessen Frau Ada, dass Mutter lange Zeit sehr schlecht ausgesehen habe. Neben Hunger und Unterernährung, neben der beständigen Angst um uns Kinder, auch vor den ständig neuen Schikanen und Rückschlägen bei der dringlich ersehnten Auswanderung quälten Mutter zudem die Schmerzen einer Gebärmuttersenkung, deren Krankenhausbehandlung man ihr in Rivesaltes verweigert hatte. Sie wird gewusst haben, dass Vater zur

Bezahlung der bevorstehenden Operation Verwandte und Freunde anbetteln musste und war überaus dankbar, sich im Marseiller Krankenhaus dann endlich in guten Händen zu wissen. Eine menschenwürdige Behandlung hatte sie viel zu lange entbehrt.

Aber sie hatte die Stelle im Haushalt, mit der sie ihren Lebensunterhalt sicherte, für die Operation aufgeben müssen. Warum war das nur so? Hätte sie, wie sie an Ernst schrieb, dort wirklich nur dann bleiben können, wenn sie auf den so dringend nötigen Eingriff verzichtet hätte? Ich weiß es nicht. Dennoch frage ich mich, ob ihre junge ungarische Arbeitgeberin die verzweifelte Lage meiner Eltern damals überhaupt begriff. Wusste sie, wie es in den Lagern in Südfrankreich wirklich zuging und was meine Eltern sowie Michael und Feo dort alles schon hatten erleben müssen? Ahnte sie, die doch selbst Mutter war, die Sorgen meiner Eltern um ihre über die halbe Welt verstreuten Kinder? Verfolgte sie, was in jenen Kriegsjahren in ganz Europa vor sich ging und welche Politik das Vichy-Regime betrieb? Und wie sahen außerdem die Zukunftschancen jener jungen Frau selbst aus? Vielleicht konnte und wollte sie sich auch, so in unmittelbarer Reichweite der Nazis und deren französischen Komplizen, nur auf die eigenen Bedürfnisse und die ihrer Familie konzentrieren, ganz einfach aus Selbstschutz oder purem Überlebenswillen.

Wie immer war ich auch jetzt froh, Neues von Verwandten und Freunden zu erfahren, etwa, dass Ludwig Reiss („Luddel") wieder geheiratet hatte. Seine erste Frau hatte Selbstmord verübt, doch darüber sprach man mit uns Kindern nicht und so wussten wir damals nur, dass es ein tragischer Todesfall gewesen war – „ein furchtbarer Fall, so eine junge Frau", wie Mutter in einem ihrer Briefe an Hannah geschrieben hatte. Seine Tochter Marlis war etwa in Hannahs Alter und inzwischen auch aus dem Lager gerettet worden. Selbst wenn ich sie nun in den Namenlisten der Mannheimer Opfer nicht finde, weiß ich dennoch nicht, was aus ihnen geworden ist. Auch die Neuigkeiten von Werner und den anderen aus Argentinien nahm ich stets begierig auf, zeigten sie mir doch, dass es irgendwie weiterging. Glücklich war ich auch zu hören, dass es Mina gut ging. Ich werde wohl nach Anneliese Kahn gefragt haben, meiner Freundin aus der kurzen Schulzeit in Mannheim, die ich des Öfteren in der Lameystraße besucht hatte. Mutter hatte mir in den Mannheimer Briefen oft Grüße von ihr bestellt. Auch sie war mit ihrer Familie nach Gurs deportiert worden, ebenso wie meine Klassenkameradin Marion Joseph, die jetzt wie meine Mutter im Hôtel du Levant wohnte. Beide haben zum Glück überlebt. Anneliese und ihrer Mutter gelang im Dezember 1941 die Flucht in die USA.[223] Marion, eigentlich Marianne, die aus Osthofen stammte, war mit ihren Eltern Paul und Berta Joseph im März 1941 in das „Familienlager" Rivesaltes verlegt worden. Von dort ging der Vater im Juli jenes Jahres nach Les Milles, um die Emigration der Familie vorzubereiten. Aber dies gelang ihm nicht. Marions Eltern wurden am 13. August 1942, mit demselben Transport wie meine Eltern, nach Drancy verschleppt und von dort vier Tage später mit dem Transport Nr. 20 weiter nach Auschwitz in den Tod.[224] Marion war bis Dezember 1941 in Rivesaltes geblieben, wohnte danach – vielleicht mit ihrer Mutter – in Marseille und gelangte schließlich in die USA. Wahrscheinlich ist auch sie von einem der Hilfswerke gerettet worden.

Vaters Brief an meinen Bruder Ernst zeigt die ganze Tragik der Situation, in der sich meine Eltern wie alle Internierten in den Lagern befanden. Die enormen Preissteigerungen für Nahrungsmittel erschwerten ihr Leben immer mehr. Entsprechende Hilfssendungen über Lissabon waren bei Vater offenbar nicht angekommen. Das heißt aber nicht, dass sie nicht nach Les Milles geschickt worden waren. Vielleicht hatte das französische Lagerpersonal sie einfach konfisziert, wie das häufig mit solchen Sendungen geschah. Ernst und Werner schickten unseren Eltern Geld, doch waren die Beträge denkbar klein, denn sie beide verdienten nur sehr wenig. Ein sicherer Versandweg lief dagegen über die Quäker und ihr Büro in Toulouse. Im Gegensatz zu anderen kirchlichen Organisationen machten sie keinerlei Unterschied hinsichtlich der Religionszugehörigkeit, wenn es um Hilfe ging. Die beiden großen christlichen Kirchen waren oft geteilter Meinung: Sollte man eigentlich Juden überhaupt helfen, wo diese doch Jesus nicht als ihren Erlöser anerkannten? Es gab damals und gibt selbst heute noch die absonderliche Vorstellung, dass die Nazis vielleicht sogar von Gott geschickt wurden, um die widerborstigen Juden zu bestrafen. Noch vor wenigen Jahren bin ich bei einem Gespräch mit Oberstufenschülern eines Gymnasiums in Iowa, wo ich heute lebe, allen Ernstes von einem aufgeweckten und sehr religiösen 17-jährigen Mädchen gefragt worden, ob der Holocaust nicht am Ende Gottes Strafe für die Juden gewesen sei.

Nicht alle Personen, die Vater in seinem Brief nannte und die ihm mehr oder weniger bereitwillig halfen, sind mir geläufig. Ernsts Cousine „L. L." war jedenfalls

---

[223] Näheres zu Anneliese Kahn im Kommentar zu den Mannheimer Briefen meiner Eltern. Die Informationen zu Marion Joseph verdanke ich ebenfalls Michael Caroli vom Stadtarchiv Mannheim (Auskunft vom 21. August 2007).
[224] Siehe dazu die Deportationslisten in: Klarsfeld (wie Anm. 195) S. 10 sowie: Klarsfeld (wie Anm. 11) S. 177.

Liesel Löwenstein. Ihr Vater Leopold Löwenstein war einer der Brüder von Vaters verstorbener erster Frau Klara. Einige Löwensteins unterhielten Beziehungen in die Schweiz, was ihnen das Leben rettete. Liesel war in der Schweiz geblieben und hatte einen dortigen Staatsbürger namens Ullmann geheiratet. Nach dem Krieg zogen sie nach England. Ich traf Liesel einige Jahre nach Kriegsende, ohne damals zu wissen, dass Vater sie um Hilfe für die Operation meiner Mutter gebeten hatte. Ich weiß nicht, wie sich ihr Leben in der Schweiz gestaltet hatte, aber in London lebten sie mit ihren zwei Kindern immerhin in finanziell sehr gesicherten Verhältnissen. An wen hätte Vater sich auch wenden sollen, wenn nicht an Verwandte? Für ihn muss dies gleichwohl äußerst demütigend gewesen sein. Er hatte immer für seine große Familie gesorgt, einschließlich zweier behinderter Geschwister, und sich sozial sehr um seine Mitarbeiter in der Fabrik gekümmert. Nun ging er am Bettelstab.

Mutters Brief von Ende April 1942 an mich ist im Laufe der Jahre ganz vergilbt. Es sind nur zwei kleine Blätter Papier, sehr eng beschrieben und mit den gewohnten Abkürzungen. Ihre Verzweiflung ist deutlich zu spüren darin. Mutter hatte den tröstlichen Sederabend in der Familie verlebt, für die sie gearbeitet hat. Normalerweise ist das ein frohes Ereignis, wird hier doch an die Rettung der Juden aus der Knechtschaft des ägyptischen Pharao erinnert. Nach der Überlieferung hatte Gott Mitleid mit den Juden und half ihnen zu entkommen, indem er das Wasser des Roten Meeres teilte, sodass sie trockenen Fußes an das östliche Ufer gelangen konnten. Würde er das auch jetzt tun, wo die Gefahr noch weitaus größer war? Der Gedanke wurde zwar nicht artikuliert, war aber dennoch immer irgendwie präsent. Auch ich betete damals, es möge ein Wunder geschehen.

Victor Klemperer musste im Februar 1942 bei der Neuausgabe der Seifenkarte für Juden feststellen, dass hier erstmals die Rasierseife fehlte. Voller bitterer Ironie fragte er sich, ob damit zwangsweise der mittelalterliche Judenbart wieder eingeführt werden solle. Auch durfte laut Anschlag an den Bäckereien kein Kuchen mehr an Juden verkauft werden.[225] Mitte Februar erhielt er die Aufforderung, sich zu einer festgesetzten Zeit an bestimmtem Ort zum Schneeschaufeln auf Dresdens Straßen einzufinden. Mit 60 Jahren und als Herzkranker war er noch einer der Jüngsten, die dazu über mehrere Wochen herangezogen wurden. Immerhin konnte er unter den Vorarbeitern viele Nazigegner ausmachen, denen nicht daran lag, die älteren Männer auch noch zusätzlich zu quälen. Über das Geld, welches er dabei verdiente, durfte er allerdings nicht verfügen, sondern

---

[225] Klemperer (wie Anm. 17) Bd. 2, S. 19 und 25.

musste es auf ein angebliches „Sicherungskonto" einzahlen.

Viel größere Sorge bereitete Klemperer die ansonsten immer bedrohlicher wer-
dende Behandlung der jüdischen Bevölkerung: „Die Haussuchungen sind der
Albdruck der ganzen Judenheit. Immer neue Fälle von Prügeln, Beschimpfungen,
Diebstahl aller Art (neuerdings auch Geld), Verhaftungen, Bestellung auf die
Gestapo (besonders gefürchtet). Von Tag zu Tag rechne ich damit, dass die Reihe
an uns kommt."[226] Nach solchen nahezu täglich stattfindenden Aktionen der NS-
Rollkommandos häuften sich in Deutschland die Selbstmorde von Juden. Auch
die Gangart der Nazis gegenüber der nichtjüdischen Bevölkerung schien ihm an-
gesichts der steigenden Unzufriedenheit der „Volksgenossen" härter zu werden.
In Goebbels-Reden schwang ständig, wie Klemperer feststellte, „Drohung statt
Brot" mit und im Rundfunk wurde „Musik statt Brot" angeboten.

Seine wissenschaftlichen Skripte, an denen er in jener Zeit arbeitete, schaffte er
nun aus dem Haus, damit sie nicht einer Haussuchung zum Opfer fielen und ihn
außerdem noch gefährdeten. Seine Tagebuchaufzeichnungen, die noch nicht in
Sicherheit gebracht worden waren, wurden in Büchern versteckt in der Hoffnung,
die Gestapo werde sie dort nicht finden. Als Folge der dauernden Angespanntheit
durch die permanente Bedrohung, auch wegen seiner Unterernährtheit schlief er
beim Lesen ständig ein. Klemperer wagte sich zudem kaum noch auf die Straße,
drohten doch dort immer unerwartete Festnahmen. Auch Beschimpfungen wie
„Du Lump, warum lebst Du noch?" musste er sich gefallen lassen, wenn er mit
dem Judenstern am Mantel unterwegs war.[227] Mitte März 1942 hatte er zum ersten Mal von Auschwitz als dem furchtbarsten aller KZs gehört.

Details der Verbrechen, die von den Deutschen während des Krieges in der
Sowjetunion begangen wurden, erfuhr Klemperer Mitte April durch seine Frau:
„Eva wurde an der Tramhaltestelle von Zimmermann Lange (in Gefreitenuniform)
angesprochen. Sie ging mit ihm in ein Lokal, und er erzählte bei einem Glase Bier.
Er ist als Fahrer bei der Polizeitruppe mehrere Wintermonate (bis Weihnachten)
in Russland gewesen. Grauenhafte Massenmorde an den Juden in Kiew. Kleine
Kinder mit dem Kopf an die Wand gehauen, Männer, Frauen, Halbwüchsige zu
Tausenden auf einem Haufen zusammengeschossen, ein Hügel gesprengt und
die Leichenmassen unter der explodierenden Erde begraben."[228] Am 26. April
1942 notierte Klemperer: „Neueste Verordnung: Juden dürfen nicht Schlange stehen. Juden haben abzuliefern: Haarschneidemaschinen, Haarschneidescheren,

---

[226] Klemperer (wie Anm. 17) Bd. 2, S. 54.
[227] Klemperer (wie Anm. 17) Bd. 2, S. 48 und 65.
[228] Klemperer (wie Anm. 17) Bd. 2, S. 68.

Haarkämme, ungebraucht. [...] Die Kämme sind tröstlich, sie enthüllen äußersten Mangel – man schreckt vor keiner Jämmerlichkeit zurück."[229] Am gleichen Tag ließ sich Hitler durch den „Großdeutschen Reichstag" – ein pures Marionetten-Parlament – zum „Obersten Gerichtsherrn" ernennen, der ohne jede Bindung an Rechtsvorschriften völlig selbstherrlich agieren konnte.[230]

Was meine Eltern in Südfrankreich von dieser Entwicklung in Deutschland womöglich mitbekommen haben, kann ich nicht beurteilen. Die Vichy-Regierung dort hatte sich inzwischen immer mehr den mörderischen Vorgaben der deutschen Besatzer in Nordfrankreich angepasst. Etliches wird zumindest in Marseille bekannt gewesen sein, wo das Abhören ausländischer Rundfunksender nicht so leicht zu unterbinden war. Ich kann nur froh sein, dass meinen Eltern wenigstens die tagtäglichen Erniedrigungen erspart geblieben sind, welche die Juden in unserer Heimat ertragen mussten.

Liest man die Wehrmachtberichte für den Zeitraum vom Januar bis zum April 1942, so setzt sich der Tenor von zuvor fort, wonach nämlich die Feinde an allen Fronten regelmäßig größere Verluste hatten als die Wehrmacht selbst. Am besten ablesbar ist dies an den Zahlen abgeschossener oder am Boden zerstörter feindlicher Flugzeuge, während die Zahl der verlorenen oder vermissten eigenen Maschinen immer als recht gering gemeldet wurden. Gleichwohl deuteten Sätze wie „Im Osten dauern die schweren Abwehrkämpfe an" oder „An verschiedenen Abschnitten der Ostfront wurden bei wieder zunehmender Kälte örtliche feindliche Angriffe in erbitterten Kämpfen abgewehrt"[231] darauf hin, dass die Zeit der scheinbar mühelosen deutschen Siege vorbei war. Die befürchtete Invasion nach Großbritannien war noch nicht erfolgt, auch wenn hier deutsche Flugzeuge nach wie vor zerstörerische Angriffe flogen und auch wir im Heim insofern nie ganz sicher sein konnten. Am 24. Januar hatten die Wehrmachtberichte erstmalig deutsche U-Boote in nordamerikanischen und kanadischen Gewässern gemeldet und von 18 versenkten feindlichen Handelsschiffen berichtet. Solche Erfolgsmeldungen waren in den Folgemonaten immer wieder zu lesen. Wie weit würde Deutschland seinen Machtbereich noch ausdehnen?

Die Wende im Luftkrieg zwischen dem Deutschen Reich und Großbritannien begann am 29. März 1942, als 234 britische Flugzeuge einen Großangriff auf Lübeck flogen und erhebliche Teile der Stadt zerstörten. Damit begann die

---

[229] Klemperer (wie Anm. 17) Bd. 2, S. 72.
[230] Overesch (wie Anm. 1) Bd. 2, S. 259.
[231] Wehrmachtberichte (wie Anm. 16) vom 8. Februar und 6. März 1942, Bd. 2, S. 29 und 48.

„strategische Offensive" der Royal Airforce gegen Nazi-Deutschland.[232] In den Wehrmachtberichten liest sich dies so: „Britische Bomber griffen in der letzten Nacht einige Orte im norddeutschen Küstengebiet an, vor allem die Stadt Lübeck. Die Zivilbevölkerung hatte einige Verluste. Nachtjäger, Flakartillerie und Marineartillerie schossen zwölf der angreifenden Bomber ab."[233] Natürlich wussten die Lübecker, dass sich angesichts mehr als 300 dortiger Toter, über 700 Verwundeter und fast 40 Prozent zerstörter Wohnungen hinter dieser lapidaren Meldung weitaus mehr verbarg als nur „einige Verluste" unter der Zivilbevölkerung. Der übrigen deutschen Bevölkerung aber wurde die Wahrheit verheimlicht, sie hätte so gar nicht zum Propagandakonstrukt des vermeintlich unbesiegbaren „Dritten Reiches" gepasst. Allerdings sollte Victor Klemperer mit seiner des Öfteren seinen Tagebüchern anvertrauten Befürchtung, dieser Krieg könne noch sehr lange dauern, Recht behalten. Meine Eltern erlebten dessen Ende nicht mehr. Die Nazis setzten alles daran, die Juden in ihrem Herrschaftsbereich so schnell wie möglich zu ermorden.

Moritz Oppenheimer
Gruppe 9, Camp Les Milles, Bouches-du-Rhône, France
8. Mai 1942

Meine liebe Ruth!

Deinen lieben Brief vom 13. April erhielt die liebe Mutter vor einigen Tagen. Wie immer freuten wir uns sehr mit Deiner Nachricht. Auch von Tante Liese hatten wir diese Woche einen Brief. Ich kann mir denken, dass Dir der Besuch in London viel Freude machte und besonders, dass Du auch mit Hannah zusammen warst. Ich war diese Woche für zwei Tage in Marseille mit der lieben Mutter zusammen. Mutter ist schon seit zirka zehn Tagen im Krankenhaus und wurde am Mittwoch operiert. Es geht ihr gottlob ordentlich und ich hoffe, dass sie mit Gottes Hilfe bald wieder ganz gesund aus dem Krankenhaus entlassen wird. Tante Helene Friedmann ist viel bei der lieben Mutter und sehr besorgt um sie. Feochen schreibt recht zufrieden und sehr goldige Briefe. Sie ist auch dorten der Liebling ihrer Umgebung. Michael schreibt auch recht gut. Warum schreibt Hannah so selten? Heute hatte ich einen sehr lieben Brief von Herrn Seif, der auch noch in Frankreich ist; er hat auch nach Dir gefragt. Heute hat Mutter Geburtstag. Marseille ist eine sehr schöne große Stadt, ich glaube, doppelt so groß wie Frankfurt, ein

---

[232] Overesch (wie Anm. 1) Bd. 2, S. 253.
[233] Wehrmachtberichte (wie Anm. 16) Bd. 2, S. 71.

Moritz Oppenheimer						8. Mai 1942.
	Gruppe 9.
Camp Les Milles B.d.R.
	France.				Meine liebe Ruth.!

			Deinen lieben Brief v. 13/+
erhielt die l. Mutter vor einigen Tagen.
Wie immer freuten wir uns sehr mit Deiner
Nachricht. Auch von Tante Liese hatten diese
Woche Brief. Ich kann mir denken, dass Dir
der Besuch in London viel Freude machte
& besonders, dass Du auch mit Hannah zusammen
warst. Ich war diese Woche für 2 Tage in
Marseille, mit der l. Mutter zusammen. Mutter
ist schon circa 10 Tage im Krankenhaus &
wurde am Mittwoch operirt. Es geht ihr
G.L. ordentlich, & ich hoffe dass sie m.G.Hilfe
bald wieder ganz gesund aus dem Krankenhaus
entlassen wird. Tante Helene Friedmann
ist viel bei der l. Mutter & sehr besorgt
um sie. Ferchen schreibt recht zufrieden
& sehr goldige Briefe. Sie ist auch dorten
der Liebling ihrer Umgebung. Michael
schreibt auch recht gut. Warum schreibt
Hannah so selten ? Heute hatte ich einen
sehr lieben Brief von Herrn Seif, der auch
noch in Frankreich ist er hat auch nach
Dir gefragt. Heute hat Mutter Geburtstag.
Marseille ist eine sehr schöne grosse Stadt.

245

Riesenverkehr, liegt direkt am Meer. Mutter kann sich dort frei bewegen, während ich Urlaubsgenehmigung brauche. Ernst und Frau sowie Werner schreiben regelmäßig. Werner hatte vier Wochen Ferien und wollte diese dazu benutzen, Fritz und Bella und die übrigen Verwandten zu besuchen. Ernst ist jetzt Küchenchef geworden. Kannst Du Dich noch an Markus Löb und seine Schwester Bertha aus Pfaffen-Beerfurth erinnern? Diese wohnen seit zirka zwei Jahren in Marseille, ich habe sie besucht und die Freude war beiderseits sehr groß. Bist Du wirklich so groß wie Hannah? Hast Du ein Bild von Dir aus jüngster Zeit, dann bitte schicke uns mal wieder eins. Ich hoffe, bald wieder von Dir zu hören, bleibe gesund und sei herzlich gegrüßt und geküsst von Deinem
Papa

Margarete Oppenheimer
Hôtel Du Levant, 36 rue Fauchier, Marseille, France
26. Mai 1942

Liebe Liese, liebe Kinder, liebe Frau Schwarzwald,
diesmal habe ich die Freude, Euch drei Briefe auf einmal bestätigen zu können, je einen von Ende April von Dir, liebe Liese und liebe Ruth, und einen von Mitte April von Dir, liebe Hannah. Es kam aber alles etwa gleichzeitig an. Ferner habe ich noch nicht die Briefe, die ich drei Wochen vorher von Liese und Ruth erhielt, selbst beantwortet; doch das hat ja Vater in meinem Namen getan, als ich gerade operiert wurde. Es tut mir so leid, dass Ihr anscheinend unsere Nachrichten nicht nur sehr verspätet, sondern auch unregelmäßig bekommt. Ich kann nicht klagen; ich habe etwa alle zwei bis drei Wochen Post von Euch. Wir antworten immer sofort.

Um nun das Wichtigste vorwegzunehmen: Ich wurde am 6. Mai operiert. Ausgerechnet war Moritz, den ich vorher zwei Monate nicht sah und jetzt wieder drei Wochen nicht, gerade an diesem Tag da. Ich hätte es ihm gern erspart. Der Eingriff war doch gründlicher, als man ihn mir sowohl schon zu Hause vor Jahren als auch hier, wenn ich mich einmal mit einem bekannten Arzt unterhielt, immer beschrieben hatte. Es ist auch möglich, dass die Verschlimmerung, die im letzten Jahr eingetreten ist, eine andere Art von Operation nötig machte. Ich habe aber den deutlichen Eindruck, dass man hier medizinisch auf der Höhe ist und dass ich in den besten Händen bin. Umso mehr empfinde ich es als Glück von Gott, dass ich von Rivesaltes weg und hierher gekommen bin. Dort wollte man mich noch nicht einmal ins Krankenhaus einliefern.

Weißt Du noch, liebe Liese, wie wir es uns früher als das Unangenehmste vorstellten, in einem Krankenzimmer zu liegen? Nun, nach allem Vorangegangenen, bin ich glücklich, mit etwa zehn anderen Frauen in einem hellen, luftigen Saal zu sein und ein schönes, weiß bezogenes Bett zu haben. Das Beste ist aber, dass die Heilung nach Wunsch vor sich geht und ich spüre, wie es von Tag zu Tag besser wird. Schmerzen hatte ich, Gott sei Dank, nie viel; auch nach der Operation waren sie erträglich. Die ersten Tage und besonders die Nächte fühlte ich mich natürlich schwach und elend und nervös, aber dann ging's aufwärts und seit gestern darf ich stundenweise außer Bett sein; da ist das Erste, dass ich an Euch schreibe. Seid nicht böse, dass ich nicht jedem einzeln schreibe, das wäre mir doch ein bisschen viel. Grüßt auch Lotte und, wenn möglich, Rosi Grünblatt. Ich finde es rührend und bin ihr sehr dankbar, dass sie so aufmerksam zu Hannah und Ruth war. Lotte wird es interessieren, dass Tante Lulu durch Fritz Koref erfuhr, sein Bruder käme oft mit Onkel Hermann zusammen; er ist also noch in seinem alten Wohnsitz.

Noch Dank für die guten Wünsche zu meinem Geburtstag; ich verlebte ihn zwei Tage nach der Operation noch etwas beduselt, freute mich aber doch über alle Glückwünsche. Selbst Hermine Klopfer und Marie Hochherr, die ein verblüffendes Gedächtnis für alle Familiendaten hat, gratulierten schriftlich. Übrigens kann ich gar nicht sagen, wie angenehm ich es empfinde, dass so viele Menschen, zum Teil solche, die ich kaum kenne, nett zu mir sind. Fast alle Tage habe ich Besuch; es kommen Frauen, die ich flüchtig in unserem Hébergé-Zentrum kennen gelernt habe, und stecken mir gute Dinge zu, obwohl sie selbst wenig haben. Auch Pflegerinnen und die übrigen Kranken sind so, wie man es nur wünschen kann.

In diesem Zusammenhang wird Dich, liebe Liese, eine der vielen Begegnungen interessieren, die ich hier (und wie ich oft schrieb, schon vorher) hatte. Als Du vor etwa 40 Jahren in die Schule kamst, war eine Frieda Kahn in Deiner Klasse. Unsere und ihre Eltern waren miteinander befreundet. Sie wohnt auch im Hôtel du Levant, ist eine schlichte, aber gescheite und famose Frau, die alle paar Tage zu mir kommt und mir eine Gefälligkeit nach der anderen erweist, obwohl ich nie Zeit fand, sie zu besuchen, während sie selbst krank war. Den Gipfel aber bildet Helene. Ich kann nicht aufzählen, was sie alles für mich getan hat und noch tut. Obwohl sie doch vor nicht allzu langer Zeit selbst schwer krank war und noch schlecht auf den Beinen ist und obwohl sie bis zu mir viele Treppen zu steigen hat, ist sie fast täglich da und steckt mir Dinge zu, die sie selbst bitter nötig hätte und sich für mich entzieht. Weh mir, wenn ich protestiere. Dann werde ich behan-

delt, als wäre ich noch elf Jahre und wir wohnten noch am Luisenring!

Um noch jemanden zu loben: Unser Michael ist ein prächtiger Bub, schickte mir hierher ein Päckchen mit Raritäten, die er sich buchstäblich am Mund abgespart hat. Da kann und will ich mich nicht aufregen, wenn man sich dauernd über seine Abneigung gegen jede Art von Lernen beklagt. Ich habe ihm ja gut zugeredet, aber es wird wenig Zweck haben. Feos Heimleiter ist dagegen sehr zufrieden mit ihr. Sie ist in einem jüdischen Heim […], besucht aber dabei die französische Dorfschule. Jetzt hat sie mal wieder über 14 Tage nicht geschrieben. Ihre Briefe sind entzückend; ich schicke Euch einmal eine Stilprobe. Nun bin ich gar nicht auf Eure eigenen Briefe eingegangen, obwohl sie des Interessanten genug enthielten. Ein andermal. Nur noch eines: Es ist mehr als lieb von Dir, liebe Liese, dass Du mir Geld schickst. Es ist noch nicht da, wird aber kommen. Bitte tue es aber nicht mehr. Es regt mich schrecklich auf, dass Du von Deinem schwer Verdienten noch abgibst.

Bleibt gesund. Ich grüße und küsse Euch in ständigem Gedenken

Eure Mutter und Schwester

Margarete Oppenheimer
Hôtel du Levant, 36 rue Fauchier, Marseille, France
21. Juni 1942

Meine liebe gute Ruth,

mit ganz besonderer Freude haben Vater und ich Deinen englischen Brief von Anfang Juni bekommen. Verzeih, wenn ich Dir etwas kürzer antworte, aber ich will ein Briefchen für Deine „matrons" beilegen und habe Angst, dass der Brief für Luftpost zu schwer wird. Es ist dies das dritte Mal, dass ich versuche, an Dich und Tante Liese Luftpost zu schreiben. Hoffentlich bekommt Ihr unsere Nachricht jetzt schneller. Gib bitte darüber Bescheid. Du wirst inzwischen gehört haben, dass ich am 6. Mai operiert worden bin. Eine alte, früher leichte Krankheit hatte sich im Camp verschlimmert. Ich muss Gott danken, wie schnell und gut ich mich erholt habe. Ich fühle mich schon viel wohler und kräftiger. Die Operation ist vorzüglich ausgeführt, und auch sonst wurde ich gut behandelt. Ich bin so froh, dass Du viele Briefe bekommst und sie gern beantwortest. Du sollst mit Deinen Geschwistern und unseren Verwandten und Freunden in Verbindung bleiben. Ich finde es so nett, dass Tante Rosi sich auch um Euch bekümmert. Es sind doch 17 Jahre her, dass ich sie nicht sah. Grüße sie immer von mir. Von Feo hatte ich diese Woche wieder einen goldigen Brief. Sie ist wirklich auch ein liebes Kind und ich bin froh,

dass sie in einer netten Umgebung ist. Ihr Direktor besuchte mich neulich und machte einen sehr guten Eindruck auf mich. Im Camp hat Feo zu viele Unarten von anderen Kindern gesehen, und das war nicht gut für sie. Was ist mit Deinen Augen? Sind sie schlechter geworden, weil Du eine neue Brille brauchst? Ich bin so froh, dass Deine Lehrer mit Dir zufrieden sind. Bleib nur immer brav und fleißig. Michael scheint jetzt auch besser in der Schule zu lernen und vor allem hat er sich zu einem Menschen entwickelt, der einen guten Charakter und auch ein gutes Herz hat. Leider habe ich Vater wieder fast einen Monat nicht gesehen. Deshalb ist es auch immer so schwer, ihn an meine Briefe [an]schreiben zu lassen. Wenn er diese Woche wieder keinen Urlaub bekommt, werde ich versuchen, zu ihm zu fahren. Es ist traurig, dass wir alle so auseinander gerissen sind. Tante Helene hat sich sehr mit Deinen Grüßen gefreut. Sie hat während meiner Krankheit rührend lieb für mich gesorgt. Das nächste Mal schreibe ich wieder mehr.
Viele, viele Grüße von Vater und Deiner Dich liebenden
Mutter

Moritz Oppenheimer
Gruppe 9, Camp Les Milles, Bouches-du-Rhône, France
26. Juni/5. Juli 1942
Lieber Ernst und liebe Ada!
Euer Brief vom 1. Mai war ziemlich lange unterwegs; ich hoffe, dass Ihr inzwischen unsere verschiedenen Briefe erhalten habt. Leider musste ich es sehr verspüren, dass Wachtel schon seit Mai nichts mehr von sich hören ließ. Liesel Löwenstein bat ich schon vor Monaten, mir mit 1[000] bis 2.000 französischen Francs auszuhelfen. Erst hatte sie es abgelehnt mit der Begründung, sie hätte ihr Geld schon aufgebraucht, dann schrieb sie mir am 22. Februar, sie hätte mir 1.000 fr[anzösische] Francs zugehen lassen und erwarte baldige Rückvergütung in Schweizer Franken durch Dich, lieber Ernst. Das Mandat ist bis heute noch nicht angekommen, auf vier Briefe an sie erhielt ich keine Antwort mehr. Ich bin jetzt schon seit Wochen ohne Geld, das ist mir bisher seit meiner Internierung noch nicht vorgekommen, und bin manche Tage ganz verzweifelt. Ich hoffte seither von einem Tag zum anderen, dass eine Überweisung von Dir, lieber Ernst, einging. Leider vergeblich. Wegen der Portugal-Pakete, die wir nie erhielten (waren doch schon im Dezember avisiert), habe ich Euch wiederholt geschrieben, aber auch von Euch nie wieder gehört. Wenn man doch wenigstens das Geld dafür erhalten hätte. Die Nachricht von Amelia wegen der Papiere freute uns

natürlich sehr. Hoffentlich wird es auch einmal werden. Von Werner haben wir lange nichts gehört. Jedenfalls wären wir glücklich, wenn wir bald nach Nord- oder Südamerika kommen könnten. Bitte, lieber Ernst, versäume nichts und frage immer wieder nach. Eben kommen dauernd Vorladungen für das Konsulat zum Abholen des Visums. Heute ging Herr Wassermann aus Mannheim nach Marseille zum Konsulat, holt sein Visum. Der Sohn von ihm ging seinerzeit mit dem glei- chen Dampfer wie Du ab Rotterdam. Wie geht es Walter nach der Operation? Ich hoffe, dass Du, lieber Ernst, irgendetwas unternommen hast und bereits dafür ge- sorgt hast, dass ich aus der Verlegenheit komme, bevor dieser Brief bei Euch ist. Warum hört man denn gar nichts von Tante Gutta? Von Onkel Gustav habe ich länger keine direkte Nachricht. Hast Du, liebe Ada, inzwischen von Deinen Eltern etwas gehört? Ich hoffe, dass Nachricht und Geld wieder von Euch unterwegs ist, wenn nicht, bitte per Kabel anweisen. Durch die Quäker dauert es sehr lange. Bleibt gesund und seid herzlich gegrüßt von Eurem
Vater

Vater schickte den Brief zunächst zu Mutter nach Marseille und diese schrieb am 29. Juni folgenden Zusatz auf das Blatt:

Liebe Kinder,

da ich einen Brief an Rena beilegen will, muss ich mich heute leider kurz fassen; außerdem aus Sparsamkeitsgründen gewöhnliche Post statt Luftpost. Schreibt mal, wie viel Zeitunterschied es ausmacht. Ich ärgere mich sehr, dass Ihr so selten Post von uns habt, wir schrieben doch sehr oft. Ihr wisst wohl jetzt, dass ich am 6. Mai operiert worden bin (Frauensache, Organverlagerung). Die Operation ist von einem ersten Professor vorzüglich ausgeführt. Ich wurde behandelt wie ers- ter Klasse und habe mich trotz der schwierigen Lebensumstände überraschend gut erholt, fühle mich viel besser als vorher. Nun suche ich Beschäftigung, finde aber leider wenig, bisher nur vier Privatstunden bei Bekannten. Es sind Briefe von mir auch an Euch und Josephs unterwegs. Wie geht es Walter? Grüßt alle. Eine Cousine von Camilla, Mayer aus Offenburg, ist hier auf demselben Stockwerk, sehr nett und aufmerksam zu mir. Da Vater keinen Urlaub bekam, besuchte ich ihn vor ein paar Tagen und war recht deprimiert, ihn in dieser Umgebung zu sehen, während es mir verhältnismäßig gut geht. Von den Kindern und über sie gute Berichte. Neulich besuchte mich der Direktor von Feo, nur um mir zu sagen, dass das Kind gesund und sehr „gentille"[234] sei. Wart Ihr bei Lehmanns? Geht

---

[234] Artig, liebenswürdig.

zu ihnen. Wir wollen die alten Freunde nicht verlieren. Hoffentlich seid Ihr beide
ganz gesund. Ich schreibe bald wieder ausführlicher und warte recht sehnsüchtig
auf Eure Post.
Mit den herzlichsten Grüßen
Eure Mutter

Mutter konnte den Brief erst einige Tage später abschicken und schrieb mit Datum
vom 5. Juli noch folgende Ergänzung an den Rand:
Der Brief blieb leider wieder liegen, weil ich den an Rena nicht beendet hatte. Ich
hatte viel unnötige Laufereien. Wahrscheinlich kann ich mich ab nächste Woche
etwas betätigen, für einen kleinen Jungen sorgen, dessen Eltern berufstätig sind,
und so ein bisschen helfen. Hoffentlich ist's was Rechtes. Ich möchte doch so
gern wieder etwas für Vater sorgen können. Nochmals viele, viele Grüße.

Ich freute mich über Vaters Mitteilung, dass Mutters Operation gut verlaufen
sei und dass er sie im Krankenhaus habe besuchen können. Sobald Mutter
das Bett wieder verlassen konnte, schrieb auch sie sogleich wieder, höchst erfreut über die gute Behandlung, die ihr zuteil geworden war und über die vielen
Besucherinnen, die sie während ihrer Genesung unterstützten. Nicht, dass sie
das Wort „Gebärmutterentfernung" in einem ihrer Briefe je gebraucht hätte. Das
galt zu jener Zeit als völlig unschicklich und so erging man sich hierzu nur in
Andeutungen. Selten nur berief sich Mutter auf Gott. Obwohl sie sich erst infolge der Verfolgung durch die Nazis ihren jüdischen Wurzeln zugewandt hatte,
kannte sie natürlich die Zehn Gebote. Eines davon schreibt Juden wie Christen
gleichermaßen vor, den Namen Gottes nicht zu missbrauchen, also Gott nicht für
eigennützige Zwecke mit Beschlag zu belegen. Aber ihre Dankbarkeit ob ihrer
positiven Erfahrungen in der Marseiller Klinik drängten sie einfach dazu, Gott und
seine Hilfe besonders zu erwähnen. Kleine Zimmer waren in Krankenhäusern der
damaligen Zeit allenfalls für sehr reiche Patienten üblich. Aber nach den Lagern
und sogar im Vergleich zu den Verhältnissen im Hôtel du Levant, wo Mutter mit 20
Frauen in einem Raum mit Etagenbetten lebte, muss ihr ein Krankenzimmer mit
nur zehn Frauen in weiß bezogenen Betten wie eine Oase des Friedens erschienen sein. Die Ruhe in der Klinik rief in ihr Erinnerungen wach an gemeinsame
Erlebnisse mit ihrer Schwester Liese, an glückliche und so völlig andere Zeiten.
Dankerfüllt erwähnte meine Mutter all jene Frauen, die ihr zum 50. Geburtstag
gratuliert oder sie gar am Krankenbett besucht und ihr gute Dinge zu essen

mitgebracht hatten, obwohl sie selbst doch nur wenig hatten. Hermine Klopfer habe ich als sehr alte Dame in Erinnerung, die wir gelegentlich in Mannheim besucht haben. 1866 geboren, gehörte sie zur Generation meiner Großmutter Feodora Krämer, die in den späten 1860er Jahren geboren worden war. An Marie Hochherr erinnere ich mich nicht. Mutters Hinweis auf deren gutes Gedächtnis für Familiendaten zufolge dürfte sie aus ihrer Familie stammen.

Frieda Kahn, 1895 geboren wie Tante Liese und mit ihr gemeinsam in Mannheim eingeschult, war die Tochter des Eisenhändlers Max (Marcus) Kahn und dessen Frau Johanna. Ihre Mutter ist verstorben, als Frieda gerade elf Jahre alt war. Ab 1915 studierte sie in Freiburg Philologie und zog später nach Ludwigshafen, wo sie wahrscheinlich als Lehrerin arbeitete. Vermutlich war sie von dort nach Gurs deportiert worden. Sie hatte es zwar noch geschafft, bis Marseille zu gelangen in der Hoffnung auf Auswanderung, wurde dann jedoch ebenfalls Opfer der Deportationen über Drancy nach Auschwitz.[235]

Den Glanzpunkt der Hilfsbereitschaft bot die geliebte Cousine Helene Friedmann. Mutters Protest gegen deren viele Wohltaten nützten nichts. Helene war sieben Jahre älter als sie. Mutter erinnerte sich an ihre Mannheimer Kinderzeit am Luisenring. Vermutlich hatten die Brüder Krämer mit ihren Familien in unmittelbarer Nachbarschaft gewohnt und Helene hatte sich schon damals gerne um ihre jüngeren Cousinen Grete und Liese gekümmert, die zu ihr bewundernd aufgeschaut haben mögen.

Aufenthaltsorte nannte Mutter in ihren Briefen nur dann, wenn es ihr ungefährlich zu sein schien. Aber sie teilte Tante Lotte mit, dass deren Vater noch am alten Wohnsitz lebe, und wir wussten dann, dass dies Hanau war. Schließlich bat Mutter ihre Schwester Liese, ihr kein Geld mehr zu schicken, denn sie wusste, wie schwer sie es verdient hatte. Meine Tante vermisste Deutschland schrecklich. Sie kannte ihre Heimat sehr gut, war an viele der schönsten Orte gereist und ausgiebig durch die herrlichen, damals noch völlig intakten historischen Landschaften gewandert. Besonders liebte sie die deutsche Sprache und die Literatur, konnte viele Gedichte auch später noch fehlerfrei vortragen, wobei ihre Augen immer leuchteten, voller Erinnerung an gute und glückliche Zeiten. Sie war stolz auf

---

[235] Detailinformationen zu Frieda Kahn verdanke ich Michael Caroli vom Stadtarchiv Mannheim (Auskunft vom 21. August 2007). Siehe auch die Deportationsliste in: Klarsfeld (wie Anm. 195) S. 36. Frieda Kahn, geb. am 7. Juli 1895 in Mannheim, wird hier ohne Angabe ihres Geburtsortes genannt. Sie wurde mit dem fünften Transport am 10./11. September 1942 von Les Milles nach Rivesaltes verbracht und von dort weiter nach Drancy. Mit dem Transport Nr. 33 wurde sie am 16. September 1942 nach Auschwitz in den Tod deportiert; dazu: Klarsfeld (wie Anm. 11) S. 287.

dieses Land gewesen, welches sie jetzt ausgestoßen hatte. Niemals sollte sie die gleichen Fähigkeiten in der englischen Sprache erlangen, wie sie auch die Seele dieses Landes nie richtig verstand. Die Leute in York mochten sie, fanden sie aber irgendwie verschroben. Viele Jahre durfte sie nur in Haushalten arbeiten, zu einem Lohn unterhalb des Existenzminimums. Sie mochte die Arbeit natürlich nicht, erledigte sie trotzdem stets sorgfältig und gewissenhaft.

Sobald meine Mutter das Krankenhaus verlassen hatte, machte sie sich wieder auf die Suche nach einer bezahlten Tätigkeit. Hannah und mir schrieb sie davon aber nichts. Erst viel später, als ich den Brief an Ernst und Ada von Ende Juni 1942 las, wurde mir bewusst, in welch prekärer Situation meine Eltern sich befanden, wie schlimm ihre Ernährungslage damals bereits war. Sie werden wahrscheinlich einen Großteil der Geldmittel, die ihnen Verwandte und Freunde hatten zukommen lassen, auch den Verdienst meiner Mutter, für die Operation aufgewandt haben. Viel stand ihnen inzwischen ohnehin nicht mehr zur Verfügung. Als Internierte verfügten sie natürlich auch über keine Krankenversicherung in Frankreich, die einen Klinikaufenthalt bezahlt hätte. Und sie hatten keinerlei Anspruch auf eine klinische Behandlung. In Rivesaltes hatte man Mutter diese verweigert, in Marseille zum Glück nicht. Vielleicht hatte sie ja Fürsprecher gehabt. Nicht alle Franzosen hielten sich an die Vorschriften des Vichy-Regimes. Manchmal waren Dinge möglich, die andernorts und in anderen personellen Konstellationen einfach undenkbar gewesen wären.

Vater hat damals offenbar eine Nachricht erhalten wegen der Auswanderungspapiere. Wer Amelia war, die ihm diese Nachricht schickte, ist mir nicht bekannt. Er wusste, dass in Les Milles Internierte vom amerikanischen Konsulat in Marseille vorgeladen wurden, ihr Visum dort abzuholen und hoffte selbst auf eine solche Vorladung. Dennoch war ihm klar, dass Visum und Ausreisegenehmigung noch längst keine Garantie bedeuteten, tatsächlich auch aus Frankreich wegzukommen. Das hatte ihm das Beispiel der Geschwister Löb aus der Odenwald-Gemeinde Pfaffen-Beerfurth gezeigt. Sie waren bereits vor der Pogromnacht 1938 nach Italien ausgereist, saßen nun aber nach einer Irrfahrt über das Mittelmeer Richtung Afrika in Marseille fest, da das Visum für ihr Aufnahmeland vermutlich längst abgelaufen war. Markus und Bertha Löb, 1863 und 1870 geboren, hatten sich im Juli 1938 in ihrer Gemeinde zur Auswanderung nach Mailand abgemeldet.[236] Es gelang ihnen letztlich nicht, aus Frankreich zu entkommen. Bertha Löb wurde am 7. März 1944, als die Deutschen auch Südfrankreich längst besetzt hat-

---

[236] Siehe: Grünewald (wie Anm. 63) S. 307.

ten, mit dem Transport Nr. 69 im Alter von 73 Jahren von Drancy nach Auschwitz in den Tod deportiert.[237] Ihr sieben Jahre älterer Bruder findet sich auf keiner Deportationsliste. Vermutlich ist er zuvor bereits in Marseille oder andernorts verstorben. Vater war verzweifelt. Warum hörte er nichts von seiner Schwester Gutta aus den USA? Hatten seine Geschwister, denen die Auswanderung gelungen war, ihn am Ende schon vergessen?

Auf der Suche nach neuen Verdienstmöglichkeiten hatte meine Mutter nur vier Privatstunden bei Bekannten gefunden, vermutlich in der Woche. Da dies zum Lebensunterhalt nicht ausreichte, hoffte sie nun darauf, die Betreuung eines kleinen Jungen übernehmen zu können, dessen Eltern berufstätig waren. Denn ihr großer Wunsch war es, wie sie am 5. Juli 1942 an den Rand des Briefes schrieb, wieder für Vater sorgen zu können. Dessen Brief vom 26. Juni 1942 an unseren ältesten Bruder Ernst und seine Frau Ada, ergänzt um die Zusätze meiner Mutter vom 29. Juni und vom 5. Juli 1942, war die letzte reguläre Nachricht von meinen Eltern. Mutter freute sich nicht nur, dass sie von den jüngeren Kindern Gutes gehört hatte, sondern nicht minder über den Besuch von Feos Heimleiter Louis Aron und sein positives Urteil über meine Schwester.[238] Immerzu hoffte sie, ihren alten Freunden bald einmal ausführlicher schreiben zu können, denn an der Aufrechterhaltung solcher Kontakte war ihr sehr gelegen.

Victor Klemperer erlebte am 8. Mai 1942 eine jener raren pro-jüdischen Bekundungen, von denen er zuvor schon gehört hatte. Auf einem Platz in der Nähe seiner Wohnung traf er auf zwei grauhaarige Frauen, vielleicht 60 Jahre alt. Demonstrativ kam eine auf ihn zu und schüttelte ihm die Hand. „Sie wissen schon, warum!", sagte sie und ging weiter, noch bevor er reagieren konnte. Das war für beide Seiten gefährlich, hätten die Gestapo oder ein Denunziant es bemerkt.[239] Aber meistens musste er in jener Zeit Erfahrungen anderer Art machen: „Die Tyrannei verstärkt sich täglich [...]. Haussuchung im Altersheim Güntzstraße. Frauen von 70 bis 85 Jahren bespuckt, mit dem Gesicht an die Wand gestellt und von hinten mit kaltem Wasser übergossen, ihnen die Lebensmittel fortgenommen, die sie auf ihren Marken als Wochenration gekauft, unflätigste Schimpfworte."[240] Zwei kleine Jungen pöbelten ihn auf dem Gehweg an. Mit einer neuen Verordnung

---

[237] Siehe: Klarsfeld (wie Anm. 11) S. 523.
[238] Aron hatte sich, wie seinen Tagebucheinträgen zu entnehmen ist, Anfang Juni 1942 einige Tage in Marseille und Umgebung zu Gesprächen über die geplante Verlegung des Heims aufgehalten. Bei dieser Gelegenheit wird er Mutter aufgesucht haben; siehe: Klarsfeld (wie Anm. 208) S. 93 f.
[239] Klemperer (wie Anm. 17) Bd. 2, S. 79 f.
[240] Klemperer (wie Anm. 17) Bd. 2, S. 82.

von Mitte Mai – eine weitere jener vielen unsäglichen Schikanen – wurde Juden und allen, die mit ihnen zusammenwohnten, das Halten von Haustieren verboten. Auch durften die Tiere nicht in fremde Pflege gegeben werden. Klemperers mussten also ihren Kater, der seit elf Jahren zur Familie gehörte, wohl oder übel töten lassen. Klemperers Eindruck war, dass man die Juden mit solcherlei absurden Vorschriften systematisch zermürben und in den Selbstmord treiben wollte.[241]

Am 22. Mai 1942 fand in dem „Judenhaus", in dem die Klemperers mit anderen Mietern untergebracht waren, die erste schon lange befürchtete Haussuchung statt. Sie hinterließ ein unvorstellbares Chaos in allen Zimmern. Victor Klemperer war zu diesem Zeitpunkt unterwegs gewesen, seine Frau musste sich aber als „Judenhure" beschimpfen lassen. Auch wurde ihr ins Gesicht gespuckt. Die Verletzungen, die den jüdischen Bewohnern zugefügt worden waren, führten ihm drastisch vor Augen, was ihm selbst im Falle seiner Anwesenheit widerfahren wäre.[242] Diese Gestapo-Visite sollte nicht die letzte bleiben. Auch Klemperer musste noch Prügel einstecken, Ohrfeigen und Fußtritte erleiden. Und fortwährend stahlen die Rollkommandos dabei so dringend benötigte Lebensmittel aus den ohnehin immer dürftigeren Rationen, die den Juden von den Nazis noch zugestanden wurden.[243] Eva Klemperer war der Ansicht, dass es sich hierbei längst nicht mehr um normale Haussuchungen, sondern schon um Pogrome handelte – und damit hatte sie zweifellos Recht.

Nach diesen leidvollen Erlebnissen notierte Victor Klemperer am 19. Juni 1942: „So buchstäblich unvorstellbar ist mir bisher unsere Situation gewesen: Man hat mir immer berichtet vom Geschlagen- und Bespucktwerden, vom Zittern vor jedem Autogeräusch, jedem Klingeln, vom Verschwinden und Nicht-Wiederkommen – ich habe es doch nicht gewusst. Jetzt weiß ich, jetzt ist das Grauen immer in mir, auf ein paar Stunden übertäubt oder zur Gewohnheit geworden oder paralysiert vom ‚Es ist noch immer gut gegangen' und dann wieder als Würgegriff lebendig."[244] Die Juden in Deutschland lebten in ständiger Angst, von den Nazis aufgegriffen, herabgewürdigt, verprügelt, erschlagen oder an einen unbekannten Ort deportiert zu werden, wo spätestens der sichere Tod auf sie wartete.

Während der Krieg an sämtlichen Fronten unter größten Verlusten weiterging, hatte das NS-Regime nun auch seine barbarische Vernichtungsmaschinerie gegen die europäischen Juden in Gang gesetzt. Im März 1942 hatten die Massenmorde

---

[241] Klemperer (wie Anm. 17) Bd. 2, S. 85 f.
[242] Siehe dazu: Klemperer (wie Anm. 17) Bd. 2, S. 92-96.
[243] Siehe: Klemperer (wie Anm. 17) Bd. 2, S. 115, 119 ff.
[244] Klemperer (wie Anm. 17) Bd. 2, S. 137.

im Vernichtungslager Belzec begonnen, etwa zeitgleich erfolgten die ersten großen Transporte jüdischer Menschen nach Lublin-Majdanek. Im Vernichtungslager Sobibor setzten die Massaker im Mai 1942 ein, in Treblinka im Juli desselben Jahres. Das Konzentrations- und Vernichtungslager Auschwitz wurde ab 1942 zum Ort des größten Massenmordes an den Juden Europas. Diese riesigen Vernichtungslager, ihre zahlreichen Nebenlager, aber auch die Gettos, in welche die Nazis die Juden vor ihrer Ermordung zusammenpferchten, lagen zumeist im „Generalgouvernement", dem von deutschen Truppen 1939 besetzten, aber nicht in das damalige Deutsche Reich eingegliederten Gebiet Polens mit den Distrikten Warschau, Krakau, Radom und Lublin, später auch Ostgalizien sowie auch im von Deutschland annektierten Westteil Polens. Theresienstadt, im von Deutschland annektierten Teil der Tschechoslowakei gelegen, war bereits seit November 1941 Durchgangsstation für die jüdische Bevölkerung Böhmens und Mährens in die Vernichtungslager geworden und wurde von den Nazis nach der Vertreibung der einheimischen Bevölkerung Anfang des Jahres 1942 unter Verschleierung seiner wirklichen Funktion zum „Altersgetto" deklariert. Es diente ihnen sogar als „Vorzeigelager", um die internationale Öffentlichkeit über die wahren Ziele ihrer „Endlösung der Judenfrage" zu täuschen. Und die Repräsentanten des Internationalen Roten Kreuzes, die der Nazi-Einladung nach Theresienstadt gefolgt waren, ließen sich auch täuschen. Niemand wollte hinter die eigens für diese angebliche Inspektion aufgebauten Kulissen schauen. Warum nicht, ist mir bis heute unverständlich.

Die Abschiedsbriefe meiner Eltern: August 1942

Margarete Oppenheimer
Hôtel du Levant, 36 rue Fauchier, Marseille, France
11. August 1942
Liebe Lotte,

Seit Tagen will ich Deinen lieben Brief beantworten und komme aus nichtigen Gründen nicht dazu. Nun ist alles überholt und ich wende mich an Euch alle, Dich, Liese, die Kinder, Frau Schwarzwald – nur zufällig ist der Umschlag an Dich schon frankiert. Ich denke an Euch alle in inniger Liebe. Wieder stehen wir vor einer schweren Schicksalswende und müssen wieder wandern. Kann sein, dass die Kinder bleiben können, wo sie sind, und ich mich selbst entscheiden darf. Ich versuche dann, bei Moritz zu bleiben. Die Kinder sollen untereinander den Zusammenhalt wie bisher bewahren. Ich brauche Euch, Ernst und Werner, sie nicht extra ans Herz zu legen. Sie sollen gute Menschen und – trotz allem – gute Juden werden und in Liebe an uns denken wie wir an sie.

Feos Adresse ist jetzt: Château du Masgelier, par le Grand Bourg (Creuse), Unoccupied France.

Michael : Maison des Pupilles, Aspet (Haute Garonne), Unoccupied France.

Ich küsse Euch in Liebe und Herzlichkeit und werde Euch immer mehr lieben, je weiter und schwerer die Trennung ist.

Eure Mutter, Schwester, Cousine und Freundin

Grete

Margarete Oppenheimer
Hôtel du Levant, 36 rue Fauchier, Marseille, France
11. August 1942
Liebe Kinder,[245]

gestern schrieb ich an Kurt Friedmann, dass seine Mutter abreisen muss und

---

[245] Dieser Brief war an meinen Bruder Ernst und seine Frau Ada gerichtet.

Grete Oppenheimer. Marseille, 36,rue Fauchier. ,
11.8.42.

Liebe Lotte,seit Tagen will ich Deinen lb.
Brief beantworten & komme aus nichtigen Gründen
nicht dazu. Nun ist alles überholt,u.ich wende
mich an Euch alle, Dich, Liese, die Kinder,Frau
Schwarzwald - nur zufällig ist der Umschlag
an Dich schon frankiert. Ich denke an Euch alle

in inniger Liebe. Wieder stehen wir vor einer
schweren Schicksalswende und müssen wieder wan -
dern. Kann sein, dass die Kinder bleiben können,
wo sie sind u. ich mich selbst entscheiden darf.
Ich versuche dann bei Moritz zu bleiben. Die
Kinder sollen untereinander den Zusammenhalt wie
bisher bewahren. Ich brauche Euch ,Ernst und Werner sie nicht extra ans Herz zu legen.
Sie sollen gute Menschen - und -trotz allem -
gute Juden werden und in Liebe an uns denken wie
wir an sie.
Feo' s Adresse ist jetzt Chateau du Masgellier
par le Grand Bourg(Creuse) Unoccupied France
Michael   Maison des Pupils. Aspet (Haute

Garonne (Unoccup. France)   Ich küsse Euch
in Liebe und Herzlichkeit und werde Euch immer
mehr lieben, je weiter und schwerer die Trennung
ist.   Eure
                    Mutter,Schwester,
                    Cousine & Freundin
                    . Grete.

Abschiedsbriefe meiner Mutter vom 11. August 1942.

Marseille, 36 rue Fauchier.

11. VIII. 42

Liebe Kinder, gestern schrieb ich
an K. Friedmann daß seine
Mutter abreisen muß u. daß
er Dich benachrichtigen möge,
daß ich dasselbe erwarte.
Kurz darauf telegraphierte
Vater, daß er wahrscheinlich
abreisen muß. Ich versuche
ihn zu begleiten. Ich lege Euch
noch einmal die Kinder ans
Herz. Liebe Ada ich kenne Dich
nicht, aber ich weiß, daß Du
gut zu bist u. Dich um die armen Kinder bekümmern wirst.
Tante Liese hat alle Adressen.
An Werner kann ich nicht mehr
schreiben, teilt ihm alles mit.
          in Liebe
                Mutter.

Exp: Margarete Oppenheimer, Camp des Milles, B. d. Rh. France. 12. VIII. 42

Mein lieber Werner, wir haben lange nichts von Dir gehört. Vater hat allerdings Geld von Dir bekommen, u. wir danken dafür von Herzen. Du kannst nichts dafür daß es so spät kam daß es uns vielleicht nicht mehr recht nützen kann. Den letzten wichtigen Brief schrieb ich Dir vor meiner Operation. Sie ist vorzüglich verlaufen, u. unter den besten Verhältnissen hätte ich mich nicht besser erholen können, als ich es unter weniger guten getan habe. Ich kann schon seit Wochen stramm arbeiten, alles wie waschen, scheuern u.s.w. besser als früher. Ich war bei sehr netten Bekannten, u. es ging mir wirklich recht gut während sich bei Vater gegen die Zeit früher kaum etwas zum Guten verändert hatte. Im Gegenteil, er empfand die Trennung von den Kindern u. von mir sehr schmerzlich. Nun stehen wir wieder vor einer Schicksalswende, die beängstigen kann. Vor ein paar Tagen erfuhr Vater, daß er wieder verschickt wird, unbekannt wohin. Er benachrichtigte mich u. ich versuchte, ihn zu erreichen, was mir gerade

Abschiedsbrief unserer Eltern vom 12. August 1942.

noch gelungen ist. Hoffentlich bleiben wir zusammen. Es kann sein, daß die Kinder nach Amerika kommen, ich kann es noch nicht recht glauben. Jedenfalls habe ich gebeten beide in demselben Heim unterzubringen. Auch da weiß ich nicht, ob es gelingen wird. Teo hat eine neue Adresse: Château de Masgellier, par le Grand Bourg (Creuse) France. Bitte schreib den Kindern oft u. versuche alles die Verbindung mit ihnen aufrecht zu erhalten. Vielleicht werden wir es schlecht können. Man weiß doch so garnichts. Bleib auch mit Tante Liese u. dadurch mit den anderen in Verbindung. Grüß alle Verwandten u. Freunde. Ich wünsche Dir von ganzem Herzen alles Gute u. Beste u. danke Dir für alles was Du für uns getan hast. Wir denken täglich in Liebe an Euch. Es grüßt u. küßt Dich Deine Mutter.

Ich bestätige noch eine Geldsendung von fr. 1000.— die ich vor einigen Tagen bei die Bank erhielt. Besten Dank. Lebe wohl bleibe gesund & sei herzl. gegrüßt von Deinem Vater.

dass er Euch benachrichtigen möge, dass ich dasselbe erwarte. Kurz darauf telegrafierte Vater, dass er wahrscheinlich abreisen muss. Ich versuche, ihn zu begleiten. Ich lege Euch noch einmal die Kinder ans Herz. Liebe Ada, ich kenne Dich nicht, aber ich weiß, dass Du gut bist und Dich um die armen Kinder bekümmern wirst. Tante Liese hat alle Adressen. An Werner kann ich nicht mehr schreiben. Teilt ihm alles mit.

In Liebe

Mutter

Margarete Oppenheimer
z. Zt. Camp Les Milles, Bouches-du-Rhône, France
11. August 1942

Liebe Frau Dr. Sieber und liebe Frau Dr. Urbach,

dass Ihr lieber Brief vom Juli mir eine große, eine ganz große Freude war, können Sie sich denken. Ich empfinde es als Glück, dass Ruth so guten Händen anvertraut ist, und bin so froh und beruhigt über all das, was sie mir über die körperliche und geistige Entwicklung des Kindes berichten. Deshalb wird mich Ihr Brief begleiten, oft vorgeholt werden und mir ein Trost sein in schweren Tagen, die mir wohl nicht erspart bleiben. Wieder stehen wir nach einer Zeit relativen Wohlbefindens vor einer Schicksalswende und wandern ins Unbekannte. Ich hätte vielleicht bleiben können, wo ich war, aber ich wollte bei meinem Mann sein. Hoffentlich bleiben wir zusammen. Es war ein schwerer Entschluss, da ich ja nun auch von den jüngsten Kindern auf unabsehbare Zeit getrennt bin. Ich habe meine Cousine Lotte Oppenheim und durch sie meine Schwester sowie Hannah und Ruth von der Veränderung benachrichtigt. Da einmal Post verloren gehen kann, bitte ich Sie, Ruth und durch sie die anderen in Kenntnis zu setzen. Ich kann heute nicht viel schreiben und muss noch vielen einen kurzen Gruß senden. Einzelheiten von vorher zu erzählen, erübrigt sich ja jetzt. Es geht uns gesundheitlich ordentlich. Ich habe mich von den Folgen der Operation überraschend gut erholt. Es ist ein Glück von Gott, dass die Sache so gut erledigt wurde, gerade unter den heutigen Verhältnissen.

Ich küsse Ruth in Gedanken innig und bitte sie, weiter so zu bleiben, wie sie jetzt ist; sie soll ein guter, pflichtbewusster, bescheidener Mensch und eine gute Jüdin werden. Sie wird von allein so viel an uns denken wie wir an sie und um ein baldiges Wiedersehen beten, auch wenn die Wahrscheinlichkeit recht gering geworden ist. Wenn es geht, werde ich natürlich Nachricht geben. Ruth soll an

alle Geschwister schreiben. Die neue Adresse ihres Schwesterchens ist: Feodora
Oppenheimer, Château du Masgelier, par le Grand Bourg (Creuse), France.
Ich grüße Sie beide in Dankbarkeit und küsse Ruth in Liebe
Ihre Grete Oppenheimer

Margarete Oppenheimer
Camp Les Milles, Bouches-du-Rhône, France
12. August 1942

Mein lieber Werner,

wir haben lange nichts von Dir gehört. Vater hat allerdings Geld von Dir bekom-
men und wir danken Dir von Herzen. Du kannst nichts dafür, dass es so spät
kam, dass es uns vielleicht nicht mehr recht nützen kann. Den letzten wichtigen
Brief schrieb ich Dir vor meiner Operation. Sie ist vorzüglich verlaufen, und un-
ter den besten Verhältnissen hätte ich mich nicht besser erholen können, als
ich es unter weniger guten getan habe. Ich kann schon seit Wochen stramm
arbeiten, alles wie Waschen, Scheuern usw., besser als früher. Ich war bei sehr
netten Bekannten und es ging wirklich recht gut, während sich bei Vater gegen
die Zeit früher kaum etwas zum Guten verändert hatte. Im Gegenteil, er fand die
Trennung von den Kindern und von mir sehr schmerzlich.

Nun stehen wir wieder vor einer Schicksalswende, die beängstigen kann. Vor
ein paar Tagen erfuhr Vater, dass er wieder verschickt wird, unbekannt wohin. Er
benachrichtigte mich und ich versuchte, ihn zu erreichen, was mir gerade noch
gelungen ist. Hoffentlich bleiben wir zusammen. Es kann sein, dass die Kinder
nach Amerika kommen; ich kann es noch nicht glauben. Jedenfalls habe ich
gebeten, beide in demselben Heim unterzubringen. Auch weiß ich nicht, ob es
gelingen wird. Feo hat eine neue Adresse: Château du Masgelier, par le Grand
Bourg (Creuse), France. Bitte schreib den Kindern oft und versuche alles, die
Verbindung mit ihnen aufrechtzuerhalten. Vielleicht werden wir es schlecht kön-
nen. Man weiß doch so gar nichts. Bleib auch mit Tante Liese und dadurch mit
den anderen In Verbindung. Grüß alle Verwandten und Freunde. Ich wünsche Dir
von ganzem Herzen alles Gute und Beste und danke Dir für alles, was Du für uns
getan hast. Wir denken täglich in Liebe an Euch. Es grüßt und küsst Dich
Deine Mutter

Ich bestätige noch eine Geldsendung von 1.000 Francs, die ich vor einigen Tagen
durch die Bank erhielt. Besten Dank.

Lebe wohl, bleibe gesund und sei herzlich gegrüßt von Deinem
Vater

Mutters Brief an ihre Cousine Lotte und uns in England verstand ich mit meinen 13 Jahren nicht wirklich, obwohl er mich irgendwie schon sehr beunruhigte. Vielleicht konnte und wollte ich auch nicht wahrhaben, dass dies ein Abschiedsbrief war und ich meine Eltern nie mehr wiedersehen würde. Eine solch schreckliche Vorstellung hätte ich damals auch gar nicht ertragen können, denn wie wir alle im Heim hoffte ich noch auf einen glücklichen Ausgang. Mutter schien zu wissen, was auf sie zukam. Die „Schicksalswende", von der sie in ihren letzten Briefen schrieb, klang nach Endgültigkeit. Auch Vater hatte in keinem seiner Briefe je ein „Lebe wohl" geschrieben, wie er es nun im Brief an Werner tat.

Mutter war sich nicht sicher, ob Michael und Feo in ihren Heimen würden bleiben dürfen. Viele Kinder wurden in letzter Minute zurück in die Lager gebracht und teils mit ihren Eltern, zu einem großen Teil aber auch ganz alleine in den Tod geschickt. Sie teilte uns allen noch die Adressen mit und bat inständig, wir mögen den Kontakt untereinander halten. Sie wusste nicht, ob sich ihr Wunsch erfüllen würde, dass meine beiden Geschwister Michael und Feo nach Amerika ausreisen und zuvor im gleichen Heim untergebracht werden könnten. Letzteres ist geschehen. Im Zuge der Zwangsvereinigung aller jüdischen Einrichtungen in Frankreich unter der Union Générale des Israélites de France war die Auflösung des bisher selbständigen Mädchenheims in der Domaine des Granges und dessen Umzug in ein anderes Haus beschlossen worden.[246] Die Kinder aus Rivesaltes wurden auf Heime der O.S.E. verteilt. Am 27. Juli 1942 hatte Louis Aron elf Mädchen, darunter meine Schwester, in das Château du Masgelier begleitet, eines von drei Schlössern im Département Creuse, die der O.S.E. gehörten. Das Haus stand unter der Leitung von Hélène und Jacques Bloch, einem aus Russland stammenden, progressiven und säkular eingestellten jüdischen Ehepaar.[247] Als der Aufenthalt der jüdischen Kinder im Maison des Pupilles nach der deutschen Besetzung Südfrankreichs im November 1942 zu gefährlich geworden war, kam mein Bruder Michael im Februar 1943 ebenfalls in das Château du Masgelier. Er fühlte sich dort sehr wohl und fand später heraus, dass die Leiter des Heims Bundisten waren, Anhänger des sozialistischen jüdischen Arbeiterbundes. Die Mitarbeiter dieses Hauses verstanden sich nicht nur als Hüter, sondern auch als Freunde der Kinder. Man duzte sich untereinander. Und wenn Blochs erfahren

---

[246] Vgl.: Klarsfeld (wie Anm. 208) S. 90-95. Das Heim zog nach Chaumont/Creuse um.
[247] Siehe: Klarsfeld (wie Anm. 208) S. 97 f; ebenso: http://www.educreuse (wie Anm. 207).

hatten, dass eine Razzia bevorstand, wurden die Kinder von ihnen in den Wald begleitet, um sich dort zu verstecken.

Meine Mutter konnte nicht abschätzen, ob man sie noch darüber entscheiden lassen würde, wo sie lieber bleiben wollte. Heute weiß ich, dass sie keine Wahl hatte. Wäre sie nicht mit meinem Vater gegangen in der Hoffnung, mit ihm zusammenbleiben zu können, so wäre sie sehr wahrscheinlich kurz nach seiner Deportation ohnehin den am 25./26. August folgenden Razzien der französischen Polizei auf ausländische Juden in Südfrankreich zum Opfer gefallen.[248] Auch dies hätte ihren sicheren Tod bedeutet. Sie war registriert und hatte am Beispiel von Tante Helene gesehen, wie urplötzlich der Abreisebefehl auch die Frauen im Hôtel du Levant treffen konnte.[249] Sie befürchtete, ihr könnte das Gleiche widerfahren und ich verstehe auch insofern ihre Entscheidung nur zu gut, mit Vater zu gehen. Wenigstens haben sich meine Eltern so in ihren letzten Lebenstagen gegenseitig Hilfe und Trost geben können.

Mutter arbeitete in Marseille zuletzt für die französische jüdische Familie Paulette und Robert Sommer. Diese war 1940 aus Paris in den Süden geflohen, als die Deutschen ihre Heimatstadt besetzten. Die Sommers hatten meiner Mutter versprochen, Michael und Feo zusammen mit ihren eigenen Kindern aufzuziehen, sollten meine Eltern nicht überleben. Sie hielten ihr Versprechen. Meine Eltern besaßen in jener Zeit längst keine Schreibmaschine mehr. Den Brief an uns in England, der Einzige in Maschinenschrift aus den Jahren in Frankreich, wird Mutter im Hause der Sommers verfasst und ihnen dabei anvertraut haben, dass sie Vater auf der letzten „Reise" begleiten wolle. Als ich die Familie 1948 zum ersten Mal besuchte, erklärte mir Robert Sommer, wie sehr er die Entscheidung meiner Mutter missbilligt hatte. Er habe ihr dringend davon abgeraten, mit Vater zu fahren. Drei Jahre nach dem Ende der NS-Herrschaft muss Sommer klar gewesen sein, dass seinerzeit keineswegs nur die ausländischen Juden in Frankreich in höchster Lebensgefahr geschwebt hatten. Auch die französischen Juden waren längst gefährdet gewesen, umso mehr das Vichy-Regime den Nazis in ihrem Antisemitismus nacheiferte. Neben den Juden aus zahlreichen Ländern, die sich damals in Frankreich aufhielten, wurden auch rund 24.000 französische Juden in den Vernichtungslagern ermordet.[250] Wie hatte Sommer da glauben können, Mutter hätte irgendeine Chance gehabt? Und warum hatte er überhaupt erwartet,

---

[248] Zu diesen Razzien, deren Opfer nach Les Milles verbracht und von dort deportiert wurden: Obschernitzki (wie Anm. 155) S. 294-302.

249 Vgl. auch: Obschernitzki (wie Anm. 155), S. 271 und 274 ff.

[250] Siehe: Klarsfeld (wie Anm. 11) S. X und XXXVI f.

dass sie Vater allein in den Tod gehen lassen würde? Mit 19 Jahren war ich damals einfach noch zu jung, um angemessen auf Robert Sommers Äußerungen zu reagieren. Ich halte sie nach wie vor für völlig unangebracht.

Der Brief an meinen ältesten Bruder kam an Jom Kippur 1942 in New York an. Es ist dies der Versöhnungstag, der höchste jüdische Feiertag, ein Tag des Fastens, der jedem Einzelnen helfen soll, sich seiner Sünden zu erinnern und nicht nur Gott, sondern auch alle Menschen um Vergebung zu bitten, die man verletzt haben könnte. Wie durch eine Laune des Schicksals erhielt Ernst mit gleicher Post ein Schreiben der Einwanderungsbehörde, mit dem ein Anhörungstermin hinsichtlich des Visums für meine Eltern angesetzt war. Es war zu spät. An jenem Tag hatte ihr Leiden bereits ein Ende gefunden. Sie waren umgebracht worden im ungeheuerlichen industriellen Massenmord, wie ihn die Welt niemals zuvor erlebt hatte.

Nach Abschluss der Verhandlungen zwischen der Vichy-Regierung und den Deutschen im Juli 1942 über die Auslieferung von 10.000 ausländischen bzw. staatenlosen Juden aus Südfrankreich setzten alsbald die Vorbereitungen zur schärferen Bewachung der dortigen Lager ein.[251] Ziel war es, Fluchten zu verhindern und die Lager von der Außenwelt gänzlich abzuschneiden. Besuche in Les Milles waren untersagt, für die Internierten ein Ausgehverbot verhängt worden. Außerdem sollten die noch unbewacht in Marseille untergebrachten Frauen nun in Les Milles zusammengefasst werden. Am 2. August 1942 war die Wachmannschaft des Lagers durch eine Einheit der Gardes Mobiles de Reserve verstärkt worden, die tags darauf das Lager umstellte und den nahen Bahnübergang sowie die zum Fluss und zur Straße hin gelegenen Bereiche des Lagers besetzten. Bei Fluchtversuchen galt Schießbefehl. Neben der Überwachung des Lagers hatten die Gardes Mobiles auch die Aufgabe, die Deportationszüge bis zur Demarkationslinie zu bewachen.

Mutter war es gelungen, am 11. August nach Les Milles zu kommen, nachdem Vater sie telegrafisch über seine bevorstehende „Abreise" informiert hatte. Als sie dort eintraf, hatte ihre Cousine Helene Friedmann das Lager bereits mit dem ersten Deportationszug morgens um 8.00 Uhr Richtung Drancy verlassen. Dieser Transport bestand aus 262 Juden, aufgerufen nach dem Alphabet mit den Buchstaben A bis H.[252] Der zweite Deportationszug[253] verließ den fußläufig vom Lager entfernten Bahnhof Les Milles am frühen Morgen des 13. August. Darin

---

[251] Bezüglich Les Milles siehe zum Folgenden: Obschernitzki (wie Anm. 155) S. 279-283.
[252] Siehe: Obschernitzki (wie Anm. 155) S. 287; Klarsfeld (wie Anm. 195) S. 2-8.
[253] Siehe: Obschernitzki (wie Anm. 155). S. 290 ff.; Klarsfeld (wie Anm. 195) S. 8-18.

Card 1 (left, 2362 bis):

Nom: OPPENHEIMER née KRAMER
Prénoms: Marguerite
né le 8·5·1894
à MANNHEIM
fil— de
né le ___ à ___
et de
née le ___ à ___
Profession
le 28-10-40 Nationalité: Allemande
Mode d'acquisition de cette nationalité : filiation, mariage, naturalisation (rayer les mentions inutiles)
Situation de famille : célibataire, marié, veuf, divorcé (rayer les mentions inutiles).
Adresse
à Marseille Hotel du Levant
depuis le 24-12-41
Nationalité d'origine :
ENFANTS AU-DESSOUS DE 15 ANS

PRENOMS	DATE DE NAISSANCE	LIEU DE NAISSANCE	OBSERVATIONS
	le 13.8.1942	Chalon	

2362 bis

Card 2 (right, 2363):

Nom: OPPENHEIMER
Prénoms: MORITZ
né le 14.11-1878
à FRANKLEKRUMBACH
fil— de ISAAC
né le ___ à ___
et de JOHANNA ROHRHEIMER
née le ___ à ___
Profession: COMMERÇANT
le 28-10-40 Nationalité: ALLEMANDE
Mode d'acquisition de cette nationalité : filiation, mariage, naturalisation (rayer les mentions inutiles)
Situation de famille : célibataire, marié, veuf, divorcé (rayer les mentions inutiles).
Localité :
Adresse
aux Milles
le 24-12-41
Renseignements sur le conjoint
Nom: KRAEMER
Prénoms: MARGUERITE
Né le ___, à ___
Nationalité d'origine :
ENFANTS AU-DESSOUS DE 15 ANS

PRENOMS	DATE DE NAISSANCE	LIEU DE NAISSANCE	OBSERVATIONS
Convoi du 13.8.42			
8558			

2363

Diese Karteikarten wurden von der Verwaltung des Vichy-Regimes angelegt, als meine Eltern im Dezember 1941 in das Lager Les Milles verlegt worden waren.

267

waren 546 Menschen, 435 Männer und 111 Frauen im Alter zwischen 18 und 64 Jahren, unter ihnen meine Eltern. Von Vater und Mutter waren, als sie am 24. Dezember 1941 aus Rivesaltes eingetroffen waren, Karteikarten angelegt worden, die sich noch heute im Archiv des Départements Bouches-du-Rhône in Marseille befinden.[254] Auf der Karte meiner Mutter ist vermerkt: „Überführt ins Lager Les Milles am 11. August 1942 und abgereist am 13. 8. 1942 mit Transport Châlon-sur-Saône", während die meines Vaters nur den Vermerk trägt: „Transport 13. 8. 42". Châlon-sur-Saône war lediglich die Transitstation an der Demarkationslinie, über die meine Eltern bereits knapp zwei Jahre zuvor nach Südfrankreich verbracht worden waren. Das eigentliche Ziel des Zuges war jedoch das berüchtigte Durchgangslager Drancy bei Paris. Er kam dort am 14. August kurz nach 4.00 Uhr in der Frühe an.[255]

Um sich die grausame Realität eines solchen Abtransports auch nur einigermaßen vergegenwärtigen zu können, ist man auf die raren Augenzeugenberichte angewiesen. So schrieb Henri Manen, protestantischer Pfarrer in Aix-en-Provence, am 12. August in sein Tagebuch: „Zehn Selbstmordversuche kennzeichnen diesen gespenstischen Tag. Von 10.00 Uhr früh stehen die Internierten im Hof unter einer unerbittlichen Sonne. Im Laufe des Nachmittags überquert ein Polizist den Hof mit einem Krug Wasser für seine Kameraden im Dienst. Er kommt an einer Gruppe vorbei. Einer der Unglücklichen hebt zaghaft seinen Becher mit einer bittenden Geste, ohne Worte. Der Polizist beschimpft ihn ,und geht vorüber' (Luk. 10, 33). Später lassen die Polizisten, die die erste Gruppe an den Zug begleiten, es nicht an Brutalität fehlen. Der Großrabbiner und ich protestieren beim Polizei-Intendanten. [...] Es ist Nacht geworden. Es ist unfassbar. Ich habe die Zeit gemessen: Innerhalb von 30 Sekunden entscheidet sich jetzt das Schicksal eines Menschen."[256]

Dem Bericht des Marseiller Großrabbiners Israël Salzer zufolge bemühten sich verschiedene Hilfswerke, den verzweifelten Menschen beizustehen: „Bis zum allerletzten Augenblick gab es zu tun. Wir liefen alle am Bahnsteig die Waggons entlang, in denen der jüdische Verband Obst- und Tomatenkisten deponierte und jedem Internierten ein eigenes Paket überreichte; jeder Frau gab man ein kleines Paket mit Toilettenartikeln. Wir versuchten, die zuletzt angekommenen Briefe zu verteilen. Wir hatten den Notizblock in der Hand, zeichneten die letzten uns an-

---

[254] Archives départementales des Bouches-du-Rhône. Bestand 142 W Camp des Milles. Das Geburtsjahr meiner Mutter ist auf ihrer Karte falsch mit 1894 eingetragen, es war 1892.
[255] Klarsfeld (wie Anm. 195) S. 8.
[256] Zitiert nach: Obschernitzki (wie Anm. 155) S. 291 f.

vertrauten Wünsche auf. Zum Zeitpunkt der Abfahrt waren das französische Rote Kreuz und die amerikanischen Quäker mit uns. Mit den Nahrungsmitteln, über die sie verfügten, erfüllten sie eine ergreifende humanitäre Aufgabe. Dieselben oben berichteten Ereignisse wiederholten sich am Mittwoch, dem 12., um einen Transport vorzubereiten, der den Bahnhof Les Milles am Donnerstag, dem 13., im Morgengrauen verließ."[257]

Aus jener Zeit erhalten ist auch das Tagebuch von Raymond-Raoul Lambert, Generalsekretär der Union Générale des Israélites de France in der Südzone und später selbst Opfer einer Deportation. Er hatte einige Menschen aus dem ersten Deportationszug retten können und hielt am 12. August fest: „Diesmal habe ich mehr Energie, dafür zu kämpfen, denn der Anblick des Hofes ist noch tragischer. Viele Szenen der Verzweiflung und die Polizei ist so brutal, dass ich intervenieren muss, mit dem anwesenden protestantischen Pfarrer. Auf meine Nachfrage beruft sich der Polizei-Intendant auf die dienstliche Anordnung, dass dies Deportierte seien und keine Gefangenen. Dabei haben diese Unglücklichen kein anderes Verbrechen begangen als nicht-arisch geboren zu sein."

Die Nacht mussten meine Eltern mit den anderen in verriegelten Viehwaggons auf dem Bahnhof von Les Milles verbringen. Dazu Lamberts Eintrag vom 13. August: „Die Waggons wurden während der Nacht verschlossen und man untersagte Frauen und Männern auszusteigen, selbst für menschliche Bedürfnisse."[258] Manchen, die auf diesen Transport gezwungen wurden, hatte man nur wenige Minuten Zeit zum Packen gegeben, bevor sie sich im Hof der ehemaligen Ziegelei zum Appell einfinden und den ganzen Tag dort in der brütenden Augusthitze zubringen mussten. Selbst vor Misshandlung jener Opfer, die den Weg zum Bahnhof nicht schnell genug zurücklegten, haben die Gardes Mobiles nicht zurückgeschreckt.

Meine Eltern verließen Drancy drei Tage nach ihrer Ankunft dort, am 17. August 1942, wiederum zusammengepfercht in Viehwaggons. Es ging nach Auschwitz. In Frankreich, wie vermutlich auch im übrigen Europa, herrschte eine große Hitzeperiode. In Drancy, also im von Deutschland besetzten Frankreich, konnte sich keine der in Südfrankreich tätigen Hilfsorganisationen mehr um die Deportationsopfer kümmern. Es müssen in den Waggons von Anfang an fürchterliche Verhältnisse geherrscht haben, die sich Stunde um Stunde noch verschlimmerten. Der Transport Nr. 20 mit insgesamt 997 Menschen bestand zu mehr als der Hälfte aus Kindern, einige mit ihren Eltern, die meisten aber alleine. Unter

---

[257] Zitiert nach: Obschernitzki (wie Anm. 155) S. 292.
[258] Zitiert nach: Klarsfeld (wie Anm. 195) S. 8 (hier: deutsche Übersetzung).

den Erwachsenen dieses Transports waren etwa 200 Deutsche aus dem Lager Les Milles. Es hatte Proteste dagegen gegeben, Kinder ohne ihre Eltern in den Tod zu schicken, weshalb die Nazis auf diesen Transport auch Erwachsene kommandiert hatten, die meisten davon aber ohne jede Beziehung zu diesen Kindern. Sie alle aber einte die Tatsache, dass sie Juden und damit in den Augen ihrer Mörder völlig wertlos waren. Wie üblich telegrafierte SS-Unterscharführer Ernst Heinrichsohn auch an diesem Tag an den Kommandanten des Lagers Auschwitz, dass der Transport die Bahnstation Le Bourget/Drancy morgens um 8.55 Uhr verlassen habe.[259] Der Zug erreichte Auschwitz am 19. August. Nur wenige Frauen und Männer wurden dort zur Arbeit „selektiert", alle anderen schickten die Nazis sofort in die Gaskammern. Lediglich drei Männer aus diesem Transport hatten 1945 überlebt.[260]

---

[259] Zu diesem Transport genauer: Klarsfeld (wie Anm. 11) S. 172 f.
[260] Siehe: Klarsfeld (wie Anm. 11) S. 175.

Epilog

Der Wunsch meiner Eltern, wir Kinder mögen dereinst allesamt wieder vereint sein, ging nicht in Erfüllung. Aber wir haben immer engen Kontakt untereinander gehalten. Mein ältester Bruder Ernst hatte sich freiwillig zur amerikanischen Armee gemeldet und an der Befreiung Westeuropas von den deutschen Besatzern mitgewirkt. Während eines Fronturlaubs besuchte er Hannah und mich in England. Wir waren sehr glücklich über dieses Wiedersehen. Einen nächsten Kurzurlaub nutzte er, um Michael und Feo zu besuchen. Beide lebten nach der Befreiung von Paris dort mit der Familie Sommer zusammen. Es war eine große Freude, von Ernst zu erfahren, dass es beiden gut ging. Die Eltern hatten ihm als ältestem Sohn, bei Kriegsende war er 30 Jahre alt, die Sorge um uns jüngere Kinder ans Herz gelegt, und er tat alles ihm Mögliche, um uns zu sich in die USA zu holen. Werner, dem Argentinien die Einwanderungserlaubnis für uns versagt hatte, hielt nach zehn Jahren harter und letztlich vergeblicher Arbeit nichts mehr in jenem Land. Er zog in die Nähe unseres Bruders nach New York und musste beruflich völlig neu anfangen. Hannah wanderte nach dem Krieg ebenfalls dorthin aus und auch ich hatte dies eigentlich vorgehabt. Doch just zu dem Zeitpunkt, als mein Visum eintraf, erhielt ich ein Stipendium zum Studium an der Londoner Universität. Ich beschloss daher, die Auswanderung erst einmal nur aufzuschieben. Aber dann blieb ich doch noch jahrzehntelang als Lehrerin in England. Auch für Michael und Feo hatte Ernst die Einwanderungserlaubnis in die USA erwirkt. Sie waren bei Kriegsende erst 15 und elf Jahre alt, hatten viel mehr als wir Älteren mitmachen müssen und nun eine neue Familie, ein neues Zuhause gefunden. Konnte man von ihnen erwarten, dies alles aufzugeben? Beide blieben also in Paris und wurden französische Staatsbürger.

Wir waren durch ein verbrecherisches Regime zwar voneinander getrennt worden, hatten aber durch die große Umsicht unserer Eltern alle überlebt. Notgedrungen haben wir uns den Umständen angepasst und neue Sprachen erlernt. Eine gemeinsame Familiensprache haben wir nicht mehr. Ernst und Werner, die schon in jungen Jahren hart hatten arbeiten müssen, sind 1975 und 1980 in New York gestorben. Wir anderen sind froh, noch immer einen guten Kontakt untereinander zu haben. Wir sind, so denke ich, Weltbürger geworden. Dies war genau einer jener vielen vorgeblichen Fehler, die den Juden von den Nazis angelastet worden waren. In deren Jargon war der Begriff „Cosmopolit" ein Schimpfwort. Vor nicht allzu langer Zeit hörte ich bei einem Besuch im antisemitischen Russland von einer Professorin, dass man die Juden dort auch heute noch nicht leiden könne, weil sie nämlich „Cosmopoliten" seien. Wir haben uns das nicht ausgesucht. Doch was gibt es Schöneres, als Bürger in unserer gemeinsamen weiten Welt zu sein und daran mitzuwirken, dass diese eine friedliche Heimstatt wird für alle Menschen, ganz egal welchen Glauben sie haben und wo auch immer sie leben!

Nachweis der Abbildungen

Privatbesitz Joe Floersheimer, USA: S. 24.

Privatbesitz Ruth L. David: S. 27, 31, 35, 43, 48 (oben links, unten beide), 49, 58, 62, 65, 69, 70, 88, 93, 123, 127, 135, 152-154, 202, 218, 231, 245, 258-261.

Stadtarchiv Mannheim: S. 41.

Katzenmeier u. a. (wie Anm. 43 – Bildausschnitt S. 93): S. 48 oben rechts.

Privatbesitz Renate Knigge-Tesche: S. 75.

Stadtarchiv Worms: S. 86.

„Als die letzten Hoffnungen verbrannten ..." (wie Anm. 7 – Auszüge S. 311 und 313): S. 157.

Wiehn (wie Anm. 127 – S. 607, 470 f., 101): S. 164, 175, 196.

Resch Synnestvedt (wie Anm. 137 – S. 84 und 99 f.): S. 169, 172 (beide Fotos).

http://resources.ushmm.org/vlnamelistimages/ReferenceCollection/AA0072/AA0072.pdf: S. 170-171.

United States Holocaust Memorial Museum, Washington: S. 173. Die beiden Fotos wurden mit freundlicher Genehmigung des USHMM abgedruckt. Die Abdruckgenehmigung bedeutet nicht, dass die Ansichten oder Meinungen in diesem Buch und der Zusammenhang, in dem diese Bilder verwendet werden, unbedingt den Ansichten oder Grundsätzen des United States Holocaust Memorial Museums entsprechen oder dessen Billigung oder Befürwortung beinhalten.

Archives départementales des Bouches-du-Rhône, Marseille: S. 210, 267.

Klarsfeld (wie Anm. 208 – S. 77): S. 223.